MARTA GARCÍA FERNÁNDEZ

"Consolad, consolad a mi pueblo"

El tema de la consolación en Deuteroisaías

GBP
GREGORIAN & BIBLICAL PRESS

ROMA 2010

Vidimus et approbamus ad normam Statutorum Universitatis
Roma, Pontificia Università Gregoriana
Romae, die 9 mensis decembris anni 2008
Prof. Pietro Bovati
Prof.ssa Nuria Calduch Benages

BS
1520
.G37
2010

Progetto grafico di copertina: Serena Aureli

Impaginazione: Servizi Grafici Editoriali Srl - Roma

© 2010 Gregorian & Biblical Press
Piazza della Pilotta, 35 - 00187 Roma, Italy
books@biblicum.com - www.gbpress.net

ISBN: 978-88-7653-**181**-1

ללבב לבבי לבשׂר בשׂרי
לאור עיני אמי
בת בטנך

A mis padres, Eloy y Mª Ángeles
A mi hermana Mª Ángeles
A mi hermana Emilia

5

PRÓLOGO

Consolad, consolad a mi pueblo. El tema de la consolación en DtIs reproduce sustancialmente – con alguna intervención marginal e integración bibliográfica – la tesis doctoral defendida en la Pontificia Universidad Gregoriana en Diciembre de 2008.

La disertación ha estado dirigida por la competente y generosa guía del profesor Pietro Bovati, S.J., a quien agradezco la pericia técnica, la sabiduría y la experiencia así como la gran humanidad con la que desde el inicio ha estimulado y promovido el itinerario del trabajo doctoral, ha compartido y acompañado la fatiga de largas horas de estudio e investigación y ha configurado el espíritu y el contenido de la disertación hasta alcanzar su forma final.

A la profesora Nuria Calduch-Benages, M.N., segunda moderadora, expreso un particular agradecimiento por su intervención cercana y disponible en la última fase de tesis y, especialmente, en aquello que concierne a las correcciones del español en las que se ha prodigado intensa y generosamente, mostrando un particular interés y apoyo a mi persona.

Agradezco al P. Santiago Bretón, S.J., presidente del tribunal, la introducción al mundo de la Escritura que supuso el curso de Pentateuco así como su cercanía y afabilidad brindada en este último periodo.

Mi más cordial reconocimiento y gratitud a la comisión que ha censurado y admitido la publicación de la tesis en la prestigiosa colección de Analecta Biblica.

Un particular recuerdo y estima quisiera manifestar a la profesora Bruna Costacurta quien, a lo largo de estos años, me ha transmitido un profundo amor por la Sagrada Escritura. A ella se debe el "corte hermenéutico" de la disertación que emerge de observar una síntesis poco frecuente entre los exegetas; la de saber reconciliar la pericia técnica con la hondura interior.

Mi sincero agradecimiento hacia el profesor Jesús García Recio por su tesón y pasión por la cultura de medio oriente en cuyo proyecto me ha embaucado. También a la profesora Carmen Aparicio Valls quien despertó el interés por la antropología teológica. Y, finalmente, al P. Jean Louis Ska, S.J., que ha sido un referente discreto pero siempre presente en los estudios.

Un recuerdo especial guardo del personal docente y no docente de la Pontificia Universidad Gregoriana y del Pontificio Instituto Bíblico; de mis compañeros de estudios que, durante años, han acompañado la estancia en Roma; de todos aquellos que han colaborado en la corrección y confección de la tesis; y, finalmente, de la Pontificia Universidad de Comillas y de la Facultad de Teología de Vitoria-Gasteiz por la confianza en mi persona al brindarme la posibilidad de ejercer el ministerio de docencia en sus aulas y, con ello, transmitir el gran don de la Sagrada Escritura.

Ayudándome del gran maestro Alonso Schökel – «hay que dejar algo nuestro en el libro amado: al apartarnos, echemos de espaldas nuestra moneda en la fontana. Sus aguas nos harán volver» – no tengo mejores palabras de agradecimiento hacia mi familia que aquellas que en su día expresé:

"Cómo podré describir *la moneda* que vosotros mi familia; papa, mamá, mi hermana Mª Ángeles y sus hijos, Roberto y Pedro, habéis echado en estas aguas agitadas que ha sido mi tesis. Habéis echado todo y lo mejor, y de este modo, esta tesis os pertenece. Sois el aliento inspirador, las metáforas vivas que en sus páginas he descrito. Sois, por tanto, aquel cuerpo del siervo, o mejor, aquella sonrisa de una madre doblada por la enfermedad que, por la fuerza de un amor más grande que el dolor, sonríe llena de cardenales para no hacer sufrir a sus hijas. Sois también el esposo fiel a los pies de una cama de hospital que recrea y embellece a la esposa con su amor hasta el extremo. Sois aquel cuerpo curvado, porque está en cinta, que acoge tal y como venga el fruto entretejido por meses en su seno y con la ternura de una madre, fraguada en la espera, y la fuerza de las entrañas de la mujer supera por amor la duda y la incertidumbre de la ciencia. Sois aquel hijo *que se nos ha dado y que nos ha nacido*, el niño que representa el futuro y la esperanza. Gracias por todo, gracias por ser las metáforas vivas de mi tesis".

Por último, mi mirada se dirige a quien con su servicio silencioso y cotidiano despertó mi oído e hizo brotar palabras en mi boca. Si en las entrañas de esta tesis late el grito *consolad, consolad a mi pueblo* es porque M. Emilia Sebastiá Llorens ha hecho de la entrega del Evangelio un latido; expresión de la donación de su propia vida por el Reino. A ella, en calidad de superiora general, le agradezco su apoyo y confianza y, sobre todo, le agradezco haberme acompañado como una verdadera hermana durante más de 25 años, forjando y avivando desde el respeto y la libertad la certeza del profeta: *se seca la hierba, la flor se marchita pero la Palabra del Señor se realiza siempre* (וּדְבַר־אֱלֹהֵינוּ יָקוּם לְעוֹלָם).

Madrid a 14 de Marzo de 2010.

INTRODUCCIÓN

«¿Si o no? ¿Tiene la vida humana un sentido y el hombre un destino? […] descubriré sin duda lo que se oculta en mis actos, en ese fondo último en que sin mí, a mi pesar, sufro el ser y al mismo tiempo me adhiero a él […] el problema es inevitable. El hombre lo resuelve inevitablemente, y esta solución, verdadera o falsa, pero voluntaria y al mismo tiempo necesaria, cada uno la lleva en sus propias acciones […] es bueno proponer al hombre todas las exigencias de la vida, toda la plenitud oculta en sus obras, para reforzar en él el coraje de actuar con la fuerza del que afirma y del que cree»[1].

El problema del sufrimiento y del sentido de la vida es un problema *inevitable que el hombre resuelve inevitablemente.* En nuestras sociedades sometidas a ritmos vertiginosos muchos seres humanos se quedan en la cuneta de la historia. Por otra parte, la enfermedad de la depresión, acuciante en los países desarrollados, revela cómo el hombre *sufre el ser,* a veces *sin él y a su pesar.* El filósofo francés, Maurice Blondel, exhorta a *proponer al hombre todas las exigencias de la vida, toda la plenitud oculta en sus obras,* con el fin de *reforzar en él el coraje de actuar con la fuerza del que afirma y del que cree.* Nuestra disertación quiere afrontar este desafío ofreciendo un estudio que toca aspectos de gran densidad antropológica y teologal, de siempre y de gran actualidad. El argumento de la tesis, *el*

---

[1] Cf. M. BLONDEL, *La Acción,* 3.

tema de la consolación en Deuteroisaías (Is 40–55), nace precisamente del interés por desentrañar qué entiende la revelación bíblica por consolación. Para ello nos proponemos estudiar el tema en íntima relación a la pregunta sobre el sentido del ser humano y del sufrimiento.

El tema ha sido objeto del interés de la filosofía[2], la teología espiritual[3] y recientemente de la psicología y la psiquiatría en sus estudios sobre la depresión[4] que, bajo un determinado aspecto, es un tema antónimo del nuestro. La teología bíblica, sin embargo, no ha mostrado una preocupación análoga a la de las ciencias humanas, como generalmente sucede con lo referido al mundo de los sentimientos[5]. Nuestra disertación pretende, en primer lugar, colmar esta laguna y, en segundo lugar, aportar una mayor comprensión a la unidad de la trama deuteroisaina a través del estudio de uno de sus principales núcleos.

▒ 1. La investigación dentro del horizonte de la teología bíblica

La tesis se coloca claramente en el confín de la teología bíblica[6]. Esta disciplina se diferencia de la exégesis, pues la teología

---

[2] Cf. M. VILLER, «Consolation chrétienne», *DicSp* II, 1611-1617.

[3] Cf. L. POULLIER, «Consolation spirituelle», *DicSp* II, 1617-1634.

[4] Cf. E.M. HEIBY – J. GARCÍA-HURTADO, «Evaluación de la depresión», 418-425.

[5] Cf. al respecto, B. COSTACURTA, *La vita minacciata*, 10.

[6] La teología bíblica nace después de la Reforma. W.J. Christmann en 1629 es el primero que utiliza este nombre, aunque hasta mitad del s.XVIII no se distingue de la teología sistemática (cf. G. SEGALLA, «Teologia Biblica», *NDTB*, 1533). Los autores señalan la prolusión del profesor J.P. Gabler en Altdorf (1787) como el acontecimiento que da inicio a la emancipación de la teología bíblica de la dogmática (cf. H.G. REVENTLOW, *Hauptprobleme*, 3-4; B.S. CHILDS, *Biblical Theology*, 4-5; C.H.H. SCOBIE, *The Ways*, 15-16). Sin embargo, el término mismo «teología bíblica» es ambiguo, porque con él se entiende tanto la teología contenida en la Biblia como una teología conforme a la misma (cf. B.S. CHILDS, *Biblical Theology*, 3; C.H.H. SCOBIE, *The Ways*, 5). G. Segalla la define así: «è la comprensione unitaria espressa in una sintesi dottrinale, critica, organica e progressiva della rivelazione storica della Bibbia (oppure dell'AT o del NT) attorno a categorie proprie, alla luce della fede personale ed ecclesiale» (cf. G. SEGALLA, «Teologia Biblica», *NDTB*, 1533).

bíblica es una ciencia de carácter global, mientras la exégesis es una especialidad de índole analítica y demostrativa. La distinción no implica de por sí separación, ya que ambas comparten objeto de estudio, métodos y finalidad interpretativa; así como la teología no puede prescindir de hacer exégesis, tampoco el análisis exegético puede omitir colocar y ordenar los datos dentro de un horizonte teológico que funciona de marco interpretativo. Sin embargo, el carácter sintético de la teología bíblica levanta ciertas reservas, especialmente en lo referente al método[7].

En la actualidad algunos procedimientos están legitimados. El modelo *temático* que adoptamos es reconocido como un método válido que se actúa según diversas modalidades[8]. Por ejemplo, la modalidad ejemplificada por W. Eichrodt que organiza la exposición de los contenidos según un esquema dogmático[9]; o la de von Rad que reagrupa dichos contenidos según las diversas tradiciones históricas y proféticas de Israel[10]; en la línea de W. Eichrodt, algunos autores distinguen en el AT una serie de ideas o principios comunes[11]; otros estudiosos identifican el «centro» unificador[12]; finalmente, otra posible forma de actuación de este modelo es la representada por los diccionarios temáticos[13].

---

[7] Cf. A. BONORA, «Teologia dell'AT», *NDTB*, 1540; G. SEGALLA, «Teologia Biblica», *NDTB*, 1537. Por ejemplo, una dificultad es integrar las diversas tradiciones y resultados obtenidos por los métodos históricos (cf. H. GESE, «La comprensione biblica», 13-38; B. JANOWSKI, «Theologie», 242-254; M. OEMING, «Ermitteln», 9-18). Otro escollo es la relación entre AT y NT (cf. P. BEAUCHAMP, *L'Un et l'Autre Testament*, I-II; B.S. CHILDS, *Old Testament Theology*). Cf. también, D.L. BAKER, *Two Testaments, One Bible*; J. BARR, «Typology», 103-148.

[8] Cf. A. BONORA, «Teologia dell'AT», *NDTB*, 1544-1545; B.S. CHILDS, *Biblical Theology*, 14-16; C.H.H. SCOBIE, *The Ways*, 85-87.

[9] Cf. W. EICHRODT, *Theologie des Alten Testaments*, I-III.

[10] Cf. G. VON RAD, *Theologie des Alten Testaments*, I-II.

[11] Cf. W. ZIMMERLI, *Grundriss der alttestamentlichen Theologie*.

[12] Cf. G. FOHRER, «Der Mittelpunkt», 161-172. Cf. la crítica de G.F. HASEL, «The Problem of the Center», 65-82.

[13] Cf. E. JENNI – C. WESTERMANN, eds., *Theologisches Handwörterbuch zum Alten Testament*, I-II, München – Zürich 1971, 1976; G. KITTEL, ed., *Theologisches Wörterbuch zum Neuen Testament*, I-X, Stuttgart 1933-1979.

Ahora bien, nuestro modo de proceder se sitúa en la misma perspectiva de un número cualificado de estudiosos y consiste en la exposición orgánica del contenido que ofrece la Sagrada Escritura sobre un argumento de cierta relevancia teológica[14]. Por lo tanto, no es el esquema dogmático (W. Eichrodt), histórico (G. von Rad), o el orden alfabético (diccionarios temáticos), el que organiza la exposición de los contenidos. El criterio para escoger la temática de la consolación tampoco es que ésta sea el centro (G. Fohrer) o uno de los principios unificadores de todo el AT (W. Zimmerli) sino un núcleo teológico relevante del multiforme complejo veterotestamentario.

1.1 La investigación dentro del horizonte de estudios sobre Isaías

El manuscrito 1QIsa[a] es el primero que contiene íntegramente el texto de Isaías[15]. La paleografía lo data entre el 125 y 100 aC., lo que significa que para el lector del s.II aC. la entera obra del profeta constituía una unidad[16]. Sin embargo, en la Edad Media Moisés ben Samuel Ibn Gekatilla y más tarde su discípulo Ibn Ezra atribuyeron Is 1–39 al profeta del s.VIII aC., mientras Is 40–66 a un profeta post-exílico[17].

---

[14] Por ejemplo, para el estudio de un tema específico como el poder y la riqueza en el profetismo preexílico, cf. J.L. SICRE, *Los dioses olvidados*; sobre la justicia, cf. P. BOVATI, *Ristabilire la giustizia*; W.J. HOUSTON, *Contending for Justice*; sobre el miedo, cf. B. COSTACURTA, *La vita minacciata*; sobre la vergüenza, cf. M.A. KLOPFENSTEIN, *Scham und Schande*; sobre la realeza de Dios, cf. L. SEMBRANO, *La regalità di Dio*; sobre la realeza de Israel, cf. J. DE FRAINE, *L'aspect religieux de la royauté israélite*; sobre el silencio, cf. S.J. BÁEZ ORTEGA, *Tiempo de callar*; sobre el grito, cf. G. KARUMATHY, *Out of My Distress*; sobre la dialéctica visión-no visión, cf. R. FORNARA, *La visione contraddetta*; sobre la lluvia, cf. C.M. DIAS DA SILVA, *Aquele que manda a chuva*.

[15] Una edición reciente es la de D.W. PARRY – E. QUIMRON, *The Great Isaiah Scroll (1QIsa[a])*.

[16] Cf. J. BLENKINSOPP, «The Formation», 60; H.-W. JÜNGLING, «Das Buch Jesaja», 440.

[17] Cf. M. FRIEDLÄNDER, *The Commentary of Ibn Ezra*, I, 169-171; L. ALONSO SCHÖKEL – J.L. SICRE, *Profetas*, I, 94; L. TEUGELS, «Consolation and Composition», 433.

La teoría isaiana sobre la pluralidad de autores prolifera particularmente con el nacimiento de la crítica historiográfica, hasta llegar a la disección casi completa de cada parte[18]. En el s.XVIII Döderlein y Eichhorn continúan la posición de Ibn Ezra[19], pero será Duhm, quien, a final del s.XIX, elabore por primera vez en modo sistemático la idea de un tercer autor: PtIs (Is 1–39), DtIs (40–55) y TtIs (56–65)[20]. En los s.XIX-XX el estudio de Isaías camina en paralelo al de la exégesis. Especialmente la contribución de H. Gunkel (1862-1936) sobre los géneros literarios y la de G. von Rad (1901-1971) sobre las tradiciones religiosas encuentran eco en el ámbito isaiano. Estudios de Isaías o DtIs atentos a los géneros literarios son los de J. Begrich, C. Westermann, P. Beauchamp, R.F. Melugin, A. Schoors[21]; sobre las tradiciones del éxodo y la creación, los de K. Kiesow, U. Berges y J.Vermeylen[22].

A partir de 1970 se advierte una orientación cada vez mayor a subrayar los elementos que confieren cohesión al libro[23]. En estu-

---

[18] Cf. F. RAMIS DARDER, *El triunfo de Yahvé*, 23-24. Sobre este periodo de tiempo en la exégesis de Isaías, cf. B.S. CHILDS, *The Struggle*, 265-287.

[19] Cf. J.C. DÖDERLEIN, *Esaias*, xii-xv; J.G. EICHHORN, *Einleitung*, IV, 88-108.

[20] Cf. B. DUHM, *Das Buch Jesaia*, vii-xxiii. Alonso Schökel y Sicre clasifican los distintos autores del s.XX según la posición que adoptan ante esta división. Consideran *nostálgicos* a aquellos que atribuyen la obra al Isaías del s.VIII aC. Entre ellos citan: Margoliouth, G.L. Robinson, Lias, Ridderbos, Kaminka, Wordsworth, Kissane, Allis, Young, Slotki, R.K. Harrison, Gozzo, Mariano, Vaccari, Möller, Baron, Spadafora. Entre los *nostálgicos parciales*, esto es, aquellos que atribuyen Is 40–66 a un mismo autor, nombran a Torrey, König, Glahn, Smart, Banwell, Haran, Pope. Finalmente, refieren un grupo que adjudica diversa autoría para DtIs y TtIs: Littmann, Hölscher, Pfeiffer, Elliger, Sellin, Meinhold, Kessler (cf. L. ALONSO SCHÖKEL − J.L. SICRE, *Profetas*, I, 94-95).

[21] Cf. J. BEGRICH, *Studien zu Deuterojesaja*; C. WESTERMANN, *Das Buch Jesaja*; P. BEAUCHAMP, *Le Deutéro-Isaïe*; R.F. MELUGIN, «Deutero-Isaiah», 326-337; A. SCHOORS, *I Am God Your Saviour*; C. WESTERMANN, *Sprache und Struktur*, 9-80.

[22] Cf. K. KIESOW, *Exodustexte*; J. VERMEYLEN, «Le motif de la création», 183-240; U. BERGES, «Der zweite Exodus», 77-95.

[23] Cf. C. CONROY, «Reflections on Some Recent Studies», 145. Por ejemplo, cf. R. LACK, *La Symbolique du Livre d'Isaïe*; R.F. MELUGIN, *The Formation*; Y. GITAY, *Prophecy and Persuasion*; W. BRUEGGEMANN, «Unity and Dynamic», 89-107; J.D.G. WATTS, *Isaiah 1–33*; id., *Isaiah 34–66*; A. LAATO, «The Composition», 207-228; R.H. O'CONNELL, *Concentricity*; M.C.A. KORPEL − J.C. DE MOOR, *The Structure*; K. BALTZER, *Deutero-Jesaja*.

dios anteriores a esta fecha ya se podía observar esta tendencia[24]. Sin embargo, es en el Congreso de Lovaina donde en 1989 se aborda explícitamente la cuestión sobre la unidad del libro del profeta Isaías[25], inspirando una serie de investigaciones en esta dirección[26]. Dicha propensión continúa vigente en la actualidad en el común y actual objetivo por trazar el proceso redaccional de la obra[27]. El intento de reconstruir las etapas de formación del libro tiene una finalidad sincrónica: mejorar la comprensión total del libro en orden a captar el sentido de cada pasaje. A su vez, la distinción de los componentes literarios, típica de los estudios sincrónicos, mejora la comprensión del proceso redaccional[28]. De este modo, análisis sincrónico y diacrónico se reconcilian.

Por esta razón, no es extraño que muchos estudios dedicados a un tema o a temáticas comunes en las tres partes en las que tradicionalmente se divide Isaías tengan como objetivo aportar luz a la cuestión sobre el proceso de formación y unidad del libro. Por ejemplo, R.E. Clements distingue tres temas que atraviesan las tres

---

[24] Cf. S. MOWINCKEL, «Die Komposition», 87-112, 242-260; O.T. ALLIS, *The Unity of Isaiah*, 39-50; L.J. LIEBREICH, «The Compilation», 259-277; 114-138; J.H. EATON, «The Origin», 139-157.

[25] Cf. J. VERMEYLEN, *The Book of Isaiah*.

[26] Tres obras colectivas merecen especial mención: F.R. MELUGIN – M.A. SWEENEY, *New Visions of Isaiah*; C.C. BROYLES – C.A. EVANS, *Writing and Reading the Scroll*; J. VAN RUITEN – M. VERVENNE, *Studies in the Book of Isaiah*. Otros estudios en esta misma línea: R. RENDTORFF, «The Book of Isaiah», 32-49; U. BERGES, *Das Buch Jesaja*; H.-J. HERMISSON, «Neue Literatur», 237-284, 379-430; J. BLENKINSOPP, «The Formation», 53-67; W.A.M. BEUKEN, «The Unity», 50-62; P. HÖFFKEN, *Jesaja*, 19-90; K. SCHMID, «Herrschererwartungen», 37-74.

[27] Cf. H.-J. HERMISSON, «Einheit und Komplexität», 287-312; R.G. KRATZ, *Kyros im Deuterojesaja-Buch*; O.H. STECK, *Gottesknecht und Zion*; J. VAN OORSCHOT, *Von Babel zum Zion*; H.G.M. WILLIAMSON, *The Book Called Isaiah*; J. WERLITZ, *Redaktion und Komposition*. Un resumen de las distintas hipótesis acerca de la formación del libro de Isaías se encuentra en J. VERMEYLEN, «L'unité du livre d'Isaïe», 11-27.

[28] Cf. C. CONROY, «Reflections on the Exegetical Task», 258-260; U. BERGES, *Das Buch Jesaja*, 46-49.535-536; K. SCHMID, «Herrschererwartungen», 37-74; U. BERGES, «Ich gebe Jerusalem», 319-321; A.L.H.M. VAN WIERINGEN, *The Reader-Oriented Unity*, 1-22. Cf. también las consideraciones sobre la diferencia entre unidad redaccional y sincrónica de B.D. SOMMER, «Allusions and Illusions», 172-186.

partes de Isaías: Jerusalén[29], la ceguera y sordera[30] y la elección de Israel[31]; J. Becker sostiene que el tema de Yhwh-Rey es el que conecta las secciones[32]; mientras para R. Albertz es el proyecto de Yhwh sobre la historia[33]; G.I. Davies ve en las naciones un elemento de unidad[34]; y Begg lo detecta en Babilonia[35]. También el tema de la luz ha sido objeto de varios estudios de R.E. Clements[36] y finalmente de la disertación doctoral de G.I. Vlková que afronta la problemática desde el punto de vista sincrónico[37]. Rendtorff estima que la ligazón teológica entre las distintas secciones de Isaías se debe a la temática de la justicia[38] y señala cinco términos o sintagmas que dotan de cohesión al libro: קָדוֹשׁ יִשְׂרָאֵל ,כָּבוֹד יְהוָה ,עָוֹן ,נחם y צִיּוֹן / יְרוּשָׁלַם[39].

1.2 Especificidad de nuestra investigación

El objetivo de este trabajo doctoral es describir el proceso del acto de consolar, esto es, cómo se origina, desencadena y articula el dinamismo consolatorio, qué medios se utilizan en aras de su consecución, con qué categorías y modalidades expresivas se describe en la BH.

En función de esta finalidad se ha delimitado el objeto y el método de estudio. El *objeto* no se reduce al término נחם, se alar-

---

[29] Cf. R.E. CLEMENTS, «The Unity», 128-129.

[30] Cf. R.E. CLEMENTS, «Beyond Tradition-History», 101-106. Respecto al tema en Is 1–39, cf. K.T. AITKEN, «Hearing and Seeing», 12-41.

[31] Cf. R.E. CLEMENTS, «Beyond Tradition», 104-106.

[32] Cf. J. BECKER, *Isaias*, 42-44.

[33] Cf. R. ALBERTZ, «Das Deuterojesaja-Buch», 248-253.

[34] Cf. G.I. DAVIES, «The Destiny of the Nation», 93-120.

[35] Cf. C.T. BEGG, «Babylon», 121-125.

[36] Cf. R.E. CLEMENTS, «A Light to the Nations», 57-69; *id.*, «Arise, Shine», 441-454.

[37] Cf. G.I. VLKOVÁ, *Cambiare la luce in tenebre*.

[38] Cf. R. RENDTORFF, «Zur Komposition», 312-314. Cf. también los ensayos de P. BOVATI, «Le langue juridique», 177-196 y B. GOSSE, «L'évolution des rapports», 323-342.

[39] Cf. R. RENDTORFF, «Zur Komposition», 295-320.

ga a la temática y, por lo tanto, comprende imágenes y metáforas, locuciones, sinónimos y antónimos que expresan este concepto, así como los procedimientos y recursos puestos en acto en orden a su actuación. El *método* adoptado es sincrónico y estructural.

El motivo de la delimitación del estudio al ámbito deuteroisaiano está relacionado con la finalidad de la disertación. Dado que nuestro objetivo es comprender la dinámica del fenómeno consolatorio en la BH, resulta más apropiado realizarlo en un contexto concreto. El análisis de una temática en una sección bíblica más o menos homogénea[40], donde la consolación es el hilo conductor de la trama, permite situar sus diversos componentes en un escenario determinado y consecuentemente ilustrarlo en el desarrollo mismo del entramado y no a través de la reconstrucción lógica del evento.

Como en otros libros proféticos, los capítulos 40–66 se caracterizan por una perspectiva positiva frente a la negativa de la primera sección (Is 1–39)[41]. Aunque Is 40–55 e Is 56–66 mantienen una estrecha relación, se reconoce que al menos Is 40–55 forma *una discreta entidad literaria*[42]. Este dato nos permite reducir el estudio de la temática de la consolación a DtIs, si bien en el análisis exegético no prescindimos del resto de la obra.

La conveniencia de haber escogido Is 40–55 en referencia al tema del consuelo es avalado por la exégesis[43] y la tradición que recoge estos capítulos bajo el título de *Libro de la Consolación*[44]. En concreto la raíz נחם es un elemento redaccional que da cohesión

---

[40] No obstante, los recientes estudios de Berges, Hermisson, Kratz, Merendino, Steck, van Oorschot y Vermeylen muestran que el proceso redaccional de DtIs no fue tan homogéneo, pues duró aproximadamente más de un siglo. Cf. J. GOLDINGAY – D. PAYNE, *Isaiah 40.1–44.23*, 6-7.

[41] Cf. A. BORGHINO, *La «Nuova Alleanza»*, 8, n.2.

[42] Cf. J. GOLDINGAY – D. PAYNE, *Isaiah 40.1–44.23*, 4-8.

[43] Cf. por ejemplo, P. VOLZ, *Jesaia II*, 2; A.S. KAPELRUD, «The Main Concern», 51-52; O.H. STECK, «Zions Tröstung», 257-258; D.M. BASS, *God Comforts Israel*, 91-104.

[44] La razón que da el Talmud Babilónico para colocar el libro de Isaías tras Jeremías y Ezequiel es que éste sólo habla del *consuelo*. Cf. *BBas*, I, 14b; L. TEUGELS, «Consolation and Composition», 433.

a la obra[45]. Según R. Rendtorff, conviene comenzar a partir de DtIs para apreciar mejor las relaciones que נחם crea entre las tres secciones de Isaías[46].

■ 2. Metodología, procedimiento y organización de la disertación

El hecho de que el modelo temático sea reconocido en la actualidad como un modo de hacer teología bíblica y que haya sido seguido por un número creciente de exegetas, le confiere una cierta legitimidad dentro del estatuto científico. No obstante, se hace necesaria una reflexión sobre la metodología. Presentamos a continuación la descripción del procedimiento metodológico adoptado, su aplicación concreta a nuestra investigación y, por último, la estructura de la tesis.

2.1 Descripción de la metodología

El procedimiento que adoptamos se sintetiza en tres pasos[47]: primero, establecer el campo semántico de la temática; segundo, la elección y análisis de textos significativos; tercero, la exposición orgánica de los resultados.

Respecto a la primera operación, la organización de la terminología implica una estructura *sintagmática* conjugada con aquella *paradigmática*. Las relaciones sintagmáticas son las que se establecen entre distintas partes de la oración: cuál es la situación de partida, qué relación existe entre el sujeto y el predicado, qué

---

[45] Cf. R. RENDTORFF, «Zur Komposition», 298-300.315-317; O.H. STECK, «Zion Tröstung», 257-258; R. RENDTORFF, *Theologie*, I, 165-166. En la actualidad se está elaborando una tesis en la Pontificia Universidad Gregoriana sobre la raíz נחם en el libro de Isaías: P. SAHAYANATHAN, *An Exegetical and Theological Study of nḥm as "Divine Comfort" in Isaiah*.

[46] Cf. R. RENDTORFF, *Das Alte Testament*, 210.

[47] Se inspira en P. BOVATI, «Libertà», 19-24, si bien el autor lo articula en dos momentos.

factores intervienen en orden a que el fenómeno se produzca, cómo se describe la situación contraria. Para cada uno de estos momentos existe un léxico que se organiza según paradigmas, esto es, según semejanza u oposición semántica[48].

El segundo paso requiere la elección y análisis de textos significativos. El tema no se identifica simplemente con un término hebreo o griego; puede estar presente en perícopas donde falta el concepto principal que lo expresa. Así pues, el criterio de *elección* no es el número de recurrencias del lexema sino el vocabulario típico y la pertinencia semántica. El tratamiento orgánico de la temática requiere además su estudio en cada una de las partes tradicionales del AT: Ley-Profetas-Escritos. El *análisis* no se realiza en versículos aislados sino dentro de una perícopa, situando sus componentes en el contexto preciso, en orden a comprender no sólo su significado sino también su articulación[49].

Finalmente, la exposición analítica se inserta dentro de un recorrido conceptual sintético que está organizado por categorías lógicas y no cronológicas. En otras palabras, el criterio para presentar los resultados puede ser el orden que sigue el canon hebreo: Ley-Profetas-Escritos; el orden lógico, como por ejemplo los diversos ambientes de manifestación; o el orden fenomenológico.

2.2 Modo de proceder en la disertación

La finalidad de la disertación es comprender qué entiende la revelación bíblica por consolar. Dado que nuestro concepto puede no coincidir con el de la Sagrada Escritura, realizaremos varias operaciones intermedias:

1. Exponer las *precomprensiones* de las que partimos.
2. Comenzar desde el estudio de un elemento objetivo, la raíz נחם, que representa el núcleo del campo semántico de la consolación en la BH.

---

[48] Cf. M. ALINEI, «Metodologia», 38-40.
[49] Cf. P. BOVATI, «Libertà», 22-24.

3. Estudiar las relaciones sintagmáticas y paradigmáticas en las 108 recurrencias verbales de la raíz, ya que el significado de נחם y sus connotaciones pueden diferir de las nuestras (cap. I).

4. Integrar y ampliar los paradigmas semánticos surgidos a raíz de este estudio, dentro de la estructura dinámica del fenómeno que se puede sintetizar en el esquema: desolación – transición – consuelo (cap. II).

Realizadas estas operaciones intermedias, los pasajes escogidos se analizarán exegéticamente. En su estudio y exposición no se tratarán todos los aspectos y problemas textuales sino sólo aquellos que afecten directamente a nuestra temática. La presentación analítica se insertará dentro de un recorrido conceptual sintético y estará organizado según categorías fenomenológicas que coinciden con el desarrollo de la trama de Is 40–55 (cap. III, IV y V). Finalmente, los datos del estudio se sintetizarán en una serie de consideraciones conclusivas de índole teológica (cap. VI).

2.3 Estructura y organización de la disertación

La tesis se estructura en tres partes. La **primera parte** tiene un carácter introductorio. Se ocupa de cuestiones de índole general, así como de la ejecución de las operaciones metodológicas intermedias anteriormente descritas. Consta de dos capítulos: el *capítulo primero* afronta la problemática del concepto consolación y estudia las relaciones sintagmáticas de la raíz נחם en orden a delinear las asociaciones semánticas ulteriormente organizadas en paradigmas; el *capítulo segundo* examina la articulación de los componentes que intervienen en el acto de consolar, de modo que nos permita comprender la dinámica del fenómeno dentro de su desarrollo, y no sólo en el análisis separado de sus elementos.

La **segunda parte** es de índole exegética. Si en la primera presentamos los componentes del fenómeno consolatorio, en ésta queremos examinarlo dentro de DtIs. A través de la exégesis de textos significativos ilustramos los elementos que intervienen en un contexto específico, así como su desarrollo en el mismo.

Consta de tres capítulos cuyo orden de exposición pretende evidenciar el progreso del tema en Is 40–55.

El *capítulo tercero* está dedicado al estudio de los elementos específicos que en la perícopa de Is 40,1-11 se asocian a la consolación y que después reaparecen en Is 54–55, de modo que paragonando el inicio con el fin se evidencie mejor cuál es el progreso de nuestra temática y en qué consista el consuelo para DtIs. En el *capítulo cuarto* estudiamos cómo se produce el paso de la desolación a la consolación, poniendo especial atención en los diversos recursos y medios que el profeta emplea para producirlo. Con este objetivo analizamos algunos textos que ilustran y ejemplifican las distintas técnicas utilizadas por el autor (Is 40,12-31; 42,18–43,7; 45,9-13; 50,4-11; 51,17-23). Finalmente, el *capítulo quinto* estudia la perícopa del cuarto canto del siervo (Is 52,13–53,12) como punto de confluencia a partir del cual la situación de desolación cambia y la salvación se desata para Jerusalén. Nos detendremos especialmente en la figura del intercesor como elemento necesario para que se realice el oráculo consolatorio.

La **tercera parte** aborda cuestiones de índole teológica que derivan del estudio exegético. Consta de un solo capítulo que pretende evidenciar cómo el fenómeno consolatorio estructura toda la trama deuteroisaiana. En un segundo momento recoge los resultados del análisis exegético y los articula en una síntesis teológica que consiste en una presentación orgánica de la experiencia de consolación tal como la concibe DtIs.

* * *

Indicaciones técnicas

1. Sobre la bibliografía:

a) La bibliografía que aparece en las notas a pie de página se presenta desde su primera aparición en forma abreviada. La referencia completa se encuentra en la bibliografía general.

b) El orden de las citas sigue el siguiente criterio: primero, léxicos y diccionarios; segundo, diccionarios temáticos; tercero, gramáticas; cuarto, comentarios y otros estudios. Dentro de esta taxonomía el segundo criterio de ordenación es el cronológico.

c) Respecto al modo de citar:
   - *obras de consulta general* (gramáticas, léxicos y diccionarios): sigla de la obra, seguida de la indicación de las páginas;
   - *voz de Diccionarios teológicos* (*ThWAT*, *THAT*): inicial del nombre y apellido del autor, título abreviado de la voz, sigla y número del volumen, páginas;
   - *comentarios de Isaías y otros estudios*: inicial del nombre y apellido del autor, título abreviado, páginas.

2. La Siglas y Abreviaturas se encuentran en p. 361-368. Para las siglas de los libros bíblicos seguimos «Instructions for Contributors», *Bib* 70 (1989) 581. El orden de los mismos en la citación es según la BH.

3. La terminología que adoptamos en la presente disertación para nombrar las distintas unidades retóricas del libro sigue la nomenclatura de R. MEYNET, *Traité de rhétorique biblique*, Rhétorique sémitique 4, Paris 2007, 131-215.

PRIMERA PARTE

FENOMENOLOGÍA GENERAL
DE LA CONSOLACIÓN

La consolación es un estado propio del ser humano en cuanto sujeto abierto a la experiencia espiritual. Consiste en encontrarse en una condición interior o exterior, en la que dominan elementos de carácter positivo. De éste se ha ocupado extensamente la filosofía, la teología espiritual y recientemente la psicología y la psiquiatría en sus estudios sobre la depresión[1].

La posibilidad de estudiar la consolación desde ópticas tan distintas es indicio de que se trata de un fenómeno complejo. Éste abarca diversas dimensiones y ámbitos del ser humano, y puede ser analizado separadamente en cada una de ellas. Si esta variedad de perspectivas supone un valioso enriquecimiento, también comporta el riesgo de simplificar la comprensión que tiene la Sagrada Escritura sobre este tema.

El objeto de nuestra tesis requiere que dediquemos una primera parte a cuestiones generales. En el *primer capítulo*, estudiamos la raíz נחם en orden a delinear los paradigmas con las que generalmente aparece asociada en la BH. Delimitado el campo semántico, el *segundo capítulo* se ocupa del análisis y articulación de los componentes que intervienen en el acto de consolar, así como de la descripción dinámica del fenómeno.

---

[1] Cf. p. 10.

CAPÍTULO I

ESTUDIO DE LA RAÍZ נחם

El objeto de nuestra tesis, *el tema de la consolación en DtIs*, exige como paso previo poner en relación nuestro concepto de consolación con el concepto de consolación de la BH. Para ello, es necesario el estudio y análisis de las concurrencias de la raíz נחם, ya que ésta representa en la lengua hebrea el núcleo central del campo semántico de la consolación.

■ 1. El concepto de consolación

El primer paso del método que hemos adoptado solicita la elaboración del campo semántico. Para ordenar el léxico de un determinado tema es necesario definir el término que lo representa[1]. Si por una parte las *precomprensiones* que tenemos del concepto consolación nos permiten buscar en el texto bíblico[2], por otra, son un obstáculo para descubrir cuál es la novedad y contribución específica de la revelación bíblica sobre el mismo. Aunque es lícito comenzar la investigación a partir de nuestro concepto, es obligado declarar los *a priori* de los que partimos.

---

[1] Cf. M. ALINEI, «Metodologia», 34.
[2] Cf. H.G. GADAMER, *Wahrheit*, 250-256; P. BOVATI, *Giustizia*, 29.

1.1 Las precomprensiones del concepto consolación

Los *a priori* que influyen en la comprensión del concepto de consolación provienen principalmente del campo de la filosofía, de la espiritualidad y de la psicología. El ser humano aspira a ser feliz, y esta aspiración transciende su dimensión psicológica y sensible, ya que en éstas la persona hace continuamente experiencia de su propia contingencia. Si, por una parte, la pérdida de los bienes desequilibra su mundo de afectos, por otra, este hecho le lleva a orientarse hacia la posesión de un bien que nadie le pueda arrebatar. En este sentido la filosofía, representante del triunfo de la razón sobre la sensibilidad, se presentaba como aquella capaz de consolar al ser humano que está haciendo experiencia del sufrimiento invitándole a apoyarse en razones que rebasan las realidades caducas.

La consolación filosófica, en concreto, hace referencia a una serie de discursos o escritos que buscaban aplacar el dolor de aquellos que se encontraban en el luto o en una prueba difícil[3]. El cristianismo de los primeros siglos considera este tipo de literatura un ejercicio de retórica, ya que las únicas razones que pueden fundamentar la verdadera consolación son las de la fe[4]. Por esta razón, en paralelo a la filosofía, el cristianismo elabora su propia producción literaria que se extiende desde el tiempo de la patrística hasta prácticamente el s.XIX[5].

Una reminiscencia de cómo la consolación filosófica afecta a nuestra comprensión del término es la sublimación del aspecto racional en detrimento del afectivo. En el oficio de consolar, el filósofo utilizaba tópicos dependiendo de las situaciones (muerte, enfermedad, ruina, pobreza…) y dependiendo también de la

---

[3] Se presentaba bajo tres géneros literarios: a) en *verso*, por ejemplo, la *Consolatio ad Liviam* atribuida a Ovidio; b) en *cartas*, como las de Cicerón a su madre Heluia o la Consolación a Marcia de Séneca; c) finalmente, en *tratados* o *discursos*, por ejemplo, el *Fedón* de Platón o el *De senectute* de Cicerón. Cf. M. VILLER, «Consolation chrétienne», *DicSp* II, 1611.

[4] Cf. BOETHIUS, *De consolatione philosophiae. Opuscula theologica.*

[5] Cf. M. VILLER, «Consolation chrétienne», *DicSp* II, 1613-1617.

propia perspectiva filosófica[6]. Aunque en el mundo greco-romano el aspecto argumentativo era un componente esencial del proceso consolatorio, no era el único. Otros elementos como la amistad, la simpatía y la cercanía debían confluir[7]. Es más, los mismos comportamientos rituales son un modo de vehicular y disciplinar los sentimientos, las formas, los gestos y el tiempo.

La teología espiritual se apropia del concepto y, especialmente a partir del medioevo, lo convierte en un término técnico para indicar un estado interior que proviene de Dios. Esta condición de alegría y paz internas se califica de *espiritual* o con otros atributos, para distinguirla de una mera disposición anímica[8]. Será particularmente San Ignacio, quien recogiendo la tradición precedente[9], elaborará en el *Libro de Ejercicios* los criterios de discernimiento sobre las mociones. La consolación consiste en un incremento de la vida teologal[10]. La espiritualidad, como la filosofía, subraya los aspectos más trascendentes, minusvalorando otros de tipo más sensible o físico. El consuelo es un estado de naturaleza espiritual, un don procedente de Dios.

La acentuación del elemento interior se radicalizará en el subjetivismo moderno. El incremento de estudios en el ámbito de la psicología y la psiquiatría sobre la depresión, un fenómeno actual y en cierto sentido antónimo del consuelo[11], desemboca

---

[6] Cicerón distingue varias teorías de la consolación conectadas a distintas escuelas de pensamiento: estoicos, peripatéticos, epicúreos y cirenaicos, así como también un repertorio de respuestas ya hechas. Cf. C.A. NEWSOM, «The Consolation», 353-354.

[7] Cf. *id.*, 354.

[8] Por ejemplo, Casiano en *Conferencias* IX, 27 habla de la «inefable alegría que proviene de las visitas del Señor». Cf. L. POULLIER, «Consolation spirituelle», *DicSp* II, 1618.

[9] Cf. TOMÁS DE AQUINO, *STh* I.2, q.32a, 1c, sobre la «delectación»; TERESA DE JESÚS, *Moradas* III, 2.10, sobre los «gustos» o «contentos»; y también JUAN DE LA CRUZ, *Dichos de luz y amor*, 14: «más estima Dios en ti inclinarte a la sequedad y el padecer por su amor, que todas las consolaciones y visiones espirituales y meditaciones que puedas tener».

[10] El consuelo es «quando en el ánima se causa alguna moción interior, con la qual viene el ánima a inflamarse en amor de su Criador y Señor». También «quando lanza lágrimas motivas a amor de su Señor, agora sea por el dolor de sus peccados, o de la passión de Christo». Finalmente, llama consolación «al aumento de esperanza, fee y caridad». Cf. IGNACIO DE LOYOLA, *Ejercicios Espirituales*, 316.

[11] Cf. p. 10, n.4.

en la identificación del mismo con un estado de ánimo al que se llega mayormente por un mecanismo compensatorio. El hincapié en el elemento introspectivo también se presenta problemático, pues el hecho de que la referencia última de la consolación sea el estado de ánimo del sujeto priva al consuelo de sus componentes objetivos y racionales y deja al ser humano a merced de dinamismos internos inconscientes, patológicos y por tanto incontrolables, de los que el individuo no es responsable.

Estas consideraciones generales nos hacen conscientes de que las categorías con que nuestra cultura connota el término pueden no coincidir plenamente con las categorías bíblicas. Esta circunstancia nos lleva también a una primera conclusión que puede sernos útil en la aproximación a la Sagrada Escritura: el concepto de consolación depende de la antropología subyacente, es decir, de la percepción que se tenga del ser humano y de aquello que lo constituye: su naturaleza, finalidad y sentido último.

1.2 La problemática de la raíz hebrea נחם

Aunque el tema de la consolación no se reduce al estudio de un vocablo, en la investigación es necesario comenzar por un elemento objetivo. Nosotros tomamos como punto de partida la raíz נחם. Los condicionamientos históricos y la distancia cultural impiden la mera transposición de términos antiguos a nuestras lenguas, ya que una palabra en un determinado sistema lingüístico puede no tener su correspondiente en otro y, aun teniéndolo, no existe entre ambos términos una perfecta univocidad.

Dependiendo del contexto la raíz נחם suele traducirse por: «consolar», «compadecerse», «arrepentirse» e incluso «vengarse»[12]. Podríamos limitar nuestro análisis a su primera acepción (*consolar*) y estudiar sus relaciones sintagmáticas y paradigmáticas, pero

---

[12] Cf. ZORELL, 510-511; BDB, 636-637; KB, 608-609; ALONSO, 489; CLINES, V, 663-665; H.J. STOEBE, «נחם», *THAT* II, 59-66; H. SIMIAN-YOFRE, «נחם», *ThWAT* V, 366-384.

nuestro modo de categorizar está organizado en base a lo que hemos experimentado u otros nos han trasmitido, a un sistema cultural de referencia que tiene connotaciones, denotaciones, asociaciones lexicográficas y simbólicas diferentes. Por eso, debemos constatar si matices como la compasión, la venganza o el arrepentimiento que en nuestra lengua, no tienen relación con el concepto de consolación pudieran tenerlo en el texto bíblico.

Tras una breve presentación de la problemática, expondremos sintéticamente las soluciones que desde los ámbitos etimológico, filológico y teológico se han dado a la cuestión.

1.2.1 Breve presentación del problema

La raíz נחם aparece 119 veces en la BH, de las cuales 108 son formas verbales[13]: 48 en *nifal*, 51 en *piel*[14], 2 en *pual*, 7 en *hitpael*; las 11 restantes son formas nominales. En *piel* se traduce normalmente por «consolar» y en *pual* por «ser consolado»[15]. Sin embargo en *hitpael* el significado es incierto[16]. Las traducciones oscilan entre

---

[13] Cf. Tabla I, p. 349-352.

[14] Algunos autores consideran la forma אֲנַחֲמֵךְ de Is 51,19 un *aphel*. Cf. CLINES, V, 665; M. DAHOOD, «Some Aphel», 70, n.1.

[15] H.J. STOEBE, «נחם», *THAT* II, 62, sin embargo, atribuye el significado de «compadecerse» a la raíz en Is 66,13 y Rut 2,13 y la connotación de venganza a Ez 14,23, 16,54 y Lm 2,13 (según CLINES, V, 664 también Sl 23,4).

[16] H. SIMIAN-YOFRE, «נחם», *ThWAT* V, 378 cree que, excepto en Gn 27,42, Nm 23,19 y Ez 5,13, el *hitpael* de נחם expresa la relación afectiva y efectiva entre dos partes. La parte más fuerte tendría la función de sostener a la más débil. No así H.J. STOEBE, «נחם», *THAT* II, 63, que considera que en *hitpael* la raíz puede adoptar varios sentidos.

[17] H.J. STOEBE, «נחם», *THAT* II, 63 estima que en Gn 37,35 y Sl 119,52 el *hitpael* es reflexivo. Sin embargo, CLINES, V, 665 atribuye a la raíz en sendos pasajes un valor permisivo. En los dos casos donde Dios es el sujeto (Dt 32,36; Sl 135,14), H.J. STOEBE, «נחם», *THAT* II, 63 le asigna el sentido de «compadecerse». H. SIMIAN-YOFRE, «נחם», *ThWAT* V, 378, en cambio, sostiene que la experiencia de consolación radica en una actividad judicial salvífica. Según H.J. STOEBE, «נחם», *THAT* II, 63, H. SIMIAN-YOFRE, «נחם», *ThWAT* V, 376 y CLINES, V, 665, en Gn 27,42 y Ez 5,13 la raíz tiene un matiz de venganza.

«arrepentirse», «tener compasión» y «consolarse» con sentido permisivo o vengativo[17]. En *nifal* la discusión se complica. Donde el sujeto es Dios, el significado suele ser «arrepentirse»[18], menos en Jue 2,18; Is 1,24; 57,6; Sl 90,13; 106,45 que, junto a aquellos textos donde el sujeto es humano[19], se presentan más problemáticos[20].

1.2.2 Distintas soluciones

La pertinencia de afrontar el problema reside en que la diversidad de significados no se explica recurriendo al fenómeno de homonimia sino a partir de la intuición, todavía no probada, de que entre los diversos matices existe una relación y que, por lo tanto, son elementos implícitos en el concepto bíblico de consolación. Estudiamos las aportaciones que desde el campo etimológico, lexicográfico y teológico afectan a esta cuestión.

---

[18] La fórmula נחם + אל/על + הָרָעָה aparece en los siguientes textos: Ex 32,12.14; 2Sam 24,16; Jr 18,8.10; 26,3.13.19; 42,10; Jl 2,13.14; Am 7,3.6; Jon 3,9.10; 4,2; 1Cr 21,15. La raíz נחם con significado de «arrepentirse, cambiar de opinión» se encuentra también en: Gn 6,6.7; 1Sam 15,11.29.35; Jr 4,28; 15,6; 20,16; Ez 24,14; Za 8,14; Sl 110,4. Según H.J. STOEBE, «נחם», *THAT* II, 63.65, en Jr 15,6 la raíz significa «compadecerse», mientras en Jr 20,16 «dar pena a alguien, sentir compasión por».

[19] En algunos pasajes נחם presenta la acepción «arrepentirse» (Jr 8,6; 31,19; Job 42,6) o «cambiar de decisión» (Ex 13,17). En otros expresa el sentimiento de compasión (Jue 21,6.15) o el aspecto reflexivo «consolarse», bien como fin de la pena (Gn 24,67; 38,12; 2Sam 13,39), bien en el sentido de que el infortunio de otros produce consuelo (Ez 14,22; 31,16; 32,31), o también en sentido permisivo, como rehusar el consuelo (Jr 31,15; Sl 77,3). CLINES, V, 663 considera que la raíz en Sl 77,3 puede tener el valor reflexivo «consolarse», mientras Dahood se inclina por «arrepentirse» (cf. M. DAHOOD, *Psalms II*, 226-227).

[20] Los diccionarios conceden a נחם en Jue 2,18 y Sl 90,13 el valor de «compadecerse». Menos consenso existe en Sl 106,45, al que también se le concede el matiz de «arrepentirse». En referencia a los textos de Isaías, CLINES, V, 663 otorga a la raíz en Is 1,24 el significado de «vengarse» u «obtener satisfacción», debido al paralelismo con נקם. En cambio, H.J. STOEBE, «נחם», *THAT* II, 63 y H. SIMIAN-YOFRE, «נחם», *ThWAT* V, 375-376 prefieren atribuirle un matiz reflexivo (cf. O. GIENINI, «El consuelo», 63-78). CLINES, V, 663 traduce la raíz en Is 57,6 por «arrepentirse», mientras H.J. STOEBE, «נחם», *THAT* II, 63 traduce por «calmarse».

— *Campo etimológico*

El recurso a la etimología, en cuanto ésta estudia el origen, forma y significación de las palabras, puede iluminar en algunos casos la acepción del término. Un presupuesto equivocado, sin embargo, es pensar que el sentido y uso originario de un lexema constituye el significado matriz a partir del cual se derivan los demás[21].

En nuestro caso, la correspondiente raíz acadia de נחם es «na᾿āmum» que significa «proceder con audacia»[22]. Por esta razón, se prefiere la derivación de «nḥ», cuyo sentido es «estar tranquilo, descansar» (Gn 5,29; Ez 5,13)[23]. En ugarítico la raíz se encuentra sólo en nombres propios[24]. En siriaco el *pael* de dicho verbo se traduce tanto por «resucitar» como por «consolar»[25]. La conexión con el concepto de resurrección ha hecho pensar a algunos en el árabe, donde la raíz «nḥm» significa «respirar profundamente»[26]. Otra posibilidad es realizar un estudio comparado acerca la traducción de las versiones antiguas en referencia a los textos de la BH donde aparece la raíz נחם, pero esto tampoco esclarece la cuestión[27].

La etimología rescata los matices de «vivificar», «pacificar» e «infundir aliento» a los que está asociado el concepto de «consolar» en la tradición bíblica, aunque no aporta datos relevantes sobre la continuidad semántica entre «consolar» y «arrepentirse», «cambiar de decisión» y «vengarse».

---

[21] Sobre el problema de recurrir a las etimologías, cf. J. BARR, *The Semantics*, 105-160.

[22] Cf. W. VON SODEN, *Akkadisches Handwörterbuch* II, 694.

[23] J. Levy sugiere esta posibilidad, cf. J. LEVY, *Wörterbuch* III, 370.

[24] Cf. J. AISTELEITNER, *Wörterbuch*, 804.

[25] Cf. R. PAYNE SMITH, *Thesaurus Syriacus* II, 2338.

[26] Cf. R. DOZY, *Supplément* II, 650; D.W. THOMAS, «A Note on the Hebrew Root נחם», 191-192; N.H. SNAITH, «The Meaning», 48.

[27] Se observa por ejemplo que, a diferencia del Tg y la Vg, las versiones griegas tienden a evitar los antropomorfismos especialmente en aquellos pasajes en *nifal* donde Dios cambia de decisión (cf. R. LOEWE, «Jerome's Treatement», 264-272). Sobre la relación נחם con שוב y μετανοείν, cf. A. TOSATO, «Per una revisione», 13-24.

— *Campo lexicográfico*

En el campo lexicográfico son relativamente pocos los estudios que han intentado resolver la cuestión. Señalamos brevemente las cuatro contribuciones más importantes en este ámbito[28]: H.J. Stoebe[29], H. Simian-Yofre[30], H. van Dyke Parunak[31] y P.J. Harland[32].

En la voz «נחם» del diccionario *Theologisches Handwörterbuch zum Alten Testament*, H.J. Stoebe no concede mucho espacio a la cuestión. La menciona tangencialmente en el apartado dedicado a la etimología[33] y, al tratar la conjugación *piel*, se limita a afirmar que el significado general de la raíz נחם es «consolar»[34].

Desde la voz también de un diccionario, el *Theologisches Wörterbuch zum Alten Testament*, H. Simian-Yofre aborda explícitamente la cuestión en la introducción del segundo punto[35]. Sostiene que existe un significado común en todos los usos de נחם que consiste en tratar de influenciar en una situación para cambiarla[36]. Considera fundamentales dos parejas de elementos: decisión-efecto y emoción-afecto, relacionadas entre sí; no obstante, dependiendo del contexto se enfatiza más un aspecto u otro[37]. Finalmente afirma que en *nifal* se acentúa la alteración del sujeto respecto a una situación concreta y en *piel* la determinación de otro sujeto a cambiar la actitud de alguien en referencia

---

[28] Para una valoración sintética de los estudios de van Dyke Parunak, Simian-Yofre y Harland, cf. O. Gienini, «El consuelo», 58-62.

[29] Cf. H.J. Stoebe, «נחם», *THAT* II, 59-66.

[30] Cf. H. Simian-Yofre, «נחם», *ThWAT* V, 366-384.

[31] Cf. H. van Dyke Parunak, «A Semantic Survey», 512-532.

[32] Cf. P. Harland, *The Value of Human Life*, 71-87.

[33] Cf. H.J. Stoebe, «נחם», *THAT* II, 60.

[34] Cf. *id.*, 61.

[35] Cf. H. Simian-Yofre, «נחם», *ThWAT* V, 368-369.

[36] Cuando la situación es presente, se puede cambiar rechazando una obligación o absteniéndose de una acción; cuando es futura, intentando influenciar la decisión; y cuando es pasada, aceptando las consecuencias de un acto o ayudando a otro a aceptarlas o, al contrario, disociándose emocionalmente de las mismas. Esta disociación afectiva tiene varios grados que van desde el arrepentimiento hasta la determinación de generar para el futuro una nueva situación, pasando por el remordimiento, el compromiso o el distanciamiento. Cf. *id.*, 368-369.

[37] Cf. *id.*, 369.

a la condición en que se encuentra[38]. En *hitpael*, sin embargo, la raíz expresa la relación afectiva y efectiva entre dos partes, en la que la más fuerte se hace cargo de la más débil[39].

El artículo de van Dyke Parunak en *Biblica* está consagrado a dicho problema. Se centra en las formas *nifal* y *hitpael* con la intención de establecer su relación con el *piel*. La conclusión del autor es que el significado base de נחם coincide con el de la forma *piel*, «consolar»[40]. El sentido «compadecerse» sería una derivación metonímica del dolor emocional que, por empatía hacia el que sufre, siente el consolador[41]. Este sufrimiento provoca una tensión que tiende a ser aliviada. Las conjugaciones *nifal* y *hitpael* describen el modo con que ésta se resuelve[42].

Finalmente, P. Harland en su monografía sobre Gn 6–9 dedica un capítulo al «arrepentimiento» de Dios en Gn 6,6. Considera insuficientes los estudios filológicos y recomienda analizar la raíz en su contexto[43]. Resuelve el problema del «arrepentimiento» de Dios en Gn 6,6 diciendo que la utilización de antropomorfismos es un modo de expresar la naturaleza personal de Dios[44]. Es precisamente esta relación personal la que fundamenta la posibilidad de cambio en sus decisiones[45].

— *Campo teológico*

En el ámbito teológico la reflexión se ha centrado en el «arrepentimiento» de Dios[46]. Este aspecto contrasta con la idea

---

[38] Cf. H. Simian-Yofre, «נחם», *ThWAT* V, 369.

[39] Cf. *id.*, 378.

[40] Como Stoebe. Cf. p. 34, n.34.

[41] Cf. H. van Dyke Parunak, «A Semantic Survey», 525-527.

[42] Cf. *id.*, 532.

[43] Cf. P. Harland, *The Value of Human Life*, 78.

[44] Cf. *id.*, 74.

[45] Cf. *id.*, 79.

[46] Cf. J. Jeremias, *Die Reue Gottes*; T.E. Fretheim, «The Repentance», 47-70; R.W.L. Moberly, «Did the Serpent», 1-27; T. Thordarson, «Notes of the Semiotic Context», 226-235; G. Willis, «The Repentance», 156-175; R.B. Chisholm, «Does God Change», 387-399; P. Harland, *The Value of Human Life*, 73-77; C.A. Newsom, «The Consolation», 347-358; D.C. Raney, «Does Yhwh *naham*?», 105-115. En conexión con el arrepentimiento está el tema del *pathos* divino, cf. L.J. Kuyper, «The Suffering», 257-277; T.E. Fretheim, *The Suffering of God*.

de la inmutabilidad divina. Otra dificultad es la de conciliar textos bíblicos que afirman que la irrevocabilidad es propia de Dios (Nm 23,19; 1Sam 15,29) con otros en los que es propiamente su ser misericordioso lo que le lleva a cambiar de decisión (Os 11,8-9; Jl 2,13; Jon 4,2).

En la tentativa de dar una solución, algunos autores distinguen entre si el objeto del arrepentimiento se hace sobre elementos inmutables o si se hace sobre una situación concreta[47]. Otros resuelven la dificultad diciendo que este modo de hablar es antropomórfico o metafórico[48], ya que existe una clara diferencia entre el arrepentimiento de Dios y el de los hombres[49]. Finalmente, hay quien considera que el elemento que determina que Dios cambie su decisión es la obediencia del hombre[50].

---

[47] J.T. Willis señala que el arrepentimiento divino está siempre relacionado con un acontecimiento determinado (cf. G. WILLIS, «The Repentance», 168). Chisholm distingue los decretos (*decrees*) inmutables (Nm 23,19; 1Sam 15,29; Jr 4,28; Ez 24,14; Za 8,14; Sl 110,4) de las declaraciones (*announcements*) mutables (Ex 32,12; Jr 15,6; 18,8.10; 26,3.13.19; Jl 2,13-14; Jon 3,9.10; 4,2) (cf. R.B. CHISHOLM, «Does God Change», 387-399). Otros autores explican estos pasajes contradictorios alegando que el concepto ha sufrido un desarrollo diacrónico (cf. H. SIMIAN-YOFRE, «נחם», *ThWAT* V, 374-375).

[48] Cf. T.E. FRETHEIM, «The Repentance», 50-59; G. WILLIS, «The Repentance», 158.

[49] Algunos autores prefieren, por esta razón, traducir por «aplacarse» o «cambiar de decisión» en vez de «arrepentirse» (cf. P. HARLAND, *The Value of Human Life*, 78). Moberly observa que, mientras para Dios se utiliza la raíz נחם, el arrepentimiento de los hombres se expresa con שוב y que este cambio de decisión en Dios se relaciona con una intención salvífica (cf. R.W.L. MOBERLY, «Did the Serpent», 11-12). Harland, sin embargo, considera que la clave para comprender los antropomorfismos es el ser personal de Dios (cf. P. HARLAND, *The Value of Human Life*, 75).

[50] Cf. por ejemplo, R.W.L. MOBERLY, «Did the Serpent», 11; G. WILLIS, «The Repentance», 169. A partir de este elemento D.C. Raney clasifica así los textos: a) Dios se arrepiente como respuesta a la desobediencia humana (Gn 6,6-7); b) Dios se arrepiente como respuesta al arrepentimiento humano (Jl 2,14; Jon 3,9-10); c) Dios se arrepiente como respuesta a la oración de intercesión (Ex 32,12.14); finalmente, d) el arrepentimiento de Dios como atributo divino (Jl 2,13; Jon 4,2) (cf. D.C. RANEY, «Does Yhwh *naḥam*?», 110-114). Otros teólogos, sin embargo, más que a la obediencia del hombre, atribuyen este cambio a la libertad de Dios (cf. T. THORDARSON, «Notes of the Semiotic Context», 227.231), entendida no como una libertad arbitraria, sino salvífica: «God's sovereign freedom of action is always accompanied by a fundamental consistency of moral and redemptive purpose» (cf. R.W.L. MOBERLY, «Did the Serpent», 12).

1.2.3 Una tentativa de solución

Apoyados en las aportaciones de los estudiosos y en los resultados de nuestra propia investigación, vamos a indicar en este apartado una posible solución al problema. Estamos convencidos de que la oscilación semántica en la traducción de נחם a nuestras lenguas no responde a un fenómeno de homonimia y que existe una serie de elementos comunes que permiten explicar no tanto el significado base del término como el porqué de esta variación. El estudio atento de los 108 textos en que aparece el verbo nos ha llevado a especificar algunos de los componentes esenciales.

La situación inicial de la que se parte generalmente es una situación de sufrimiento. Éste puede ser causado por diversos motivos: muerte (Jr 31,15-17), enfermedad (Job 2,1-11), injusticia (Sl 119,41-56), castigo (Lm 1,1-6). Una segunda observación es que tanto el sujeto como el complemento directo del verbo es una persona, individual o colectiva (Gn 50,21; Is 49,13; 66,13; Rut 2,13)[51]. Este dato indica que נחם expresa una relación interpersonal y, por lo tanto, que un objeto no puede ser medio adecuado para consolar.

Por último, observamos que נחם en los textos bíblicos puede expresar una acción: «consolar» (Is 12,1); un efecto: «consolarse», «aliviarse» (Ez 31,16); o una reacción: «compadecerse» (Jue 2,18), «arrepentirse» (Gn 6,6). Se trata de un efecto, acción o reacción de un sujeto tanto ante el dolor que otro está sufriendo como ante las causas que lo producen. La oscilación en la traducción estriba en la posición que adopta el agente con respecto al sufrimiento: ante el

---

[51] En cinco textos los sujetos de la raíz נחם son cualidades abstractas u objetos: en 1Sam 15,29 (x2) es la «gloria de Israel» (נֵצַח יִשְׂרָאֵל); en Sl 23,4 «tu vara y tu cayado» (שִׁבְטְךָ וּמִשְׁעַנְתֶּךָ); en Sl 119,76, «tu misericordia» (חַסְדְּךָ); en Ez 31,16 «todos los árboles de Edén» (כָּל־עֲצֵי־עֵדֶן); y en Job 7,13 el «lecho» (עֶרֶשׂ). La «gloria de Israel» (1Sam 15,29), la «vara» y el «cayado» (Sl 23,4), la «misericordia» (Sl 119,76) y «todos los árboles de Edén» (Ez 31,16) son figuras literarias que hacen referencia a individuos o a una particular característica o actitud de los mismos y, por lo tanto, pueden considerarse sujetos personales. El texto de Job 7,13 en realidad tampoco supone una excepción, ya que el versículo afirma que el «lecho» resulta inadecuado para consolar.

dolor de otro hombre, el sujeto puede «compadecerse» (Jue 2,18), puede realizar la acción de «consolar» (Is 49,13) o puede «consolarse», es decir, experimentar alivio frente a la adversidad ajena; y esto, bien como una forma de venganza (Gn 27,42), bien como una forma de compensación por el propio sufrimiento que, al compararlo con el ajeno, se atenúa (Ez 31,16); frente a la situación negativa o de dolor que la propia decisión puede crear a otro individuo, el agente puede «arrepentirse», «cambiar de decisión» (Jl 2,13).

2. El sintagma de la consolación y su organización paradigmática

En este apartado daremos un nuevo paso. Un tema es en realidad un *dominio semántico*, esto es la agrupación de campos semánticos unidos por relaciones sintácticas que consiste en un conjunto de taxonomías ordenadas a formar una proposición[52]. El dominio semántico del tema de la consolación está formado por un conjunto de campos unidos por relaciones de tipo sintáctico. Es necesario, pues, estudiar las relaciones *sintagmáticas* que se establecen entre las distintas partes de la oración en los pasajes donde aparece נחם.

Para cada uno de estas relaciones existe un léxico que se organiza según *paradigmas*[53]. Intentaremos evidenciarlos sin pretender ser exhaustivos, ya que nuestro objetivo es sólo detectarlos en orden a elegir los textos deuteroisaianos más adecuados para el tratamiento de nuestra temática. Dado el considerable número de pasajes sujetos a examen, partimos de la clasificación realizada en la conclusión del apartado anterior. La raíz נחם puede indicar una *acción*, un *efecto* o una *reacción*.

---

[52] Cf. M. ALINEI, «Metodologia», 39.
[53] Cf. p. 17-18.

2.1 La raíz נחם, una acción: consolar

La consolación puede ser una acción que un sujeto realiza en referencia a otro en orden a hacerlo salir del sufrimiento o aliviar su dolor. Para expresar este acto en hebreo se utiliza generalmente la forma *piel*. Ahora bien, no siempre la acción de *consolar* en todos los textos donde la raíz tiene esta acepción, señala el mismo momento de la dinámica. Es decir, en algunos casos *consolar* indica el proceso, en otros el resultado y en otros, es la finalidad de un movimiento; *consolar* puede ser el objeto de una promesa o, por el contrario, puede ser una realidad presente. Hemos clasificado la amalgama de textos teniendo en cuenta la construcción sintáctica, pero también las diversas posibilidades que surgen dependiendo del grado de realización del acto de consolar.

2.1.1 Consolar, finalidad del movimiento

En Gn 37,35a; 2Sam 10,2-3; Is 61,2; Job 2,11; 1Cr 7,22; 19,2-3[54], la acción de consolar constituye el término de un dinamismo. La construcción sintáctica en todos estos pasajes consiste en verbo de movimiento + [sujeto] + ל + inf. *piel* נחם + comp. directo o suf. Por ejemplo, en Gn 37,35: [verbo de movimiento] «se levantaron» (וַיָּקֻמוּ) + [sujeto] «todos sus hijos y todas sus hijas» (כָּל־בָּנָיו וְכָל־בְּנֹתָיו) + [ל + inf. + suf.] «para consolarle» (לְנַחֲמוֹ).

En los pasajes la situación es de duelo (אבל, Gn 37,35; 2Sam 10,2-3; Is 61,2; 1Cr 7,22; 19,2-3), menos en Job 2,1-11 donde es una enfermedad. El sujeto que consuela puede ser individual: David (2Sam 10,2; 1Cr 19,2), el siervo (Is 61,2); o colectivo: hijos (Gn 37,35), hermanos (1Cr 7,22), amigos (Job 2,11). El complemento directo se expresa por el sufijo verbal (Gn 37,35; 2Sam 10,2; Job 2,11; 1Cr 7,22; 19,2) o directa-

---

[54] En 2Sam 10,3 y 1Cr 19,3 aparece el participio מְנַחֲמִים. Por su relación con 2Sam 10,2 y 1Cr 19,2, situamos estos textos en este apartado. Cf. Tabla II, § 1, p. 353.

mente (כָּל־אֲבֵלִים, Is 61,2). En 2Sam 10,2 y 1Cr 19,2l el complemento preposicional con אֶל o עַל respectivamente indica el
motivo del desconsuelo. Los verbos de movimiento que prece-
den el infinitivo son: קוּם (Gn 37,35); שׁלח (2Sam 10,2-3; Is 61,1;
1Cr 19,2-3); בוא (2Sam 10,2-3; Job 2,11; 1Cr 7,22; 19,2-3).

La raíz נחם se encuentra en relación sinonímica con hacer misericordia (חֶסֶד + עשׂה, 2Sam 10,2; 1Cr 19,2), honrar (כבד, 2Sam 10,3;
1Cr 19,3) y condolerse (נוד, Job 2,11). En Is 61,2, consolar está en
conexión con el anuncio del año de gracia (שְׁנַת־רָצוֹן) y de restauración (יוֹם נָקָם, 61,2), con dar buenas noticias (בשׂר), vendar el corazón roto (לְנִשְׁבְּרֵי־לֵב + חבשׁ) y proclamar la liberación a los deportados (לִשְׁבוּיִם דְּרוֹר + קרא, 61,1). El acto de consolar se identifica con la asunción de gestos típicos del ritual del duelo o en
el caso de Job 2,12-13 del ritual penitencial. En la mayor parte
de nuestros pasajes se realiza en grupo y requiere un tiempo
(יָמִים רַבִּים, 1Cr 7,22).

Otros textos que se sitúan en esta línea son 2Sam 12,24;
Job 29,25; 42,11. Comparten con los otros la circunstancia de
duelo o dolor, pero la forma verbal aparece conjugada en *piel*. En
Job 29,25 la raíz נחם se encuentra dentro de una comparación:
«escogía su camino y me sentaba entre ellos como el jefe. Vivía
como un rey en medio del ejército o como el que *consuela* (יְנַחֵם)
a los que están en duelo (אֲבֵלִים)». En los otros textos la raíz indica el cese del tiempo de luto[55]. En 2Sam 12,24 este dato se expresa por medio de la relación sexual de David con Betsabé: «*consoló*
(וַיְנַחֵם) David a Betsabé, su mujer, fue y se acostó con ella y dio a
luz un hijo»[56]; en Job 42,11 por el elemento del banquete: «fueron donde él todos sus hermanos y todas sus hermanas y todos sus

---

[55] Para G.A. Anderson el verbo consolar no tiene simplemente una connotación
emocional. Indica tanto la asunción del estado de luto con el que está en duelo como
la suspensión de dicho acto. Es decir, puede designar el proceso o el resultado (cf.
G.A. ANDERSON, *A Time to Mourn*, 84). En los textos construidos con el infinitivo prevalece la connotación de proceso, mientras en 2Sam 12,24 y Job 42,11 descuella la de
resultado.

[56] Sobre la relación sexual como expresión de alegría y término del luto, cf.
G.A. ANDERSON, *A Time to Mourn*, 27-37.86; C.A. NEWSOM, «The Consolation», 349.

conocidos y comieron con él pan en su casa, y le hicieron las con-
dolencias y *le consolaron* (וַיְנַחֲמוּ אֹתוֹ) de todo el mal que le había
hecho venir Yhwh»[57].

2.1.2 Consolar, una promesa

En el apartado anterior la acción de consolar se identificaba con
la asunción del luto o el cese del mismo. Consolar también puede
ser el objeto de una promesa cuyo núcleo radica en el término de
una situación hostil. Entendemos que consolar corresponde a una
promesa, en el sentido de una acción que se anuncia, se decreta o
se pide, aunque todavía no se ha realizado. Los pasajes que clasifi-
camos dentro de esta categoría son: Is 40,1; 66,13; Jr 31,13;
Za 1,17; Sl 71,21; 119,76.82[58].

La fidelidad (Sl 71,17; 119,74.81.83.87) coloca al orante en una
circunstancia adversa (Sl 71,24; 119,78.83.85.86). En esta situación
el salmista implora a Dios la consolación: «¿cuándo *me consolarás*
(תְּנַחֲמֵנִי)» (Sl 119,82); «que tu misericordia *me consuele* (לְנַחֲמֵנִי) como
has prometido a tu siervo» (Sl 119,76). También desde esta condición el creyente confiesa la certeza: «de nuevo *me consolarás* (תְּנַחֲמֵנִי)»
(Sl 71,21). La acción coincide con el evento del restablecimiento
de la justicia y de la vida: «me harás revivir (תְּחַיֵּינִי) [...] me levan-
tarás (תַּעֲלֵנִי), acrecerás mi dignidad (תֶּרֶב גְּדֻלָּתִי)» (Sl 71,20-21); «que
me alcance tu compasión y viviré (אֶחְיֶה)» (Sl 119,77); «¿cuándo me
consolarás? [...] ¿cuándo me harás justicia contra los que me persiguen (תַּעֲשֶׂה בְרֹדְפַי מִשְׁפָּט)? [...] ayúdame (עָזְרֵנִי) [...] según tu misericordia dame vida (חַיֵּנִי)» (Sl 119,82-88).

---

[57] En ambos textos hay un elemento extraño que causa sorpresa. En 2Sam 12
David viola el ritual del duelo que termina precisamente con la muerte del hijo de
David (cf. G.A. ANDERSON, *A Time to Mourn*, 83-84). También en Job 42,11, antes de
que los familiares y conocidos den el pésame a Job, el Señor ya ha cambiado la situa-
ción restituyéndole el doble (Job 42,10). Sobre este último texto, cf. B. COSTACURTA,
«E il Signore cambiò le sorti», 262, n.31.

[58] Cf. Tabla II, § 2, p. 354.

En los textos proféticos es Dios (Is 66,13; Jr 31,13) o el profeta quien anuncia el oráculo salvífico (כֹּה־אָמַר יְהוָה, Is 40,1; Za 1,16). Equivale al fin de una situación de sufrimiento (Is 40,2; Za 1,15) que se expresa a través de la modalidad del imperativo: en 40,1 «*consolad, consolad* (נַחֲמוּ נַחֲמוּ) a mi pueblo, dice vuestro Dios»; y en Za 1,17 dentro también de una oración principal con imperativo: «todavía grita (קְרָא), así dice Yhwh [...] *consolará* (וְנִחַם) de nuevo Yhwh a Sión»[59]. En ambos textos el destinatario es Israel (עַמִּי y צִיּוֹן). La raíz נחם en Is 40,1 está en sinonimia con la expresión דבר + עַל לֵב y el cese de la desolación se motiva a través de la triple construcción sintáctica כִּי + *qatal* (Is 40,2): «que ha cumplido su servicio oneroso, su culpa ha sido pagada, ha recibido de la mano de Yhwh el doble por todos sus pecados». En Za 1,17 se pone el acento no tanto en el fin del exilio como en el anuncio de la reedificación del templo (Za 1,16), la abundancia de bienes y la elección o restablecimiento de la alianza: «*consolará* (וְנִחַם) todavía Yhwh a Sión y elegirá (וּבָחַר) todavía a Jerusalén» (Za 1,17).

También en Is 66,13 y Jr 31,13 consolar es una promesa: «como aquel a quien su madre consuela, así yo *os consolaré* (אֲנַחֶמְכֶם)» (Is 66,13)[60]; «porque cambiaré su luto en alegría, *les consolaré* (וְנִחַמְתִּים) y alegraré por su dolor» (Jr 31,13). Consolar es un augurio conectado con la sobreabundancia y la fecundidad: Jerusalén como madre hacia la que confluirán los pueblos (Is 66,12.18; Jr 31,10-12) acogerá a los hijos que vuelven a ella. La abundancia de bienes (Is 66,11.12[61]; Jr 31,12.14) y los signos de alegría (Is 66,10.14; Jr 31,13) serán expresión del consuelo de Yhwh. Este estado de salvación se describe simultáneamente con dos imágenes: el huerto regado (וְהָיְתָה נַפְשָׁם כְּגַן רָוֶה, Jr 31,12) y los huesos que florecen (וְעַצְמוֹתֵיכֶם כַּדֶּשֶׁא תִפְרַחְנָה, Is 66,14).

---

[59] Za 1,17 forma parte además de la respuesta que el Señor da al ángel donde aparece el sustantivo נִחֻמִים: «el Señor contestó al ángel que hablaba conmigo palabras buenas, *palabras de consuelo* (דְּבָרִים נִחֻמִים)» (Za 1,13).

[60] En el versículo reaparece la raíz נחם en *pual*: «y en Jerusalén *seréis consolados* (תְּנֻחָמוּ)».

[61] Aparece también en Is 66,11 el sustantivo תַּנְחֻמִים junto a la raíz שבע como expresión de abundancia: «a fin de que maméis y os saciéis del pecho de *sus consolaciones* (תַּנְחֻמֶיהָ)».

2.1.3 Consolar, una realidad

En otros textos consolar no es una promesa sino una acción que Dios o un ser humano está ya realizando en favor de otro. Este hecho se utiliza como motivo o premisa para que el sujeto que sufre deje de hacerlo. Los textos clasificados en esta categoría son: Gn 50,21; Is 12,1; 49,13; 51,3.12; 52,9; Sl 23,4; 86,17; Rut 2,13[62].

En Is 49,13 e Is 52,9 el sintagma כִּי־נִחַם יְהוָה se sitúa tras una oración principal que rige imperativo. Por eso, consideramos que la forma *qatal* tiene valor de presente. Es decir, se puede ordenar a Jerusalén la alegría: «gritad (רנן) cielos, exulte (גיל) la tierra, los montes prorrumpan (פצח) en alabanzas (רִנָּה)» (Is 49,13); «prorrumpid (פצח), gritad (רנן)» (Is 52,9), porque «Yhwh *consuela* (כִּי־נִחַם יְהוָה)»[63]. En Is 51,3 también aparece este mismo sintagma, sin embargo, la estructura del fragmento es distinta. En Is 51,1-2 se invita a recordar el pasado, en concreto a detenerse (שמע y נבט) en las figuras de Abraham y Sara, memoria pasada que se pone en conexión con la acción consoladora de Dios ya presente: כִּי־נִחַם יְהוָה (Is 51,3).

En algunos de los complementos directos del sintagma (כִּי + נחם *qatal*), aflora el aspecto negativo: en Is 49,13 el término «oprimidos» (עֲנִיָּו) está en paralelo a עַמּוֹ y en Is 51,3 consolar a Sión (צִיּוֹן) equivale a consolar «sus ruinas» (כָל־חָרְבֹתֶיהָ). En sinonimia con נחם están las raíces רחם (Is 49,13) y גאל (Is 52,9). La modalidad en que se realizará la consolación varía ligeramente de un pasaje a otro: en Is 51,3 se expresa a través de la metáfora de la transformación del sequedal en jardín, en Is 49,9-12 con la imagen del pastor que reúne y conduce al pueblo, y en Is 52,7-10 por el anuncio alegre del reinado de Dios que, viniendo, despliega su brazo y redime a Jerusalén.

---

[62] Cf. Tabla II, § 3, p. 354.

[63] Un caso inverso se da en Sl 86,17. La motivación: «porque tú, Yhwh, me ayudas y me consuelas» (כִּי־אַתָּה יְהוָה עֲזַרְתַּנִי וְנִחַמְתָּנִי, Sl 86,17b), está precedida del imperativo dirigido a Yhwh: «vuélvete a mi, ten misericordia, da tu fuerza a tu siervo, salva al hijo de tu esclava, haz un signo benévolo, de modo que lo vean los que me odian y sean avergonzados» (Sl 86,16-17a).

Con una construcción sintáctica diversa, el *yiqtol* de Is 12,1 refleja el mismo esquema lógico del anterior: porque «me *has consolado*» (וַתְּנַחֲמֵנִי) yo puedo darte gracias (אוֹדְךָ יְהוָה), desbordar de alegría (Is 12,5.6). Consolar está en relación consecutiva con el cese de la ira (אַפְּךָ + שׁוּב) y en sinonimia con la experiencia de Dios salvador, en quien se confía y de quien se obtienen las fuerzas (Is 12,2): consolar se asocia a una promesa de abundancia: «sacarás aguas con gozo de las fuentes de la salvación» (Is 12,3) y de alegría: «aquel día recitaréis […]» (Is 12,4-6). En Is 12,2 se introduce un elemento de confianza (בטח) en paralelismo a «no temer» (לֹא פָחַד) y en conexión con la presencia de Yhwh (בְּקִרְבֵּךְ, Is 12,6). Lo mismo ocurre en otros textos que presentamos a continuación (Gn 50,12; Is 51,12; Sl 23,4; Rut 2,13).

En Is 51,12 y en Sl 23,4 el agente del consuelo es Dios. El sentido de los sintagmas donde aparece la raíz sería el siguiente: porque te estoy consolando, no debes temer. Así se presenta en Is 51,12 a través de la pregunta, «¿quién eres tú para que temas a los hombres que pueden matar?» si «yo *os estoy consolando* (אָנֹכִי הוּא מְנַחֶמְכֶם)»; y también en Sl 23,4, donde el «no temer» del salmista (לֹא־אִירָא רָע) aparece motivado por la cercanía divina «porque tú estás conmigo» (כִּי־אַתָּה עִמָּדִי) y conectada con el sintagma siguiente: «tu vara y tu cayado *me consuelan* (יְנַחֲמֻנִי)»[64].

En Gn 50,21 es José quien consuela a sus hermanos. El *wayyiqtol* וַיְנַחֵם también aparece asociado a la fórmula «no temer» (וְעַתָּה אַל־תִּירָאוּ) y en paralelismo a «hablar al corazón» (עַל־לֵב + דבר), como en Rut 2,13. Ésta es una expresión idiomática que tiene aquí el sentido de fortalecer, dar ánimos. En Gn 50,21, José afirma: «no temáis, yo os sustentaré a vosotros y a vuestros niños», y esto «*les consoló* (וַיְנַחֵם אוֹתָם)», les «habló al corazón (עַל לִבָּם)». En Rut 2,13, la razón se expresa en el sintagma precedente: «he encontrado gracia a tus ojos, mi señor, porque *me has consolado* (נִחַמְתָּנִי), has hablado al corazón (דִבַּרְתָּ עַל־לֵב) de tu sierva». En ambos

---

[64] Aunque el *yiqtol* יְנַחֲמֻנִי puede expresar futuro, en algunas ocasiones cuando está en paralelo a la fórmula de asistencia (כִּי־אַתָּה עִמָּדִי), indica siempre una realidad presente.

casos el motivo para no temer radica en que alguien, José o Booz, se hace cargo del indigente, asumiendo la figura del *gôʾēl*[65].

2.1.4 Permanecer en el desconsuelo

En algunos textos la negación de la raíz נחם se utiliza para indicar propiamente lo contrario, es decir, la imposibilidad de consolación. Los motivos son diferentes: porque no hay quien consuele (Lm 1,2), porque el que lo puede hacer, o no se encuentra (Qo 4,1) o no se le permite hacerlo (Jr 16,7), o porque los medios son inadecuados (Job 16,2)[66].

El sintagma אֵין + מְנַחֵם + לְ es característico del primer capítulo de Lamentaciones donde se describe ampliamente la devastación de Jerusalén (Lm 1,2.9.17.21)[67]. En Lm 1,2 el participio מְנַחֵם remite a «todos los que la aman» (מִכָּל־אֹהֲבֶיהָ), y éste a su vez, a «todos sus aliados le han traicionado» (כָּל־רֵעֶיהָ בָּגְדוּ בָהּ), «se le han vuelto enemigos» (הָיוּ לָהּ לְאֹיְבִים). En Lm 1,17.19 se vuelve a hacer referencia al abandono de los pueblos con los que normalmente Jerusalén pactaba, dejándola sola en el momento del exilio. La destrucción operada por el Señor es total y la paradoja estriba en que, siendo Dios quien ha quitado los recursos a su ciudad amada (Os 2,8-9), la consolación sólo puede esperarse de Él (Lm 1,9).

En otras ocasiones, el sintagma אֵין + מְנַחֵם no parece tener este sentido. El participio con la partícula אֵין o bien indica que el que puede consolar no se halla presente (Is 51,19; Na 3,7; Sl 69,21; Qo 4,1; Lm 1,16)[68] o bien que no se le permite hacerlo (Jr 16,7). En el primer caso, encontramos expresiones que indican búsqueda: esperar (קוה, Sl 69,21), buscar (בקשׁ, Na 3,7), así

---

[65] Respecto al caso de Rut, J.J. STAMM, «גאל», *THAT* I, 384-386 considera que el levirato no pertenecía a las obligaciones del *gôʾēl*. No así A.R. JOHNSON, «The Primary Meaning of √גאל», 70.

[66] Cf. Tabla II, § 4, p. 355.

[67] Sobre esta expresión en Lamentaciones, cf. J. RENKEMA, *Lamentations*, 104-105.

[68] En esta misma línea está לֹא נֻחָמָה, participio *pual* de Is 54,11 en función sustantivada y en paralelo a «afligida» (עֲנִיָּה) y «desconcertada» (סֹעֲרָה).

como el fracaso de esta tentativa: no encontrar (לֹא מָצָא, Sl 69,21), lejanía del consolador (רחק, Lm 1,16). En Is 51,19, Na 3,7 y Sl 69,21, la raíz נחם aparece en sinonimia con נוד. En Lm 1,16, מְנַחֵם está en aposición a מֵשִׁיב נַפְשִׁי «el que devuelve la vida», expresión análoga a la de Sl 23,3 (נַפְשִׁי יְשׁוֹבֵב). Las situaciones que se describen son de llanto (בכה, Lm 1,16; דִּמְעָה, Qo 4,1), desolación (שׁדד, Na 3,7; שׁמם, Lm 1,16), opresión (עשׁק, Qo 4,1), vergüenza (חֶרְפָּה, Sl 69,21), enfermedad (נושׁ, Sl 69,21), quebrantamiento (שָׁבְרָה לִבִּי, Sl 69,21), ruina (הַשֹּׁד), destrucción (וְהַשֶּׁבֶר), hambre (וְהָרָעָב) y espada (וְהַחֶרֶב, Is 51,19). En el segundo caso (Jr 16,7), al profeta no se le permite realizar los gestos de condolencia, él no debe partir el pan (לֶחֶם + לֹא פרס), ni dar a beber la copa del consuelo (כּוֹס תַּנְחוּמִים). A través de este gesto simbólico, Jeremías manifestará al pueblo de Israel lo que le sucederá.

Finalmente existen cuatro textos, donde la consolación no se realiza a causa de la cualidad del medio. En Job 7,13, el lecho (עַרְשִׂי) no puede consolar la angustia de Job, porque en él no encuentra reposo (Job 7,14). Los amigos que deberían ser consoladores aptos resultan inadecuados por la vaciedad de sus discursos (הֶבֶל, Job 16,2; y מַעַל, Job 21,34), como también son inadecuados en Za 10,2 los presagios vanos (הֶבֶל) de los adivinos[69].

2.1.5 Observaciones conclusivas

La raíz נחם se conjuga en *piel* cuando expresa la acción de *consolar*. En el Pentateuco, Libros Proféticos anteriores y Job el sujeto es humano, mientras en el *Corpus* Profético y Salmos suele ser Yhwh. En un grupo de textos, normalmente de Lamentaciones, a través de la construcción con el participio se indica la ausencia de un consolador. El complemento directo puede ser individual o colectivo.

---

[69] Las palabras de los consoladores, por el contrario, deberían ser de consuelo (תַּנְחוּמִים). Cf. a este respecto Job 15,11; 21,2.

El contexto vital donde se desarrolla la acción de consolar
varía; puede ser de muerte, enfermedad, indigencia material,
injusticia o exilio. En los textos estudiados del Pentateuco y
Libros Proféticos anteriores la situación representada normalmente es la del duelo; en Job la enfermedad; en los salmos, la
injusticia; y en los profetas y Lamentaciones, el exilio. Dos metáforas, la del luto y la del *gô'ēl* pueden ser los paradigmas en
torno a los que se articula el vocabulario y la imaginería.

El ritual del luto consiste en la presencia de los familiares y
amigos que asumen los gestos típicos como estar en silencio o
lamentarse, ayunar, echarse ceniza sobre la cabeza, vestirse de
saco, practicar la continencia sexual o celebrar una comida
donde se pasa la copa del consuelo. El duelo suele durar siete
días y termina con una acción específica, normalmente opuesta
a las anteriores: comer y beber, alabar a Dios, vestirse de fiesta,
tener una relación sexual, ungir con aceite[70]. En textos como
Gn 37,35; 2Sam 10,2-3; Is 61,2; Job 2,11; 1Cr 7,22; 19,2-3, *consolar* equivale a hacerse cercano y asumir el ritual del duelo; en
otros como 2Sam 12,24 y Job 42,11, coincide con realizar un
acto que señala el fin del mismo. La aparición de elementos
como la abundancia de bienes, la fecundidad, la alabanza y alegría, los vestidos y adornos de fiesta que encontramos en los
profetas pueden tener como trasfondo la metáfora del duelo y
ser utilizados para significar el término del exilio. Yhwh a través
del anuncio del consuelo declara el final de la deportación y la
inauguración de un tiempo nuevo (Is 12,1; 40,1; 49,13; 51,3.12;
52,9; Jr 16,7; 31,13; Za 1,17).

Según Lv 25, la función del *gô'ēl* consiste en que un pariente próximo debe comprar las tierras que otro ha vendido por
necesidad, con el fin de restituírselas o redimirlo si éste ha tenido que venderse como esclavo. Este significado primario se alarga por metonimia a otros ámbitos[71]; en Gn 50,21 y Rut 2,13

---

[70] Cf. G.A. ANDERSON, *A Time to Mourn*, 49; C.A. NEWSOM, «The Consolation», 349.

[71] Cf. H. RINGGREN, «גאל», *ThWAT* I, 886-887. Para A.R. Johnson, sin embargo, el
primer significado de la raíz גאל es «proteger» (cf. A.R JOHNSON, «The Primary
Meaning of √גאל», 73-74).

aparece claramente esta figura, mientras en otros textos que hemos estudiado se encuentra como trasfondo. Por ejemplo, en los salmos Yhwh se presenta como aquel que protege del peligro y de la injusticia (Sl 23,4; 69,21; 86,17; 119,76.82), puede ser también el horizonte de algunos pasajes proféticos (Is 51,12) o de la constatación de Lamentaciones: «no hay quien te consuele» (Lm 1,2.9.17.21). *Consolar* equivaldrá a un acto de restablecimiento de la justicia a favor de quien está sufriendo. En este contexto la raíz נחם está relacionada con una terminología que expresa fortalecimiento, cercanía, confianza, seguridad, protección, liberación y redención.

2.2 La raíz נחם, un efecto: consolarse

La raíz נחם en vez de un acto también puede indicar un efecto: *consolarse* como un modo de venganza o de alivio. Las formas verbales dominantes son *hitpael* y *nifal*, raramente *piel*. La construcción hebrea en sentido estricto no es reflexiva. Un verbo es reflexivo cuando expresa una acción realizada y recibida al mismo tiempo por el sujeto. Estos dos elementos, la acción realizada y recibida por el mismo sujeto, no convergen cuando נחם significa *consolarse*. En la BH la raíz נחם con el sentido de *consolarse* puede denotar el efecto que produce la acción que un sujeto realiza sobre aquel que es consolado (Gn 37,35), o bien su consuelo es el resultado de un acto que él mismo realiza sobre otros (Is 1,24). Dicha raíz con el sentido de *consolarse* indica también el fin de un tiempo de luto (Gn 38,12) o el fruto de una actividad perceptiva (Ez 31,16).

2.2.1 Consolarse, como expresión del fin del luto

Los textos que entran dentro de esta categoría son Gn 24,67; 38,12; 2Sam 13,39[72]. En todos ellos la situación descrita es de

---

[72] Cf. Tabla III, § 1, p. 356.

luto. El motivo de la desolación en 2Sam 13,39 se indica con la preposición עַל (עַל־אַמְנוֹן), en Gn 24,67 con אַחֲרֵי (אַחֲרֵי אִמּוֹ) y en Gn 38,12 con un sintagma: «murió la hija de Sua, mujer de Judá» (וַתָּמָת בַּת־שׁוּעַ אֵשֶׁת־יְהוּדָה).

Consolarse coincide con el fin del duelo (2Sam 13,39) y se indica a través de la reanudación de la actividad o de la realización de un acto que señala el término del luto. En Gn 24,67 Isaac tiene una relación sexual con Rebeca y en Gn 38,12 Judá reemprende su actividad y sube donde estaban los trasquiladores de ovejas, siendo el esquileo un momento festivo (1Sam 25,4ss).

Los textos de Gn 24,67; 38,12; 2Sam 13,39 se asemejan a 2Sam 12,24; Job 29,25; 42,11. En estos pasajes, sin embargo, mediante el uso de la forma *nifal,* el desolado es el sujeto del verbo, subrayando de este modo no tanto el aspecto de la acción como el efecto de la misma.

2.2.2 Consolarse, como efecto de la acción ajena

La consolación no depende de la voluntad de los otros ni de las acciones que realizan, ya que éstas pueden no tener un efecto consolador. El hombre puede *rehusar consolarse* y este dato aparece en Gn 37,35b; Jr 31,15 y Sl 77,3[73]. En los tres textos se encuentra el sintagma מֵאֵן + inf. נחם en *nifal* o *hitpael*[74]. En Gn 37,35b y Jr 31,15 la situación es de duelo: Jacob ante la comunicación de la muerte de José rechaza el consuelo de sus hijos (Gn 37,35); Raquel rehúsa consolarse porque sus hijos (עַל־בָּנֶיהָ) no se encuen-

---

[73] Cf. Tabla III, § 2, p. 356.

[74] Un caso parecido se encuentra en Is 22,4: «por eso digo, dejad de mirarme y lloraré amargamente, no os afanéis en *consolarme* (לְנַחֲמֵנִי) de la destrucción de mi pueblo». El infinitivo está en *piel* y el verbo principal es «insistir» (אוץ), por eso, se formula en negativo. El motivo del desconsuelo es la invasión (Is 22,5-9), pero sobre todo la inconsciencia de un pueblo que demuestra su insipiencia al no reconocer el origen de la catástrofe (Is 22,10-13).

tran (כִּי אֵינֶנּוּ)[75]. La circunstancia trágica que está viviendo el pueblo en Sl 77 impide que en el presente abandono (Sl 77,8-11) el salmista se consuele al recordar el pasado glorioso de Dios (Sl 77,12-21).

En los tres pasajes se describe ampliamente un estado de sufrimiento. En Gn 37,34 se indica con los gestos típicos del luto: rasgarse las vestiduras (וַיִּקְרַע שִׂמְלֹתָיו), ceñirse el sayal (וַיָּשֶׂם שָׂק), llorar (בכה, Gn 37,35) y la nota intensificadora de tiempo: «muchos días» (יָמִים רַבִּים); en Jr 31,15 Raquel, inconsolable por la ausencia de sus hijos, estalla en un llanto amargo (נְהִי בְכִי תַמְרוּרִים); la voz del orante del Salmo 77 está llena de angustia (צָרָה), agitación (פעם), desaliento (עטף), queja (שִׂיח); el dolor se percibe tan grande e ilimitado que *consolarse* resulta imposible[76].

En Gn 37,35 y en Sl 77,3 surge además un elemento de inadecuación parecido al que ya vimos en Za 10,2; Job 16,2; 21,34[77]. En Gn 37 consiste en que los hijos que consuelan a Jacob son precisamente los que le han mentido sobre la muerte de José; en Sl 77 el pasado resulta improcedente para encontrar respuesta al abandono presente de Yhwh, es más, el dolor aumenta porque contrasta con el estado actual: el Señor que había operado en el pasado grandes maravillas, ahora guarda silencio; algo así como las respuestas ortodoxas de los amigos de Job ante su enfermedad.

Las soluciones tradicionales no sirven en la situación nueva que se experimenta en propia carne. Job percibe el sufrimiento como un ensañamiento contra él y por lo tanto sin remedio, si Yhwh no se decide a cambiar. Algunos textos como Jr 20,14-18 y Job 3,1-13 caminan en esta línea. En ambos la maldición de la vida manifiesta paradójicamente el deseo de una vida donde no

---

[75] En Gn 35,16-21 sucede justamente lo contrario: Raquel muere dando a luz a Benjamín. La figura de Raquel en Jr 31 se considera una personificación del pueblo en relación con su propio futuro (Jr 31,17). La elección de este personaje quizás esté motivada por la conexión con Efraim (Jr 31,18.20) y por su gran deseo de ser madre. Cf. P. BOVATI, *Testi di Nuova Alleanza*, 175.

[76] En Gn 37,35 esto es evidente, pues rehusar consolarse se asocia a la afirmación de Jacob sobre su intención de permanecer en luto hasta el momento de su muerte: «bajaré al Sheol en duelo por mi hijo» (כִּי־אֵרֵד אֶל־בְּנִי אָבֵל שְׁאֹלָה).

[77] Cf. p. 46.

exista la muerte. Se prefiere no haber gozado del don, antes de hacer experiencia de perderlo. Análogamente sucede en los textos donde se rehúsa el consuelo. La ruptura con la vida es tan profunda que de alguna manera, mediante el rechazo de la normalidad, se expresa lo insustituible del bien que se ha perdido.

2.2.3 Consolarse, efecto de la propia acción sobre otros

El dolor normalmente produce un desequilibrio que en situación de duelo el hombre busca superarlo a través de la asunción del ritual[78]. Lo mismo ocurre en situación de injusticia: el salmista recurre a Dios para salir del atropello[79]. Cabe aún la posibilidad de que en vez de apelar a otra instancia, el individuo realice una acción que procure restablecer la justicia y el derecho.

Los textos donde el consolarse aflora como el resultado de la propia actuación se sitúan en esta línea. El hecho de que el sujeto sea quien ejecute y reciba el efecto del propio acto no significa que םחנ sea reflexivo en sentido estricto, ya que la acción que efectúa no la efectúa sobre sí mismo. Los textos clasificados en esta categoría son Gn 27,42; Is 1,24; 57,6 y Ez 5,13[80]. En Gn 27,42 y Ez 5,13 la raíz aparece en *hitpael* y en Is 1,24; 57,6 en *nifal*. En todos, menos en Gn 27,42, el sujeto es Yhwh, y םחנ significa «aliviarse» con un cierto sesgo vengativo.

Es necesario todavía precisar qué entiende la BH por "venganza"[81].

---

[78] Cf. p. 39-40.46-47.

[79] Cf. p. 41-42.

[80] Cf. Tabla III, § 3, p. 357.

[81] A partir de la monografía de René Girard (cf. R. GIRARD, *La violence et le sacré*), el tema de la violencia sagrada ha sido de creciente interés (cf. la bibliografía sobre esta temática en N. LOHFINK, «Literaturverzeichnis», 225-247). Asociado a la violencia sagrada se encuentra el tema de la venganza, sobre el que existen diversos estudios: dos monografías sobre la venganza de sangre, cf. E. MERZ, *Die Blutrache*; H.G.L. PEELS, *The Vengeance of God*; y varios artículos: M. BUTTENWEISER, «Blood Revenge», 303-321; P. DUCROT, «De la vendetta à la loi», 350-365; R.H. SWATZBACK, «A Biblical Study», 451-457; H. MCKEATING, «Vengeance is Mine», 239-245; P. RÉMY, «Peine de mort», 323-350; G.E. MENDELHALL, «The Vengeance», 69-104; W. DIETRICH, «Rache», 450-472; P. BOVATI, *Ristabilire la giustizia*, 45-48. Para una bibliografía más detallada, cf. la nota bibliográfica en P. BOVATI, «Vengeance», 1208.

Mientras en nuestras sociedades este concepto se opone a un acto jurídico, en el mundo bíblico la "venganza" es una forma reconocida por la sociedad y regulada por una normativa[82]. Se trata de una instancia de control de las relaciones interpersonales donde, por un mal recibido, se infringe otro proporcional al que lo ha realizado[83]. Si se eliminase esta modalidad significaría que el culpable puede permanecer impune o que la muerte del inocente carece de importancia. La "venganza" se presenta entonces como un medio de restablecimiento de la justicia, y será justa sólo si es proporcional al delito[84].

El relato de Gn 27,1-46 narra el engaño de Jacob a Esaú. Aquel le usurpa la primogenitura a través de la mentira y Esaú busca la restauración de su derecho. En Gn 27,42 se dice: «Esaú tu hermano *se vengará* (מִתְנַחֵם) matándote». El participio *hitpael* (מִתְנַחֵם) se construye con la preposición לְ y el infinitivo constructo (לְהָרְגֶךָ) que indica la modalidad. Más que del problema de su licitud, a nosotros nos interesa subrayar que el verbo נחם, traducido por «vengarse», ha de entenderse en el contexto de restablecer el derecho a la primogenitura que Jacob ha arrebatado a Esaú con el fraude.

El sujeto de los otros tres textos es Yhwh. En Is 1,24 la raíz נחם en forma *nifal* se construye con la preposición מִן y en paralelo al verbo נקם: «*tomaré satisfacción* (אֶנָּחֵם) de mis adversarios, tomaré venganza (וְאִנָּקְמָה) de mis enemigos». La acción divina será favorable para Jerusalén (Is 1,25-27), mientras los rebeldes que abandonan al Señor perecerán (Is 1,28). Consideramos que el «tomar satisfacción o venganza» debe entenderse aquí como una expresión equivalente a «no reprimir la cólera», como se apreciará mejor en Is 57,6 y Ez 5,13[85]. Esta asociación ya había aparecido en Is 12,1, donde al cesar de la ira corresponde el ser consolado: «te doy gra-

---

[82] Cf. P. BOVATI, *Ristabilire la giustizia*, 46-47.

[83] De hecho nuestros sistemas judiciales se basan en este principio. Cf. P. BOVATI, *Ristabilire la giustizia*, 46.

[84] Cf. *id.*, 48.

[85] Cf. por contraste O. GIENINI, «El consuelo», 63-77, donde la autora considera el verbo como reflexivo: «me consolaré».

cias Yhwh porque estabas airado contra mi (אָנַפְתָּ), pero ha cesado tu ira (יָשֹׁב אַפְּךָ) y *me has consolado* (וּתְנַחֲמֵנִי)»[86].

Is 57,6 de Isaías continúa con la acusación de idolatría comenzada en Is 57,3: «los cantos del torrente serán tu herencia, ellos serán tu lote, a ellos derramaste libaciones, elevaste ofrendas». Después de esto Yhwh se pregunta: «¿acaso sobre esto *me calmaré* (אֶנָּחֵם)[87]?». Al igual que en Is 1,24, creeemos que el sentido de esta expresión sería: «¿acaso voy a reprimir la cólera?, ¿no voy a actuar?, ¿voy a permanecer inerte ante vuestro mal?». También en Ez 5, tras exponer la infidelidad de Jerusalén (Ez 5,5-7), el profeta anuncia la punición (Ez 5,8-17). En el v. 11 Yhwh afirma que no se compadecerá (לֹא־תָחוֹס) ni apiadará (לֹא אֶחְמוֹל).

En Ez 5,13 la raíz נחם aparece en conexión con la consumación de la ira: «agotaré mi irá (וְכִלָּה אַפִּי) y desfogaré mi cólera contra ellos (וַהֲנִחוֹתִי חֲמָתִי בָּם) y *me calmaré* (וְהִנֶּחָמְתִּי)».

Dios no puede ser connivente con el mal. Su reacción ante la vileza se describe con la terminología de la ira y de la cólera: ésta puede designar el dinamismo interno de Yhwh ante el pecado (dimensión emocional) o la acción punitiva (dimensión objetiva)[88]. De igual modo, la raíz נחם puede indicar una acción más objetiva: «vengarse», en el sentido de castigar (Is 1,24) o una reacción más subjetiva: «aliviarse», como sentimiento que Dios prueba (Is 57,6; Ez 5,13). Ambos matices deben entenderse según la BH, esto es, en conexión con el restablecimiento de la justicia que en Dios tiene siempre una perspectiva salvífica.

---

[86] Como muestra P. Bovati, el vocabulario de la cólera está en muchos casos asociado a la terminología jurídica. En su opinión, el esquema «pecado – ira de Yhwh – castigo», es más frecuente que el de «pecado – *rîb* – castigo». El momento de la cólera, por consiguiente, es un paso previo a la punición y subraya la reacción emotiva que prueba Yhwh ante el mal; no reprimirla equivaldría por tanto a dar paso al momento punitivo. Cf. P. Bovati, *Ristabilire la giustizia*, 40-44.

[87] Mientras los diccionarios KB, 608 y Clines, V, 663 traducen por «arrepentirse» y H.J. Stoebe, «נחם», *THAT* II, 63 por «calmarse», BDB, 637 opta por «vengarse». Sobre las diversas posiciones de los exegetas, cf. J.L. Koole, *Isaiah 56–66*, 6364.

[88] Cf. P. Bovati, *Ristabilire la giustizia*, 42-43.

El texto de Gn 5,29 resulta emblemático respecto a la reconciliación y consolación por el juego entre la raíz נחם y la raíz נוח. En Gn 5,28-29 se dice que Lamec había engendrado un hijo a los ochenta y dos años, a quien le puso el nombre de Noé (derivado de נוח). La raíz נוח «dejar, depositar, reposar o dar reposo, pacificar, calmar»[89], aparece por primera vez en Gn 2,15: Dios «deposita» (נוח) al hombre y a la mujer en Edén para que labren y cuiden la tierra. En Gn 8,4 el arca tras el diluvio se «asienta» (נוח) sobre la tierra seca, y a continuación Noé realiza una ofrenda cuyo olor resulta «grato, apaciguador» (הַנִּיחַ, Gn 8,21).

Sin embargo, la razón que el texto de Gn 5,29 presenta para llamar así a Noé, derivado de נוח, está en estrecha relación con la raíz נחם: «y lo llamó Noé (נֹחַ), pues dijo: éste nos *consolará* (יְנַחֲמֵנוּ) del penoso trabajo de nuestras manos de la tierra que Dios maldijo». La raíz נחם vuelve a aparecer en Gn 6,6-7 para indicar por dos veces que Dios se «ha arrepentido» (נחם) de haber creado al hombre sobre la tierra y decide destruirlo con el diluvio.

Noé recibe en el relato del Génesis diversos títulos[90]. El título de *consolador* (Gn 5,29) está estrechamente asociado a la vocación humana de labrar la tierra (Gn 2,15)[91]. Ahora bien, se trata de una tierra que, según Gn 5,29, «Dios maldijo», evocando cuanto aconteció tras la transgresión (Gn 3,17-19) y la historia de pecado que culmina con el «arrepentimiento» (נחם) y decisión divina de eliminar al hombre (Gn 6,6-7). Noé, superviviente del diluvio y consolador del trabajo penoso (Gn 5,29), nada más bajar del arca (Gn 8,16-20), ofrece un holocausto grato a Yhwh (נוח) y obtiene la bendición de Dios (Gn 8,21) y de la tierra (Gn 9,20-21). Noé se presenta de este modo como el pro-

---

[89] Cf. ZORELL, 504-505; BDB, 628-629; KB, 601-602; ALONSO, 483-484; CLINES, V, 637-640.

[90] Por ejemplo, hombre «justo» (צַדִּיק, Gn 6,9; 7,1), «íntegro» (תָּמִים, Gn 6,9), que «caminaba en compañía del Señor» (הלך + אֶת־הָאֱלֹהִים, Gn 6,9), el «hombre de la tierra» (אִישׁ הָאֲדָמָה, Gn 9,20).

[91] Cf. J. GARCÍA RECIO, «Noé intercesor», 58.

totipo de una humanidad nueva[92]. El significado de la raíz נחם
«aliviar o calmar», entendido en el sentido de no reprimir la
cólera, aquí está asociado a la raíz נוח en cuanto se refiere al sacrificio que produce perdón, que aplaca. El trasfondo es el mismo
de los textos anteriores: el restablecimiento de la justicia y la
relación con Dios.

2.2.4 Consolarse, efecto de una percepción

Hay una serie de textos donde el efecto de consolarse se produce mediante una percepción[93]. El recuerdo es una experiencia interna que puede producir consuelo[94]. En el Salmo 119 el
salmista se encuentra en una situación adversa (119,51). El
recuerdo de los juicios del Señor (מִשְׁפָּטֶיךָ, 119,52), de sus estatu-
tos (חֻקֶּיךָ, 119,54), de su palabra (דְּבָר, 119,49) y de sus dichos
(אִמְרָתֶךָ, 119,50), le *consuela* (וָאֶתְנֶחָם, 119,52), mantiene la esperanza del orante (יִחַלְתִּי, 119,49) y le vivifica (חִיָּתְנִי, 119,50).

Un caso peculiar presenta Ez 14,22-23. Tras constatar en el
v. 21 que Yhwh ha mandado las cuatro plagas contra Jerusalén
para eliminar a todos los seres vivientes, en el v. 22 se afirma:
«queda en ella algún superviviente de los que han salido. Hijos e
hijas que han salido adonde estáis vosotros, entonces al ver su conducta y sus malas obras, os *consolaréis* (וְנִחַמְתֶּם) de la catástrofe que
mandé contra Jerusalén, de todo lo que mandé contra ella». El

---

[92] «Noé, hombre de la tierra o labrador, resituó a la humanidad post-diluviana en
el puesto querido por su creador. Y lo hizo de modo original, mediante el consuelo
de las maldiciones y sufrimientos que fueron pesando sobre el trabajo, a causa de las
desavenencias del hombre con Dios y con su mundo, y de los desgarros en las relaciones interhumanas (Gn 3,17-19; 4,10-12). La maldición quedó sanada, de manera
que de la mano del nuevo agricultor, la viña no le negó sus frutos: *Noé el hombre de
la tierra, comenzó a plantar una viña. Y bebió del vino* (Gn 9,20-21)». Cf. J. GARCÍA RECIO,
«Noé intercesor», 58.

[93] Cf. Tabla III, § 4, p. 357.

[94] Cf. por ejemplo Sl 94,19 donde la percepción de la acción de Dios es lo que consuela: «en la multitud de mis preocupaciones, *tus consolaciones* (תַּנְחוּמֶיךָ) me alegraban».

v. 23 retoma la idea y la completa con el uso de la raíz esta vez en *piel*: «*os aliviarán / consolarán* (וְנִחֲמוּ) cuando veáis su conducta y sus malas obras, y comprenderéis que no sin razón hice en ella lo que hice, oráculo del Señor». Luego este alivio proviene no sólo de ver (ראה) sino de comprender (ידע) que Dios no ha actuado arbitrariamente. Es decir, a la percepción visible de la acción divina (Ez 14,22) debe corresponder la percepción interna de la veracidad en su forma de actuar (Ez 14,23). Tanto en Sl 119,52 como en Ez 14,22-23 la consolación proviene de esa certeza interior.

Existe una última serie de textos (Ez 16,54; 31,16; 32,31; Lm 2,13) donde el consuelo emana de la comparación del propio mal con el ajeno. En Ez 16,54 y Lm 2,13 la raíz נחם se encuentra en *piel*, en Ez 31,16 y Ez 32,31 en *nifal* y el motivo del consuelo se expresa con la preposición עַל. En Ez 16,54, el castigo de Jerusalén será consuelo para Samaria y Sodoma: «a fin de que cargues con tu vergüenza y te avergüences de cuanto hiciste, *siéndoles a ellas de consuelo* (בְּנַחֲמֵךְ)» (Ez 16,54). En Lm 2,13 Dios pregunta a Jerusalén devastada: «¿a quién te asemejaré? ¿a quién te igualaré hija de Jerusalén? ¿a quién te compararé de modo que *te consuele* (וַאֲנַחֲמֵךְ), virgen, hija de Sión?». En Ez 31–32 se preconiza la derrota de Egipto desde la perspectiva del Sheol: primero *se consolarán* los árboles del abismo ante la caída del faraón y su ejército (Ez 31,16), después será el faraón quien *se consuele* por la llegada al abismo de otros pueblos que hicieron mal a Egipto (Ez 32,31).

Este mecanismo, aparentemente banal, esconde una profunda realidad humana, a saber, todo sufrimiento produce un desequilibrio que el se humano trata superar. La agresividad es un mecanismo de proyección de la violencia sufrida como un intento de deshacerse de ella. La paradoja es que la persona busca superar el mal del que ha sido víctima convirtiéndose en agresor. Experimentar consuelo ante el mal ajeno es una forma de agresividad que responde a este dinamismo, una modalidad de "venganza"[95]. El dolor tiene para el individuo una doble con-

---

[95] El mecanismo imprecatorio en los salmos consiste en que el orante, al expresar su deseo de violencia contra el agresor, deja en manos de Dios el restablecimiento de

notación de culpabilidad y de inocencia, pues según Gn 3,16 el sufrimiento es consecuencia del pecado. Su intensidad, sin embargo, la experimenta siempre excesiva (Gn 4,31) y en cierto modo impropia. Por esta razón, aun reconociendo que merece sufrir, se siente inocente. En este sentido, encontrarse en la misma situación de aflicción que otro consuela, porque atenúa el sentimiento de culpabilidad y acrecienta el de inocencia.

2.2.5 Observaciones conclusivas

La raíz נחם como efecto *consolarse*, normalmente aparece en *nifal*, a veces en *hitpael* y raramente en *piel*. Solamente en este último caso, el verbo se construye con complemento directo y el sujeto suele ser una persona, a excepción de Is 1,24; 57,6 y Ez 5,13 en lo que el sujeto es Dios. El trasfondo donde se sitúan los pasajes a *grosso modo* son dos: el duelo (§ 2.2.1 y § 2.2.2) y un pecado-castigo padecido o infringido (§ 2.2.3 y § 2.2.4).

En los dos primeros apartados *consolarse* equivale a salir del luto; en unos casos esto sucede con normalidad (Gn 24,67; 38,12; 2Sam 13,39) y en otros el sujeto en cuestión rehúsa el consuelo (Gn 37,35; Is 22,4; Jr 31,15; Sl 77,3). Este comportamiento suscita perplejidad y la nota común es que el dolor es tan intenso que parece irreversible, inconsolable. Aunque el campo semántico responde al paradigma del luto, en estos tex-

---

la justicia. Cf. al respecto B. COSTACURTA, «L'aggressione contro Dio», 539-540: «Quando perciò il salmista (e l'orante) prega per la liberazione propria o del popolo e per l'annientamento degli avversari, in realtà si espropria dei propri sentimenti di vendetta per lasciare che sia Dio a compierla. Le formulazioni della richiesta possono avere anche connotati precisi determinati dal tempo e dalla mentalità soggiacente, ma ultimamente è poi Dio a dover agire e questo lascia necessariamente spazio alla sua libertà. La connotazione tipica dei Salmi come testo di preghiera fa sì che colui che li prega sia in qualche modo liberato dai sentimenti che vi esprime, perché li affida a colui al quale si rivolge. Nel caso particolare dei "Salmi imprecatori", questo vuol dire che i sentimenti di violenza e distruzione che vi sono espressi vengono esposti all'azione di Dio e ai suoi criteri, e sono questi che ultimamente ne determinano l'attuazione e le sue modalità».

tos el sufrimiento se describe con mayor amplitud que en § 2.1.1. El elemento novedoso lo aporta precisamente la posibilidad de rehusar el consuelo. En otros términos, la acción de consolar no es automática, pues existe un componente de libertad humana que consiente o frena su realización.

En Gn 27,42; Is 1,24; 57,6 y Ez 5,13, la raíz נחם tiene el matiz de *vengarse* en cuanto alude a un restablecimiento de la justicia o del propio derecho. Especialmente en los pasajes donde Dios es el sujeto (Is 1,24; 57,6; Ez 5,13), observamos que la venganza equivale a no reprimir la cólera, es decir, a dar paso al castigo. La cólera y la punición no son dos momentos completamente separables; asimismo, el alivio y la venganza, de tono más afectivo el primero y más objetivo el segundo, no son perfectamente distinguibles. La punición divina asume siempre una perspectiva salvífica, y esto se concreta en la oferta de la reconciliación. El texto de Gn 5,29, a través del juego entre las raíces נוח y נחם, nos ha abierto este horizonte presente en otros textos como Is 12,1. Se trata de una consolación que brota del perdón y del restablecimiento de la relación con Dios normalmente mediada por la alianza. Los nuevos paradigmas semánticos conectados con la temática de la consolación pueden agruparse bajo el núcleo del restablecimiento de la justicia, el cual comprende tanto un vocabulario del campo punitivo como del perdón.

Finalmente, la nota común entre Ez 16,54; 31,16; 32,31 y Lm 2,13 es que todos estos textos buscan atenuar el dolor a través del cotejo del sufrimiento propio con el ajeno, pues la aflicción del otro produce alivio. Este dato de la experiencia antropológica es de gran interés en nuestro estudio. El ser humano atrapado en el dolor no sólo rehúsa consolarse sino que, paradójicamente, para salir del mismo, genera dinámicas de agresividad contra el prójimo, dinámicas análogas a las que experimenta internamente. La consolación ante el padecimiento ajeno es un reflejo de este mecanismo.

2.3 La raíz נחם, una reacción: compadecerse, arrepentirse

La raíz נחם puede designar una reacción «compadecerse, pesar o arrepentirse». Estos significados los expresa normalmente en *nifal* y en algunos casos en *hitpael*. La oscilación semántica depende de la perspectiva del sujeto: si el objeto ante el que se sitúa el sujeto es el sufrimiento ajeno, entonces la raíz se traduce por «compadecerse»[96], si por el contrario el objeto es el dolor o las consecuencias que han causado o puede causar la propia decisión, entonces נחם puede tener el sentido de «arrepentirse, pesar, cambiar de opinión».

2.3.1 El significado de arrepentirse

La raíz נחם con el significado de «arrepentirse» suele tener como sujeto a Dios[97]. Algunos exegetas prefieren traducir por «cambiar de decisión», para evitar la connotación negativa de este antropomorfismo[98]. Los textos en que נחם presenta este sentido se dividen en dos grupos: aquellos que afirman la irrevocabilidad de Dios y aquellos que, por el contrario, indican un cambio de decisión[99].

Entre los primeros, destacan tres pasajes donde se dice que el Señor no se retracta, ni se arrepiente. La raíz נחם en *hitpael* aparece en Nm 23,19: «Dios no es un hombre de modo que mienta, ni un hijo de Adán de modo que *se arrepienta* (וְיִתְנֶחָם)». En 1Sam 15,29 y Sl 110,4 la raíz está en *nifal*: «la gloria de Israel no miente y *no se arrepiente* (וְלֹא יִנָּחֵם) pues no es un hombre para

---

[96] En Os 11,8 el sustantivo נְחֻמִים con significado de compasión: «se conmueve *mi compasión* (נִכְמְרוּ נְחוּמָי)», está en paralelo al sintagma: «se trastorna mi corazón (נֶהְפַּךְ עָלַי לִבִּי)». También en Os 13,14 el sustantivo נֹחַם tiene el mismo sentido.

[97] Sólo en cuatro pasajes el sujeto es humano, cf. Ex 13,17; Jr 8,6; 31,19; Job 42,6. Cf. Tabla IV, § 1.1, p. 358.

[98] El objeto del arrepentimiento en ámbito religioso suele ser un mal, mientras el cambio de decisión, aunque contrasta con la idea de inmutabilidad divina no tiene este matiz. Cf. P. HARLAND, *The Value of Human Life*, 78.

[99] Cf. Tabla IV, § 1.2, p. 358-359.

que *se arrepienta* (לְהִנָּחֵם)» (1Sam 15,29); «Yhwh lo ha jurado y no *se arrepiente* (וְלֹא יִנָּחֵם)» (Sl 110,4). El matiz del *arrepentirse* consiste en cambiar de decisión.

Existen dos pasajes en los que el arrepentimiento de Yhwh no se refiere a un castigo y la connotación que adquiere el «arrepentirse» es menos objetiva («cambio de decisión»), y más emocional («pesar, doler»). En Gn 6,6-7 a Yhwh le pesa haber creado al hombre: «*y se arrepintió* (וַיִּנָּחֵם) Yhwh de haber hecho al hombre sobre la tierra y le dolió su corazón y dijo Yhwh eliminaré al hombre que he creado [...] pues *me arrepiento* (נִחַמְתִּי) de haberlo hecho». En 1Sam 15,11 y 15,29 leemos: «me *arrepiento* (נִחַמְתִּי) de haber hecho rey a Saúl» y de nuevo en 1Sam 15,35: «porque Yhwh *se había arrepentido* (נִחָם) de haber hecho rey a Saúl».

En la mayoría de los pasajes en que Dios se retracta, el objeto del arrepentimiento suele ser un castigo. Un grupo considerable de textos contiene el sintagma: «se arrepintió» (נחם) + «del» (עַל / אֶל) + «mal» (הָרָעָה). Una ulterior clasificación de estos se puede hacer a partir de los motivos por los que Yhwh rectifica su decisión[100]: debido a la petición del intercesor (Ex 32,12.14), como consecuencia del arrepentimiento humano (Jr 18,8.10; 26,3.13.19; Jl 2,14; Jon 3,9.10), porque es conforme a la naturaleza de Dios, lento a la ira y rico en misericordia (Jl 2,13; Jon 4,2), por motivo de la pequeñez de Jacob (Am 7,3.6), o por una razón que no se especifica (2Sam 24,16; Jr 42,10; 1Cr 21,15).

Por último, otro grupo de textos presenta el sintagma: לֹא + *nifal* נחם en absoluto (Jr 4,28; 15,6; 20,16; Ez 24,14; Za 8,14). Observamos que en estos pasajes la traducción de נחם oscila entre «compadecerse» y «arrepentirse». Por ejemplo, «sea aquel hombre como las ciudades que Yhwh trastornó y *no tuvo compasión / no se arrepintió* (Jr 20,16)». La falta de un complemento provoca este deslizamiento semántico, ya que si se piensa en el sujeto que padece el castigo, se traduce por «compadecerse»; si, en cambio, lo que se tiene en mente es el complemento omitido (עַל הָרָעָה), se traduce por «arrepentirse». En nuestra opinión,

---

[100] Cf. p. 36, n.50.

prima el sentido de compasión, por eso incluimos este grupo dentro del siguiente apartado[101].

2.3.2 El significado de *compadecerse*

Además de los cinco textos anteriormente mencionados (Jr 4,28; 15,6; 20,16; Ez 24,14; Za 8,14), otros siete pertenecen a esta categoría[102]. En diez de ellos la conjugación es *nifal* (Jue 2,18; 21,6.15; Jr 4,28; 15,6; 20,16; Ez 24,14; Za 8,14; Sl 90,13; 106,45) y en dos *hitpael* (Dt 32,36; Sl 135,14). El sujeto suele ser Dios (Dt 32,36; Jue 2,18; Jr 4,28; 15,6; 20,16; Ez 24,14; Za 8,14; Sl 90,13; 106,45; 135,14), pero también pueden ser seres humanos: בְּנֵי יִשְׂרָאֵל (Jue 21,6); הָעָם (Jue 21,15). El verbo puede completarse con un complemento preposicional (Dt 32,36; Jue 2,18; 21,6.15; Sl 90,13; 106,45; 135,14)[103]. Las situaciones que se presentan son de destrucción (Jr 4,28; 15,6; Ez 24,14) o sufrimiento (Dt 32,36; Jue 2,18; 21,6.15). En Sl 90,13 la raíz aparece insertada dentro una meditación sobre la brevedad de la vida (Sl 90,13) y en Sl 135,13-14 en un contexto donde se narra el ejercicio de Dios en favor de su pueblo.

---

[101] Cf. Tabla IV, § 2, p. 360.

[102] Una fluctuación semántica parecida se detecta en Jr 31,19 y Job 42,6. El hemistiquio de Jr 31,19 donde aparece נחם es ambiguo: כִּי־אַחֲרֵי שׁוּבִי נִחַמְתִּי. Si se atribuye a שׁוב el significado habitual «volver, convertirse», נחם podría tener el sentido de «consolarse», como atestiguan el Tg y la Syr: «después de haber vuelto/convertido, me he consolado»; pero si se atribuye a שׁוב el significado de «alejarse», נחם se traduce por «arrepentirse»: «después de alejarme, me he arrepentido» (cf. P. BOVATI, *Geremia 30–31*, 256). En el caso de Job 42,6, la mayoría de los autores traduce נחם por «arrepentirse»: «por tanto, me retracto y *me arrepiento* (וְנִחַמְתִּי) sobre el polvo y la ceniza». Sin embargo, en esta frase la disposición de los términos consiente la traducción de נחם por «consolarse», trocando completamente el sentido: «detesto el polvo y la ceniza, pero *me consuelo* (וְנִחַמְתִּי)» (cf. G. BORGONOVO, *La notte*, 83-84; B. COSTACURTA, «E il Signore cambiò le sorti», 266, n.36).

[103] El complemento preposicional puede indicar el sujeto de quien se compadece: עַל (עָבַד + עַל, Dt 32,36; Sl 90,13; 135,14); אֶל (אֶל־בִּנְיָמִן, Jue 21,6); לְ (לְבִנְיָמִן, Jue 21,15); el objeto del compadecerse: «de sus gemidos (מִנַּאֲקָתָם)» (Jue 2,18); o la cualidad de la compasión: «según la grandeza de su misericordia (כְּרֹב חֲסָדוֹ)» (Sl 106,45).

Las acciones contrarias a la compasión (נחם לא) están asociadas al hecho de «no desistir o volverse atrás» (לא שוב, Jr 4,28), «no tener piedad» (לא חוס, Ez 24,14) y «no retroceder o no cejar» (לא פרע, Ez 24,14), mientras las acciones de compadecerse están en relación a «volverse» (שוב, Sl 90,13), «juzgar» (דין, Dt 32,36; Sl 135,14) y «recordar la alianza» (בְּרִית + זכר, Sl 106,45). La ausencia de compasión es debida a la deslealtad del pueblo (Jr 15,7-9; Ez 24,12-14) y trae como consecuencia la destrucción descrita como desolación (Jr 4,27), abandono (Jr 4,29; 15,5), luto (Jr 4,28), dolores tan intensos como de parturienta (Jr 4,3), plagas (Jr 15,2-3), un sufrimiento avocado a la muerte (Jr 15,2).

La compasión, sin embargo, se dibuja como un acto de solidaridad humana (Jue 21,3) o de restablecimiento de justicia por parte de Dios (Dt 32,36; Sl 135,14) fundado en la alianza (Sl 106,45). Es el recuerdo de la alianza (Sl 106,45) y la percepción de la condición de aflicción que experimenta el pueblo en la punición (Jue 2,18; Sl 106,44), lo que mueve a Yhwh a la piedad. La naturaleza misericordiosa de Yhwh será también el motivo sobre el que se apoya el orante para increpar a Dios el fin de su angustia (Sl 90,13). En Za 8 el fruto de la compasión de Yhwh se describe como un estado de completa positividad: la presencia del Señor en medio del pueblo (Za 8,3), la salvación y la reunión (Za 8,7.21-22), la elección (Za 8,8), la paz (Za 8,9.12), la esperanza (Za 8,9.13), la justicia en los tribunales (Za 8,15), el gozo y la alegría (Za 8,19).

En su momento constatamos que los estudios filológicos evidenciaban un elemento emocional en la raíz נחם[104]. Todavía, es necesario puntualizar que sentimientos o emociones, como el amor o el odio, pueden tener también un sentido forense o jurídico[105]. Estos se encuentran estrechamente vinculados con

---

[104] Cf. p. 34-35.

[105] Cf. W.L. Moran, «The Ancient Near Eastern», 77-87; G.A. Anderson, *A Time to Mourn*, 10. Otro ejemplo claro es la ira. Mientras en nuestras culturas la cólera tiene una connotación de irracionalidad y arbitrariedad, en la BH está asociada al ámbito jurídico como expresión de una realidad objetiva y no sólo de un sentimiento (cf. P. Bovati, *Ristabilire la giustizia*, 42-44). Consideraciones análogas realiza E. Farfán en su

determinados comportamientos y expresiones. Por ejemplo, la expresión «odio a mi mujer», es una fórmula técnica para designar el acto de divorciarse[106]. Estos datos aplicados a la raíz נחם con el significado de compadecerse no determinan que la compasión carezca de un elemento afectivo o que éste no tenga importancia. Sí determinan, en cambio, que el elemento emotivo no sea el único componente, ya que el sentimiento debe estar unido a un elemento objetivo, que normalmente descansa en un compromiso jurídico. Es decir, se trata de una relación entre personas regulada por una normativa, y es precisamente este compromiso el que debe determinar ulteriormente el sentimiento[107]. Así pues, la compasión debe estar en consonancia con la fidelidad a la relación que ha establecido Yhwh con su pueblo por medio de la alianza.

2.3.3 Observaciones conclusivas

La raíz נחם entendida como reacción ante una determinada situación se expresa en *nifal* o *hitpael*. La oscilación entre el significado de *arrepentirse* y *compadecerse* está determinada por la perspectiva del sujeto. Si éste se sitúa ante las consecuencias de la propia acción o decisión, prevalece el primer significado. Si,

---

estudio sobre la raíz רחם. El autor sostiene que רחם no expresa un sentimiento sino una acción reparadora, la cual requiere el restablecimiento de una relación interrumpida por algún motivo (cf. E. FARFÁN NAVARRO, «רחם», 432-435). En concreto estima que en Is 12,1 el proceso de נחם es idéntico al de רחם, es decir: «lo que se tenía por extraño y se trataba como odioso resulta de pronto entrañable, objeto digno de "piedad" [...] antes de restaurar la miserable condición del castigado (eso significa riḥam), hay que restablecer la previa relación de amor suspendida» (cf. E. FARFÁN NAVARRO, «רחם», 432).

[106] Cf. J. FITZMYER, «A Re-Study», 162.

[107] En nuestra cultura la expresión de los sentimientos es signo de autenticidad, pues nuestra sociedad califica que una conducta es auténtica cuando se deja guiar por ellos. Sin embargo, Anderson sostiene que en la antropología bíblica el movimiento es precisamente el inverso: «the perception of feelings like mourning and joy follows from certain prescribed behaviors. In other words, the movement is from behaviour to feeling, rather than the other way around». Cf. G.A. ANDERSON, *A Time to Mourn*, 95.

por el contrario, el objeto de la raíz נחם es el sufrimiento ajeno, entonces domina el sentido de compasión.

En ambos casos hemos constatado que en algunos textos, el matiz de arrepentirse y de compadecerse es más emocional (*pesar, doler, sentir piedad o compasión*), mientras que en otros es más objetivo (*cambiar de decisión, retractarse*). De ahí que, los paradigmas semánticos con los que se relaciona la consolación son aquellos que pertenecen al campo de la piedad, compasión, restablecimiento de la alianza, cambio de decisión, donación de una nueva oportunidad y, en definitiva, de esperanza.

* * *

La metodología escogida requería algunas operaciones previas tales como la exposición de nuestros *a priori* (§ 1.1) y abordar la problemática de la raíz נחם (§ 1.2). Tras una somera exposición de los intentos de solución provenientes de diferentes áreas (§ 1.2.2), hemos presentado también nuestra opción (§ 1.2.3). Ésta nos ha servido para articular los apartados del segundo punto, cuyo objetivo era el estudio del sintagma de la consolación. Todo ello en orden a evidenciar los paradigmas en torno a los cuales se articulan los campos semánticos asociados a la raíz נחם en la BH.

Tres son las conclusiones de nuestro estudio. Primera, la raíz נחם expresa una relación interpersonal (§ 1.2.3). El sujeto y el objeto normalmente están relacionados previamente, y por lo tanto, la consolación se da al interno de una relación. Segunda, la raíz נחם indica el paso de una situación negativa a otra positiva. Tercera, la oscilación en la traducción depende de la implicación en la acción y de la perspectiva del sujeto ante el otro individuo o ante la situación que está viviendo. Puede señalar una acción, *consolar* (§ 2.1); un efecto, *consolarse, vengarse, aliviarse* (§ 2.2); o una reacción, *compadecerse, arrepentirse, cambiar de decisión* (§ 2.3).

Los campos semánticos relacionados con נחם pueden reagruparse en tres grandes paradigmas: el luto, el restablecimiento de la justicia-alianza y el sentimiento personal de compasión o de arrepentimiento. Estos toman diversos matices según la raíz indique una acción, un efecto o una reacción: 1) cuando la raíz נחם significa *consolar* (§ 2.1), se asocia a la salida del luto y por tanto, al campo semántico de la alegría, fecundidad, alabanza y abundancia de bienes. En muchos casos, las acciones del consolador definen las obligaciones propias del *gô'ēl*. En este lance, la terminología asociada a *consolar* es la del fortalecimiento, cercanía, confianza, seguridad, protección, liberación y redención; 2) נחם con la connotación de *consolarse* (§ 2.2) ha añadido nuevos matices a los paradigmas anteriores. La alegría aquí tiene un componente de venganza y el restablecimiento de la justicia equivale al restablecimiento de esa relación fundamental entre Israel y Yhwh que es la alianza. El acto de rehabilitación de la relación se presenta bien en su vertiente de punición, o bien en su faceta de reconciliación; 3) נחם como reacción (§ 2.3) indica un cambio de decisión o arrepentimiento y está asociado al componente interno sea de la compasión que de la ira; el elemento propio que ha evidenciado este apartado reside en la interconexión entre la dimensión emotiva y objetiva.

Ha resultado especialmente interesante descubrir que נחם indica una relación entre sujetos por lo que requiere el consentimiento de dos libertades para su realización. Esto nos introduce en el siguiente capítulo, donde analizaremos no sólo los componentes del acto de consolar sino su articulación dentro del proceso dinámico de la consolación.

CAPÍTULO II

ANÁLISIS DE LOS ELEMENTOS Y DESCRIPCIÓN
DE LA DINÁMICA DEL PROCESO

El estudio del capítulo anterior ha evidenciado la existencia de un léxico organizado según paradigmas para cada una de las relaciones sintagmáticas que se establecen entre las distintas partes de la oración. Esto nos ha permitido distinguir elementos esenciales de la raíz נחם y realizar una primera aproximación a la articulación que se establece entre ellos. Todos estos componentes ahora deben ser integrados en la estructuración fundamental del fenómeno de la consolación[1]. En este capítulo queremos describir el fenómeno consolatorio, no estáticamente sino en su dinámica.

La consolación consiste en la *acción y el efecto de consolar*[2]. El hecho de que el sustantivo se defina a través del verbo manifiesta

---

[1] Cf. lo que alega M. ALINEI, «Metodologia», 41 sobre la problemática de construir un léxico técnico separado del léxico común: «Si presume infatti, senza molta ragione, che i termini comuni appartenenti a un dato campo, essendo noti a tutti, non richiedano definizione. In realtà, la questione non è così semplice: la strutturazione semantica, e quindi la definizione rigorosa dei termini comuni restano di solito inconscie per il parlante, e il loro studio sarebbe quindi di estrema utilità per la comprensione di tutti i fenomeni afferenti al campo, compresi quelli tecnici. A mio avviso il lessico comune rappresenta la base indispensabile di qualunque lessico tecnico, in quanto rappresenta l'articolazione e la strutturazione fondamentale di un fenomeno, consacrate dal sapere collettivo, e come tale risultato di esperienze e collaudi secolari, quando non millenari». Cf. también, S. BARBAGLIA, «Il campo lessicale», 22.27.

[2] Cf. RAE, 348; M. MOLINER, *Diccionario*, I, 735.

que éste es la misma acción o que el efecto es el resultado de una actividad. El movimiento consiste en el paso de un estado de carencia a otro positivo. Por tanto, el esquema lógico del proceso en torno al cual se organizan los elementos es desolación – transición – consolación. Si además tenemos en cuenta que la raíz נחם expresa una relación interpersonal, el componente de la libertad es esencial a la dinámica. El acto del consuelo no se produce si un sujeto no lo inicia y otro distinto lo acoge, y la articulación del fenómeno no siempre se resuelve de la misma manera.

La fisonomía tanto de la acción del *consolador* como de la respuesta de *quien es consolado* ordena el curso del desarrollo. De hecho, el proceso no es automático, pues el que consuela puede negarse a ejercer su oficio de consolador y el desolado puede rehusar el consuelo. Las diversas reacciones, sea de una parte que de la otra, determinan la modalidad y los medios que se adoptan en el procedimiento. Así, quien está en el dolor puede intentar mover a compasión a su consolador haciéndole ver en qué estado se encuentra, y el que ejerce el oficio de consolar puede ofrecer nuevas esperanzas y certezas a quien, anclado en el sufrimiento, se halla cerrado a la salvación.

Habida cuenta de lo dicho, el objetivo del presente capítulo es triple: primero, integrar dentro de la descripción del proceso de la consolación la terminología encontrada y ampliarla con otras expresiones, vocabulario e imágenes del mundo bíblico; segundo, analizar la dinámica del proceso y la articulación de los distintos componentes dentro del mismo, mostrando particular atención por la libertad, elemento que dispone los recursos utilizados en orden a que se produzca el paso del desconsuelo a la consolación; tercero, poner las bases no sólo para una adecuada elección de los textos sino también para comprender el progreso de la dinámica consolatoria en la trama de DtIs.

▪ 1. El estado de desolación

La acción de consolar consiste en el paso de un estado negativo a otro positivo. Así pues, la desolación no sólo es un componente integrante del proceso sino el elemento, a partir del cual se articula el desarrollo y aquel que determina los medios puestos en acto en aras a la consecución del consuelo. En este primer apartado vamos a analizar la desolación en la BH, es decir, cómo nace, en qué consiste, cuáles son sus efectos y manifestaciones, qué finalidad tiene[3].

1.1 Comienzo de la desolación

La desolación es siempre imprevisible para el ser humano, ya que al menos conscientemente él no se la busca. Por eso ante ella se encuentra pasivo, sorprendido, desprovisto. En la BH el origen de la desolación casi siempre es una causa externa de muerte, guerra, destrucción; pocas veces el motivo que lo genera es un sentimiento o emoción, y raramente se podría pensar en una psicopatología[4]. Ahora bien, surja de una situación externa o de una realidad subjetiva, el ser humano hace de ella una experiencia consciente y emplea todos sus recursos para deshacerse del dolor[5].

---

[3] Esta organización se inspira en B. COSTACURTA, *La vita minacciata*, 169-277. En la tercera parte de la disertación la autora presenta en una exposición sintética y lógica de los elementos estructurales del miedo.

[4] Mientras en el ámbito de la psiquiatría, la causa de la depresión normalmente se atribuye a una disfunción biológica (depresión *endógena*), también pueden causarla factores externos ambientales (depresión *exógena*) (cf. E.M. HEIBY – J. GARCÍA-HURTADO, «Evaluación de la depresión», 388-394). En el campo de la espiritualidad, la desolación se atribuye a diferentes motivos: a) de índole natural, debida al temperamento de la persona; b) a la acción del tentador, que instiga al hombre al mal; o c) puede ser la acción directa de Dios (cf. H. MARTIN, «Désolation», *DicSpir* III, 640-641). R. Albertz y C. Westermann encuentran en la BH ejemplos de efectos psíquicos de carácter patológico (Nm 5,14; 1Sam 16,14ss; Os 4,12). Estos, sin embargo, no son disposiciones del hombre sino poderes extraños producidos por fuerzas impersonales como los malos *espíritus* de los celos o de la lujuria (cf. R. ALBERTZ –C.WESTERMANN, «רוח», *THAT* II, 739-740).

[5] El primer nivel de respuesta al medio externo está constituido por el complejo mundo de las emociones. La reacción intuitiva no sólo es propia de los animales sino también del hombre. Sin embargo, en el ser humano ésta va unida a una valoración reflexiva que supera el mero instinto. Es más, la misma percepción está influenciada por la memoria, la imaginación, la disposición emotiva, que impactan sobre nuestros sentidos e influyen en el modo de percibir los estímulos externos. Cf. L.M. RULLA, *Antropología*, I, 117-118.

1.1.1 Principales motivos de desolación en la BH

La vida del hombre se encuentra estructuralmente amenazada por la muerte[6]. La experiencia de desolación a la que está cotidianamente expuesto el individuo puede producirse por diversas causas; quizás la *muerte* es la más significativa, pues su imprevisión e irreversibilidad produce una ruptura insuperable (Gn 37,35; Jr 31,15)[7]. Muerte que se prueba en la vida ajena, pero también en la propia, y no sólo como final de la existencia, pues el hombre, consciente de que camina hacia ella (Qo 3,20), la experimenta ya presente en la misma vaciedad del vivir (Qo 1,2-11). La *enfermedad* puede ser su preludio (Sl 22,16; 41,9; 102,24-25); el ser humano, preso de una agresión interna que lo va invadiendo poco a poco (Sl 31,10-11; 102,4-12), al mismo tiempo que la alteración somática, experimenta una perturbación de todas sus dimensiones humanas e interpersonales (Is 38,9-15; Job 2,8-9)[8].

La *esclavitud* de Egipto (Ex 1,8-22), la *destrucción* de Jerusalén (2Re 25,1-17; Jr 52,1-23; Lm 2,1-22) y la *deportación* a Babilonia (2Re 25,18-21; Jr 52,24-34; Sl 137,1-4) son para Israel paradigmas de desconsuelo colectivo. Su índole devastadora y prolongada, la desproporción del sufrimiento y la humillación facilitan la experiencia (Sl 74,1-11; 78,1-10), que se intensifica por el hecho de ser éstas la expresión visible de la ruptura de la alianza con Yhwh (Jr 14,17-21; Sl 60,3-6.11-

---

[6] Cf. B. Costacurta, *La vita minacciata*, 9: «L'uomo da sempre ha dovuto lottare per vivere. La storia umana è una lunga serie di tentativi di progredire nella ricerca di una sempre migliore e più stabile condizione di vita. Ma gli ostacoli sono innumerevoli, i pericoli incalcolabili, e l'essere umano ha dovuto e deve quotidianamente confrontarsi con mille minacce dell'esistere e con quella definitiva del morire»; y cf. N. Calduch-Benages, «Muerte y Mujeres», 39: «La muerte une a los seres humanos de todos los tiempos y lugares del planeta. Nadie puede esquivarla. Tarde o temprano a todos nos estrecha su abrazo. Y sólo atisbar el misterio infinito de la muerte golpeando continuamente a nuestra puerta sacude nuestro interior».

[7] En el cap. I constatamos que una de las situaciones normalmente conectadas a la raíz נחם era la del duelo o luto. Cf. por ejemplo: Gn 24,67; 37,35; 38,12; 2Sam 10,2-3; 12,24; 13,39; Is 61,2; Jr 31,15; Job 2,11; 29,25; 42,11; 1Cr 7,22; 19,2-3.

[8] Cf. B. Costacurta, *La vita minacciata*, 156-162.

12; Dn 3,29-38). La *punición* (Mi 1,10-16; So 1,2-6) goza de características similares, especialmente del elemento adicional que es saber que el sufrimiento es consecuencia del propio *pecado* (Jr 14,1-10; Am 4,6-13)[9], transgresión que contiene ya en sí misma componentes autodestructivos (Gn 4,7; Is 1,5-7; Sir 27,10).

En la vivencia de la *injusticia* aparecen elementos desoladores, no sólo porque padecerla significa sufrir una situación de atropello y aflicción, sino porque el prevalecer del injusto cuestiona la omnipotencia de Dios y su *silencio* ante el mal pone en crisis la fe del creyente (Sl 39,13). Ante eso sólo caben dos soluciones: o Dios no es capaz de vencer el mal y entonces ha engañado (Jr 4,10)[10] o Dios es quien lo ha hecho (Is 38,15; Sl 39,10; Lm 3,37-39) y entonces no es misericordioso. Esta experiencia de *engaño* destruye la confianza, base sobre la que se sustenta toda relación y apertura a la alteridad (Sl 116,11); cerrado en sí mismo y en su dolor, el ser humano genera dinámicas de violencia y de venganza[11].

El *miedo* es la reacción inmediata ante la posible amenaza[12], la desolación, en cambio, es el resultado de su actuación. Sin embargo, si el temor se prolonga o se intensifica, la desolación

---

[9] Las situaciones de exilio, castigo, destrucción, eran también típicas de los pasajes donde aparece נחם. Cf. por ejemplo: Gn 6,6-7; Ex 32,12.14; 1Sam 15,11.29.35; Is 1,24; 40,1; 49,13; 51,3; 57,6; Jr 18,8.10; 26,3.13.19; Ez 5,13; 16,54; 31,16; 32,31; Jl 2,14; Jon 3,9.10; Lm 2,13.

[10] El problema del dolor no consiste sólo en el sufrimiento, sino en la hermenéutica que se hace del mismo: «a man is not destroyed by suffering, he is destroyed by suffering meaning» (cf. K.M. SWENSON, *Living Through Pain*, 52). El hombre busca comprenderlo e interpretarlo (cf. *id.* 52-60). Para el creyente el último sentido sólo puede venir de Dios, por eso su silencio le pone en crisis. Sobre el silencio de Dios, cf. S.J. BÁEZ ORTEGA, *Tiempo de callar*, 165-201.

[11] Cf. cap. I sobre los salmos imprecatorios. En cuanto este deseo de venganza es presentado a Yhwh, supone ya un tipo de apertura a la alteridad (cf. p. 56-57, n.95). Análogamente podríamos decir de los textos de querella contra Dios, en los cuales un individuo o un colectivo se lamenta y protesta de su actuación (Ex 5,22; Nm 11,11-15; Is 40,27; Job 7,7-21). Sobre este punto, cf. la reciente monografía de W.S. MORROW, *Protest against God*.

[12] Cf. B. COSTACURTA, *La vita minacciata*, 15.

emerge propiamente como mecanismo de defensa[13]. No es casual que, cuando se intenta atemorizar al otra persona, lo que se persigue sea desalentarle (Nm 13,31-33; Jr 38,4) y abrumarle (2Re 18,17–19,14; Ne 6,9)[14]. El temor constante asola psíquicamente, desprovee paulatinamente de los recursos internos, paraliza[15]; y, sobre todo en situaciones de guerra, exilio, esclavitud o dificultad (Nm 14,3-4; Sl 137,1-4), surge por *contagio*, como la desesperanza y el hastío (Is 40,27; Jr 14,18)[16].

En fin la BH presenta situaciones que, aun siendo positivas, colocan al sujeto en un dinamismo de desolación. Por ejemplo, el *éxito* o la alabanza de otros (1Sam 18,8-16) y la *aceptación* de la ofrenda del hermano (Gn 4,3-8) generan dinámicas de envidia. El dinamismo de búsqueda y deseo propio del amor (Ct 5,6-8) comporta sufrimiento[17]. El anuncio de la *Palabra de Dios* puede colocar al profeta en una condición de incomprensión y hostilidad (Ex 4,1-14; Is 50,4-9; Jr 20,7-12).

1.1.2 Primeras reacciones que se desencadenan

El ser humano utiliza todos los recursos internos y externos, pone en acto todas las estrategias de las que dispone para evitar el sufrimiento. Tanto en los textos donde aparece la raíz נחם como en otros similares, se observa que en el ser humano se

---

[13] En el cap. I hemos notado que en algunos textos la ausencia de temor está conectado con el consolar (cf. Gn 50,21; Is 12,1-2; 51,12; Sl 23,3-4).

[14] Cf. B. COSTACURTA, *La vita minacciata*, 204-206.

[15] El temor, no a la muerte sino a la vitalidad, es la otra cara de esta experiencia. El *perezoso* representa esta actitud (cf. H. W. WOLFF, *Anthropologie*, 192-195), pues renuncia a comer (Pr 19,24), a actuar (Pr 20,4), vive en una especie de muerte anticipada por miedo a la vida (Pr 21,25). Con esta figura contrasta el *necio*, cuya insipiencia se transforma en arrogancia. Su incapacidad de asumir la propia verdad le lleva a enfrentar inconscientemente y sin discernimiento el peligro (Pr 7,22-23).

[16] Sobre este componente, cf. B. COSTACURTA, *La vita minacciata*, 200-201.

[17] Cf. R. VIRGILI DAL PRÀ, «Il Cantico», 103; Y. SIMOENS, *Le corps souffrant*, 139-145.

desatan una serie de emociones y sentimientos de índole más puntual y primaria[18]: dolor intenso (Lm 2,11), desesperación (Jr 31,15; Lm 2,18-19), impotencia (Lm 2,12.21), miedo (1Sam 18,15; Is 7,2), vergüenza (2Sam 10,4), la sensación de haber sido engañados (Jr 4,10; 20,7), rebeldía (Jr 20,8; Job 3,1), deseos de venganza (Sl 137,9; Lm 1,22), angustia (Lm 1,20), incomprensión de los hechos (Ex 5,22; Jr 14,17) y envidia (Gn 4,5; 1Sam 18,9).

Simultáneamente a la reacción afectiva aparecen comportamientos diversos e incluso antagónicos. Por ejemplo, ante un mismo contratiempo uno puede llorar (2Sam 19,1), gritar (Is 4,31), lamentarse (Jr 4,21; Sl 44,25) o callar y enmudecer (Sl 39,10); aceptarlo con sumisión (Job 40,3-5) o rebelarse (Sl 44,24-25; Ex 14,11-12); pedir ayuda (Sl 37,22) o esconderse (Gn 3,10; Jr 4,29), negar la realidad (Gn 4,9), rehúsar el consuelo (Gn 37,35); orar (1Sam 1,10), hacer penitencia (Jon 3,1-10) o maldecir (Job 3,1.3); debilitarse (Is 40,27-28) o endurecerse en su propio interior (Ex 8,11); pedir la muerte (Jr 20,17) o gozarse con ansiedad la vida antes de que se vaya (Is 22,13; Qo 6,6); temblar (Jr 36,16), paralizarse (Gn 45,3; 2Sam 3,11) o reproducir más violencia (Sl 137,9; Sb 2,10-11).

En un primer momento, la adversidad genera una serie de reacciones puntuales e inmediatas (emociones y sentimientos) que se exteriorizan a través de acciones y comportamientos. Si el elemento hostil permanece, estas reacciones pasan de ser puntuales y tran-

---

[18] La psicología distingue la emoción del sentimiento. La emoción es una reacción intensa, determinada por un estímulo ambiental y generalmente con manifestaciones somáticas. Los sentimientos son constantes de la personalidad, más duraderos, y no siempre conectados a factores externos (cf. E.I. GONZÁLEZ-RUIZ, *Curso de Psicología*, 79-84). Entre los elementos que componen la emoción, algunos autores distinguen un elemento estático de valoración intuitiva y otro elemento de índole más dinámica, que consiste en la reacción de atracción o rechazo. El dinamismo de la emoción consistiría en una valoración intuitiva y directa del objeto, que genera automáticamente una reacción. Ésta queda como *residuo*, que predispone emotivamente y de forma habitual al hombre, es decir, constituye una *actitud* o predisposición del sentimiento (cf. L.M. RULLA, *Antropología*, I, 116-118). Cf. también A. WAGNER, «Gefühl», 7-47.

sitorias a consolidarse como un estado. La depresión precisamente se define como un estado afectivo humano de tipo psíquico[19].

1.2 Descripción de la desolación

La desolación con sus elementos particulares no es algo momentáneo sino que perdura en un tiempo más o menos extenso. En la BH muchos de ellos se encuentran implícita o explícitamente y presentan una imaginería característica. El primer punto lo dedicamos a la descripción de dichos elementos y el segundo a las tres metáforas normalmente utilizadas en el ámbito veterotestamentario.

1.2.1 Componentes de la desolación

Los elementos a partir de los que se puede organizar la exposición articulada del fenómeno de la desolación son múltiples y variados. Nosotros hemos señalado sólo tres, en los que integraremos los distintos aspectos: una agresión interna, que se percibe como ilimitada, y que encierra progresivamente al hombre en su propio dolor[20].

— *Agresión interna*
La desolación es un estado producido por una circunstancia adversa. Si la causa externa fuera el elemento determinante, bastaría eliminarla para restablecer el equilibrio, pero la experiencia demuestra lo contrario. Es más, los mecanismos que se desencade-

---

[19] El estado de ánimo o afecto consiste en «una emoción prolongada que colorea el estado físico general» del individuo. Cf. *TratPsiq*, 492; también cf. E.I. GONZÁLEZ-RUIZ, *Curso de Psicología*, 84-85. Sobre la depresión en la BH, cf. T. VEIJOLA, «Depression», 157-190.

[20] Esta organización se inspira en la descripción de las dos ejemplificaciones de alteración somática en B. COSTACURTA, *La vita minacciata*, 155-167: la enfermedad y el parto.

nan a partir de la desolación, no encuentran su completa explicación recurriendo a aquello que la provoca[21]. Existe algo de carácter incontrolable y no automático, que se desliga del origen que lo produce y realiza su propio camino en el interior humano.

La materialidad del dolor no es sólo lo que causa aflicción sino su significado[22], especialmente cuando nace de la conciencia de que se está sufriendo por el propio pecado (Jr 14,1-10; Am 4,6-13) o como consecuencia de la ruptura con Dios (Sl 77,8-10). Por eso, el ser humano experimenta simultáneamente una agresión externa y una agresión interior: «nos has herido sin remedio» (Jr 14,19). La metáfora de la enfermedad expresa bien la condición de la persona que vive esa realidad para ella insuperable (Is 38,13-14; Sl 102,4-7.12). La devastación interna tiene un carácter indefinido (Sl 77,8), imprevisible (Os 7,12; Sl 124,6-7; Qo 9,12), sin contornos cuantificables; es algo que avanza imparable, invadiendo al ser humano (Sl 22,15-16; 124,3), día y noche (Dt 28,65; Jr 14,17; Sl 77,3; Qo 2,23)[23].

— *La ilimitación*

Esta agresión que conquista paulatinamente el interior del ser humano se presenta ilimitada en el espacio y en el tiempo, ya que avanza inexorable hasta apoderarse de la persona en su totalidad; todas sus dimensiones se ven afectadas (Is 1,6)[24]. Su efecto desproporcionado (Gn 4,13) no deja de sorprender al individuo, pues, aunque él sea consciente de la razón que lo ha gene-

---

[21] En los manuales de psiquiatría se observa que en la evolución de las teorías sobre la depresión las causas pasan de ser simples a complejas. Si las teorías biológicas hacían recaer el peso en la disfunción neuroquímica, en las teorías modernas concurren una gran variedad de factores. La ciencia de algún modo intenta explicar la desproporción entre el episodio depresivo y aquello que lo causa a través de la multiplicación de motivos coincidentes. Cf. E.M. HEIBY – J. GARCÍA-HURTADO, «Evaluación de la depresión», 388-394.

[22] Cf. p. 71, n.10.

[23] Cf. p. 74, n.20

[24] Una paralización general del individuo es típico de la depresión. Cf. E.M. HEIBY – J. GARCÍA-HURTADO, «Evaluación de la depresión», 389.

rado, le resulta irracional, impensable e inexplicable (Sl 80,13-14). Esto le pone en una situación de extrema inseguridad, impotencia y vulnerabilidad (Gn 4,14; Dt 28,66), ya que se encuentra a merced de una fuerza destructiva que nace de su interior[25] y, por consiguiente, la única forma de erradicarla es acabar consigo mismo (Nm 11,15; 2Re 19,4) o desear no haber nacido (Jr 20,14-15; Job 3,3.11).

La no cuantificación ni de la intensidad ni del tiempo, su prolongarse indefinido, la imposibilidad de conocer *hasta cuándo* (Sl 79,5) y si será *para siempre* (Sl 77,8), la falta de un horizonte salvífico que permita vivirlo con sentido (Qo 3,20; 12,5), hacen del presente un *continuum* monótono y uniforme (Qo 1,4-11; 12,8). La paradoja es que bajo el dominio de tal situación el hombre desarrolla dinámicas contrarias a la resistencia, como la pasividad y la apatía, propiamente para resistir[26]. Se entrega de este modo a un estado de inactividad e impotencia (1Sam 1,7; 2Sam 16,17) y carente de emociones intensas que se asemeja al de la muerte (Gn 37,35), la cual se busca anticipar (Nm 11,15; 1Re 19,4). Se desea, se pide, se anhela morir como única posibilidad de poner fin al dolor; se preferiría no haber gozado del don de la vida antes de hacer experiencia de su pérdida[27].

— *El aislamiento y la cerrazón*

La aflicción es una fuerza centrípeta que cierra y aísla progresivamente al ser humano. El dolor repliega, es como una *red* o un *lazo* del que no se puede escapar: «me envolvían redes mortales, me alcanzaron los lazos del abismo, caí en tristeza y angus-

---

[25] Cf. B. COSTACURTA, *La vita minacciata*, 165-166.

[26] Cf. B. COSTACURTA, *La vita minacciata*, 165: «ciò la mette in situazione di estrema impotenza davanti alla sofferenza che cresce paurosamente in lei con il procedere del travaglio. Ella non può rifiutarsi al dolore perchè non può più rifiutarsi alla nascita del figlio, e assecondarne l'espulsione è la sola possibilità per continuare a vivere. Cosí, mentre il dolore evoca la morte, il corpo deve assumerlo proprio per non morire». También la pasividad es una forma de asunción de la muerte como mecanismo para resistir el dolor.

[27] Cf. cap. I, § 2.2.2.

tia» (Sl 116,3). Esta reclusión impide al hombre salir de sí mismo para establecer una relación armónica con la vida. Aunque en algunos textos la incomunicación se presenta como salvífica (Os 2,8-9.16), sus componentes de humillación, vergüenza, debilidad y desprecio agravan el elemento dramático de la soledad y del abandono que en una tal condición se padecen (Is 1,7-8; Ez 30,7; So 3,6; Lm 1,1; 3,9).

Dicha experiencia es tan intensa que provoca además una especie de fractura en el tiempo que confina todavía más al ser humano en sí mismo. Algo muy profundo se ha roto y no se puede volver atrás; resulta imposible recuperarlo (Gn 37,35). Las convicciones que se sostenían, los valores por los que se luchaba no sirven ahora (Is 40,27; Ez 37,11). La irreversibilidad de la experiencia no sólo cierra el pasado como lugar donde se podría encontrar razones para seguir esperando, clausura también el futuro (Job 7,15-16)[28].

Sin una perspectiva salvífica que dé sentido al dolor (Lm 3,11), lo hace incomprensible, carente de finalidad (Job 14,7-10), avocado a la vanidad monótona de la existencia que termina tarde o temprano por desembocar en la muerte. El pasado está cerrado, el presente sin horizonte. Planear el mañana resulta insensato e irrisorio (Qo 2,12; 9,10). Entonces, sólo queda esperar desesperadamente la muerte (Sl 39,14; Job 14,5-6).

1.2.2 Tres metáforas de la desolación

En la BH el estado de desolación se expresa con una imaginería rica que abarca los agentes que la provocan[29], su con-

---

[28] En algunos pasajes, se evoca un pasado en el que Dios interviene a favor de su pueblo como estrategia para seguir esperando (Dt 32,7ss). Este recurso puede producir el efecto contrario: aumentar la desesperanza. El problema de quien vive en el presente es que el Dios que te ha salvado, ahora no interviene (Sl 22,29).

[29] Por ejemplo, el desolador (Dn 9,27), el ángel que devasta (2Sam 24,16), los animales salvajes (Is 13,21-22), el hambre (Jr 14,18), la espada (Jr 46,10; Ez 6,3), las plagas (Ex 7,14–12,40).

tenido[30], la descripción del estado[31], sus reacciones y efectos[32]. Dado que nuestro objetivo no es ilustrar el estado de la desolación exhaustivamente sino presentar el amplio abanico de posibilidades que utiliza la BH para describir el fenómeno, escogemos sólo tres metáforas que nos parecen significativas[33]: el *desierto*, las *ruinas* y la *esterilidad*. Las expondremos brevemente evidenciando principalmente los elementos de continuidad semántica entre las imágenes y la experiencia de desolación.

En algunos pasajes proféticos el *desierto* (מִדְבָּר)[34] expresa la devastación causada por un castigo grave (Jr 4,26; 22,6); simboliza tanto la circunstancia adversa (Jr 17,6; 22,6; Ez 19,13; Jl 2,20) como la «calidad intrínseca de aquel o aquello que lo sufre» (Is 33,9; Jr 50,12; Os 2,5; So 2,13)[35]; en este último sentido es metáfora de la desolación. La figura evoca varios aspectos de esta experiencia, ya que *encontrarse* o *ser un desierto* es hallarse en un estado de total vulnerabilidad, aridez y soledad, en medio de una masa ilimitada de arena (Jr 2,6). A la sensación de inconmensurabilidad, se añade la monotonía de un paisaje uniformemente accidentado, carente de caminos. Este paraje hostil, árido, inmenso, inerte, estéril sugiere la inactividad, el hastío, el tedio, la soledad y la falta de perspectiva, que es típica de la desolación.

---

[30] El sometimiento y la esclavitud se pueden simbolizar con el yugo (Lv 26,13; Jr 28,10-14) y el abandono de Dios con el divorcio (Is 50,2; 54,1; 62,4) o el esconder el rostro (Is 8,17). El juicio y el castigo se expresan con el día del Señor (Am 8,9-14) y la copa de la ira (Is 51,17). La fragilidad y la muerte, a través de metáforas vegetales: la hierba (Sl 102,15; 129,6), la flor (Is 40,6-8), la hoja (Jr 8,13); u otras como el lazo (2Sam 22,6; Sl 116,3), el humo (Sl 102,4), el polvo (Sl 103,14).

[31] Por ejemplo, imágenes como la sequedad o la sed (Sl 63,2), la enfermedad (Is 1,6), la ceguera o la sordera (Is 42,18-19), el luto (Jr 4,28), la tierra no habitada e inhóspita (Dt 32,10).

[32] El miedo se puede representar con la imagen del parto (Is 13,7-8; Jr 4,31; 6,24); la destrucción, con las cenizas (Ez 28,18); el dolor, a través de gestos de luto (Gn 37,34), la penitencia (2Sam 12,16) o el vestido (Is 37,1).

[33] Además de la pertinencia de las imágenes para expresar la desolación, la coyuntura de nuestra elección se encuentra conectada con la segunda parte del estudio dedicada a DtIs, puesto que las metáforas del desierto, ruinas y esterilidad pertenecen a la imaginería simbólica de Is 40–55.

Las *ruinas* (חָרְבָּה) también simbolizan la circunstancia adversa (Is 5,17; Jr 27,17; 44,2) o la situación interna del que sufre (Is 51,3; 52,9; 58,12; Jr 25,18)[36]. Si son, además, las de Jerusalén, la destrucción material evoca sentimientos muy profundos, ya que supone el fin de las instituciones, de aquello que constituye la identidad de Israel (Lm 2,2.9). Mientras el vasto yermo amenaza al hombre con engullirlo, la imagen de las ruinas dice que el peligro ya se ha actuado. Ha consistido en una devastación total, irreversible, violenta; un asedio duro y cruel cuyos restos esparcidos y descoyuntados son como el rastro de la lucha y resistencia que el hombre sostiene antes de morir. Es el reducto humillante de esta incursión extraña y agresiva, el testigo silencioso de la propia vulnerabilidad que en vez de compasión genera burla e irrisión.

Finalmente, el estado de desolación se indica en algunos casos con la metáfora de la *esterilidad*[37]. La esterilidad es una nota característica de las primeras matriarcas: Sara (Gn 11,30), Rebeca (Gn 25,21) y Raquel (Gn 29,31)[38]. Sólo en Is 54,1 se atribuirá a Sión y aparecerá asociado a שׁוֹמֵמָה[39]. La infecundidad como la imagen de las ruinas, subraya el aspecto de humillación (Gn 30,23; Is 4,1). En Israel las mujeres «son consideradas en función de su descendencia. Lo que las define como mujeres es

---

[34] El término מִדְבָּר se traduce también por «páramo, yermo, sequedal, erial, estepa». Aparece en relación de sinonimia con עֲרָבָה (Is 40,3); צִיָּה (Is 41,18); יְשִׁימוֹן (Is 43,19); שְׁמָמָה (Is 64,9; Jl 4,19); חָרְבָּה (Sl 102,7); צִמָּאוֹן (Sl 107,33). En Dt 32,10 se encuentra en correlación con תֹּהוּ. Cf. S. TALMON, «מִדְבָּר», *ThWAT* IV, 664-670.

[35] Cf. E. FARFÁN NAVARRO, *El desierto transformado*, 114.

[36] El término חָרְבָּה en su acepción de ruina esta asociado a otros conceptos como «derribo» (הֲרִיסוּת, Is 49,19), «devastación» (שְׁמָמָה, Lv 26,33); en Jr 25,18, a «horror» (שַׁמָּה), «burla» (שְׁרֵקָה), «maldición» (קְלָלָה). En Is 64,9-10 aparece la tríada: שְׁמָמָה – מִדְבָּר – שְׁמָמָה – עֲרָבָה – מִדְבָּר – חָרְבָּה, y en Is 51,3: חָרְבָּה – מִדְבָּר – עֲרָבָה. Cf. CLINES, III, 310-311; O. KAISER, «חָרֵב I», *ThWAT* III, 160-164.

[37] El adjetivo עֲקָרָה está asociado a «desolada» (שְׁמָמָה; Is 54,1), «viuda» (אַלְמָנָה; Job 24,21), mujer «que aborta» (מְשַׁכֵּלָה; Ex 23,26), «privada de hijos» (אֲמֵלָלָה; 1Sam 2,5). Cf. H.-J. FABRY, «עֲקָר», *ThWAT* VI, 343-346.

[38] Cf. N. CALDUCH-BENAGES, «Muerte y Mujeres», 63-68.

[39] Cf. A. BORGHINO, *La «Nuova Alleanza»*, 84.97-100.

su capacidad de dar hijos a sus respectivos maridos»[40]. Por eso, «ser mujer sin ser madre es la negación de ser persona»[41], «es una muerte en vida»[42]. La esterilidad es una deshonra y una tragedia para la fémina. La incapacitación para concebir evoca la impotencia y la desesperación que el ser humano experimenta en la desolación, ya que el desolado, como la estéril, no sólo necesita la acción de otro para ser fecundo, sino que encallado y atrapado en el dolor, es incapaz de abrirse al don de la vida. La estéril, además, no teniendo hijos que la defiendan, está expuesta a la vulnerabilidad y al desprecio. Y este elemento de marginación es también característico de la experiencia de desconsuelo.

1.3 Manifestaciones y efectos de la desolación

La psicología define la depresión como un estado de ánimo que se manifiesta a través de trastornos en el ámbito somático, psíquico, cognitivo y conductual[43]; concierne, pues, a todos los niveles del ser humano. Consideraciones análogas podríamos hacer de la desolación, aunque para la BH ésta no es reducible a un estado anímico. El objetivo de este apartado es presentar someramente cómo la BH describe sus manifestaciones y efectos en estos niveles[44].

---

[40] Cf. N. CALDUCH-BENAGES, «Muerte y Mujeres», 63.

[41] Cf. id., 63.

[42] Cf. id., 64.

[43] Las manifestaciones clínicas de la depresión se sitúan en cuatro ámbitos: a) estado de ánimo: triste melancólico, infeliz, hundido, vacío, preocupado, irritable; b) cognición: pérdida de interés, dificultades en la concentración, baja autoestima, pensamientos negativos, indecisión, culpa, ideas suicidas, alucinaciones, delirio; c) conducta: retraso o agitación psicomotriz, llantos, abstinencia social, dependencia, suicidio; d) somático: trastornos de sueño, fatiga, aumento o disminución del apetito, dolor, molestias gastrointestinales. Cf. *TratPsiq*, 493.

[44] Somos conscientes que algunos elementos no pertenecen al ámbito exclusivo de la desolación, pero estimamos útil su presentación en orden a una mejor comprensión del fenómeno y de los paradigmas semánticos e imaginarios utilizados en la BH para la descripción de éste o de otros estados similares.

1.3.1 Manifestaciones psicosomáticas

La desolación afecta a la dimensión corpórea y encuentra en ella expresiones propias[45]. En la BH aparecen algunos de los trastornos característicos de la depresión[46]: la pérdida de *vigor* (Is 40,28-29) y *belleza* (Lm 1,6; 4,8), el *decaimiento* (Lm 1,6; 4,5), *dolor* y *aflicción* (Lm 1.4.13), la falta de *apetito* (Nm 11,6; 1Sam 1,7) y el *adelgazamiento* (Sl 102,6; Lm 4,8) y el *insomnio* o estado de *agitación* en el descanso (Is 38,13; Sl 77,3; Job 7,14).

En otros casos, sin embargo, más que de somatización se tendría que hablar de metaforización del lenguaje corpóreo: «mis días se desvanecen como humo y mis huesos se queman como brasas. Mi corazón herido se agosta como la hierba, pues me olvido de comer mi pan. Al son de los quejidos se me pega la piel a los huesos» (Sl 102,4-8); «me derramo como agua, se me descoyuntan los huesos; mi corazón como cera se derrite en mis entrañas; seca como una teja mi garganta, la lengua pegada al paladar. Me aplastas contra el polvo de la muerte» (Sl 22,15-16).

Generalmente la BH utiliza la terminología del cuerpo tanto en sentido metafórico como real, no resultando siempre fácil diferenciar estos dos sentidos[47]. Tampoco nosotros lo haremos en la exposición, ya que su distinción no afecta al resultado del estudio, ahora bien, para presentarlo con más claridad separaremos aquellas manifestaciones o efectos que se refieren a los sentidos externos de aquellas que se atribuyen a los órganos internos.

---

[45] La psiquiatría, en referencia a las causas que producen una enfermedad, distingue entre: a) un origen *psicogénico*, es decir, la enfermedad tiene origen en un proceso patológico normal; b) *psicosomático*, que es la alteración de la salud corporal por razón de problemas intrapsíquicos (aquí se encontraría el fenómeno de somatización); o c) *somatopsíquico*, la enfermedad repercute en el plano psíquico. Cf. E.I. GONZÁLEZ-RUIZ, *Curso de Psicología*, 33-35.

[46] Cf. p. 69, n.4 y p. 80, n.43.

[47] «Emotional disturbances are not distinguished from physical disturbances, and are described in terms of the latter» (cf. T. COLLINS, «The Physiology», 18). Cf. también P. BEAUCHAMP, *Psaumes nuit et jour*, 224; B. COSTACURTA, *La vita minacciata*, 213, n.26 y 216, n.40.

— *Partes del cuerpo, órganos y sentidos externos*

El cuerpo humano es lugar privilegiado donde se visualiza el drama interno de la desolación; las distintas partes del mismo, sentidos y órganos externos pueden también manifestarlo. Normalmente en la BH esta operación se realiza calificando el miembro en cuestión con adjetivos, que indican sufrimiento o dolor, o indicando un estado de incapacitación o disfunción en las actividades que le son propias.

El rostro constituye la identidad visible de la persona y el lugar donde se ubican los órganos de los sentidos externos:

– La *cara* (פָּנִים) puede estar deformada o desfigurada por el dolor (Is 52,14; 53,2; Job 14,20). En ciertas situaciones refleja sufrimiento (Ne 2,2) o preocupación (Gn 40,7), tristeza (1Sam 1,18; Job 9,27), vergüenza (Jr 7,19), obstinación (Ez 2,4), dureza y falta de compasión (Dt 28,50). Su color pálido (Is 13,8; Jr 30,6) o sonrojado (Is 29,22; Jl 2,6; Na 2,11) es una forma de exteriorizar la zozobra, el miedo, la debilidad (Dn 1,10).

– La mirada en algunas ocasiones delata angustia (Dt 28,65; Sl 6,8; Lm 5,17), ansiedad (Gn 3,6; 1Re 20,6) o actitudes negativas de orgullo (Sl 131,1), arrogancia (Sl 101,5), maldad (Dt 15,9; Pr 23,6), indolencia (Dt 7,16) y burla (Pr 30,17). Paradigma de la falta de percepción visual es la ceguera (Is 42,19), que no es la única disfunción de los *ojos* (עֵינַיִם); estos pueden estar ofuscados (Is 44,18), consumidos (Lv 26,16; Sl 88,10; Job 31,16), irritados (Is 3,8), podridos (Za 14,12), endurecidos (Is 6,10), enturbiados (Pr 23,29), derramados (Jr 8,23; Lm 1,16; 3,49)[48], con dolor (Lm 3,51).

– Si la mirada revela la interioridad, la escucha evidencia el grado de receptividad. Los *oídos* (אָזְנַיִם) movilizan toda la persona[49]. Estos zumban ante un anuncio negativo (1Sam 3,11) o se resisten a la Palabra cuya acogida pone en peligro (Is 50,5; Jr 20,8). La sordera (Is 42,19;

---

[48] Generalmente esta expresión es metáfora del llanto. La acepción de עַיִן como «fuente» evoca la idea de los ojos que, llorando, se derriten o derraman. Cf. P. Dhorme, *L'emploi métaphorique*, 75-76; T. Collins, «The Physiology», 18-38, 185-197.

[49] Cf. B. Costacurta, *La vita minacciata*, 163.175-177.

43,8) es metáfora para indicar actitudes de dureza y cerrazón
(Jr 6,10), terquedad (Is 48,8), obcecación y ofuscación (Mi 7,16).

- El dolor enmudece (Is 53,7) la *boca* (פֶּה); la *lengua* (לָשׁוֹן) se reseca
(Sl 22,16; Is 41,17) y se pega al *paladar* (חֵךְ; Lm 4,4) por la sed; los
labios (שְׂפָתַיִם) pueden estar llenos de falsedad (Pr 4,24), enardeci-
miento (Pr 26,23) o incapacitados para hablar (Ex 6,30); los *dientes*
(שֵׁן) rotos (Sl 3,8), rechinando (Sl 35,16; Job 16,9).

- La *garganta* (גָּרוֹן o נֶפֶשׁ) y la *nariz* (אַף) metaforizan la debilidad humana en su dimensión de deseo y necesidad[50]. La insaciabilidad del נֶפֶשׁ
expresa la carencia y la contingencia (Nm 21,5; Sl 107,5; Qo 6,7.9).
El גָּרוֹן con acepción de garganta está enronquecida de tanto gritar
(Sl 69,4) o puede ser un sepulcro abierto (Sl 5,10). La agitación de
la *nariz* (אַף) se utiliza para indicar la cólera o la ira (Job 4,9).

Algunas gesticulaciones con la cabeza u otras partes del tron-
co y extremidades son expresión de sufrimiento:

- Por ejemplo, sacudir (Jr 18,16) la *cabeza* (רֹאשׁ) o menearla
(2Re 19,21) es señal de desprecio, burla; echarse polvo o ceniza
(Lm 2,10) lo es de humillación, luto, penitencia. Con otras partes
de la cabeza, como la *frente* (מֵצַח) se indica la dureza y obstinación
(Is 48,4). Las *mejillas* (לְחִי) abofeteadas (Sl 3,8; Job 16,10) representan la aflicción (Is 50,6; Lm 3,30).

- El peso sobre la *espalda* (גַּו y כָּתֵף) revela la asunción de una responsabilidad onerosa (Is 38,17; 50,6), como la *cintura* (מָתְנַיִם) llena de
angustia (חַלְחָלָה, Is 21,3). Signo de opresión es el yugo en el *cuello*
(צַוָּאר, Gn 27,40; Dt 28,48), mientras de terquedad y obstinación lo
es no doblegar la *cerviz* (עֹרֶף, Dt 9,6; 10,16). El *pecho* (שַׁד) puede
estar seco (Os 9,14) y golpeárselo expresa luto, dolor (Ez 23,34).

- La paralización de la *mano* (יָד) revela miedo e inactividad (Is 13,7;
35,3), pues flaquea (Dt 32,36), se debilita (2Sam 4,1; Is 13,7)[51]. El
brazo (זְרוֹעַ) en algunas ocasiones está seco (Za 11,17), inutilizado e
inerte (Job 22,9; 26,2), débil (Ez 30,25). El dolor y la turbación se

---

[50] Cf. C. WESTERMANN, «נֶפֶשׁ», *THAT* II, 75-77.
[51] Cf. B. COSTACURTA, *La vita minacciata*, 214-215.

exteriorizan a través de las extremidades inferiores. Por ejemplo, las *rodillas* (בִּרְכַּיִם) flaquean (Is 35,3; Ez 7,17; 21,12; Sl 109,24)[52]; los *pies* (רֶגֶל) resbalan (Sl 94,18); el *muslo* (יָרֵךְ) se golpea en señal de dolor y arrepentimiento (Jr 31,19).

— *Partes del cuerpo y órganos internos*

A nivel psíquico la desolación está relacionada con una situación interna de consternación (בוך, Est 3,15), agitación (הפך, Os 11,8), estremecimiento (רגז, Sl 77,17), ansiedad (דאג, Is 57,11), dolor (כאב, Pr 14,13), tristeza (יגון, Is 35,10; Jr 8,18), amargura (מַר, 1Sam 1,10; Job 3,20), vergüenza (יבש, Is 54,4), quebrantamiento (שבר, Sl 34,19), la condición de estar triturado (דכא, Is 57,15), angustiado (צָרָה, Gn 35,3), afligido (עָנִי, Sl 31,8), abatido (נכא, Is 16,7), decepcionado (כָּל־הָאָדָם כֹּזֵב, Sl 116,11).

Normalmente la atribución de un determinado estado o comportamiento a un órgano interno suele ser una metáfora que representa el estado anímico. Por ejemplo, el hervir (חמר, Lm 1,20; 2,11) o agitarse (רתח, Job 30,27) de las *vísceras* (קֶרֶב) y *entrañas* (מֵעִים/מֵעִי/מֵעַי); estas últimas pueden estar cerradas (כלה, Lm 3,22) para indicar que no tienen compasión; el *hígado* (כָּבֵד) se derrama (שפך, Lm 2,11); el *vientre* (בֶּטֶן) se conmueve (רגז, Ha 3,16) y se consume (עשש, Sl 31,10)[53].

La debilitación de los *huesos* (עֶצֶם), en cuanto representan la parte sólida del individuo, es también metáfora de la devastación anímica (Ez 37,1-11).

– Los *huesos* se rompen (שבר, Is 38,13), se desmenuzan (גרם, Nm 24,8), tiemblan (רחף, Jr 23,9), se estremecen (בהל, Sl 6,3), se consumen (עשש, Sl 31,11), rugen (שְׁאָגָה, Sl 32,3), están destruidos (רָצַח, Sl 42,11), abatidos (דכה, Sl 51,10), quemados (נחר, Sl 102,4;

---

[52] Cf. B. COSTACURTA, *La vita minacciata*, 215-216.

[53] Sobre las entrañas, cf. P. DHORME, *L'emploi métaphorique*, 134-137; H.W. WOLFF, *Anthropologie*, 102-103; las vísceras, cf. H.W. WOLFF, *Anthropologie*, 102; sobre los riñones, cf. P. DHORME, *L'emploi métaphorique*, 130-133; H.W. WOLFF, *Anthropologie*, 105-106; sobre el hígado, cf. P. DHORME, *L'emploi métaphorique*, 128-130; y sobre el vientre, cf. *id.*, 133-134.

חרה, Job 30,30; Lm 1,13); descoyuntados (פרד, Sl 22,15), podridos (רְקַב, Ha 3,16), secos (יָבֵשׁ, Ez 37,4). La palabra es como fuego que, encerrado en ellos, los hace arder (חרה, Jr 20,9).

No obstante, los tres órganos que por excelencia expresan el estado interior humano son el *corazón* (לֵב), el *alma* (נֶפֶשׁ) y el *espíritu* (רוּחַ)[54].

- Del לֵבָב/לֵב[55] se dice que está retorcido (חיל, Sl 55,5), traspasado (חלל, Sl 109,22), derretido (הפך, Lm 1,20), roto (שׁבר, Jr 23,9), con dolor (עצב, Gn 6,6; כָּאַב, Is 65,14; Pr 14,13) y tristeza (יָגוֹן, Sl 13,3), enfermo (חלה, Pr 13,12), débil (דַּוָּי, Jr 8,18; Lm 1,22), desfallecido (דָּוֶה, Lm 5,17), desmayado (עטף, Sl 61,3), abatido (שׁחה, Pr 12,25), temeroso (רגז, Dt 28,65), humillado (נכא, Sl 109,16), agrio (חמץ, Sl 73,21), angustiado (צָרָה, Sl 25,17), consumido (כלה, Sl 73,26), quejoso (נהם, Sl 38,9), gritando (זעק, Is 15,5), afligido (רעע, Pr 25,20; Ne 2,2), decaído (נפל, 1Sam 17,32), turbado (סער, 2Re 6,11), estremecido (נוע, Is 7,2), confuso o extraviado (תעה, Is 21,4), ansioso (מהר, Is 35,4), dando vueltas (סחר, Sl 38,11), temblando (חרד, Job 37,1), derretido (מסס, Sl 22,15), cobarde (רכך, Is 7,4).
- La נֶפֶשׁ[56] puede estar triste (ינה, Job 19,2; אגם, Is 19,10), acongojada (עגם, Job 30,25), llorando (בכה, Jr 13,17), desmayada (עטף, Jon 2,8), de luto (אבל, Job 14,22) y ayuno (צום, Sl 69,11), con amargura (מַר, Jue 18,25; 1Sam 1,10; 22,2; 30,6; 2Sam 17,8; Is 38,15; Job 3,20; 7,11; 10,1; 21,25; 27,2; Pr 14,10; 31,6), angustiada (צָרָה, Gn 42,21; Sl 31,8; 143,11.12; Pr 21,23), encogida (קצר, Nm 21,4; Jue 16,16), abatida (שׁיח, Sl 42,6).

---

[54] R. Lauha dedica una parte de su estudio a los términos לב, נֶפֶשׁ y רוּחַ con raíces verbales que indican un estado psíquico de dolor, angustia, miedo. Cf. R. LAUHA, *Psychophysischer*, 92-132. Cf. también B. COSTACURTA, *La vita minacciata*, 217-219. 222.

[55] Cf. F. STOLZ, «לב», *THAT* I, 861-867; H.-J FABRY, «לב», *ThWAT* IV, 413-451; P. DHORME, *L'emploi métaphorique*, 109-128; H.W. WOLFF, *Antropologie*, 68-90. Cf. esquema conceptual de T. NØRAGER, «Heart», 216.

[56] Cf. C.WESTERMANN, «נֶפֶשׁ», *THAT* II, 71-95; H. SEEBASS, «נֶפֶשׁ», *ThWAT* V, 531-555; P. DHORME, *L'emploi métaphorique*, 18-19; H.W. WOLFF, *Anthropologie*, 25-48.

Y el רוּחַ[57] puede estar con dolor (עצב, Is 54,6; 63,10), agitado (פעם, Gn 41,81; Dn 2,1), desmayado (עטף, Sl 77,4; 142,4; 143,4), con amargura (מרר/מַר, Gn 26,35) y rebeldía (חמר, Sl 106,33), angustiado (צָרָה, Job 7,11), consumido (כלה, Sl 143,7), constreñido (צוק, Job 32,18), abatido (דכא, Sl 34,19), quebrantado (שׁבר, Is 65,14), desfallecido (כהה, Ez 21,12)[58].

1.3.2 Nivel cognitivo-afectivo y conductual

La experiencia de desolación afecta al nivel cognitivo y afectivo[59]. Los valores de un tiempo ahora no cuentan; las convicciones que sostenían la vida no resultan oportunas; aquello a lo que normalmente uno se adhería parece irrisorio e insensato; falta interés, faltan proyectos, ninguna realidad consigue atraer la voluntad. Algunas metáforas como la ceguera y la sordera (Is 42,19) simbolizan perfectamente este estado de repliegue interior y disfunción perceptiva. La incapacidad para comprender y la abulia para adherirse se expresan también a través de locuciones con לֵב, נֶפֶשׁ y רוּחַ[60]: el corazón inhibido en su angustia no es capaz de comprender (Is 42,25; Os 4,11)[61].

---

[57] Cf. R. ALBERTZ – C. WESTERMANN, «רוּחַ», *THAT* II, 726-753; S. TENGSTRÖM, «רוּחַ», *ThWAT* VII, 385-418; H.W. WOLFF, *Anthropologie*, 25-48.

[58] Como ya señalamos en la n.4, ciertos estudiosos consideran que algunos estados llegan hasta ser patológicos (1Sam 16). En el AT esto se produce, no por una disposición propia, sino por la actuación de poderes extraños o *espíritus*; así aparece el espíritu de los celos (Nm 5,14), la lujuria (Os 4,12), el letargo (Is 29,10), la impureza (Za 2,13), la confusión (2Re 19,7), la discordia (Jue 9,23) y la depresión (1Sam 16,14-23). Cf. R. ALBERTZ – C. WESTERMANN, «רוּחַ», *THAT* II, 739-740.

[59] Análogamente a cuanto sucede en la depresión. Cf. *TratPsiq*, 493.

[60] Sobre las facultades volitivas y cognitivas del לֵב, cf. F. STOLZ, «לֵב», *THAT* I, 862-864; H.-J FABRY, «לב», *ThWAT* IV, 421-423.432-438; H.W. WOLFF, *Anthropologie*, 76-90; sobre las del רוּחַ, cf. R. ALBERTZ – C. WESTERMANN, «רוּחַ», *THAT* II, 741-742; H.W. WOLFF, *Anthropologie*, 65-67; y sobre las del נפשׁ, cf. H. SEEBASS, «נפשׁ», *ThWAT* V, 540-545; H.W. WOLFF, *Anthropologie*, 33-35.

[61] La dureza del לב indica esta discapacidad: אמץ (Dt 2,30), חזק (Ex 7,13; Ez 2,4), כבד (Ex 9,34), קשה (Ez 3,7), טפשׁ (Sl 119,70). También el miedo afecta al razonamiento, cf. B. COSTACURTA, *La vita minacciata*, 245-246.

Mermada la fuerza interior, languidecen la voluntad y el deseo
(Qo 2,22; 6,6). El sufrimiento se convierte en la clave de lectura y
de interpretación de la realidad (Qo 3,16-22; 4,1-3).

El dolor también pone en crisis los pilares de la fe. El libro
de Qohelet es emblemático en este aspecto. La experiencia de
vanidad (הֶבֶל) que el hombre hace en su recorrido por la tierra
(Qo 1,1-11) invade poco a poco el ámbito humano del saber y
de los valores. El problema radica en que el hombre camina
hacia la muerte (Qo 3,20). Después de esta no hay nada. Por eso,
da igual ser sabio que necio (Qo 2,12-16), justo que injusto
(Qo 3,16-22), esforzarse que no esforzarse (Qo 4,4-7), *todo es
vanidad*. Las convicciones y los valores de la vida que atraen
espontáneamente al hombre pierden entonces la fuerza adhe-
rente y todo entra en la monotonía cíclica de la repetición.

La carencia de un motivo por el que vivir y actuar desemboca
en un estado de paralización general, apatía y tedio (Sl 137,1-2;
Qo 2,22; 6,6). El hombre, poseído por un hastío demoledor, termina por entregarse a la inercia. La desesperanza emerge como consecuencia del deterioro de las convicciones profundas. Así pues, el
dolor se relaciona con la dimensión teologal (Is 40,27-31), pues el
abatimiento y la desesperación equivalen a desconfiar de la capacidad salvífica de Yhwh. La seguridad y la fe en un tiempo inque-
brantables, se transforman ahora en murmuración e incredulidad.

1.3.3 Dimensión trascendente y finalidad de la desolación

En el apartado del primer capítulo sobre las *precomprensiones
del término consolación* (§ 1.1), observamos que la acentuación de
una determinada dimensión humana estaba estrechamente
unida a la antropología subyacente[62]. En la Sagrada Escritura, el
ser humano es relación y su identidad relacional primariamente

---

[62] Cf. p. 30.

se refiere a Dios[63]. Ninguna dimensión humana escapa a esta referencia última y teologal[64] y, por lo tanto, tampoco la consolación y la desolación. En la Sagrada Escritura ambas situaciones no se reducen a un acontecimiento interno de carácter trascendente, como entiende la teología espiritual, ni tampoco coinciden con un estado anímico sin otra referencia que el mismo sujeto, como lo describe la psicología.

El sufrimiento, aún causado por circunstancias ajenas o por la propia condición humana, no puede vivirse sin referencia a Yhwh. Y este elemento crea un dinamismo contradictorio; si, por una parte, el hombre sólo puede encontrar en Dios el sentido último para aceptar la tribulación, por otra, el monoteísmo conduce al escándalo de que Él, en cuanto Omnipotente, es también el último responsable (Sl 39,10). La Escritura esboza algunas respuestas que puedan dar un significado y una finalidad a la angustia y al desconsuelo[65].

En los primeros capítulos de la Biblia el tema del dolor está vinculado con el de la desobediencia (Gn 3,16-19). De ahí que, la aflicción, tanto física como psíquica, tenga una connotación acusatoria. La finalidad del sufrimiento es *revelar* la transgresión (Sl 32,3-5) con el fin de la conversión (Job 5,17-18). Es típico del tardo-profetismo yuxtaponer un oráculo de anuncio salvífico a un oráculo de acusación (Jr 2,1–4,2; Os 2,6-25); esta yuxtaposición no es meramente redaccional sino que revela la finalidad salvífica del castigo[66]. Se trata de integrar el elemento

---

[63] Resulta interesante la distinción que en algunos pasajes hace la Escritura entre el muerto y el vivo: «el abismo no te da gracias, ni la muerte te alaba, ni esperan en tu fidelidad los que bajan a la fosa. Los vivos, los vivos son quienes te dan gracias: como yo ahora» (Is 38,18-19; cf. también Sl 88,11-13; 115,17). En estos textos se pone de manifiesto que el componente fundamental de la vida es la relación con Dios. Cf. H.W. WOLFF, *Anthropologie*, 160-161; N. CALDUCH-BENAGES, «Muerte y Mujeres», 55-56.

[64] Con «teologal» entendemos la referencia de una realidad a Dios, y con «espiritual» la dimensión material de dicha realidad; por lo tanto, teologal no es sinónimo de espiritual.

[65] Cf. a este respecto las respuestas que en el Antiguo Oriente Próximo y en Israel se dan al misterio de la muerte. Cf. N. CALDUCH-BENAGES, «Muerte y Mujeres», 41-59.

[66] Cf. P. BOVATI, *Testi di Nuova Alleanza*, 130-131.

negativo dentro del proyecto de redención. Así por ejemplo, el Salmo 126 describe el exilio como una siembra, donde el elemento de muerte es imprescindible para la vida. De este modo, en el sufrimiento y en el dolor se descubre una potencialidad positiva escondida que los hace incluso necesarios.

Pero esto no es suficiente. La agresión gratuita que el ser humano sufre debido a la violencia e injusticia de otros no tienen explicación; el silencio de Dios ante el sufrimiento del justo sigue siendo un escándalo[67]. El problema del mal pone al ser humano ante el dilema de la libertad propia y ajena, y en último término, ante la libertad de un Dios que, siendo omnipotente, lo permite. Toda consolación que se presente como verdadera y definitiva deberá afrontar el desafío de la muerte.

▓ 2. Transición de la desolación a la consolación

El instinto humano empuja a superar el dolor. De modo análogo, el impulso natural ante una persona en dificultad es ayudarla. Hemos detectado, sin embargo, que en los textos donde aparecía נחם que tanto el consolador puede negarse a consolar (Is 1,24; 57,6; Jr 16,7; 20,6) como el desolado rehusar el consuelo (Gn 37,35; Is 22,4; Jr 31,15; Sl 77,3). La transición de la desolación a la consolación no se rige por el automatismo, requiere el consenso de estas dos libertades. Por eso, el paso no siempre se articula ni se resuelve de la misma manera. La fisonomía del acto depende de la trabazón de las dos voluntades en cuestión.

---

[67] Sobre este problema, cf. la monografía de F. LINDSTRÖM, *God and the Origin of Evil* y H. SIMIAN-YOFRE, *Sofferenza dell'uomo*.

2.1 Inicio de la transición

Se podría pensar que la transición comienza con la eliminación de la causa que ha provocado la angustia. En cambio, hemos visto que existen aspectos incontrolables que se desvinculan del origen que los ha producido. Es más, la experiencia de muerte vivida en dicha condición, provoca una fractura que imposibilita el regreso a la situación precedente. El mayor drama del sujeto atormentado es que no puede salir por sí mismo de la depresión. Esta pobreza radical constituye su mayor riqueza y, a la vez, su punto de mayor vulnerabilidad, pues supone la apertura a una salvación que viene de "fuera" y de "otro".

A su debido tiempo apuntamos que la raíz נחם siempre expresa una relación interpersonal, pues tanto su sujeto como su complemento directo son personales[68]. Aun cuando, נחם se traduce por *consolarse*, la acción que expresa no es estrictamente reflexiva[69]. Así pues, para *consolarse* el ser humano necesita de un ser personal, ya que no puede procurarse el consuelo a sí mismo. Ni tampoco es el origen de la propia salvación. La consolación proviene de la alteridad.

2.1.1 La alteridad

La transición hacia el consuelo comienza en el prójimo, tiene inicio en la compasión del otro. Ahora bien, cualquier persona no puede realizarla. Algunos textos estudiados en el primer capítulo subrayaban un elemento de inadecuación sea en el sujeto que tenía la función de consolar, sea en el instrumento o medio utilizado por él (Gn 37,35; Sl 77,3; Job 7,13; 16,2; 21,34; Za 10,2). La ineficacia de estos "consoladores" se basa en que ofrecen *pseudo-consolaciones*.

---

[68] Cf. cap. I, § 1.2.3.
[69] Cf. cap. I, § 2.2.

- Asociado a este elemento, se encuentra el tema típico de los *ídolos*. Israel se siente abandonado por Dios y se acoge a otros dioses en aras a obtener de ellos benevolencia. Sin embargo, la idolatría es un fenómeno auto-referencial: los dioses son nada y vacío (Dt 4,28; Is 41,24.29; Sl 115,5-8), obra humana (Ex 32,1; Is 44,9-20). El hombre, tallándolos y adorándolos, se fabrica la propia salvación (Is 41,6-7; Sl 115,4.8); una forma solapada de auto-consolación que niega el principio fundamental de la vida: la vida se recibe de otro (Pr 30,9).

- La metáfora de los *amantes* (אֲהָבִים) se utiliza en algunos pasajes para denominar a los pueblos con los que Israel hace algún tipo alianza política (Jr 22,20.22; 30,14; Ez 23,5.9). El problema es que, buscando la seguridad en los pactos (Os 2,7; 8,9), Israel no confía en el Señor (Is 7,7-13). La destrucción de Israel permitida por Yhwh hace que su ayuda resulte inoperante (Os 2,9): los amantes no consuelan (Lm 1,2). Es más, ante la deportación se retiran, abandonan al pueblo (Lm 1,19).

- Finalmente los *consoladores inoportunos* (עָמָל, Job 16,2), con sus discursos vacíos (דִּבְרֵי־רוּחַ) ofrecen sucedáneos de consolaciones. Su incapacidad para consolar no reside en la veracidad o falsedad de sus palabras, pues sus respuestas son teóricamente correctas. Sin embargo, al ser pronunciadas en un contexto de dolor y desde el plano del que no sufre (Job 16,4), resultan ofensivas, impropias.

El consuelo se recibe del otro, pero no basta cualquier persona. La alteridad ni se fabrica (*idolatría*) ni tampoco puede ofrecer pseudo-consolaciones (*amantes*); no es una ideología (*consoladores inoportunos*). La consolación que se brinda debe corresponder a la referencia teologal, en el caso de Israel, debe ser mediada por la alianza, por el compromiso jurídico entre Dios y su pueblo[70]. La paradoja surge, cuando la desolación se produ-

---

[70] En este sentido la alianza está estrechamente unida al concepto de צְדָקָה hebrea, entendida como relación entre personas y no referida a una norma (cf. G. VON RAD, *Theologie des Alten Testaments*, I, 382-383). La justicia no coincide simplemente con el mero cumplimiento de la Ley. Ésta debe mediar la relación entre sujetos, cuya referencia última es la relación con Yhwh.

ce por la ruptura de la relación con el Señor, pues el consuelo sólo puede esperarse de Aquel que es precisamente el motivo del sufrimiento, o sea Yhwh (Lm 1,9)[71].

2.1.2 La dinámica del comienzo

El dinamismo de transición inicia cuando el consolador percibe el sufrimiento del afligido y se conmueve. Este hecho se indica a través de lexemas provenientes del campo de la percepción y de la cognición[72] o de las emociones y de los sentimientos[73]. Sin embargo, puede suceder que el consolador no advierta la amargura del atribulado, y entonces éste, tiene que llamarle la atención.

Haciendo que le mire (Sl 119,153; Lm 1,9.11.20; 2,20), le escuche (Jr 18,19; Sl 27,7; 30,11), incline el oído (Sl 17,6; 86,1), vuelva el rostro hacia él (Sl 25,16; 86,16). Le puede contar o dar a conocer su lamentable condición (1Sam 1,10-20; 2Re 19,15-19; Jr 15,10-21; Sl 22,13-19); intentar moverle a piedad: חסד (Gn 24,12; Sl 25,6), רחם (1Re 8,50; Sl 40,12; 51,3) y חנן (Sl 6,3; 9,14; 51,3; Job 19,11); buscar que cambie su decisión (שוב, Sl 6,5; 90,13; 126,4); cese su ira y punición (Sl 27,9; 85,6) o la encienda contra sus agresores (Sl 7,7; 69,25).

---

[71] Este es el problema típico del exilio: el pueblo siente que Yhwh le ha abandonado (40,27-31) y abrirse a la oferta reconciliadora que el Señor ahora le propone requiere un acto nuevo de confianza.

[72] Escucha (שמע, Gn 16,11; 21,16-17; Ex 2,24; 1Sam 1,11; Job 2,11), ve (ראה, Ex 3,7; Dt 26,7; Jr 23,13-14), le es contado (נגד, Dt 17,4), le dicen (אמר, Gn 37,32), conoce (ידע, Ex 2,25), se acuerda (זכר, Ex 2,24; 1Sam 1,11.19; Sl 105,8).

[73] Experimenta conmoción (Gn 43,30; 1Re 3,26; Jr 42,12; Os 11,8), misericordia y compasión (Gn 19,19; Dt 32,26; Jue 2,18; Jl 2,13), arrepentimiento (Ex 32,14; 2Sam 24,16) ante el dolor que ha causado o la vejación que vive el prójimo. La נחם, como señalamos en el capítulo anterior, puede significar sentir compasión (cf. cap. I, § 2.3.2).

No obstante el intento desesperado por parte del angustiado para que el consolador perciba su nefasta situación y se conmueva, el consolador puede no estremecerse ni retractarse de su decisión[74]. A este respecto destaca la función de las *preguntas* retóricas como recurso que utiliza el que sufre para llamar la atención del otro y hacerlo recapacitar sobre su resolución[75].

A través de ellas, se invita al interlocutor a evaluar lo que está haciendo y, de este modo, a cambiar su conducta: «¿hasta cuándo hablarás de esta manera y serán tus palabras un huracán?» (Job 8,2; cf. 2Sam 24,17). Otras preguntas aspiran mutar el destino de muerte: «¿qué ganas con mi muerte con que yo baje a la fosa? ¿te va a dar gracias el polvo o va a proclamar tu lealtad?» (Sl 30,10; cf. Sl 88,11-13) o de una situación negativa: «¿hasta cuándo he de estar preocupado con el corazón apenado todo el día? ¿hasta cuándo va a triunfar mi enemigo?» (Sl 13,2; cf. Sl 79,5).

Algunos interrogantes se aproximan incluso a la crítica: «Señor ¿por qué maltratas a este pueblo? ¿para qué me has enviado?» (Ex 5,22; cf. Job 7,19); a la protesta: «¿por qué me sacaste del vientre» (Job 10,18). La pregunta puede contener una petición: «¿cuándo vendrás a mi?» (Sl 101,2; cf. Sl 119,82); una sugerencia: «¿no vas a devolvernos la vida para que tu pueblo se alegre contigo?» (Sl 85,7); o un recuerdo: «¿dónde está Señor tu antigua misericordia que por tu fidelidad juraste a David?» (Sl 89,50).

El uso de los imperativos es otra táctica del afligido que pretende producir una reacción en aquel que debería consolar y no se mueve a piedad:

---

[74] En el primer capítulo hemos señalado algunos textos donde el Señor anuncia la irrevocabilidad de su castigo: Gn 6,6-7; 1Sam 15,11.35; Is 1,24; 57,6; Jr 4,26; 15,6; 20,16; Ez 5,13; 24,14; Za 8,14 (cf. especialmente, cap. I, § 2.3.1). En otros pasajes Yhwh cierra los ojos y los oídos ante las plegarias y sacrificios injustos (Is 1,11-15; 58,3-7), es decir, no se deja reconciliar por ellos. Cf. también Dt 13,9; 32,22; Is 9,18; Jr 13,14; Job 9,13.

[75] Cf. R. Torti Mazzi, *Quando interrogare*, 159-304.

«*Recuerda* (זכר) Señor que tu ternura y misericordia son eternas» (Sl 25,6; cf. Sl 74,2; Job 7,7); «*despierta* (הָעִירָה), *levántate* (וְהָקִיצָה) Dios mío para mi causa» (Sl 35,23; cf. Sl 7,7; 44,24); «*respóndeme* (עֲנֵנִי) en seguida Señor que me falta el aliento» (Sl 143,7). Tras algunos imperativos formulados en negativo se encuentra implícita la petición sobre el fin del sufrimiento: «no me abandones» (אַל תַּעַזְבֵנִי, Sl 27,9), «no escondas tu rostro» (אַל־תַּסְתֵּר פָּנֶיךָ, Sl 69,18), «no te alejes de mi» (אַל־תִּרְחַק מִמֶּנִּי, Sl 38,22), «no me deseches» (אַל־תַּשְׁלִיכֵנִי, Sl 71,9).

Algunas frases proponen incluso argumentos y motivaciones al consolador para que modifique su actitud o la situación. Si es Yhwh se hace alusión a su grandeza (Sl 89,7-9; 113,5-9), a su ser misericordioso (Jl 2,13; Sl 35,10), a sus promesas (Mi 7,20; Dn 3,35-36), a la elección (Sl 74,20), a los tiempos pasados (Sl 22,5-6), a lo que dirá la gente y los otros pueblos (Sl 35,25). En otras expresiones, sin embargo, se le sugiere lo que debería hacer. Por ejemplo, en fragmentos imprecatorios se le recomienda cómo debería actuar con los enemigos (Sl 35,26; 83,10-13); en otros versículos se le insinúa cómo debería tratar a su pueblo (Dn 3,39-40), a un particular (Sl 51,12-13) o cómo tendría que comportarse en una determinada situación histórica (Sl 74,18-23). Además de la palabra, el afligido se sirve del lenguaje gestual[76]. Especial importancia cobran los gestos rituales de arrepentimiento, penitencia o dolor como la postración (Gn 50,18), el rasgarse las vestiduras (Gn 37,34), el ayuno (2Sam 12,17), echarse polvo o ceniza (Is 58,5; Job 2,12), la presentación de una ofrenda o la restitución de la misma (1Re 20,34), los sacrificios (Lv 1–7).

2.2 Desarrollo

El paso de la desolación a la consolación comienza cuando el consolador se compadece y decide consolar. El desolado, sin embargo, podría *rehusar el consuelo* (Sl 77,3). La condición irreparable fruto

---

[76] Cf. P. BOVATI, *Ristabilire la giustizia*, 116-125.

del sufrimiento y la fractura insuperable producida por el dolor impiden que el afligido acoja automáticamente la oferta consolatoria, se adhiera a la promesa y crea de nuevo en la potencialidad positiva de la vida y en aquel que se la brinda. Es más, cuando el que ahora le ofrece el consuelo ha sido antes el "agresor", el restablecimiento de la relación resulta un proceso muy lento y complejo, pues se trata de una relación profundamente herida. Por lo tanto, el consolador, y antes "agresor", deberá desplegar una serie de acciones y estrategias para que el desconsolado se abra a la salvación.

2.2.1 Las acciones

Las acciones que realiza el consolador normalmente tienden a extirpar las causas del sufrimiento. Si el origen de la desolación está en un pecado, la erradicación del mismo se efectúa a través del perdón[77]; si se trata de la enfermedad, la curación[78]; si consiste en la esclavitud o deportación, la liberación[79]; si el desconsuelo es debido a la injusticia, la transición se produce por el restablecimiento de la misma[80]. Estas acciones inciden más sobre la situación que sobre el sujeto sufriente. Existe, en cambio, otro tipo de operaciones que se concentran en el desolado y no en

---

[77] Encontramos aquí las raíces típicas de la reconciliación: סלח (Jr 31,34; 33,8; Sl 103,1), נשא (Gn 50,17; Ex 34,7; Sl 32,5), כפר (Ez 16,63; Sl 65,4), עבר (Job 7,21; Pr 19,11), כסה (Sl 85,3), מחה (Is 43,25; Sl 51,3) y otras expresiones como no recordar (Is 43,25; Sl 25,7), no poner la atención (Sl 32,2), cesar la ira (Is 12,1), hacer misericordia (Ex 33,19; Os 14,4). Cf. P. BOVATI, *Ristabilire la giustizia*, 126-138.

[78] Cf. רפא (Gn 20,17; Jr 51,9), שלם (Gn 33,18). A veces estos lexemas se relacionan con los del perdón (Dt 32,39; Is 53,5; Os 6,2).

[79] Se expresa con la terminología del salvar (ישע, Is 37,35; Jr 17,14; Sl 34,7), rescatar (גאל, Is 43,1; Jr 31,11; Os 13,14), redimir (פדה, Ex 13,15; Dt 7,8), sacar (יצא, Ex 3,10; Dt 4,20), liberar (נצל, Ex 6,6; 1Sam 12,11), escapar (מלט, Sl 124,7; Job 22,30), librar (חלץ, Sl 18,20), hacer subir (עלה, Ex 3,8), hacer volver (שוב, Is 58,12; Jr 12,15).

[80] Por ejemplo: juzgar (שפט, 2Sam 18,31), pleitear a favor (ריב, Is 1,17), hacer justicia (צדק, Sl 82,3), administrar justicia (דין, Sl 7,9), interceder (פלל, Nm 11,2), escuchar (שמע, 1Re 3,9), hablar con justicia (דבר + בצדקה, Is 63,1), hacer juicio (עשה + משפט, 1Re 3,28). Cf. P. BOVATI, *Ristabilire la giustizia*, 165-170.

la causa del dolor; crean recursos interiores para que salga por sí mismo de la aflicción.

— Por ejemplo, *fortaleciendo*: fortalecer (חזק, Is 41,13; 42,6), reforzar (אמץ, Dt 3,28; Job 4,4), sostener (תמך, Is 42,1), dar fuerza (עזז, Jue 3,10), exhortar a ser valiente (לִבְנֵי־חָיִל, 2Sam 13,28), a no temer (אַל־תִּירָא, Gn 15,1; 1Sam 12,20). Otras raíces indican protección: ayudar (עזר, Is 41,13; Sl 86,17), proteger (פלט, Sl 18,44), guardar (שמר, Sl 34,21), ser fiel (אמן, Dt 7,9), apoyarse (שען, Is 50,10), sostener (קום, Is 49,6).

— *Produciendo alegría* y *paz*: congratular (אשר, Ml 3,12), dar buenas noticias (בשר, Is 52,7), un motivo para gozarse (גיל, Sl 14,7), alegrarle (שמח, Jr 31,13; חדה, Sl 21,7), regocijar (שוש/שיש, Is 61,10; Sl 40,17), desear o hacer el bien (ברך, Gn 12,3), sosegar (בלג, Sl 39,14).

— *Conduciéndole* o *llevándole*: reunir (קבץ, Ez 11,17), hacer afluir (נהר, Is 2,2), recoger (אסף, Is 11,12), conducir (נהל, Is 49,10; Sl 23,2), llevar (נשא, Is 40,11), pastorear (רעה, Is 40,11).

— *Reconstruyéndole*: fundar (יסד, Is 44,28; 54,11), hacer firmes (כון, Sl 40,3; 48,9), reconstruir (בנה, Is 45,13; Ez 36,36), levantar (רום, Sl 9,14). También con términos de recreación: formar (יצר, Is 43,7; Sl 139,16), hacer (עשה, Is 25,1; 44,2), hacer nuevo (חדש, Is 42,9; Sl 104,30), recrear (ברא, Is 43,7; Sl 51,12; 104,30), hacer revivir (חיה, Os 6,2; Sl 33,19; שוב, Sl 23,3; Lm 1,16). Estos términos en algunos pasajes aparecen asociados al perdón (Sl 33,15; 51,12).

2.2.2 Estrategias

Las acciones del que consuela tratan de extirpar las causas del sufrimiento, pero la eliminación de la adversidad no garantiza el paso de la desolación al consuelo. Algunas acciones como fortalecer, alegrar o reconstruir tienen como objetivo crear recursos interiores en el desolado para que salga de su funesta condición. De todos modos, es en definitiva al atribulado a quien compete abrirse a la salvación, lo que no siempre es un proceso fácil ni automático. El consolador, en paralelo a las acciones arriba descritas, debe desplegar una serie de estrategias que logren convencer y recrear la esperanza del afligido.

— *Recuperar el momento de dolor*

La experiencia de sufrimiento deja una huella imborrable que perdura en la conciencia del ser humano[81]. La nostalgia de un pasado donde la aflicción no existía puede ser obstáculo para aceptar la realidad[82]. El sujeto no resiste habitar en el dolor y constantemente busca superarlo. A veces a través de dinámicas evasivas o compensatorias que van sorteando la dura realidad[83], las llamadas pseudo-consolaciones (Ex 32,1-2; Lm 1,17)[84]. Las compensaciones apagan momentáneamente el deseo, pero terminan por desencadenar un dinamismo insaciable[85]: se desea lo que no se tiene (2Sam 11,1-25; 1Re 21,1-29), y lo que se tiene se goza con desesperación antes de que desaparezca (Is 22,13; Qo 6,6; Sb 2,2-9).

La primera estrategia del consolador es bloquear el acceso a estas evasiones nocivas: «por eso, voy a vallar su camino con zarzales y le voy a poner delante una barrera para que no encuentre sus senderos. Perseguirá a sus amantes y no los alcanzará, los buscará y no los encontrará» (Os 2,8-9). Si el atribulado no responde, se le bloquea también el acceso no sólo a las fugas perniciosas sino a los bienes fundamentales para que, privado de ellos, recapacite y comprenda: «ella no comprendía que era yo quien le daba el trigo […] por eso, le quitaré otra vez mi trigo en su tiempo y mi vino en su sazón» (Os 2,10-11).

Cerrada la puerta a las pseudo-consolaciones y en una condición de aislamiento, el atribulado debe entrar en un proceso de introspección. Indispensable para que él se abra a la consolación es integrar la experiencia del sufrimiento. Por eso, el que

---

[81] Puede ser útil tener presente las consideraciones que realizamos sobre los componentes de la desolación (cf. cap. II, § 1.2.1).

[82] Sobre el nexo memoria-vergüenza como impedimento para abrirse a la salvación, cf. A. BORGHINO, *La «Nuova Alleanza»*, 171-175.

[83] La compensación es un mecanismo de defensa que tiende a sustituir las propias deficiencias por otros objetos o afectos. Cf. A. MUCCHIELI, *Le reazioni*, 58-59.

[84] Cf. cap. II, § 2.1.1.

[85] Sobre el carácter metonímico del deseo humano, cf. S. BABOLIN, *Produzione di senso*, 133-139. Cf. también las consideraciones de G. Strola sobre el נֶפֶשׁ en el dinamismo del deseo, cf. G. STROLA, *Il desiderio di Dio*, 89-96.

consuela deberá ofrecer una palabra capaz de reinterpretar el dolor, que no puede tener sentido si no es dentro de un horizonte salvífico[86]. La inserción de la desolación en este horizonte le confiere una finalidad, pero también le pone un término, pues el drama más grande del que sufre es no saber cuánto durará el suplicio. De este modo, la cuantificación y el confinamiento del sufrimiento dentro una perspectiva salvífica (Is 40,2) saca al desconsolado de la incertidumbre que supone no saber cuándo acabará su aflicción[87]. El mal es pasajero y está inmerso en una misericordia que es eterna: «por un breve momento te he abandonado, pero con gran misericordia te reuniré, en un ímpetu de ira, por un momento he escondido mi rostro pero con fidelidad eterna he tenido misericordia de ti» (Is 54,7-8)[88].

— *La atracción de la voluntad*

La amenaza es un medio coercitivo para evitar que la persona caiga en una acción malvada, un recurso para que abandone su conducta (Os 2,5-6). La promesa es también un instrumento de coerción que oferta, en positivo, esa misma posibilidad de conversión[89]. Dado que la desolación supone la realización de la conminación, la voluntad sólo podrá ser coactada y de nuevo atraída por la fuerza y la belleza de una promesa. Ésta reactiva en el ser humano la capacidad de soñar y esperar, de creer en la potencialidad positiva de la vida y adherirse a ella. El ser humano ha realizado una experiencia de muerte y de ruptura profun-

---

[86] Las tentativas son muy variadas. La explicación que se da sobre el sentido del sufrimiento es que éste es un momento necesario de castigo (Sl 89,33-35), de corrección (Jr 30,11), de prueba (Job 1,1–2,10), también un tiempo de recapacitación sobre el mal que se ha hecho (2Sam 12,14-17) o de dejación del hombre a merced de su obstinación (Lm 1,5). Todo ello en vistas a la salvación.

[87] Sobre las preguntas acerca de la duración del sufrimiento en el salterio, cf. R. TORTI MAZZI, *Quando interrogare*, 204-231.

[88] Cf. A. BORGHINO, *La «Nuova Alleanza»*, 231-239.

[89] «Riteniamo che questa distinzione non sia più di una variante retorica: la minaccia è di natura sua offerta – in negativo – della stessa possibilità offerta – in positivo – dal decreto che impone un cambiamento/conversione». Cf. P. BOVATI, *Ristabilire la giustizia*, 74.

da, por esta razón el futuro que se le ofrece debe ser completamente *nuevo*[90].

La novedad de la promesa reside en el contenido y se presenta bajo las categorías de belleza y de misterio: será algo inaudito, nunca visto ni oído (Is 52,15), se describe con términos de transformación (Is 41,18-19), paradisíacos (Is 11,1-9), de nueva creación (Ez 36,26-27); se trata de algo prodigioso (Is 43,16), de magnitudes enormes (Is 41,5), imparable (Is 43,19; 46,13), ya anunciado (Is 44,7-8) a la vez que inesperado (Is 45,8). Esto produce curiosidad, atrae, mueve los deseos, abre a la espera. Ahora bien, si esta reactivación de la esperanza no respondiera a la realidad, entonces la promesa más que consolar defraudaría. Por eso, los textos insisten en su capacidad de efectuarse: «no volverá a mi vacía, sin realizar aquello para la que le he mandado» (Is 55,10-11; Ez 36,36).

Este dinamismo no sustituye, sin embargo, la libertad humana; su realización no sucede sin el consentimiento del sujeto, por este motivo debe ser asequible[91]. De este modo, los textos reactivan la voluntad del interlocutor acortando la dilación entre el deseo y su satisfacción, entre la promesa y su realización. Por ejemplo, mediante las secuencias como buscar-encontrar: «*buscad* (דרש) al Señor mientras se *deje encontrar* (מצא), *invocadlo* (קרא) mientras está *cerca* (קרוב)» (Is 55,6); buscar-responder-librar: «yo *busqué* (דרש) al Señor y *me respondió* (ענה), *me libró* (נצל) de todas mis ansias» (Sl 34,5); invocar-escuchar-salvar: «si el afligido *invoca* (קרא) al Señor, Él lo *escucha* (שמע) y lo *salva* (ישע) de sus angustias» (Sl 34,7); decir-existir-mandar-surgir: «porque Él lo *dijo* (אמר) y *existió* (היה), Él lo *mandó* (צוה) y *surgió* (עמד)» (Sl 33,9). El intervalo de espera entonces se acorta, es más, la realidad nueva se advierte, porque ya «está brotando» (Is 43,19).

---

[90] Los pasajes de *nueva alianza* siguen esta línea. La magnitud de la ruptura ha sido tal que es necesario un acto de creación nuevo (Is 43,19; 45,8; Jr 31,22; Ez 37,1-14). En Sl 51,12 el perdón se equipara a una nueva creación.

[91] En los textos de *nueva alianza* esta capacidad de cumplimiento de la promesa se garantiza con la donación de un elemento interior que habilita al ser humano para vivir en obediencia: «espíritu nuevo» y un «corazón de carne» (Ez 36,26), donde se encuentra inscrita la Ley (Jr 31,33).

— *Fortalecer las convicciones y valores*

La desolación deja debilitado todo el sistema de convicciones y valores en los que se apoya el individuo[92]. Si el consolador debe abrir nuevos horizontes, también debe dar solidez a los principios que antes le sustentaban y que siguen siendo válidos. Sus esfuerzos entonces deben estar orientados a producir seguridad, no sólo en el individuo y en sus capacidades sino en la fiabilidad y credibilidad de la promesa.

El signo es una estrategia para reforzar el crédito (Sl 86,17)[93], que no sustituye a la fe (Gn 15,1-6), pues requiere la confianza en aquel que lo emite (Ex 3,10-12). El carácter extraordinario y la peculiaridad del mismo es garantía de la superación de la prueba (Jue 6,36-40) que, sin embargo, deberá afrontarse. Por eso, junto a la señal externa al creyente se le ofrecen indicios internos que refuerzan la confianza en el emisor. La exhortación a «no temer» (Gn 15,1; Jue 6,23; Is 41,13)[94] y la fórmula de asistencia «yo estoy contigo» (Dt 20,3-4; 31,6; Is 41,10)[95], van en esta línea[96]. La transición de la desolación al consuelo no sobreviene necesariamente por la eliminación de la adversidad; el ser humano debe atravesarla, sólo que ahora con un componente nuevo: la certeza de la presencia y cercanía de Yhwh (Is 43,2-3; Sl 23,3-4).

Además de la fe, también la esperanza debe ser reforzada y robustecida. Y aquí entra en juego el miedo de que la promesa realizada no perdure, el miedo de que la historia desmienta las convicciones en las que siempre se ha creído, provocando inseguridad e incertidumbre paralizantes. El realismo actúa entonces como mecanismo de defensa para no volver a experimentar

---

[92] Cf. cap. II, § 1.3.2.

[93] Sobre este punto, cf. B. COSTACURTA, *La vita minacciata*, 263-264.

[94] Sobre esta fórmula, cf. E. W. CONRAD, *Fear not Warrior*; S. BRETÓN, *Vocación*, 142-152; B. COSTACURTA, *La vita minacciata*, 257-261.

[95] Con respecto a esta fórmula, cf. L. RUPPERT, *Die Josephserzählung*, 44-51; H.D. PREUSS, «Ich will», 139-173; W. RICHTER, *Die sogennanten vorprophetischen Berufungsberichte*, 146-151; S. BRETÓN, *Vocación*, 153-169.

[96] Estos dos elementos se encuentran en los textos donde aparecía la raíz נחם. Cf. por ejemplo, Gn 50,21; Is 12,1; Sl 23,4; Rut 2,13 (cf. cap. I, § 2.1.3).

la desilusión (Qo 4,1-3.4-6). El creyente se agarra a la evidencia de la realidad como a su único bastión: Dios ha abandonado a su pueblo (Is 40,27; Lm 2,17). Por eso, el intento del consolador de nuevo no será tanto el de cambiar la realidad cuanto el de proveer claves para reinterpretarla (Is 45,1.13).

El individuo en la desolación ha hecho experiencia de la inestabilidad que supone confiar en los hombres (Sl 62,10; 116,11), en sí mismo (Sl 39,6.12; 90,3-6) y en sus propias fuerzas (Sl 30,7-8), en otras formas de seguridades como la riqueza (Sl 49,7-8.14). Incluso hasta Dios puede experimentarse como poco fiable (Jr 15,18). Por eso, sólo puede poner su esperanza en algo que no muera, en algo que permanezca. De tal expectativa sólo Yhwh puede hacerse el garante, porque su palabra (Is 40,8), su promesa (2Sam 7,5-16), su alianza (Is 55,3) y su misericordia (Sl 137,1ss; Lm 3,22) son eternas (עוֹלָם). Esperar en Él no hace desesperar (Sl 27,14; 131,2-3; Lm 3,25-26), al contrario renueva las fuerzas (Is 40,31); se puede entonces vivir tranquilos con la certeza y seguridad de que «hay esperanza para el futuro» (Jr 31,17).

2.2.3 Medios

En la transición de la desolación a la consolación no sólo se realizan acciones o se emplean recursos y estrategias, también se escogen y utilizan los instrumentos adecuados que favorecen este paso. Normalmente el dispositivo más empleado es la palabra, aunque no es el único.

— *La palabra como medio que produce la transición*
La palabra es el instrumento idóneo para consolar[97]. Su estructura relacional y dialogal, su capacidad de penetrar en el espacio del otro hacen de ella la herramienta privilegiada para

---

[97] En algunos pasajes se habla concretamente de palabras de consolación o ternura (דְּבַר לָאָט, Job 15,11; cf. también Job 21,2); en el tercer canto del siervo se menciona una palabra que sostiene al cansado (Is 50,4).

llegar al interior humano y transformarlo. Este aspecto de pene-trabilidad y performatividad sobresale en algunos pasajes: como el agua empapa la tierra y la hace germinar (Dt 32,2; Is 55,10-11), la palabra penetra el oído de quien no ofrece resistencias (Is 50,4-11) y realiza aquello para lo que fue enviada.

La palabra, en cuanto acto de auto-donación, expresa el intento siempre incompleto de trascenderse, de auto-comunicarse para hacerse presente en el otro sin forzarlo ni quebrantar su libertad. A diferencia del signo visible que se impone, la palabra trabaja pacientemente la libertad de su interlocutor, explotando todos los recursos de la oratoria y del arte del convencimiento: se hace pregunta (Is 40,27), argumento (Gn 4,10-11), propuesta (Job 40,1-2), sugerencia (Is 1,16-18), imperativo (Ez 16,52), grito (Sl 40,1), susurro (Sl 1,2), canto (Is 5,1), narra (2Sam 12,1-5), afirma (Sl 110,4), promete (Jr 31,17.33), convence (Os 2,16), valora (Job 2,3), amonesta (1Sam 15,19), trabaja las resistencias (2Sam 12,1-5), provoca (2Sam 12,5) y deja sin escapatorias (2Sam 12,7).

Su naturaleza dialogal implica la apertura radical a la verdad de su interlocutor, una especie de renuncia a hacer de sí un discurso auto-referencial. Es decir, la afirmación de su interlocutor como sujeto es intrínseca a la donación de la palabra[98]. El libro de Job presenta magistralmente este aspecto. Al insistir en la corrección de su mensaje, los amigos terminan por anular a Job como interlocutor válido, desacreditando la verdad de la experiencia que está probando en el sufrimiento. En este sentido, sus palabras en vez de consolar, desconsuelan; son demoledoras (Job 16,2; 21,34).

— *Otros medios que producen la transición*

Existen otros procedimientos o instrumentos que median la transición de la desolación a la consolación. Por ejemplo, la necesidad de establecer un tiempo distinto como el luto antes de reincorporarse a la normalidad (Gn 37,34-35; 2Sam 12,16-

---

[98] Cf. P. Bovati, *Ristabilire la giustizia*, 316.

17; Job 2,11-13)[99]. El ayuno, el vestido, la posición corporal, la ceniza que se echa sobre la cabeza, propios del duelo, son expresiones que indican una relación discrepante con la vida o la ruptura profunda con alguna de sus dimensiones. Paradójicamente, es durante el luto que la persona asume sobre sí los signos de la muerte, precisamente para poder superarla.

El movimiento contrario a arrogarse los gestos de la muerte es lanzarlos contra otros. Esta dinámica de proyección es típica del dolor. La agresividad emerge como medio para vencer la violencia que internamente se está sufriendo y de la cual el individuo no puede deshacerse. La verbalización del deseo de venganza, típico de los salmos imprecatorios (Sl 137,9), o la comparación del propio dolor con el ajeno (Lm 2,13) responden a este mecanismo[100]. No obstante, si esta fuerza logra ser canalizada, puede transformarse de ímpetu devastador en potencia salvífica. El consolador deberá en última instancia asumirla para romper con la espiral de la violencia (53,2-5), y esto puede suponerle incluso la entrega de la vida (Is 53,10-12).

▨ 3. El estado de consolación

La consolación es la *acción* o el *efecto de consolar*. Mientras la transición acentúa el primer aspecto, el estado de consolación acentúa el segundo: el efecto. El consuelo, como la desolación, goza de un inicio, componentes, imaginería y manifestaciones propias. Sin embargo, en comparación con aquella, el espectro semántico de la BH se reduce considerablemente. Esta constata-

---

[99] La viudez y el divorcio como metáforas de la ruptura con Yhwh (Is 50,1; 54,1.4; Jr 51,5; Lm 1,1) indican también una transición, un tiempo necesario de separación en el que se pretende dejar al sujeto a merced de sus propias fuerzas (Ez 16,35-40; Os 2,8-10) para que, repensando su conducta, vuelva a Dios (Ez 16,59-63; Os 2,16-25). Otras imágenes que indican ese tiempo intermedio son: el camino por el desierto (Dt 8,2) o la siembra (Sl 126,5-6), la deportación o el exilio representados con las imágenes del servicio oneroso (Is 40,2) y del cautiverio (Is 42,22).

[100] Cf. cap. I, § 2.2.4.

ción responde quizás al impacto antropológico que la experiencia del dolor supone para el ser humano, cuya huella indeleble e inaceptable la expresa y grita, dolorosamente, a través de multiformes maneras.

3.1 El inicio de la consolación

El hombre no es el origen de la propia salvación, aunque ésta no se efectúa sin su consentimiento. La misma dialéctica se observa en referencia a la consolación: si la acción de consolar comienza en el movimiento de compasión del prójimo, dicha acción no se realiza sin el beneplácito del desolado. Por lo tanto, el consuelo se inicia propiamente cuando el que está sumido en el sufrimiento autoriza a su interlocutor a que actúe.

El sufrimiento excesivo produce una ruptura irreparable y, por eso, no todos los argumentos son legítimos (Job 16,2-4). Lo mismo vale para el consolador. En el primer caso, la consolación emerge cuando el desolado acoge y hace suyos los elementos de comprensión que el consolador le ha aportado. Estos intervienen forjando nuevas disposiciones, motivaciones, expectativas, provocando una relectura diversa de la realidad (Ex 14,10-14) así como de la misión que en ella se realiza (Is 53,2-6)[101]. En el segundo caso, el consuelo se inicia cuando el desolado realiza un acto nuevo de confianza en aquel que le ha defraudado. Esto supone una especie de *rendimiento*, ya que en algunas ocasiones el único individuo cualificado para consolarle es precisamente el motivo de su sufrimiento (Lm 1,9)[102].

---

[101] Cf. B. COSTACURTA, *La vita minacciata*, 265-266.

[102] Cf. p. 76, n.26. Por ejemplo, la experiencia de infidelidad matrimonial presenta características análogas. La petición de perdón por parte del cónyuge infiel no regenera de por sí la confianza. Es más, para la parte lesa, perdonar implica una especie de rendimiento al "agresor", de disponibilidad renovada a restablecer una relación basada en la confianza con quien te ha defraudado y podría volverte a defraudar. El acto requiere una verdadera renuncia y expropiación del propio derecho, pues quien perdona queda expuesto nuevamente a la libertad del "agresor". Sobre el perdón como un acto no jurídicamente necesario, cf. P. BOVATI, *Ristabilire la giustizia*, 138-143.

Cuando aquel que *ha defraudado* es Dios, el problema es que aunque la punición se inserta dentro de un horizonte salvífico, el creyente la experimenta como una verdadera agresión (Sl 39,11; Lm 2,5-7), infidelidad y abandono divinos (Is 40,27). El ser humano, tal como expresa en la queja, se siente *como agraviado* (Sl 39,14; Job 7,16-21)[103] y al mismo tiempo, se encuentra ante el dilema de necesitar de ese *Otro*, el único capaz de hacerle salir de la desolación (Lm 1,9).

Al ofrecer de nuevo el consuelo al desolado (Is 40,1), Yhwh le pone en la encrucijada de optar por Él o por la muerte (Dt 30,15)[104]. Esta última posibilidad supone un rendimiento, una entrega sin resistencias, un dejarse reconciliar por Aquel que el ser humano siente que le ha abandonado. Volver a confiar en el Señor supone salir de la espiral retributiva para abrirse a su perdón, única posibilidad de restablecer la relación y ser nuevamente consolados.

3.2 Descripción del estado de consolación

La consolación es un estado complejo integrado por diversos elementos que se articulan entre sí. Como hicimos en el apartado correspondiente a la desolación, tratamos de distinguir y analizar estos componentes, de modo que ensanchen el horizonte y nos consientan profundizar en la comprensión del fenómeno. En un segundo punto presentamos sintéticamente algunas de las imágenes características para representar el consuelo.

---

[103] Un ejemplo parecido se encuentra en 2Cor 5,20 expresado mediante el imperativo aoristo pasivo de καταλλάσσω: «*dejaos reconciliar* (καταλλάγητε) por Dios». J.M. Granados nota que «el uso paulino del verbo καταλλάσσω para referirse a la parte agredida u ofendida de la relación es totalmente insólito en la literatura griega anterior al apóstol» (cf. J.M. GRANADOS, *La reconciliación*, 87). Con el imperativo pasivo *dejarse reconciliar* (καταλλάγητε), el apóstol podría estar indicando que el hombre se ha colocado en el puesto de Dios, esto es como *ofendido*.

[104] Recordamos a este respecto la observación de P. Bovati sobre el elemento coercitivo de la promesa. La oferta de consolación en este sentido contiene el mismo elemento que la amenaza, es decir, sitúa ante la dialéctica de tener que configurar la libertad como vida o como muerte. Cf. p. 98, n.89.

3.2.1 Componentes de la consolación

Análogamente a cuanto afirmamos para la desolación, la consolación no es un estado puntual o momentáneo, goza de unos elementos propios a partir de los cuales se puede organizar la exposición articulada del fenómeno. Aunque podrían escogerse otros, seleccionamos dos pares de binarios que consideramos como característicos.

— *Estabilidad y esperanza*

La fragilidad estructural del ser humano lo expone constantemente ante la amenaza de la muerte y esta continua experiencia antropológica le revela su necesidad constitutiva de ser salvado[105]. En la desolación el ser humano ha hecho experiencia de esta verdad. Su estabilidad no se basa en las propias fuerzas (So 2,15; Sl 30,7-8) o en otros elementos como las riquezas (Sl 49,7-8.14), ni siquiera en la ausencia de dificultades (Sl 112,7). Su propia seguridad no está en él sino, paradójicamente, en la apertura al Otro (Is 7,9; 54,8). La consolación nace de esta conciencia y de la conciencia de saberse establemente fundado en el Señor (Sl 46,2-5; 87,2-3), en su alianza (Is 54,10; 55,3) y palabra irrevocable (Is 40,8). Brota de la percepción, que es ya certeza, de su presencia cercana (Is 40,10-11; Sl 23,4)[106].

De este modo el individuo, habiendo hecho experiencia de salvación en el presente, camina con seguridad (Pr 3,23) hacia la salvación definitiva que tendrá lugar cuando atraviese el umbral de la muerte[107]. En este estado de confianza no existe el temor a ser confundido (Sl 25,3) ni defraudado (Sl 27,14). Al contra-

---

[105] Cf. B. COSTACURTA, *La vita minacciata*, 276.

[106] Estos elementos de fortalecimiento, protección o presencia estaban presentes en varios textos donde aparecía la raíz נחם. Cf. por ejemplo, Gn 50,21; Is 12,6; 51,12; Sl 23,4; 71,21; 119,76.82; Rut 2,13 (cf. cap. I, § 2.1.2 y § 2.1.3).

[107] Cf. B. COSTACURTA, *La vita minacciata*, 276: «La vita minacciata si approssima così alla salvezza in un progressivo cammino di abbandono e di libertà che coincide con l'accoglienza di Dio come ultima parola che annienta la morte».

rio, la espera renueva las fuerzas (Is 40,31). La esperanza produce a su vez paz, seguridad, firmeza. Expresión de esta condición son la serenidad y la quietud (Ez 34,28; Sl 131,2-3), la ausencia de temor (Pr 1,33), la posibilidad de reposar apaciblemente (Jr 30,10; Sl 62,23) y de dormir tranquilos (Sl 4,9; Job 11,18)[108].

— *Armonía y belleza*

La paz va conquistando el interior del ser humano e introduciéndole en un estado de relación armónica con todas sus dimensiones. La armonía es otra forma de estabilidad que subraya no tanto la firmeza cuanto el equilibrio dinámico entre componentes diversos (Is 11,6-9); consiste en la convivencia pacífica de elementos heterogéneos que complementándose forman una unidad inquebrantable (Sl 46,5-6). Por ejemplo, la armonía entre aspectos que nos parecen inconciliables como la justicia (Pr 28,1) y el perdón (Is 12,2)[109]. La consolación radica en experimentar este estado de reconciliación (Is 32,17; Sl 46,10), incluso de contrarios (Is 11,6-9); brota como el fruto maduro de haber hecho experiencia de la presencia del Señor (Is 1,21-26; 54,13-14; 60,17-18; 62,1), quien, al final cubrirá a Jerusalén de su gloria.

La gloria de Yhwh se expande como la luz ante las naciones (Is 40,5; 60,1; 62,2). La belleza, pues, no es una cuestión de estética. Consiste en una especie de irradiación interior (Is 54,11-12; 62,1), un estado de alegría que, no pudiendo contenerse, se contagia: «cuando el Señor cambió la suerte de Sión, nos parecía soñar, la boca se nos llenaba de risas la lengua de cantares» (Sl 126,1-2)[110]. Se trata de un efluvio de paz y de consuelo (Is 2,4; 60,5; 61,10; 66,10; Sl 87,3), de sobreabundancia (Is 60,6-7.11; 66,12; Jr 31,12) donde no hay carencia (Is 49,10; 60,16; Jr 31,12; Sl 23,1), ni sufrimiento (Is 65,10-20; Jr 31,13), donde no existe dilación entre la

---

[108] En el sueño el ser humano está indefenso. Por eso, dormirse en paz significa no tener temor. Cf. B. COSTACURTA, *La vita minacciata*, 277, n.43.

[109] Cf. A. BORGHINO, *La «Nuova Alleanza»*, 296-298.

[110] Cf. p. 72, n.16. Señalamos también que el elemento de alegría era característico de algunos pasajes con la raíz בהג. Cf. por ejemplo, Is 12,1; 49,13; 52,9; 66,13; Jr 31,13; Za 1,17 (cf. cap. I, § 2.1.2 y § 2.1.3).

necesidad y su satisfacción (Is 55,6; 65,21). Y dicha belleza ejerce una gran fuerza de atracción para los pueblos (Is 2,2-3; 60,4.9; 66,18-20).

3.2.2 Metáforas de la consolación

El estado de consolación se asocia en la BH a imágenes de abundancia[111], de alegría y salvación[112], de fortaleza y seguridad[113]. Nosotros sólo vamos a considerar tres metáforas: el *jardín*, la *ciudad* y la *maternidad*, que son prácticamente antónimas a las que presentamos en el correspondiente apartado de la desolación: el *desierto*, las *ruinas* y la *esterilidad*[114].

El *jardín* (גן) evoca el segundo relato de la creación (Gn 2,4b-25), donde Dios mismo planta el Edén y coloca allí al hombre para que lo trabaje (Gn 2,8.15); la imagen contraria es la de la devastación de la tierra (Is 5,5-7; 24,1-12; Os 2,5). El desierto florecido se utiliza por tanto, como figura de la restauración (Am 9,14-15; Sl 107,35), señal de la bendición (Nm 24,5-7) y metáfora de la condición interna de una persona o colectivo (Is 51,3; 58,11; Jr 31,12; Ct 4,2). La imagen del sequedal que se transforma en páramo aparece especialmente en DtIs (Is 41,18-19; 43,19-20; 44,3-4; 51,3; cf. también Is 32,15; 35,1-2.6-7)[115].

---

[111] Por ejemplo, la multiplicación de los bienes necesarios como el pan (Sl 104,15) y el agua (Is 55,1), o la aparición de otros superfluos como la leche (Is 55,1), la miel (Dt 6,3), el aceite (Sl 104,15), los adornos (Sl 45,10.14), las joyas (Is 61,10), los regalos (Gn 32,22), los tesoros (Is 39,2), la heredad (Sl 16,6) y la recompensa (Gn 15,1; Is 40,10).

[112] Por ejemplo, la fiesta (Sl 30,12), el vino (Sl 104,15), la copa de la salvación (Sl 116,13), la luz (Is 60,19), los vestidos (Is 61,10), el canto (Ex 15,1), la danza (Sl 30,12).

[113] El refugio (Sl 144,2), la tienda (Sl 27,5), el palacio (Sl 122,5), el templo (Sl 23,6), las murallas (Sl 122,7), la puerta (Sl 122,2), el escudo (Sl 18,3), las alas (Dt 32,11).

[114] Cf. cap. II, § 1.2.2. Igualmente se muestran particularmente significativas en el ámbito concreto de DtIs.

Este jardín, milagrosamente florecido, recuerda el Edén (Is 51,3; Jl 2,3) por los elementos paradisíacos del agua (Gn 2,10-14; Is 32,16; 35,6-7; 44,3; Jr 31,12), de la fauna (Gn 2,19-20; Is 35,9; 43,20) y de la flora (Gn 2,9; Is 41,19; 55,13). Asociado a esta transformación, también se encuentran la alegría (Is 35,2; 51,3), la armonía (Is 43,20), la afluencia de bienes (Jr 31,12) y de personas (Ez 36,35), en definitiva, la fecundidad. Es una tierra que al germinar se abre (Is 26,14-19) para dar a luz la justicia y la salvación (Is 45,8; 61,11).

En algunos pasajes proféticos la figura del jardín está asociada con la *reconstrucción* de Jerusalén (Is 51,3; 58,11-12; Am 9,14-15; Ez 36,35). Si las ruinas son metáfora de la situación interna del que sufre (Is 51,3; 52,9; 58,12; Jr 25,18)[116], de modo análogo, la reedificación lo es del consuelo. Como muestran algunas representaciones antiguas incisas en piedra o en otros materiales, la fundación de la ciudad sobre el monte santo (Sl 87,2) se libra simultáneamente a la batalla contra las fuerzas del caos (Sl 24,13; 46,3-4)[117]. La edificación del templo y el levantamiento de la ciudad se proyectan por tanto, como una prolongación de la obra creadora (Is 44,26-28; 45,12-13). Dicha reconstrucción se describe no sólo con términos referidos a la arquitectura y a la fundación (Is 54,14-15; Sl 87,2; 122,3) sino también con términos que indican abundancia (Is 55,1-2; 60,6; Sl 46,5), armonía y belleza (Is 54,11-12; 60,1; 61,10), paz y seguridad (Is 54,13-14; Sl 122,6-7; 125,1-2), fecundidad (Is 54,1; Sl 87,5) y justicia (Is 1,21; 54,14; Jr 30,18-19). Es decir, la reconstrucción de la ciudad se realiza no sólo con elementos materiales sino con dones espirituales que permiten la convivencia y la armonía.

---

[115] Cf. E. FARFÁN NAVARRO, *El desierto transformado*, 130-142.

[116] Cf. p. 79.

[117] Cf. R. LACK, *La Symbolique du Livre d'Isaïe*, 221. El tema de la creación está además en relación con la construcción del templo que, tanto en Egipto como en Mesopotamia, es considerado el lugar donde Dios somete a las fuerzas del caos. Cf. O. KEEL, *Die Welt*, 151-155; B. JANOWSKI, «Der Himmel», 229-254.

Maternidad-ciudad (Jerusalén) aparecen relacionados en varios pasajes[118], así como maternidad-construcción (Is 49,16-17)[119]. Al igual que Yhwh construye a su esposa (Is 54,5; 62,5), embelleciéndola con toda clase de adornos (Is 49,18; 54,11-12; 61,10; 62,3) y dones (Is 60,6-7; Jr 31,12), también la construirá a través de una descendencia (Is 54,1-2). La maternidad será la señal del tiempo de consuelo de Yhwh (Is 7,13; Mi 5,2)[120], en cuanto es expresión de una fecundidad inaudita (Is 66,7-9). Esta fecundidad milagrosa que hace de Sión madre, se caracteriza por la cuantía desmesurada de hijos (Is 49,19-20; 66,10-14) que regresan del exilio (Is 49,21; 66,20; Jr 31,16-17), también por la afluencia de otros pueblos de los que se dirá que han nacido allí (Sl 87,5). Una prole que es cualificada como generación de hijos e hijas marcados por el sello de la pertenencia y obediencia al Señor (Is 44,5; 54,11.17).

3.3 Manifestaciones y efectos de la consolación

El fenómeno de la consolación se representa también mediante una serie de manifestaciones características que abarcan toda la gama de las dimensiones humanas. Al igual que en la desolación, estas expresiones no son exclusivas del estado de consuelo, pues se encuentran asociadas a situaciones similares.

3.3.1 Manifestaciones y expresiones psicosomáticas

El cuerpo humano es lugar simbólico y cauce expresivo de los dinamismos internos. La consolación afecta por eso a la

---

[118] Especialmente en textos del exilio (Is 49,14-26; 50,1-3; 51,17-23; 62,1-12; 66,7-14; Jr 5,7; 15,9; Ez 16,20.36; 23,4.25.37; Sl 87,5; Lm 1,5.16.18; 2,19.21; 4,2). Cf. A. BORGHINO, *La «Nuova Alleanza»*, 134.

[119] La raíz בנה de hecho aparece para indicar el tener hijos de alguien (Gn 16,2; 30,3). Cf. R. LACK, *La Symbolique du Livre d'Isaïe*, 195; A. BORGHINO, *La «Nuova Alleanza»*, 286.

[120] Cf. L. ALONSO SCHÖKEL, *Símbolos matrimoniales*, 209-210.

dimensión corpórea y encuentra en ella expresiones propias. Como en la desolación, no se distingue fácilmente entre la somatización y el uso de la terminología corporal en sentido metafórico. Al igual que allí, tampoco nosotros lo diferenciaremos en la exposición[121].

— *Partes del cuerpo, órganos y sentidos externos*

Manifestaciones generales del estado de consuelo son la salud (Is 33,24; Sl 30), el vigor (Is 40,28-30), la belleza. En algunos pasajes, esta última se describe ampliamente en sus componentes de color de ojos, pelo, forma del cuerpo (Ct 5,10-16; 7,2-6). Se equipara a no tener defecto (2Sam 14,25) y se asocia a una especie de irradiación de actitudes internas o de valores (1Sam 16,18; Dn 1,4)[122]. Generalmente es una cuestión externa de *aspecto* (מַרְאֶה, Gn 12,11) y de *figura* (תֹּאַר, Gn 39,6). El rostro y los órganos de los sentidos que se encuentran en el semblante serán el emplazamiento privilegiado de la epifanía de la consolación experimentada internamente por el individuo que ha sido salvado.

– La *cara* (פָּנִים) es reflejo del estado interior de la persona, por eso el rostro sereno (Pr 15,13), luminoso (Pr 16,15; Job 29,24), radiante (Ex 34,29) es espejo de la felicidad, de la alegría y también de la sabiduría (Qo 8,1). Expresiones como luz (Sl 44,4) o salud del rostro (יְשׁוּעֹת פָּנָיו, Sl 42,6.12), iluminarlo (Nm 6,25; Dn 9,17) o alzarlo (Nm 6,26) se utilizan para indicar benevolencia, complacencia, salvación[123].

– Los *ojos* (עֵינַיִם) expresan compasión (Dt 7,16), bondad o favor (Gn 39,21; Pr 22,9), pureza (Ha 1,13), predilección (Dt 32,10[124]; Is 43,4). Su brillo es signo de alegría (Job 41,10) y de vida (Sl 13,4).

---

[121] Cf. p. 81.

[122] Cf. H. W. WOLFF, *Anthropologie*, 111-115.

[123] Cf. R. FORNARA, *La visione contraddetta*, 129-130. Sobre la expresión «salud del rostro» (יְשׁוּעֹת פָּנָיו), cf. G. STROLA, *Il desiderio di Dio*, 211-214.

[124] Sobre el sentido del sintagma «como pupila del ojo» (כְּאִישׁוֹן עֵינוֹ), cf. R. FORNARA, *La visione contraddetta*, 131.

Alzar la mirada indica la disposición interna de apertura de la fe y de la esperanza (Sl 123,1-2). Los *oídos* (אָזְנַיִם), órganos de la audición y del conocimiento (Pr 2,2), realizan en algunos casos una actividad apreciativa (Job 12,11). Su apertura revela actitudes positivas de atención (Is 37,17) y de disponibilidad para la misión (Is 50,5).

– La *boca* (פֶּה) constituye un acceso al interior del sujeto. Es el órgano del comer (Ez 3,3) y del besar (Ct 1,2) y, en este sentido, expresión del amor, del placer, de la dulzura y de la saciedad, también del lenguaje. Está asociada en algunos pasajes con los *labios* (שְׂפָתַיִם, Sl 51,17) y la *lengua* (לָשׁוֹן, Sl 126,2), cuya apertura indica júbilo y alabanza. Se halla también en estrecha relación con el corazón (Pr 16,23). Finalmente, la represión de la *ira-nariz* (אַף) es señal de benevolencia y perdón (Is 48,9; Sl 78,38).

– Descansar en el *pecho* (שַׁד) es indicio de confianza (Sl 22,10), de amor (Ct 1,13). Succionar de él revela una condición de riqueza (Is 60,16) y de consuelo (Is 66,11). Las extremidades superiores *mano* (יָד, Is 57,10) y *brazo* (זְרוֹעַ, Dt 4,34; Jr 32,21) se emplean sobre todo para subrayar la fuerza y la salvación (Is 33,2; 52,10). La acción de asir (חזק), sea la mano (Is 42,6) que el brazo (Os 7,15), sugiere protección. El tatuaje en las *palmas* (כַּפַּיִם) muestra predilección (Is 49,16). La apertura de la mano (Dt 15,8) es señal de generosidad; aplaudir (Is 55,12; Sl 98,8), lo es de alegría. Finalmente, estar sobre las *rodillas* (בִּרְכַּיִם) expresa el reconocimiento de filiación (Gn 50,23) y el consuelo (Is 66,12).

— *Partes del cuerpo y órganos internos*
El estado de consolación se asocia a otros estados positivos como la valentía (2Sam 7,27), la audacia (Jue 5,18), la osadía (Job 5,22), la esperanza (Jr 31,17), la confianza (Sl 112,7), el valor (Sl 27,1.14), la libertad (Sl 124,7), la alegría (Is 61,10), la paz (Is 2,4), la justicia (Is 32,17) y la armonía (Sl 46,5-6). Sin embargo, para expresar la condición de consolación se recurre especialmente a los órganos internos. Esta operación normalmente se realiza mediante la adjudicación a estos órganos de un adjetivo atributivo o de un verbo, con los que se indica la disposición anímica del sujeto.

El *vientre* (בֶּטֶן) y las *entrañas* (מֵעִי) son metáfora del origen (Is 46,3; 49,1; Sl 139,13)[125]. Su conmoción expresa compasión y piedad (Is 63,15, Jr 31,20). Los *riñones* (כְּלָיוֹת) exultan cuando los labios hablan de lo que es justo (Pr 23,16). Las buenas noticias son para los *huesos* (עֶצֶם) refrigerio (Pr 3,8; 15,30) y salud (Pr 16,24). Estos recobran nuevo vigor (Is 58,11), reverdecen (Is 66,14), se regocijan (Sl 51,10), son vitalizados por la acción del espíritu (Ez 37,5), pueden ser los portavoces de la acción de Dios (Sl 35,10).

Pero, de nuevo, los tres órganos por excelencia para expresar el estado anímico son לֵב, נֶפֶשׁ y רוּחַ[126]. En concreto, en el ámbito de la consolación el efecto se describe principalmente con la terminología de la alegría y el fortalecimiento.

– El estado del לְבָב/לֵב se manifiesta en el rostro (Pr 15,13) y se irradia en el resto de cuerpo (Pr 14,30). Los lexemas לְבָב/לֵב pueden ser *nomen rectum* de emociones de alegría: שִׂמְחָה (Ct 3,10), מָשׂוֹשׂ (Lm 5,15), שָׂשׂוֹן (Sl 119,111); anhelo (מִשְׁאָלָה, Sl 37,4); valentía (אַמִּיץ, Am 2,16) y fortaleza (אַבִּיר, Sl 76,6) o sujeto de acciones que indican alegrarse o expresar el gozo: גיל (Sl 13,6), שׂמח (Jr 15,16), עלץ (1Sam 2,1), שׂושׂ (Is 66,14), ידה (Sl 9,2), רנן (Sl 84,3); complacencia (רָצוֹן, Sl 19,15); sentirse bien (יטב, Rut 3,7; רחשׁ, Sl 45,2; רחב, Sl 119,32); fortalecer: אמץ (Sl 27,14), כון (Sl 57,8), סמך (Sl 112,8), עמד (Ez 22,14). El לְבָב/לֵב puede ir acompañado de adjetivos que cualifican el estado anímico: tranquilo o sano (מַרְפֵּא, Pr 14,30), alegre (שָׂמֵחַ, Pr 17,22), nuevo (חָדָשׁ, Ez 36,26)[127].
– La נֶפֶשׁ también aparece junto a raíces del campo de la alegría: גיל (Is 61,10; Sl 35,9), שׂמח (Sl 86,4), שׁעע (Sl 94,19), שׂושׂ (Sl 35,9). Es invitada a bendecir (ברך, Sl 103,1) y alabar (הלל, Sl 146,1). Puede estar asociada a estados de bienestar y tranquilidad: saciada en el sentido positivo (שׂבע, Sl 63,6), aliviada y restablecida (שׁוב, Sl 23,3; Pr 25,13), dulce (מָתוֹק, Pr 16,24), grata (נעם, Pr 2,10), en reposo

---

[125] Sl 139 particularmente presenta a Yhwh trabajando como creador en la obra de formación del embrión en el secreto del seno materno. Cf. H.W. WOLFF, *Anthropologie*, 146-149.

[126] Sobre las emociones y sentimientos positivos atribuidos al לֵב, נֶפֶשׁ y רוּחַ, cf. R. LAUHA, *Psychophysischer*, 71-92.133-137.170-195.

[127] Cf. H.-J FABRY, «לֵב», *ThWAT* IV, 421-423.

(מַרְגּוֹעַ, Jr 6,16), en silencio (דוּמִיָּה, Sl 62,2), consolada (תֻּנְחוּם, Sl 94,19), con anchura (רחב, Sl 138,3), esperando confiada (קוה, Sl 130,5), unida al Señor (דבק, Sl 63,9). Otras actitudes o disposiciones internas son la integridad (בְּכָל־נֶפֶשׁ, Dt 6,5), la generosidad (נֶפֶשׁ־בְּרָכָה, Pr 11,25), la compasión (עגם, Job 30,25).

– El carácter de vitalidad asociado al רוּחַ (Is 42,5; Sl 104,29) puede predominar en su componente psíquico, designando entonces coraje y fuerza (לֹא־קָמָה רוּחַ, Jos 2,11; también Pr 18,14), o por el contrario actitudes de humildad (שְׁפַל, Pr 16,19), contrición (נְכֵה־רוּחַ, Is 66,2) o serenidad (קַר, Pr 17,27)[128]. Normalmente el efecto de la acción salvífica se asocia con estados de revitalización (שׁוּב, Jue 15,19), revivificación (חיה, Is 57,15; Ez 37,6), novedad (חֲדָשָׁה, Ez 36,26).

3.3.2 Nivel cognitivo-afectivo, conductual y trascendente

Muchas de las expresiones que hemos clasificado dentro de la dimensión psicosomática están relacionadas con dimensiones de comportamiento y afectivas. Análogamente, el nivel cognitivo-afectivo está en estrecha relación con el conductual y, por último, con el trascendente. Por no alargar más lo que pretende ser una exposición sintética, introducimos los tres niveles en un mismo apartado.

La condición de certeza interior desencadena un dinamismo expansivo que afecta a la conducta. Expresiones de ésta serán el cantar (Sl 87,7), bailar (Ex 15,20), aplaudir (Is 55,12), reír (Sl 126,2) beber y comer (Pr 9,5). Gozo que se extiende a otros a través de la invitación explícita o la realización de gestos que involucran a la asamblea en la alabanza (Sl 146,2), el grito jubiloso (Is 40,9), la bendición (Sl 103,1), la acción de gracias (Sl 139,14), la proclamación (Is 52,7) y a la narración de las gestas y misericordias de Yhwh (Sl 105,1). El fortalecimiento interno se manifiesta también en acciones como correr (Is 40,31), reverdecer (Is 66,12), tener vigor

---

[128] Según Albertz y Westermann, רוּחַ puede señalar toda clase de estados de ánimo, desde las emociones más violentas hasta el decaimiento de todo impulso. Cf. R. ALBERTZ – C. WESTERMANN, «רוּחַ», *THAT* II, 738.

(Sl 27,14), esperar (Sl 131,3) renovar las fuerzas (Is 40,31) y confiar (Sl 125,2). Se trata de una especie de revitalización que se describe en términos de nueva creación (Is 42,9; Jr 31,31).

A nivel cognitivo-afectivo el estado de consolación se asocia a una especie de sabiduría[129]. Las claves de lectura introducidas por el consolador permiten una percepción nueva de la realidad y de las potencialidades positivas[130]. Frente a la ceguera y sordera características de la desolación, aparece un *ver* distinto. Consiste en una mirada que supera la apariencia y que equivale a *comprender* el sentido de los hechos (Is 53,4-5). *Ver* y *conocer* (ראה y בין) que deberá desembocar en *obedecer* (שמע), o sea, en la adhesión. Esta fidelidad a la voluntad de Dios no siempre conlleva un bienestar inmediato (Sl 119,49-52), es más, puede producir sufrimiento. La recompensa del sabio es la sabiduría misma (Sl 1,2). La obediencia a Dios y a sus preceptos vivifican (Sl 1,3). Así pues, el elemento esencial de la consolación no reside en el bienestar físico, emocional, externo o interno sino en la relación teologal.

Retomamos de este modo las conclusiones del apartado correspondiente a la desolación. Si la antropología bíblica concibe al ser humano referido a Dios, la consolación debe coincidir con esta antropología. En este sentido un estado de consolación es aquel que promueve la relación con Dios y con el prójimo y, por lo tanto, está en estrecha unión con el concepto hebreo de *justicia* (צְדָקָה)[131].

* * *

La descripción del proceso que va de la desolación a la consolación ha puesto de manifiesto la complejidad de su desarro-

---

[129] Algunas construcciones con לב están relacionadas con esta esfera sapiencial y ética, pues indican confianza (בטח, Sl 28,7), rectitud (ישׁר, Sl 7,11; 32,11), fidelidad (לא נסוג אחור, Sl 44,19), pureza (טהור, Sl 51,12), integridad (בְּכָל לֵב, Sl 119,2.10; תָּמִים, Sl 119,80). Sobre este aspecto, cf. F. STOLZ, «לב», *THAT* I, 862-864; H.-J. FABRY, «לב», *ThWAT* IV, 438-448.

[130] Cf. p. 96-101.

[131] Cf. p. 91, n.70.

llo y ha evidenciado el papel esencial que juega la libertad en el mismo. Por otra parte, su estudio y análisis nos ha permitido colocar y ampliar los paradigmas semánticos asociados a la raíz נחם, ubicados ahora dentro de alguno de los momentos del esquema desolación – transición – consolación.

La fisonomía de la acción consoladora puede sintetizarse de este modo. Se parte de una situación contraria que normalmente tiene su origen en una circunstancia externa (§ 1.1). Sin embargo, el dolor que se experimenta se desvincula parcialmente de su causa y prosigue, imparablemente, su camino en el interior del hombre (§ 1.2). La naturaleza de este dinamismo hace que la consolación no coincida con la vuelta al estado inicial y, por lo tanto, que la transición sea un proceso lento y complejo, regido por mecanismos no puramente automáticos ni predecibles.

La transición hacia el consuelo comienza en la compasión de otra persona (§ 2.1) la cual deberá poner en marcha toda una serie de acciones y estrategias en orden a que el desolado pueda abrirse a la salvación de la que es portador (§ 2.2). Por esta razón, el inicio de la consolación se produce no tanto porque se haya producido un cambio en la situación cuanto en la disposición de aquel que está sufriendo y en su disponibilidad renovada a dejarse consolar.

La consolación aflora entonces como efecto de este encuentro de libertades (§ 3.1) y consiste en un estado de estabilidad, de esperanza y de armonía interna y externa (§ 3.2) que, como la desolación, se manifiesta en todas las dimensiones de la vida humana (psicosomática, afectivo-cognitivo, conductual; § 3.3). Sin embargo, el criterio último no serán estas dimensiones sino la referencia a Dios. La consolación en este sentido es un estado teologal. En otras palabras, se trata de vivir teologalmente referido y orientado a Yhwh aun en condición de sufrimiento.

El estudio de la fenomenología nos ha permitido evidenciar cuáles son los elementos y cómo se articulan entre ellos dentro del proceso consolatorio. Y este paso nos ha equipado con los instrumentos necesarios para abordar en los siguientes capítulos cómo se desarrolla y articula esta temática en DtIs.

SEGUNDA PARTE

EL TEMA DE LA CONSOLACIÓN EN DTIS

En la primera parte del estudio hemos presentado los componentes del fenómeno de la consolación y hemos descrito el proceso. En esta segunda parte, queremos examinar dicho proceso a partir de una situación concreta, los capítulos 40–55 de Isaías, con el fin de ilustrar los elementos que intervienen en un contexto específico y estudiar su desarrollo en el mismo.

La exégesis está orientada a tal objetivo y, por lo tanto, no se ocupa de todos los aspectos textuales y literarios sino solamente de aquellos que respectan a nuestro interés. La perspectiva hermenéutica en la que nos situamos no prescinde de la historia de la formación de los textos, pero parte del principio que se llega al sentido teológico de los mismos a través de la forma final. Ésta no es considerada una mera yuxtaposición de pasajes sino el resultado de la actividad redaccional con una precisa intención de crear unidad.

El orden expositivo de los capítulos III, IV y V coincide con la progresión de la trama deuteroisaiana y pretende poner de manifiesto cómo nuestra temática constituye un elemento literario de cohesión. La consolación que se impone al inicio (40,1) introduce una tensión que se resuelve sólo en el momento en que ésta se realiza. Su consecución será el hilo conductor y el horizonte del tejido redaccional deuteroisaiano.

El capítulo III está dedicado al estudio de Is 40,1-11. La perícopa presenta en síntesis elementos que serán ulteriormente desarrollados en DtIs y particularmente en los capítulos 54 y 55.

Paragonando el inicio (Is 40,1-11) con el final de DtIs (Is 54–55) se pretende delimitar el concepto deuteroisaiano de consolación. Sorprende, sin embargo, que el oráculo consolatorio de Is 40,1-11 no sea inmediatamente acogido por el pueblo que está en el exilio. A esta cuestión se aplica el capítulo IV que estudia cómo el profeta brega por convencer a Israel de la determinación salvífica divina. Con este fin, ilustramos en algunos textos significativos (Is 40,12-31; 42,18–43,7; 45,9-13; 50,4-11; 51,17-23) las técnicas literarias de convencimiento que DtIs utiliza.

Finalmente, el capítulo V se concentra en estudiar la articulación entre los elementos consolatorios y desoladores presentes simultáneamente en la perícopa de Is 52,13–53,12. Este pasaje, según nuestro horizonte hermenéutico, resulta el punto de confluencia deuteroisaiano a partir del que se desata la salvación para Israel. Dedicamos una particular atención al fenómeno de la intercesión al que nuestra temática está estrechamente asociada.

CAPÍTULO III

El tema de la consolación en Is 40,1-11 e Is 54-55

El doble imperativo: «*consolad, consolad* (נַחֲמוּ נַחֲמוּ) a mi pueblo» (40,1) rompe el silencio de Dios en el exilio y, en cuanto expresa la determinación salvífica por Aquel que tiene la función de consolar, inaugura el momento llamado de transición. La orden, sin embargo, no encuentra inmediatamente cumplimiento e introduce de este modo una tensión que se resuelve sólo, y parcialmente, al final de DtIs.

El análisis y presentación en un mismo capítulo de aquello que constituye el inicio (Is 40,1-11) y el final (Is 54–55) de DtIs pretende delimitar y al mismo tiempo poner de manifiesto, en qué consiste concretamente la acción de consolar para el profeta, o sea cuál es su contenido teológico específico. Con esta finalidad, en el primer apartado analizamos Is 40,1-11 y en el segundo estudiamos Is 54 e Is 55 bajo la perspectiva de la alianza.

1. El imperativo de la consolación: Is 40,1-11

Is 40,1-11 comporta una ruptura con el contexto precedente (Is 36–39). Su posición inicial y la concentración de temáticas propias de DtIs le confieren un carácter proléptico[1] y el esta-

---

[1] Según algunos exegetas, la subdivisión Is 40,1-8 e Is 40,9-11 corresponde a la subdivisión de la macroestructura deuteroisaiana Is 40–48 e Is 49–55. Cf. R.F. MELUGIN, *The Formation*, 82-86; D.M. CARR, «Isaiah 40,1-11», 59-65.

tuto de *prólogo*[2]. Las numerosas conexiones formales[3] otorgan coherencia al pasaje y permiten considerarlo una unidad literaria[4]. Dentro del prólogo, 40,1 ostenta una posición especial. Si, por una parte, el imperativo «consolad» expresa la determinación divina de salvación, por otra, ésta no se realiza sin la colaboración humana. En el primer apartado estudiamos el primer versículo de Is 40; en el segundo, las estrategias que utiliza el pasaje para que Israel consienta la actuación del oráculo de consolación.

---

[2] Cf. H.M. BARSTAD, «Isa. 40,1-11», 225: «One reason why Isa 40,1-11 holds a special attraction for the exegete is its location. Placed at the beginning of the so-called Deutero-Isaian corpus, and serving as a kind of "prologue", it is not unreasonable to suspect that verses 1-11 "set the tone", and introduce samples of ideas and imagery in the subsequent work». Este modo de referirse a Is 40,1-11 como *prólogo* es consensuado (cf. F. LANDY, «The Ghostly Prelude», 332). Con este término se indica que la perícopa inicial introduce y presenta sintéticamente el núcleo del mensaje deuteroisaiano, pero no se indica el género literario. Sobre éste último, cf. E. FRANCO, «Is 40,1-11», 288-289; O. LORETZ, «Die Gattung», 210-220; C. EHRING, *Die Rückkehr JHWHs*, 7-10; U. BERGES, *Jesaja 40–48*, 91-92.

[3] Sobre los elementos formales y compositivos, cf. L. KRINETZKI, «Zur Stilistik», 58-69; K.K. SACON, «Isaiah 40:1-11», 99-116; E. FRANCO, «Is 40,1-11», 290-304; J.P. FOKKELMAN, «Stylistic», 68-90; Y. GITAY, *Prophecy and Persuasion*, 63-76; D.N. FREEDMAN, «The Structure», 232-257; U. BERGES, *Jesaja 40–48*, 89.

[4] Si bien una gran mayoría concuerda en esta aserción (cf. J.L. MCKENZIE, *Second Isaiah*, 15-16; P.-E. BONNARD, *Le Second Isaïe*, 85; R. LACK, *La Symbologie du Livre d'Isaïe*, 83-86; R.F. MELUGIN, *The Formation*, 82-86; H.C. SPYKERBOER, *The Structure*, 182-184; K. KIESOW, *Exodustexte*, 24-26; L. ALONSO SCHÖKEL – J.L. SICRE, *Profetas*, I, 277; J.L. KOOLE, *Isaiah 40–48*, 47), existen voces divergentes. Por ejemplo, mientras Westermann sostiene que las distintas partes del prólogo han sido compuestas intencionalmente (cf. C. WESTERMANN, *Das Buch Jesaja*, 36), para otros exegetas la unidad literaria no implica la unidad de autor (cf. J. MUILENBURG, *The Book of Isaiah*, 422; R.P. MERENDINO, *Corso*, 132) sino de composición (cf. H.M. BARSTAD, «Isa. 40,1-11», 229). Algunos, siguiendo la tradición masorética, consideran todo el capítulo 40 una unidad literaria (cf. C.C. TORREY, *The Second Isaiah*, 301-302; J.C. DE MOOR, «The Integrity», 181-208; J.N. OSWALT, *The Book of Isaiah*, 46-47; J. GOLDINGAY – D. PAYNE, *Isaiah 40.1–44.23*, 58-59). Finalmente, otros estudiosos consideran 40,1-8 y 40,9-11 como dos unidades distintas (cf. J. BEGRICH, *Studien zu Deuterojesaja*, 5; L. KRINETZKI, «Zur Stilistik», 54; J.M. VINCENT, *Studien*, 250-251; K. ELLIGER, *Deuterojesaja*, 131; T. SEIDL, «Offene Stellen», 49-56; J. BLENKINSOPP, *Isaiah 40–55*, 185).

1.1 El título del Prólogo: Is 40,1

El primer versículo del capítulo 40 puede considerarse el título del Prólogo y de DtIs[5], pues contiene en síntesis los elementos esenciales: los protagonistas, Yhwh e Israel; la raíz de la consolación (נחם), tema que un número considerable de autores juzga el *leimotiv* o mensaje central de estos capítulos[6]; y la inauguración del dinamismo salvífico a través del imperativo que será el tejido de la trama deuteroisana.

1.1.1 Is 40,1 y el contexto precedente (Is 36-39)

Is 40,1-11 inaugura una nueva sección en Isaías, ya que el oráculo de salvación constituye una discontinuidad literaria en referencia a su contexto inmediato. Las conexiones entre Is 40–55 e Is 35 eran ya un dato consensuado en exégesis[7]. Sin embargo, el nuevo interés por la unidad de la obra isaiana ha revalorizado la

---

[5] Y. Gitay lo denomina «the topic». En su opinión, la disposición retórica de Is 40,1-11 sería: tópico (v.1); tesis (v.2); confirmación (vv.3-8); epílogo (vv.9-11). Cf. Y. GITAY, *Prophecy and Persuasion*, 64.68-69.

[6] Cf. P. VOLZ, *Jesaia II*, 2; J.L. MCKENZIE, *Second Isaiah*, 16-17; K. ELLIGER, *Deuterojesaja*, 13; L. STACHOWIAK, «Die Sendung», 106; A.S. KAPELRUD, «The Main Concern», 51-52; R. RENDTORFF, *Das Alte Testament*, 210; O.H. STECK, «Zions Tröstung», 257-258; D.M. CARR, «Isaiah 40,1-11», 52, n.1; J.L. KOOLE, *Isaiah 40–48*, 50; J. BLENKINSOPP, *Isaiah 40–55*, 179; F. LANDY, «The Ghostly Prelude», 337, n.11.

[7] Especialmente la monografía de Steck está dedicada a esta cuestión: O.H. STECK, *Bereitete Heimkehr*. Cf. también: C.C. TORREY, *The Second Isaiah*, 53-59.223-225; K. ELLIGER, *Deuterojesaja in seinem Verhältnis*, 272-278; R.B.Y. SCOTT, «The Relation», 178-191; M. POPE, «Isaiah 34», 235-243; H. WILDBERGER, *Jesaja 28–39*, 1359; H.G.M. WILLIAMSON, *The Book Called Isaiah*, 211-221; C.R. MATHEWS, *Defending Zion*, 6.8.120-179; M.A. SWEENEY, *Isaiah 1–39*, 450-454; U. BERGES, *Das Buch Jesaja*, 256-263; B.S. CHILDS, *Isaiah*, 253-256.301. Sobre la conexión de Is 40,1-11 con Is 35, cf. U. BERGES, *Jesaja 40–48*, 83.

función de Is 36–39[8]. Esta secuencia narrativa corresponde al relato histórico de 2Re 18–20[9].

En los capítulos 36 y 37 se narra el intento fallido de invasión asiria por parte de Senaquerib. El núcleo del discurso pronunciado por el copero mayor se concentra en la pregunta: «¿en quién confías?» (cf. Is 36,4.5). Este tema alude a los capítulos 7 y 8 de Isaías y pone en conexión la figura de Ezequías con la de Acaz. Como éste, la persona del rey Ezequías está sujeta también a la ambigüedad. Pues tras el relato de invasión de Jerusalén y la salvación de las manos del rey asirio (Is 36–37), en el capítulo 38 se describe la enfermedad y curación de Ezequías. Con motivo de su restablecimiento llega una embajada de Babilonia con regalos. El rey les enseña todos los tesoros de su casa (39,1-2) e Isaías interviene, preconizando la deportación (39,6-7). El capítulo finaliza con la sorprendente respuesta de Ezequías: «es favorable la palabra del Señor que has pronunciado. Pues se decía: mientras yo viva habrá paz y seguridad» (39,8)[10].

Mientras en 36–38 la figura de Ezequías es la de un rey que responde a los parámetros de la dinastía davídica, en Is 39 el boato de mostrar sus riquezas introduce serias dudas sobre el sucesor de David[11]. Y este acto justifica indirectamente el motivo del exilio y del fin de la monarquía. A diferencia de otros libros proféticos, la razón del porqué Isaías guarda silencio sobre la destrucción de Jerusalén y la deportación a Babilonia es una incógnita.

---

[8] Cf. por ejemplo, H. WILDBERGER, *Jesaja 28–39*, 1575; P.R. ACKROYD, «Isaiah 36–39», 105-120; M.A. SWEENEY, *Isaiah 1–4*, 27-34; P.M. BOGAERT, «L'organisation», 150-153; J.VERMEYLEN, «L'unité du livre d'Isaïe», 34; C.R. SEITZ, *Zion's Final Destiny*; H.G.M. WILLIAMSON, *The Book Called Isaiah*, 189-211; C.R. MATHEWS, *Defending Zion*, 3-6.171-178; M.A. SWEENEY, *Isaiah 1–39*, 454-511; U. BERGES, *Das Buch Jesaja*, 317-321; B.S. CHILDS, *Isaiah*, 265-266; W.A.M. BEUKEN, «The Unity», 50-62; U. BERGES, *Jesaja 40–48*, 82.

[9] Sobre las conexiones, diferencias y función entre estas dos secuencias narrativas, cf. P.R. ACKROYD, «An Interpretation», 152-171; J. VERMEYLEN, «Hypothèses», 95-118; U. BERGES, *Das Buch Jesaja*, 266-277; R.F. PERSON, «II Kings 18–20», 373-379; J. BLENKINSOPP, «The Formation», 62-65.

[10] Sobre el sentido de este versículo, cf. P.R. ACKROYD, «An Interpretation», 157-160; W.A.M. BEUKEN, «The Unity», 55-58.

[11] Cf. P.R. ACKROYD, «Isaiah 36–39», 119; *id.*, «An Interpretation», 170.

Seguramente este silencio literario está relacionado con la relevancia de Sión en la composición isaiana[12].

1.1.2 Los protagonistas

En Is 40,1 se nombran explícitamente los personajes principales del escenario deuteroisaiano: «vuestro Dios» (אֱלֹהֵיכֶם) y «mi pueblo» (עַמִּי). Sin embargo, determinar quiénes son los agentes y el destinatario del consuelo representa uno de los problemas interpretativos del texto.

— *Los agentes de la consolación*
Aunque en DtIs dicha acción de consolar normalmente es realizada por Dios[13], aquí se ordena a un tercero. El doble «consolad», sin embargo, se encuentra dentro de la proposición «dice vuestro Dios» (יֹאמַר אֱלֹהֵיכֶם). Luego, Yhwh se presenta como el origen del mandato y, por lo tanto, de la acción de consolar. Sólo a Él compete la iniciativa de romper el silencio para restablecer con Israel la relación. El término אֱלֹהֵיכֶם junto a עַמִּי evoca de hecho la fórmula de la alianza[14]. Los sufijos nominales son además indicadores de una mutua pertenencia[15]. Es de notar también que en todo DtIs el sintagma אֱלֹהֵיכֶם sólo aparece aquí y en 40,9. Con esta inclusión probablemente se pretende señalar que lo anunciado en 40,1 se realiza en 40,9 con la venida del Señor[16].

---

[12] Cf. B.G. WEBB, «Zion in Transformation», 67-72; R.E. CLEMENTS, «Zion as Symbol», 8-17; U. BERGES, «Die Zionstheologie», 181-184; C. EHRING, *Die Rückkehr JHWHs*, 164-179.

[13] Cf. Is 49,13; 51,3.12; 52,9. Cf. C. WESTERMANN, *Das Buch Jesaja*, 31.

[14] Cf. Ex 6,7; Lv 26,12; Dt 26,17ss; 29,12; 1Sam 12,22; 2Sam 7,24; Jr 7,23; 11,4; 30,22; 31,33; Ez 11,20. Cf. B. CHIESA, «Consolate», 270; J.P. FOKKELMAN, «Stylistic», 73; Y. GITAY, *Prophecy and Persuasion*, 65; J. VAN SETERS, «Isaiah 40,1-11», 402; R.N. WHYBRAY, *Isaiah 40-66*, 49; S.A. GELLER, «A Poetic», 415-416; J.L. KOOLE, *Isaiah 40-48*, 50-51; J.N. OSWALT, *The Book of Isaiah*, 49; M.C.A. KORPEL, «Second Isaiah's Coping», 92; U. BERGES, *Jesaja 40-48*, 98.

[15] Cf. Y. GITAY, *Prophecy and Persuasion*, 66.

[16] Cf. D.N. FREEDMAN, «The Structure», 237.

La presencia de Yhwh invade todo el poema. La cuantía de los nombres divinos y su disposición son un elemento estructural. Menos en 40,1.3.9.10, el tetragrama es *nomem rectum* de mano (יָד, 40,2), camino (דֶּרֶךְ, 40,3), gloria (כָּבוֹד, 40,5), boca (פֶּה, 40,5), *rûªḥ* (רוּחַ, 40,7); אֱלֹהֵינוּ, en cambio, lo es de palabra (דְּבַר, 40,8)[17]. Merecen particular atención los términos corporales referidos al Señor, entre los que señalamos boca (פֶּה, 40,5) y mano (יָד, 40,2). Formando inclusión con ésta última, en 40,10-11 aparece por dos veces el término brazo (זְרֹועַ) y en 40,11 pecho (חֵיק). Yhwh se presenta no sólo como el origen del oráculo consolatorio sino como aquel que se implica de lleno en su consecución.

Todavía, la 2ª pers. pl. del imperativo «consolad» (נַחֲמוּ) revela que Yhwh compromete a otros agentes en la realización de la consolación. Determinar su identidad representa un problema para la interpretación del texto[18]. Las versiones antiguas ofrecen una primera apostilla. La LXX lee sacerdotes (ἱερεῖς)[19], el Tg profetas (נְבִיָּא), la Vg interpreta עַמִּי como vocativo (*populus meus*)[20]. Recientemente las conexiones entre Is 40,1-11 e Is 6[21] han llevado a un número considerable de autores a encuadrar la escena en el consejo divino

---

[17] Cf. el esquema propuesto por D.N. FREEDMAN, «The Structure», 236:

v.1	ʾĕlōhêḵem
v.2	YHWH
v.3	YHWH
v.3	ʾĕlōhênû
v.5	YHWH
v.5	YHWH
v.7	YHWH
v.8	ʾĕlōhênû
v.9	ʾĕlōhêḵem
v.10	ʾădōnā y YHWH

[18] Cf. un resumen de las distintas posibilidades en F. LANDY, «The Ghostly Prelude», 337, n.13.

[19] Probablemente como una abreviación de אליהכם, esto es אליהכם הכהנים. Cf. J. GOLDINGAY – D. PAYNE, *Isaiah 40.1–44.23*, 66.

[20] Traduce נַחֲמוּ en pasivo: *consolamini*. No obstante, la raíz נחם está en *piel* y requiere un complemento directo (cf. Is 49,13).

[21] Cf. U. BERGES, *Jesaja 40–48*, 83.

(1Re 22,19-23; Jr 23,22; Job 1,6; Dn 7,9)[22]. Se trataría de una perícopa de vocación donde el profeta, presente en la celebración celeste, escucha el imperativo. No todos los exegetas, sin embargo, comparten este *Sitz in Leben*[23].

La indeterminación de la audiencia y de las *voces* (40,3.6) es una característica del texto que se presume intencional[24]. Por esta razon, para algunos estudiosos el acento recae no tanto en la identidad de los consoladores como en la intensidad y el origen divino de la consolación[25]. El «consolad» es el primero de la cadena de tres mandatos constituidos por dos *verba dicendi*: «hablad» (דַּבְּרוּ) al corazón de Jerusalén, *declarad* (וְקִרְאוּ) a ella» (40,2). A esta subunidad le siguen 40,3-5 y 40,6-8 con una construcción similar: una *voz* (קוֹל, 40,3.6) que está gritando un mensaje en imperativo, «orientad» (פַּנּוּ), «allanad» (יַשְּׁרוּ, 40,3), «grita» (קְרָא, 40,6). Finalmente, a la mensajera (מְבַשֶּׂרֶת) se le constriñe a anunciar la buena noticia a las ciudades de Judá: «súbete (עֲלִי לָךְ) [...], *eleva tu voz con fuerza* (הָרִימִי בַכֹּחַ קוֹלֵךְ) [...], *eleva* (הָרִימִי), no temas (אַל־תִּירָאִי), *dí* (אִמְרִי) a las ciudades de Judá» (40,9).

La concatenación de mandatos tiene como fin la realización de un acto de palabra[26]. Así pues, el «consolad» no consiste en reali-

---

[22] Cf. F.M. CROSS, «The Council», 274-277; J. MUILENBURG, *The Book of Isaiah*, 442-443; N. HABEL, «The Form», 314-316; J.L. MCKENZIE, *Second Isaiah*, 17; B. CHIESA, «Consolate», 267-268; L. KRINETZKI, «Zur Stilistik», 58-59; R.F. MELUGIN, *The Formation*, 83-84; K. KIESOW, *Exodustexte*, 66; R.N. WHYBRAY, *Isaiah 40-66*, 48; R.J. CLIFFORD, *Fair Spoken*, 72-74; O. LORETZ, «Mesopotamische», 220; J.D.W. WATTS, *Isaiah 34-66*, 78-79; P.R. ACKROYD, «Isaiah 36-39», 106-108; A.L.H.M. VAN WIERINGEN, «Jesaja 40,1-11», 82-93; C.R. SEITZ, «The Divine», 229-247; R.F. MELUGIN, «The Servant», 24; W. BRUEGGEMANN, *Isaiah 40-66*, 16-17; F. LANDY, «The Ghostly Prelude», 334.357-358. Cf. la crítica de B.D. SOMMER, «Allusions and Illusions», 183-184.

[23] Cf. P.-E. BONNARD, *Le Second Isaïe*, 85; J.M. VINCENT, *Studien*, 211-215. 245-251; R.P. MERENDINO, *Der Erste*, 19-20, n.25; J. BLENKINSOPP, *Isaiah 40-55*, 180. Para una síntesis de las diversas posiciones, cf. J. GOLDINGAY − D. PAYNE, *Isaiah 40.1-44.23*, 63-64.

[24] Cf. C. WESTERMANN, *Das Buch Jesaja*, 33.

[25] Cf. P.-E. BONNARD, *Le Second Isaïe*, 85; E. HESSLER, *Das Heilsdrama*, 294.

[26] En 40,3-6 la construcción קוֹל + participio (קוֹרֵא o אֹמֵר) indica una acción continuada. También el *yiqtol* יֹאמַר de 40,1 puede tener un valor durativo (cf. Ges-K § 107f; *IntBHSyn* § 31.3d; cf. también C. EHRING, *Die Rückkehr JHWHs*, 28-32; U. BERGES, *Jesaja 40-48*, 79). Luego, el mandato de consolar y el complemento directo de los sintagmas participiales no indican sólo una anuncio puntual sino prolongado (cf. S.A. GELLER, «A Poetic», 416).

zar una acción, sino en la proclamación del anuncio salvífico[27]. En este sentido se asemeja a los imperativos que invitan a la alegría y a la alabanza (Is 44,23; 49,13; Jr 31,7) o a aquellos imperativos de los invitatorios hímnicos que introducen la loa (Sl 111,1; 112,1; 113,1)[28]. Yhwh, silencioso durante el exilio (Is 42,14), cambia su determinación y con el *consolad* da inicio a un nuevo diálogo. La Palabra puede y debe volver a resonar en Israel por medio de esa sinfonía simultánea y diversa de *voces*.

— *El destinatario de la consolación*

El complemento directo de נחם es «mi pueblo» (עַמִּי). En DtIs עַם aparece tanto con sentido amplio de pueblo de Israel (Is 43,20; 51,4; 53,8), como en referencia a los deportados (Is 52,5) o a Jerusalén (Is 52,9)[29]. En la perícopa resulta problemático determinar el destinatario. El paralelismo sintáctico entre 40,1 y 40,2 hace pensar que Sión sea la destinataria[30]. Sin embargo, aun cuando se acepte el paralelismo, se podría considerar Jerusalén una metonimia de todo Israel, volviendo así a la situación inicial[31]. Por otra parte, la personificación no comporta una

---

[27] Cf. S.A. GELLER, «A Poetic», 416; J.L. KOOLE, *Isaiah 40–48*, 50; J. GOLDINGAY – D. PAYNE, *Isaiah 40.1–44.23*, 66. Sobre el fenómeno de pasarse la palabra de una voz a otra, cf. E. FRANCO, «Is 40,1-11», 296-300.

[28] Modelo litúrgico no extraño en los textos deuteroisaianos de salvación. Cf. J. BEGRICH, *Studien zu Deuterojesaja*, 47-50; C. WESTERMANN, *Sprache und Struktur*, 74-80.

[29] Cf. U. BERGES, *Jesaja 40–48*, 99.

[30] Por ejemplo H.J. van Dijk interpreta de esta manera, derivando la raíz hebrea עַם de la ugarítica «ʿm» que significa «ciudad» (cf. H.J. VAN DIJK, «Consolamini», 344-345). No existe, sin embargo, ningún motivo para traducir el término עַם con otro significado distinto del que normalmente tiene. Sobre el fenómeno del paralelismo en 40,1-2, cf. S.A. GELLER, «A Poetic», 413-420.

[31] La personificación de Jerusalén tiene lugar en época exílica. En el pre-exilio Sión se identifica con un lugar: el «monte santo», la «ciudad» o el «trono de Yhwh» (cf. E. OTTO, «ציון», *ThWAT* VI, 1015-1016). La metáfora de Jerusalén como una mujer es más corriente en la literatura profética y se utiliza no sólo en referencia a Jerusalén (cf. N. CALDUCH-BENAGES, «Jerusalem as Widow», 149-151). El fenómeno de personificación de la ciudad también es frecuente fuera de la literatura veterotestamentaria (cf. A. FITZGERALD, «The Mythological», 403-416; J.J. SCHMITT, «The Motherhood of God», 559-560; O.H. STECK, «Zion als Gelände», 261-281; U. BERGES, «Personifications», 54-82, esp. 64-72; N. CALDUCH-BENAGES, «Jerusalem as Widow», 148-149).

plena identificación de la ciudad con sus habitantes, pues con respecto a ellos Jerusalén es madre pero también esposa, viuda, hermana, señora, es decir, la ciudad funciona como una figura de relación en torno a la cual se organizan otras entidades[32]. La personificación de Sión no significa la perfecta correspondencia con el pueblo de Israel.

En DtIs el destinatario de la consolación normalmente es Jerusalén[33]. La posición inicial y programática de 40,1 y su referencia a la alianza, sin embargo, nos inclina a pensar que עַמִּי se refiera a todo Israel. La raíz נחם es un elemento redaccional que forma inclusión entre el principio y final de DtIs (40,1; 54,11) y entre el inicio de DtIs y el final de TtIs (40,1; 66,13)[34]. La progresión pasa del imperativo *consolad* (40,1) a la promesa: Jerusalén será consolada (54,11) y, por último, todos serán consolados en ella (66,13). La función de consolar se asemeja a la de Sión en el marco isaiano: de Jerusalén «saldrá la Ley» (Is 2,3), el resplandor de la gloria de Yhwh (Is 60,1-2) y hacia ella confluirán los pueblos (Is 2,2), las riquezas de las naciones (Is 66,12).

Una gradación análoga se advierte en Is 40,1-11. En primer lugar Sión debe convencerse de que Yhwh la ha perdonado y está dispuesto a reanudar su relación (40,2). Consolada por la presencia del Señor (40,10-11), de ella saldrá la noticia a todas las ciudades de Judá (40,9), el resplandor de la gloria de Yhwh se irradiará y «toda carne lo verá» (40,5). La recepción del don salvífico convierte a Sión en mediadora profética del consuelo[35]. Interpretamos, pues, que el destinatario de 40,1 es Israel, si bien en la recepción, dispensación y realización del mismo Sión goza de una función especial[36].

---

[32] Cf. O.H. STECK, «Zion als Gelände», 269-270; A. BORGHINO, *La «Nuova Alleanza»*, 35; N. CALDUCH-BENAGES, «Jerusalem as Widow», 162-163.

[33] Cf. O.H. STECK, «Zion Tröstung», 257.

[34] Cf. p. 17, n.45.

[35] Cf. U. BERGES, «Personifications», 66.

[36] Cf. a este respecto las observaciones de N. CALDUCH-BENAGES, «Jerusalem as Widow», 161-162 sobre la función intercesora de Jerusalén en Ba 4,5–5,9.

1.1.3 El imperativo de consolar

El doble imperativo «consolad, consolad a mi pueblo» (נַחֲמוּ נַחֲמוּ עַמִּי) rompe el hermetismo divino del exilio e inaugura un tiempo nuevo[37]. La posibilidad de este inicio deriva de la decisión divina de liberar a Israel. La anadiplosis representa una particularidad estilística isaiana[38]. Con ella se enfatiza aquí la urgencia de que la consolación sea ejercida[39], aunque no deja de sorprender que consolar sea una orden. De hecho, el imperativo «consuélame» aparece sólo en un contexto de petición de ayuda por parte de quien está atribulado (Sl 90,13). En este sentido, el doble נַחֲמוּ es algo único en la BH.

El mandato de consolar emitido por Yhwh contiene en sí una promesa. La resolución divina, expresada con la modalidad del imperativo, introduce una tensión dramática entre la orden y su cumplimiento, dejando abierto la posibilidad de que en su consecución intervengan otras mediaciones. Se inaugura así un dinamismo salvífico que se prolongará a lo largo de DtIs[40]. En la perícopa en cuestión tal dinamismo estriba en el progresivo acercamiento de Yhwh, en el paso de la palabra que lo anuncia a su visión[41].

En referencia a esto, resulta interesante la combinación de un elemento auditivo con otro visual en tres de las sub-unidades de Is 40,1-11. En Is 40,3-5 la manifestación visible: «*se revelará* (וְנִגְלָה) la *gloria del Señor* (כְּבוֹד יְהוָה) y toda carne *verá* (וְרָאוּ)», es confirmada por la auditiva: «pues la *boca de Yhwh* (פִּי יְהוָה) *ha hablado* (דִּבֵּר)» (40,5). En 40,6-8 la fugacidad de la vida se expresa con una metáfora de tipo visual, el *marchitarse* y *secarse* (יבש y נבל, 40,6-7) que se

---

[37] Cf. Y. GITAY, *Prophecy and Persuasion*, 63-64.

[38] Cf. por ejemplo la anadiplosis de imperativos en Is 51,9.17; 52,1.11; 57,14; 62,10 y de otros lexemas en Is 24,16; 26,3; 29,1; 38,11.19; 48,11.15; 51,12; 57,6; 65,1.

[39] Cf. JOÜON § 123d, n.1; C. WESTERMANN, *Das Buch Jesaja*, 31-32.

[40] Según Hermisson, esta tensión dramática se crea entre el imperativo inicial: «consolad, consolad a mi pueblo» (Is 40,1) y el *estribillo*: «Yhwh ha consolado» (Is 49,13; 51,3; 52,9). Cf. H.-J. HERMISSON, «Einheit und Komplexität», 290.

[41] Cf. E. FRANCO, «Is 40,1-11», 295-296.

contrapone a la perennidad de la Palabra: «la *Palabra de nuestro Dios* (וּדְבַר־אֱלֹהֵינוּ) se realiza *siempre* (לְעוֹלָם)» (40,8). Finalmente, en 40,9-11 lo que se anuncia: «*alza la voz* (הָרִימִי קוֹלֵךְ), *di* (אִמְרִי)», es deícti-co, se ve: «¡*ahí está vuestro Dios!* (הִנֵּה אֱלֹהֵיכֶם)» (40,9), o sea Dios está viniendo (40,10-11). Mientras en 40,3-5 y 40,9-11, el elemento visual confirma el auditivo, en 40,6-8 se contraponen: el esplen-dor y la fuerza humana se marchitan (40,6-7), pero la Palabra de Dios permanece (40,8).

Así pues, consolar en 40,1 consiste en la proclamación del fin del exilio y el anuncio del restablecimiento de la relación con Yhwh[42]. La palabra es el medio privilegiado con que el Señor consuela a su pueblo. Ella anticipa el fin del dolor (40,1-2) antes de que Él llegue (40,9). La urgencia de esta palabra, formulada en imperativo, expresa su inamovible resolución que pone en movimiento un dinamismo salvífico imparable; Yhwh está viniendo (40,10-11), y la consolación que en 40,1 se decreta, en 40,9-11 se ve. La venida de Yhwh es típica de los salmos reales (Sl 96,13; 98,9) y de otros textos proféticos (Ha 3,3; Za 9,9). Esta esperanza abre a Israel al futuro y confiere a la perícopa un matiz escatológico[43].

1.2 Estrategias del texto en orden a que se realice la consolación

El imperativo de Is 40,1, junto a otros elementos textuales, señala la férrea determinación divina de liberar al pueblo. Este componente, sin embargo, no es suficiente para que se realice la consolación. Israel todavía debe abrirse a la economía salvífica

---

[42] Cf. la abundante terminología de este campo semántico: אמר (40,1.6[x2].9), קרא (40,2.3.6[x2]), דבר (40,2.5), בָּח קוֹלֵךְ + רום (40,9), קוֹל (40,3.6.9), פִּי יְהוָה (40,5), דְּבַר אלהינו (40,8) y מְבַשֶּׂרֶת (40,9[x2]).

[43] Cf. C. WESTERMANN, *Das Buch Jesaja*, 39. Sobre la conexión de estos salmos con las partes hímnicas de DtIs, cf. J. BLUNDA, *La eficacia de un anuncio. La soberanía de Yhwh proclamada por el DtIs, principio fundante de la comunidad post-exílica* (tesis defendida 17 de Noviembre de 2008).

de Dios y a su modalidad de realización. El texto delinea una serie de estrategias en orden a vencer las resistencias[44].

1.2.1 Fin del tiempo de sufrimiento: Is 40,2

La raíz נחם normalmente denota una acción que transforma la situación negativa en otra positiva[45]. El paralelismo morfosintáctico y asonántico de los imperativos «consolad» (נַחֲמוּ), «hablad» (דַּבְּרוּ) y «gritad» (קִרְאוּ) nos ha llevado a la consideración de que en 40,1-2 la consolación radica en un acto de palabra. Lo que se anuncia en 40,2 es un cambio de disposición divina (cf. Is 12,1): Yhwh ha perdonado y ofrece de nuevo la posibilidad de restablecer la alianza (40,1). Esta mutación es ya un hecho. Mientras 40,2a ordena persuadir a Jerusalén: «hablad al corazón de Jerusalén», 40,2b menciona los argumentos en base a los cuales ella debe ser convecida: «y declaradle que ha completado su servicio, que su culpa ha sido pagada, que ha recibido de mano de Yhwh el doble por todos sus pecados».

El significado de la expresión idiomática «hablar al corazón» (עַל-לֵב + דבר) oscila entre «dar ánimo o valor, confortar» (Gn 34,3; 2Sam 19,8; 2Cr 30,22; 32,6) y «persuadir, convencer» (Jue 19,3; Os 2,16)[46]. La locución עַל-לֵב + דבר y la raíz נחם aparecen coordinadas en otros textos (Gn 50,21; Rut 2,13)[47]. Este dato privilegia también aquí la acepción de «confortar». No obstante, se puede

---

[44] A este respecto, cf. la literatura rabínica sobre nuestro pasaje. La *Pesiqta' de Rab Kahana'* 16 relata cómo diez profetas son enviados para consolar a Jerusalén y ésta rechaza el consuelo. Acuden entonces a Yhwh que les responde: irán juntos a consolarla, leyendo en vez de «mi pueblo» (עמי), «conmigo» (עמי) (cf. L. TEUGELS, «Consolation and Composition», 441; J. GOLDINGAY – D. PAYNE, *Isaiah 40.1–44.23*, 66). Algunos exegetas consideran 40,1 una respuesta a la queja de Lamentaciones: «no hay quien consuele» (אין מנחם, Lm 1,2.9.16.17.21). Es decir, es como si Israel se resistiera a ser consolado (cf. W.S. MORROW, «Comfort», 80-86; también J.L. KOOLE, *Isaiah 40–48*, 51; U. BERGES, *Jesaja 40–48*, 99).

[45] Cf. J.L. KOOLE, *Isaiah 40–48*, 50; J. GOLDINGAY – D. PAYNE, *Isaiah 40.1–44.23*, 63.

[46] Cf. J.M. BABUT, *Les expressions*, 69-90.

[47] Cf. el cap. I, § 2.1.3.

objetar que el paralelismo sintáctico no equivale al semántico[48]. Es más, Is 40,1 funciona como *título*, mientras el imperativo דַּבְּרוּ – por el *waw*[49] y el destinatario (אֵלֶיהָ – יְרוּשָׁלַם) – está en relación con el siguiente verbo (וְקִרְאוּ). Dado que en Is 40,2b se explicitan una serie de argumentos con los que Sión debe ser disuadida, nosotros creemos que en 40,2 «hablar al corazón» tiene el valor de «convencer»[50].

Los motivos por los que Jerusalén debe ser persuadida están explicitados en la triple construcción כִּי + *qatal*[51]. La partícula anafórica כִּי introduce las subordinadas que pueden interpretarse como causales[52] o de relativo[53]. En nuestra opinión, esta última posibilidad es la más plausible puesto que la raíz קרא + אֶל tiene el sentido de «declarar» (Jr 36,18)[54] y, por lo tanto, es transitiva[55].

Israel ha contraído una deuda por el pecado (עָוֹן y חַטָּאת). Sin negar la experiencia de sufrimiento que el pueblo hace durante el castigo ni tampoco la responsabilidad que Yhwh tiene sobre el mismo (מִיַּד יְהוָה), el compromiso de la alianza presume que la intervención punitiva no es arbitraria. Es más, a veces la expresión amorosa de Yhwh se configura como castigo (cf. Os 2,4-25). Subrayando su carácter obligatorio, el texto presenta el momento punitivo como un elemento necesario para que se restablezca la relación[56]. Esto, sin embargo, no es suficiente. Israel

---

[48] Cf. J. GOLDINGAY – D. PAYNE, *Isaiah 40.1–44.23*, 67.

[49] Cf. J.N. OSWALT, *The Book of Isaiah*, 43, n.2.

[50] Cf. G. FISCHER, «Die Redewendung», 244-250; U. BERGES, *Jesaja 40–48*, 100.

[51] En la LXX el segundo כִּי no aparece. En la Vg faltan el segundo y tercero.

[52] Por ejemplo, Elliger considera las dos primeras frases subordinadas causativas y la última, en cambio, aseverativa (cf. K. ELLIGER, *Deuterojesaja*, 2). Cf. también S.A. GELLER, «A Poetic», 416-417.

[53] Cf. J.L. KOOLE, *Isaiah 40–48*, 56; U. BERGES, *Jesaja 40–48*, 79.

[54] Cf. U. BERGES, *Jesaja 40–48*, 100.

[55] Introducir el complemento directo de verbos de percepción, visión o audición es una de las funciones de la partícula כִּי (Gn 1,10; 34,5). Cf. ZORELL, 353; ALONSO, 356; JOÜON § 157; J. MUILENBURG, «The Linguistic», 144; A. AEJMELAEUS, «Function», 199-200.

[56] Cf. J.P. FOKKELMAN, «Stylistic», 74: «The source of the punishment has become the source of the comfort». Cf. también S.A. GELLER, «A Poetic», 419.

debe convencerse de que la aflicción se integra dentro de un horizonte salvífico.

Así pues, la estrategia de 40,2 consiste en restringir la extensión del sufrimiento; el momento de dolor no es ilimitado[57]. En el primer sintagma se cuantifica el tiempo con la raíz מלא: «*ha completado* (מָלְאָה) su servicio»[58]. El significado base de מלא es «llenar»[59]. El sentido de «completar» supone metaforizar la dimensión espacial de la raíz con otra dimensión de índole temporal. La coyuntura histórica del exilio se califica con el sustantivo צְבָא. Los matices de traducción del término oscilan entre un «servicio militar» (Nm 1,3; 3,4)[60], un «servicio cultual» (Nm 4,3)[61] o un «trabajo obligatorio» que comporta sufrimiento (Job 7,1; 14,14)[62]. En nuestro contexto, el último significado es el que mejor expresa el referente de la deportación.

En los dos sintagmas siguientes, lo que se cuantifica es la intensidad y cualidad de la punición. En ambos se dice explícitamente que el castigo ha sido por «su culpa» (עֲוֹנָהּ) y por «todos sus pecados» (כָּל־חַטֹּאתֶיהָ). La trasgresión ha producido un endeudamiento cuyo saldo se describe como un «haber pagado» (נִרְצָה) o «haber recibido» (לָקְחָה). El *nifal* נִרְצָה deriva de una raíz רצה I

---

[57] Cf. cap. II, § 2.2.2.

[58] El Mss 1QIsaᵃ contiene מלא en vez del מלאה del TM. La *BHS* sugiere la forma *piel* f.: מִלְּאָה. Según M. DAHOOD, *Hebrew–Ugaritic*, 20 מלאה es una forma arcaica cananea *qatala* usada por razones de asonancia y simetría (cf. E. ZURRO, *Procedimientos*, 281, n.1782). Otra posibilidad para resolver la silepsis es considerar צְבָא un sustantivo femenino como en Dn 8,12, aunque dicho texto es muy problemático. Proponemos considerar el verbo מלא transitivo, Jerusalén el sujeto y צְבָא el complemento directo: «[ella] ha completado su servicio» (cf. J. GOLDINGAY – D. PAYNE, *Isaiah 40.1–44.23*, 69; U. BERGES, *Jesaja 40–48*, 79).

[59] Cf. KB, 524; CLINES, V, 277.

[60] Cf. J. VINCENT, *Studien*, 217-219. Cf. también A. SCHEIBER, «Der Zeitpunkt», 242-243, si bien su propuesta es del todo diversa, ya que considera צְבָא como un servicio militar impuesto durante el periodo que va del 587 al 547 aC.

[61] Cf. L.G. RIGNELL, *A Study of Isaiah*, 10-11.

[62] Cf. ZORELL, 679; C. WESTERMANN, *Das Buch Jesaja*, 32; P.D. AKPUNONU, *The Overture*, 92; J. GOLDINGAY – D. PAYNE, *Isaiah 40.1–44.23*, 70.

con el significado de «ser agradable» (Lv 1,3; 19,5)[63] o de una raíz רצה II con la acepción de «pagar» (רצה *qal* + עָוֹן, cf. Lv 26,41.43)[64]. Esta última resulta más probable, primero, porque normalmente עָוֹן significa «culpa, delito» y no «castigo»[65]; segundo, porque traducir por «aceptar» supone un cambio del sujeto lógico; y tercero, porque a nivel estilístico se crea una especie de merismo entre «pagar» (רצה) – «recibir» (לקח).

En el tercer sintagma se dice que «de la mano de Yhwh» (מִיַּד יְהוָה) se recibe כִּפְלַיִם. Se discute el valor de este término, ya que esta forma sólo aparece aquí y en Job 11,6[66]. Se trata del dual de כֶּפֶל, cuyo significado es el «doble» (Ex 26,9; 28,16), una especie de sinónimo de מִשְׁנֶה (Is 61,7; Jr 16,18; 17,18). La LXX traduce con un adjetivo en acusativo neutro plural διπλᾶ. El problema es que, estando sustantivado, no se puede identificar a su referente. La mayor parte de los exegetas interpretan que dicho adjetivo se refiere a un castigo, en concreto al exilio. La explicación de esta doble punición se explica, sin embargo, diversamente[67]. A nosotros nos

---

[63] El sentido de la frase sería «su castigo ha sido aceptado» (cf. F. FELDMANN, *Das Buch Isaias*, 30; J.N. OSWALT, *The Book of Isaiah*, 43). En la misma línea, la LXX (λέλυται αὐτῆς ἡ ἁμαρτία), la Vg (*dimissa est iniquitas illius*) y el Tg (חובהא אשתביקו לה) traducen dando el matiz de perdonar.

[64] Cf. F. DELITZSCH, *Commentar*, 409; B. DUHM, *Das Buch Jesaja*, 262; P. VOLZ, *Jesaia II*, 3; R. NURMELA, *The Mouth*, 1-2; U. BERGES, *Jesaja 40–48*, 101.

[65] Cf. J.L. KOOLE, *Isaiah 40–48*, 53.

[66] Cf. J. THOMAS, «Double», 370-380; A. CONDAMIN, «Double», 335; E.J. HOW, «Double», 141; W.D. MORRIS, «Double», 286-287. Para G. von Rad, se trata de un término legal que significa «equivalente» (cf. G. VON RAD, «כִּפְלַיִם in Jes 40,2», 80-82). Blenkinsopp prefiere un sentido metafórico: «más que suficiente» (cf. J. BLENKINSOPP, *Isaiah 40–55*, 181). Joüon lo juzga un multiplicativo: «double» (cf. JOÜON § 100o).

[67] Para explicar la razón de la multiplicación del castigo S. Smith, arguye que con el sintagma מִיַּד יְהוָה se hace alusión a Babilonia, la cual como se dice en Is 47,6, ha hecho sufrir a Israel más de lo que el Señor pretendía (cf. S. SMITH, *Isaiah*, 168). A. Phillips, en cambio, interpreta que el sufrimiento ha sido causado por la culpa de la generación precedente (cf. A. PHILLIPS, «Double», 130-132). Según otros exegetas, la duplicación tiene su origen en la ley de Ex 22,3. La razón del *doble* castigo radica en que con la pérdida del rendimiento la deuda aumenta (cf. J.L. MCKENZIE, *Second Isaiah*, 17; K. ELLIGER, *Deuterojesaja*, 15-16; W.A.M. BEUKEN, *Jesaja deel II A*, 19). Finalmente, algunos estudiosos consideran que al doble imperativo de consolar corresponde el doble castigo (cf. L. KRINETZKI, «Zur Stilistik», 60; J.P. FOKKELMAN, «Stylistic», 75).

interesa subrayar que el término כִּפְלַיִם indica simultáneamente una desproporción y un límite. La desproporción consiste en el exceso que entraña la reduplicación y la limitación se halla contenida en el concepto mismo de doble; Jerusalén ha sufrido demasiado, pero la aflicción tiene un término[68].

La táctica de 40,2 radica en integrar la experiencia de dolor, valorando el momento e intensidad del sufrimiento, pero colocándolo dentro de un horizonte salvífico que le pone fin. La humillación de la deportación no es algo ilimitado ni en el tiempo ni en la intensidad. Tampoco es una fuerza de origen desconocido, se recibe «de mano del Señor» y tiene como causa la trasgresión. El exilio no es la punición gratuita de un Dios arbitrario que castiga sin medida. Tiene como finalidad la salvación y sólo puede aceptarse e interpretarse dentro de esta perspectiva.

1.2.2 Invitación a acoger la consolación: Is 40,3-5

La sub-unidad 40,3-5 constituye, según Westermann, una primera ejecución de la orden de 40,1-2. Sin embargo, como él mismo apunta, no deja de sorprender que la consolación se inicie con la construcción de un *camino*[69]. Los autores identifican diversos elementos que permiten realizar la transición lógica de un fragmento a otro[70]. La eli-

---

[68] Cf. S.A. GELLER, «A Poetic», 419.

[69] Cf. C. WESTERMANN, *Das Buch Jesaja*, 33. Cf. a este respecto la objeción de Kiesow: «nicht möglich erscheint mir die Annahme, daß der in v.3f befohlene Wegebau und die Umgestaltung der Wüste eine Ausführung des Trostredebefehls in v.1f darstelle» (cf. K. KIESOW, *Exodustexte*, 31).

[70] H.M. Barstad indica una serie de textos deuteroisaianos (Is 49,8-13; 51,3; 52,9-10), donde el vocabulario del desierto o de las ruinas está próximo, como en Is 40,1-5, a la raíz נחם (cf. H.M. BARSTAD, «Isa. 40,1-11», 231-233). De hecho שׁמם, antónimo de נחם, está asociado a la destrucción de la ciudad y a la desolación de la tierra (cf. A. BORGHINO, *La «Nuova Alleanza»*, 88-90). En esta línea, J. Blenkinsopp cita Is 51,3. La consolación consiste en la transformación del erial en Edén. La construcción de caminos forma parte de esta metáfora y tiene como objetivo la revelación de la gloria (cf. J. BLENKINSOPP, *Isaiah 40–55*, 182; así también J.P. FOKKELMAN, «Stylistic», 76; O. LUND, *Way Metaphors*, 95-100). Westermann, de forma análoga, sostiene que consolar consiste en la mutación del dolor. En cuanto el sendero representa la vuelta de la deportación, supone el inicio de un cambio (cf. C. WESTERMANN, *Das Buch Jesaja*, 33).

minación de aquello que causa dolor no desencadena de por sí el consuelo, pues se requiere un cambio de actitud en el desolado[71]. Los imperativos y *yusivos* de 40,3b-4 son una instancia a la conversión.

Esta llamada a la transformación se encuentra dentro del marco construido por una oración de participio «una voz está gritando» (קוֹל קוֹרֵא, 40,3)[72] y la fórmula (Is 1,20; 58,14; Mi 4,4) «pues la boca de Yhwh ha hablado» (כִּי פִּי יְהוָה דִּבֵּר[73], 40,5). Si el *qatal* דִּבֵּר apunta una acción retrospectiva, el participio קוֹרֵא indica una acción continua. La inclusión señala que el motivo de que esa *voz* «esté ahora gritando» radica en que antes Yhwh «ha hablado»[74].

El contenido del grito está formado por una cadena de seis sintagmas aunados por la metáfora del camino[75]. Las dos primeros enfatizan el lugar desde donde se ha de construir: «en el desierto *orientad* (פַּנּוּ)[76] el camino de Yhwh, *allanad* (יַשְּׁרוּ) en la estepa un sendero para nuestro Dios». Los otros cuatro recalcan el aspecto de nivelación, sea como eliminación de los altibajos: «todo valle[77] *sea*

---

[71] Cf. K. ELLIGER, *Deuterojesaja*, 17.

[72] La LXX (φωνὴ βοῶντος), la Vg (*vox clamantis*) y el Tg (קָל דִּמְכַלֵּי) leen קוֹל como un constructo de קוֹרֵא. Las gramáticas de Ges-K § 146b y JOÜON § 162e lo consideran una interjección de uso exclamativo cuya función es llamar la atención del lector. A nuestro juicio, se trata del sujeto del sintagma participial.

[73] La LXX omite פִּי (ὅτι κύριος ἐλάλησεν) y el Tg, probablemente para evitar el antropomorfismo, lo sustituye por «palabra» (בְּמֵימְרָא). Sobre la fórmula כִּי פִּי יְהוָה דִּבֵּר, cf. A. LABAHN, *Wort Gottes*, 103-106.

[74] Cf. R. NURMELA, *The Mouth*, 4.

[75] Sobre la composición literaria y estilística de 40,3-4, cf. L. KRINETZKI, «Zur Stilistik», 62-63. Sobre la temática del camino, además de las voces de los diccionarios (cf. G. SAUER, «דֶּרֶךְ», *THAT* I, 456-460; K. KOCH, «דֶּרֶךְ», *ThWAT* II, 293-312) existen cuatro monografías: F. NÖTSCHER, *Gotteswege und Menchenwege*; A. GROS, *Je suis la route*; D.A. DORSEY, *The Roads and Highways*; M. ZEHNDER, *Wegmetaphorik im Alten Testament*. Para un resumen, exposición y valoración de las tres primeras, cf. M. ZEHNDER, *Wegmetaphorik im Alten Testament*, 85-116. En cuanto al tema del camino en DtIs, cf. O. LUND, *Way Metaphors*.

[76] Es posible traducir la raíz פנה *piel* como «disponer» o «preparar» (cf. ALONSO, 611). Dado que en *qal* indica dirección o cambio de movimiento y que el sustantivo פָּנִים de la misma raíz significa «cara», traducimos por «orientar». Así se evidencia mejor la puesta en acto de un movimiento con una dirección precisa (cf. Is 45,22).

[77] La propuesta de la *BHS* es leer גַּיְא en vez de גֶּיא, porque ésta es su *lectio* más común. Sobre la vocalización, cf. GesK § 93v; MEYER § 52.3c.

elevado (יִנָּשֵׂא) y todo monte y colina *abajado* (יִשְׁפָּלוּ)» (40,4a), sea como supresión de las asperezas: «*sea* (וְהָיָה) lo torcido llano y lo escabroso, planicie» (40,4b)[78]. Los dos versículos desembocan en dos *weqatal* consecutivos[79]: «de modo que *se revelará* (וְנִגְלָה) la gloria de Yhwh y *verá* (וְרָאוּ) toda carne a la vez[80]».

La conexión del vocabulario del camino con el del desierto y la gloria ha llevado a algunos autores a interpretar 40,3 según la tradición exodal[81]. Otros estudiosos, debido a su relación con Is 35,8-10, descubren en este versículo una dimensión escatoló-

---

[78] Respecto הֶעָקֹב, A. Berlin propone traducir por «depresión» (cf. A. BERLIN, «Isaiah 40:4», 4). Sin embargo, no creemos necesario cambiar el significado de la raíz עקב. El sustantivo הָרְכָסִים es un *hapax* emparentado con el sintagma אִישׁ מִרְכְּסֵי de Sl 31,21 (cf. A. RAVENNA, «Is 40,4 e Ps. 31,21», 69-70). En base al palíndromo A. Cody propone una enmienda al texto: וְרֻשִׁים (cf. A. CODY, «A Palindrome», 551-560). La traducción de M. Dahood («tortous terrain») deriva de la raíz רכס, de donde הָרְכָסִים proviene (cf. M. DAHOOD, *Hebrew-Ugaritic*, 72). Este es su sentido habitual y el que nosotros también mantenemos.

[79] Cf. J.L. KOOLE, *Isaiah 40–48*, 62; J.N. OSWALT, *The Book of Isaiah*, 52. Hemos atribuido a los dos *weqatal* un valor consecutivo, con el objetivo de subrayar la relación entre la exhortación al cambio de disposición (Is 40,3-4) y su respectiva consecuencia (Is 40,5). Lo mismo valdría para el *weqatal* de 40,4b (וְהָיָה), pero según algunos autores aquí encaja mejor la forma *yusiva* וִיהִי (cf. J.L. KOOLE, *Isaiah 40–48*, 61; J. GOLDINGAY – D. PAYNE, *Isaiah 40.1–44.23*, 77). En una secuencia narrativa el *weyiqtol* generalmente se utiliza para continuar la cadena volitiva y el *weqatal* introduce una subordinada consecutiva (Ex 25,2-8; cf. NICCACCI § 61). En los textos poéticos, sin embargo, estas reglas no siempre funcionan. F.J. del Barco enumera una serie de ejemplos de la literatura profética en donde la forma *weqatal* vincula el sintagma con el contexto anterior. Pues, de no existir el *waw*, la frase podría considerarse una oración *qatal* que inicia una nueva unidad (Am 1,11; Mi 3,3; 5,7; cf. F.J. DEL BARCO DEL BARCO, *Profecía*, 144-146).

[80] En DtIs la partícula יַחְדָּו (x14) indica simultaneidad y también enfatiza el carácter público de un evento. De ahí su traducción «a la vez» o «inmediatamente». Cf. J. GOLDINGAY – D. PAYNE, *Isaiah 40.1–44.23*, 78; U. BERGES, *Jesaja 40–48*, 80.

[81] Cf. A. ZILLISEN, «Der alte und der neue Exodus», 304; J. MUILENBURG, *The Book of Isaiah*, 427; K. KIESOW, *Exodustexte*, 63; F. LANDY, «The Ghostly Prelude», 341, n.25. Sobre el tema del éxodo en Isaías y DtIs, cf. J. FISCHER, «Das Problem», 111-130; B.W.ANDERSON, «Exodus Typology», 177-195;W. ZIMMERLI, «Der Neue Exodus», 197-201; J. BLENKINSOPP, «La tradition», 43-47; C. STUHLMUELLER, *Creative Redemption*, 59-98; K. KIESOW, *Exodustexte*; H. SIMIAN-YOFRE, «Éxodo», 530-553; S. DECK, «Kein Exodus», 31-47. El problema es decidir cuáles son los motivos propiamente exodales (cf. H.M. BARSTAD, «Isa. 40,1-11», 238; A. KOZDRÓJ, *«Voi tutti»*, 125-127).

gica[82]. La mayoría, sin embargo, apoyándose en la literatura extra-bíblica, lo asocia a la *via sacra* de las ceremonias religiosas de Babilonia[83]. A esta interpretación se le puede objetar que la locución פנה *piel* + דֶּרֶךְ en sus tres atestaciones (Is 57,14; 62,10; Ml 3,1) tiene un matiz ético. Ahora bien, de por sí este dato no excluye que DtIs pudiera utilizar aquí el complemento directo דֶּרֶךְ יְהוָה con un valor nuevo[84].

La expresión דֶּרֶךְ יְהוָה no suele tener sentido material[85]; indica más bien una «manera de actuar, sea del hombre en seguimiento a Yavé, sea de Yavé en contraposición al hombre»[86]. Is 40,4 precisa el v. 3 y, por consiguiente, en qué consiste la preparación del camino. Los sintagmas de 40,4 contienen lexemas utilizados en otros lugares para expresar una conducta o actitud[87]. Se podrían decodificar también aquí estos accidentes geográficos – montañas, colinas y valles, lo torcido, lo escabroso – como imágenes que simbolizan aquellas resistencias que el ser humano ofrece a la salvación[88]. Esta operación llevaría entonces a intepretar «el camino de Yhwh» en sentido ético-religioso.

---

[82] M.P. Zehnder clasifica 35,8 y 40,3 en el mismo grupo: *Eschatologische Wunderstrasse* (cf. M.P. ZEHNDER, *Wegmetaphorik im Alten Testament*, 304; cf. también J. BLENKINSOPP, *Isaiah 40–55*, 182). F. Nötscher, en cambio, lo sitúa en un contexto de teofanía (cf. F. NÖTSCHER, *Gotteswege und Menchenwege*, 25).

[83] Cf. F. STUMMER, «Einige keilschriftliche Parallelen», 172-173; P. VOLZ, *Jesaia II*, 4; C. WESTERMANN, *Das Buch Jesaja*, 34-35; K. ELLIGER, *Deuterojesaja*, 17-21; E. HAAG, «Der Weg», 39; J.N. OSWALT, *The Book of Isaiah*, 51-52. Para una síntesis de las prácticas de estos rituales, cf. C. STUHLMUELLER, *Creative Redemption*, 75-82. Sobre las distintas posiciones de los autores, cf. J. GOLDINGAY – D. PAYNE, *Isaiah 40.1–44.23*, 74-76; C. EHRING, *Die Rückkehr JHWHs*, 46-50.

[84] Cf. H. SIMIAN-YOFRE, «Éxodo», 534-535.

[85] Cf. Gn 18,19; Jue 2,22; 2Sam 22,22; 2Re 21,22; Jr 5,4.5; Ez 18,25.29; 33,17.20; Sl 18,22; 138,5; Pr 10,29; 2Cr 17,6. Cf. D.J.A. CLINES, «The Parallelism», 79-80.

[86] Cf. H. SIMIAN-YOFRE, «Éxodo», 534.

[87] Así la raíz נשא en 52,13 significa «exaltar» y en otras recurrencias está relacionada con la idea de victoria: «levantar los ojos» (Is 49,18; 51,6), «levantar la voz» (Is 42,12). La raíz שפל en PtIs se asocia a la humillación (Is 2,11; 5,15; 10,33). La combinación «monte y colina» (וְכָל־הַר וְגִבְעָה) frecuente en DtIs (Is 40,12; 41,15; 42,15; 54,10; 55,12) es en otros pasajes metáfora de la vanagloria (Is 2,14; sólo הַר, cf. Jr 51,25; Za 4,7). Cf. U. BERGES, *Jesaja 40–48*, 107.

[88] Cf. O. LUND, *Way Metaphors*, 87-88.

Sin embargo, la vía que se manda construir en 40,3 – a diferencia de Is 57,14 e Is 62,10 – no es tanto la vía por la que Israel va como aquella por la que Dios viene[89]. Por eso, con el sintagma דֶּרֶךְ יְהוָה se podría señalar la misma realidad que en 55,8. El texto de Is 55, tras invitar al malvado a abandonar (עזב) sus caminos (דַּרְכּוֹ) y volver al Señor (שׁוב + אֶל יְהוָה, 55,7), contrapone los planes y caminos de Yhwh con los de Israel: «mis planes no son vuestros planes, ni mis caminos vuestros caminos» (55,8). El דֶּרֶךְ יְהוָה corresponde aquí al plan salvífico de Yhwh (מַחֲשָׁבוֹת). Si interpretamos la metáfora de 40,3 de este modo, la expresión דֶּרֶךְ יְהוָה indica la intrusión de Dios en la historia para hacer realidad su proyecto de salvación[90]; «orientar el camino de Yhwh» estriba en disponerse a acoger tal modalidad de actuación[91], lo cual parece constituir un problema para la audiencia deuteroisaiana (40,27).

El lugar desde donde se tiene que orientar el camino confirma ulteriormente esta interpretación. Preparar el camino en el desierto resulta inédito, algo reservado al Señor, una acción portentosa de la que en Is 40–55 sólo Yhwh es garante (Is 42,16; 49,11). Por esta razón, consideramos el «desierto» (מִדְבָּר) y la «estepa» (עֲרָבָה) como metáforas de la condición de Israel. En algunos pasajes evocan la falta de agua (Is 43,19.20; 44,8; 50,2), el lugar inhóspito donde resulta imposible vivir (Jr 2,6), figura del caos (Gn 2,5; Dt 32,10), de la devastación del país (Is 61,3; Jr 4,23-26)[92], el lugar opuesto a la ciudad (Is 42,12). La bina, no obstante, puede hacer alusión a la situación interna (Is 33,9; 64,9; Jr 50,12; Os 2,5; So 2,13)[93] y a la sequedad que experimenta el pueblo por la falta de Dios (Is 1,30;

---

[89] Cf. H.M. BARSTAD, «Isa. 40,1-11», 234.

[90] Cf. O. LUND, *Way Metaphors*, 94-95: «The establishment of "the way of Yhwh" in the desert is a metaphor that describes the entry of God into the historical and existential scene for the sake of Israel. The establishment of the "way of Yhwh" in the desert *is* comfort».

[91] Cf. H. SIMIAN-YOFRE, «Éxodo», 534; Cf. O. LUND, *Way Metaphors*, 92; U. BERGES, *Jesaja 40–48*, 105.

[92] Cf. F. KLOPPER, «Aspects», 254-255.

[93] Cf. E. FARFÁN NAVARRO, *El desierto transformado*, 114; J.B. GEYER, «Desolation», 63-64.

41,17-21; cf. 55,1-2). «Orientar el camino de Yhwh» sería una invitación a abrirse a la promesa cuando todavía se está en el desierto, es decir, cuando todavía se está en la desolación[94].

Un texto deuteroisaiano que puede ser ilustrativo de cuanto estamos diciendo es el cuarto canto del siervo. En 53,6 se utiliza פנה *qal* (פָּנִינוּ) + לְ + «camino» (דַּרְכּוֹ), para indicar la desorientación (תעה) y el abandono del siervo. En 53,2 se dice que el *ʿebed ʾādōnāy* crece (עלה) ante Yhwh (לְפָנָיו) desde «la tierra seca» (מֵאֶרֶץ צִיָּה). Así pues, en una condición de adversidad representada como erial (53,2) o como abandono (53,6) el siervo no deja de estar orientado (פנה) a Yhwh. Es más, da suceso a su proyecto: חֵפֶץ יְהוָה (53,10)[95]. El Señor por su parte lo exalta, lo que el texto expresa con la terminología del subir. En concreto, las tres raíces verbales de 52,13 aparecen en Is 40,1-11: «levantar» (נשא, 40,4.11), «subir» (רום, 40,9[x2]), «enaltecer» (גבה, 40,9). Como en 40,5: «*se revelará* (וְנִגְלָה) la gloria de Yhwh y *verán* (וְרָאוּ) toda carne a la vez», el poema también utiliza los términos de visión-manifestación: el siervo «verá» (יִרְאֶה, 53,11) y los reyes «verán» (רָאוּ, 52,15) y el brazo de Yhwh «se revelará» (נִגְלָתָה, 53,1)[96].

Al igual que en otros pasajes (Na 1,2-8; Ha 3,1-15), el camino como metáfora de la venida de Yhwh está asociado aquí a la transformación del paisaje (40,3-4) y a la manifestación de la gloria (40,5)[97]. En DtIs el כְּבוֹד יְהוָה se refiere en varias ocasiones la glorificación de Israel: el Señor que no cede su gloria a otros dioses (Is 42,12), ha creado a Jacob para su gloria (Is 43,7) y se glorifica en él (Is 44,23; 49,3; 55,5)[98]. Es decir, la gloria de Yhwh

---

[94] Cf. O. LUND, *Way Metaphors*, 86: «That involves creating a possibility of coming out from the wilderness – out of the hopeless situation».

[95] Expresión equivalente a דְּבַר־אֱלֹהִים y דֶּרֶךְ יְהוָה (40,8; 55,11).

[96] Otras conexiones lexicales y del imaginario son: el brazo de Yhwh (40,10.11; 53,1), el lexema boca (40,5; 52,15; 53,7.9) o mano (40,2; 53,10); las metáforas del rebaño (Is 40,10-11; 53,6.7) o de la planta (40,6-7; 53,2.8); la imagen de cargar con alguien o algo (40,11; 53,4.11.12); el vocabulario del pecado (40,2; 53,5.6.11.12), de la recompensa (40,10; 53,12) o del castigo (40,2; 53,4.5.6).

[97] Cf. O. LUND, *Way Metaphors*, 86-87.

[98] El primer empleo teológico de כָּבוֹד en los textos antiguos es rendir honor a Dios. La gloria de Yhwh, su glorificación, corresponde a una conducta correcta y conforme a la alianza. Cf. C. WESTERMANN, «כבד», *THAT* I, 803.

resplandece en Israel, su siervo y testigo ante las naciones (43,10.12; 44,8). Debido al valor consecutivo que hemos conferido a los *weqatal* וְנִגְלָה y וְרָאוּ de 40,5[99], interpretamos la manifestación de la gloria de 40,5 en el sentido de glorificación. Luego, la transformación-glorificación de Israel (40,5) es la consecuencia de haber aceptado el llamamiento a la conversión (40,3-4) y de orientarse hacia el Señor en el desierto, punto de partida de la manifestación de su gloria (cf. Is 53,1).

1.2.3 La estabilidad de la Palabra como elemento consolatorio: Is 40,6-8

La primera proposición de Is 40,6-8 es parecida a Is 40,3[100]: el lexema קוֹל + participio *qatal* de un *verba dicendi* (אָמַר) + una proposición en estilo directo, la cual inicia también con un imperativo (קְרָא). Como en 40,3-5, el tema de la palabra forma inclusión. Se comienza en 40,6 con la oración «una voz está diciendo» (קוֹל אֹמֵר) y se termina en 40,8: «pero la Palabra de nuestro Dios se realiza siempre» (וּדְבַר־אֱלֹהֵינוּ יָקוּם לְעוֹלָם). Esta similitud, según Westermann, sitúa 40,6-8 en la misma línea del fragmento anterior, es decir, se grita (קוֹל קוֹרֵא) o se habla (קוֹל אֹמֵר) para consolar a Israel[101]. Un ulterior elemento de conexión entre 40,3-5 y 40,6-8 es el sintagma «toda carne» (כָּל־בָּשָׂר) que hace de término medio[102].

---

[99] Cf. p. 138, n.79.

[100] Cf. U. BERGES, *Jesaja 40–48*, 109: «Anders als in v. 3a steht diese Verszeile aber nicht außerhalb des Parallelismus, sondern durch die wechselnde Abfolge der Verben sagen/rufen/sagen/rufen in einer perfekten Symmetrie (A-B//A-B)».

[101] Cf. C. WESTERMANN, *Das Buch Jesaja*, 36; J. GOLDINGAY – D. PAYNE, *Isaiah 40.1–44.23*, 84.

[102] La expresión כָּל־בָּשָׂר puede abarcar toda la humanidad (Dt 5,26; Sl 65,3; 145,21) o incluso alargarse a toda criatura (Gn 6,17; 9,15) (cf. G. GERLEMAN, «בָּשָׂר», *THAT* I, 378; R. DAVIDSON, «The Imagery», 38). Si bien en 40,5 el matiz de universalidad no resulta evidente, no es extraño tampoco a DtIs y TtIs (Is 44,23; 46,13; 60,1-2; 62,3). La expresión de 40,6 כָּל־הַבָּשָׂר con el artículo es, sin embargo, inusual. Se encuentra aquí y en Gn 7,15, mientras en los demás casos aparece sin artículo. De todos modos, expresa la misma idea de totalidad (Ges-K § 127c).

Mientras en 40,3-5 la metáfora que aúna los distintos accidentes geográficos (מִדְבָּר, עֲרָבָה, הַר, גִּבְעָה, גַּיְא, עָקֹב, הָרְכָסִים) es el camino (דֶּרֶךְ y מְסִלָּה), en 40,6-8 la metáfora unificadora es la flora (חָצִיר y צִיץ). El contenido del mensaje que se decreta gritar consiste en un parangón entre la fugacidad de la vida humana y la perennidad de la Palabra (40,7-8). La exposición de este anuncio está precedido por un diálogo particular: «una voz está *diciendo* (אֹמֵר): grita (קְרָא), y *dice* (וְאָמַר)[103]: ¿qué gritaré? (מָה אֶקְרָא)» (40,6). La paronomasia no sólo es un recurso estilístico[104]. La pregunta «¿qué gritaré?», según Westermann, refleja el lamento amargo de Israel del que se hace voz el profeta[105].

El inicio de la respuesta es una comparación de carácter general: «toda carne es hierba y toda su fidelidad como flor del campo». La LXX, la Vg y la Syr traducen כָּל־חַסְדּוֹ por «gloria»[106]. Aunque esta opción pone en contraste el esplendor humano (כָּל־חַסְדּוֹ, 40,6) con la gloria de Yhwh (כְּבוֹד יְהוָה, 40,5), el término חֶסֶד normalmente no significa gloria; por eso, algunos autores proponen enmiendas al texto[107]. El Tg traduce por «fuerza» (תְּקְפְהוֹן)[108], lectura que se aproxima más al sentido normal de חֶסֶד, «misericordia», «fidelidad», «lealtad»[109]. Según nuestro parecer,

---

[103] El Mss 1QIsaᵃ lee ואומרה. Es decir, 1ª pers. sg., como en la LXX (καὶ εἶπα) y en la Vg (*et dixi*). La Syr y el Tg, en cambio, concuerdan con el TM. La vocalización no sólo afecta a la persona gramatical, sino también a la forma verbal. En nuestra opinión, el TM es *lectio difficilior*. El cambio de 3ª a 1ª pers. sg. implica una interpretación del texto, pues se identifica al narrador con aquel a quien va dirigido el imperativo קְרָא (cf. R.P. MERENDINO, *Corso*, 69; *id.*, *Der Erste*, 49, n.105; D. BARTHÉLEMY, *Critique textuelle*, II, 278-279; U. BERGES, *Jesaja 40–48*, 80).

[104] Cf. L. KRINETZKI, «Zur Stilistik», 67.

[105] Cf. C. WESTERMANN, *Das Buch Jesaja*, 36.

[106] La LXX: δόξα ἀνθρώπου; la Vg: *gloria eius*; y la Syr: *kōlah yaʾyōteh*.

[107] Para un resumen de las distintas propuestas, cf. J. GOLDINGAY – D. PAYNE, *Isaiah 40.1–44.23*, 82-83. Sobre la discusión del significado de חֶסֶד en 40,6, cf. N.H. SNAITH, «The Exegesis», 395-396; J. GUILLET, *Thèmes*, 64, n.60; H.J. STOEBE, «Zu Is 40,6», 122-128; L.J. KUYPER, «The Meaning», 489-492; C.F. WHITLEY, «The Semantic», 520-521; G.R. CLARK, *The Word*, 195.

[108] Sobre este significado, cf. L.J. KUYPER, «The Meaning», 490-492; C.F. WHITLEY, «The Semantic», 521-526.

[109] Como considera aquí CLINES, III, 278; J. GOLDINGAY – D. PAYNE, *Isaiah 40.1–44.23*, 82; F. LANDY, «The Ghostly Prelude», 345-346; U. BERGES, *Jesaja 40–48*, 109-110.

ésta es la mejor opción, ya que se pone en contraste la fidelidad humana (40,6) con la de Yhwh (40,8).

Los sintagmas «toda carne» (כָּל־הַבָּשָׂר) y «toda su lealtad» (כָּל־חַסְדּוֹ), se equiparan respectivamente a términos del ámbito vegetal: «la hierba» (חָצִיר) y «la flor del campo» (צִיץ הַשָּׂדֶה). La vida humana en su dimensión de fragilidad aparece en muchos pasajes bajo esta metáfora[110]. Tal decodificación sirve para la primera frase «toda carne es hierba». Sin embargo, la inconsistencia de la que se habla en la segunda, no proviene de la contingencia de la naturaleza sino de la infidelidad. Un texto iluminador es Os 6,4, donde el término חֶסֶד indica la inestabilidad de la lealtad humana: «¿Qué haré de ti Efraín? ¿qué haré de ti Judá?. *Vuestra lealtad* (חַסְדְּכֶם) es nube mañanera, rocío que se evapora al alba». Fidelidad, aquella del hombre, que siempre constrasta con la de Dios (Lm 3,32).

La flora no solamente es frágil sino que se ha secado por la acción del *rûªḥ* de Yhwh; «se seca la hierba, se marchita la flor cuando el *rûªḥ* de Yhwh sopla sobre ella». El texto termina con la glosa «ciertamente la hierba es el pueblo»[111], aclaración que no es marginal, pues si la caducidad es propia de la condición humana (כָּל־הַבָּשָׂר, 40,6), la sequedad es una situación particular de Israel (Is 1,30; 41,17-20; 44,3-4; 55,1-2). Un «secarse» (יבש) y «marchitarse» (נבל) que, como en otros pasajes, es metáfora de la condición del exilio (Ez 37)[112].

En nuestro texto esta circunstancia ha sido causada por la acción del רוּחַ יְהוָה. Algunos autores traducen el sintagma por «viento de Yhwh»[113]. Aunque el término רוּחַ puede tener esta

---

[110] Cf. 2Re 19,26; Is 37,27; 51,12; Sl 37,2; 90,5; 102,12; 103,15; 129,6; Job 8,12; 14,2. Cf. R. DAVIDSON, «The Imagery», 39-42.

[111] Este sintagma se considera una glosa porque, aunque aparezca en 1QIsaᵃ, falta en la LXX, en la VL y en la cita de 1Pe 1,24-25. Otra razón aducida es que rompe la métrica del hemistiquio. Cf. la valoración de D. BARTHÉLEMY, *Critique textuelle*, II, 279-280; U. BERGES, *Jesaja 40–48*, 80.

[112] Cf. R. VON MOSIS, «Der verläßliche Grund», 113-114.121-122; J.B. GEYER, «Desolation», 51-55.

[113] Cf. por ejemplo, F. DELITZSCH, *Commentar*, 412; B. DUHM, *Das Buch Jesaja*, 265; P. VOLZ, *Jesaia II*, 5; U. BERGES, *Jesaja 40–48*, 78.

acepción incluso en la cadena constructa רוּחַ יְהוָה[114], resulta extraña la adjudicación de esta función destructora en referencia a Israel al que normalmente el *rûªḥ* vivifica o capacita para la misión (Is 42,1.5; 44,3; 48,16)[115]. Algunos autores interpretan que el efecto devastador del *rûªḥ* en 40,7 hace referencia a la destrucción de Babilonia, y por tanto, a la punición de la que se hablaba en 40,2[116]. Se podría también pensar en la dispersión del exilio como el resultado de la acción disgregadora atribuida en otros pasajes al viento-huracán (40,24; 41,16.29). En este sentido la contraposición entre el רוּחַ יְהוָה (40,7) y el דְּבַר־אֱלֹהֵינוּ (40,8) sería similar a la contraposición de 54,7-8 entre el breve momento de la ira (בְּרֶגַע קָטֹן) y la eternidad de la misericordia divina (בְּחֶסֶד עוֹלָם). Es decir, tanto el momento de cólera del Señor como el momento de la sequedad que produce el רוּחַ יְהוָה, dura sólo un instante en parangón a la eternidad de su fidelidad y de su Palabra[117].

En el momento de adversidad Israel pierde la esperanza, se cansa y abandona. El texto constata la incapacidad estructural del hombre para vivir en fidelidad. Esto, sin embargo, no es suficiente. La confesión debe abrirse al perdón y a la confianza en una Palabra que siendo estable, realiza lo que anuncia. Su carácter performativo se indica en 40,8 con la locución עוֹלָם + לְ + קוּם, que significa no sólo «permanecer» sino «realizarse» (Is 44,26; 45,23; 55,11)[118]. El oráculo consolatorio que, como apuntamos, requiere la convicción de haber sido perdonado (40,2) y la disponibilidad a acoger la salvación que se manifiesta a través de una forma inesperada y en cier-

---

[114] Por ejemplo en Is 59,19; Os 13,15. Cf. R. ALBERTZ – C. WESTERMANN, «רוּחַ», *THAT* II, 742.

[115] Según F. Landy, la metátesis entre יבש y נשבה sugiere una doble posibilidad: «As there, metathesis suggests the possibility of reversal. The wind dries the grass, but it may also be responsible for its revival, for the restoration of נפש and נשבה». Cf. F. LANDY, «The Ghostly Prelude», 347-348.

[116] Cf. R. LUYSTER, «Wind», 5; J. GOLDINGAY – D. PAYNE, *Isaiah 40.1–44.23*, 83.

[117] Según F. Landy, con esta imagen vegetal que sugiere el ciclo de las estaciones, el autor quiere indicar que la redención es inherente a la estructura de la creación y, por consiguiente, los dos momentos no son contradictorios. Cf. F. LANDY, «The Ghostly Prelude», 349.

[118] Cf. ZORELL, 717; BDB, 878; ALONSO, 654.

to sentido contradictoria (40,3-4), ahora exige un nuevo salto, la confianza en Yhwh. La consolación no nace como pago retributivo por los esfuerzos del individuo ni por su lealtad, inestable como la hierba (40,6-7), sino como fruto de la acción gratuita de Dios, capaz de generar un nuevo inicio y sostenerlo (40.8).

1.2.4 El dinamismo imparable de la promesa como último componente consolatorio: Is 40,9-11

Is 40,9-11 es el tercero de los tres gritos que forman parte del mandato de consolar. En 40,3-5 y 40,6-8 el aspecto visual se promete y se situa dentro del marco de una palabra que lo garantiza. En 40,9-11 el contenido del anuncio consiste precisamente en señalar la promesa mientras se realiza: «mira vuestro Dios» (הִנֵּה אֱלֹהֵיכֶם). Se considera por eso el *climax* del Prólogo[119]. Según Westermann, en cada fragmento se apela a un individuo distinto; aquí a Jerusalén[120]. ¿En qué sentido entonces Sión realiza la consolación?

En principio la cuestión requiere interpretar los sintagmas מְבַשֶּׂרֶת יְרוּשָׁלָם y מְבַשֶּׂרֶת צִיּוֹן, pues ambos admiten una doble lectura. La LXX, la Vg y el Tg leen un genitivo objetivo[121], es decir, la «mensajera» es para Jerusalén y Sión. La objeción fundamental es que el texto dice que esta «mensajera» debe elevar su voz para que la escuchen las «ciudades de Judá» (לְעָרֵי יְהוּדָה). Por eso, parece más razonable interpretar la expresión según la Syr, como un genitivo epexegético o de aposición[122].

---

[119] Cf. J. GOLDINGAY – D. PAYNE, *Isaiah 40.1–44.23*, 85-86.

[120] En Is 40,3-5 se llama a las potencias, mientras en 40,6-8 al profeta. Cf. C. WESTERMANN, *Das Buch Jesaja*, 39.

[121] La LXX traduce ὁ εὐαγγελιζόμενος Σιων y ὁ εὐαγγελιζόμενος Ιερουσαλημ; la Vg *tu quae evangelizas Sion* y *quae evangelizas Hierusalem*; y el Tg דמבסרין לציון y דמבסרין לירושלם. Cf. A. PENNA, *Isaia*, 407; G. FOHRER, *Das Buch Jesaja III*, 22; N.H. SNAITH, *Isaiah 40–66*, 178-179; J. GOLDINGAY – D. PAYNE, *Isaiah 40.1–44.23*, 86.

[122] Cf. C. WESTERMANN, *Das Buch Jesaja*, 39; J.L. KOOLE, *Isaiah 40–48*, 71-72; J. BLENKINSOPP, *Isaiah 40–55*, 184-185; U. BERGES, *Jesaja 40–48*, 80.110-111. Por su parte, el género femenino de מְבַשֶּׂרֶת podría responder al hecho de que la mensajera sea Sión (cf. F. LANDY, «The Ghostly Prelude», 350-351; U. BERGES, *Jesaja 40–48*, 111).

Al igual que en 40,1 la cadena de imperativos irrumpe sin ninguna transición: «sobre un monte alto *súbete* (עֲלִי־לָךְ) mensajera Sión, *levanta* (הָרִימִי) con fuerza tu voz mensajera Jerusalén, *levanta* (הָרִימִי), *no temas* (אַל־תִּירָאִי), *di* (אִמְרִי) a las ciudades de Judá»[123]. Al anuncio, que en el primer sintagma debe ser proclamado desde lo alto (עַל הַר־גָּבֹהַ), corresponde su realización llevada a cabo con fuerza (בַּכֹּחַ קוֹלֵךְ) en el segundo sintagma[124] y sin temor en el tercer sintagma (אַל־תִּירָאִי).

El mensaje a las ciudades de Judá se sintetiza en dos palabras הִנֵּה אֱלֹהֵיכֶם[125], «*mira*, vuestro Dios» (40,9). Este motivo está más desarrollado en las siguientes proposiciones «*mira*, el Señor Yhwh está viniendo con fuerza y su brazo le da el poder» (40,10a); «*mira* su salario está con él y su recompensa ante él» (40,10b). Cada una de ellas añade una nueva información: Dios está viniendo (40,9); su venida es poderosa (40,10a); trae con Él su recompensa (40,10b).

Al igual que en 40,1-2, aflora en el texto un elemento de ilimitación: poder y fuerza; y otro de cuantificación: salario y recompensa. Respecto al salario-recompensa, el sufijo de 3ª pers. m. sg. de שָׂכָר y פְּעֻלָּה puede intepretarse como un genitivo objetivo o como un genitivo subjetivo. Como un genitivo objetivo, tendría el mismo sentido que en Jr 31,16: con el sufrimiento Israel ha ganado a sus hijos (cf. Gn 3,17; Is 40,2)[126]. Sin embargo, la insistencia

---

[123] Cf. el paralelismo propuesto por D.N. FREEDMAN, «The Structure», 242:

a.   מְבַשֶּׂרֶת צִיּוֹן

          b.   הָרִימִי בַּכֹּחַ קוֹלֵךְ

a'.   מְבַשֶּׂרֶת יְרוּשָׁלָם

          b'.   הָרִימִי אַל־תִּירָאִי

[124] Cf. J.P. FOKKELMAN, «Stylistic», 82: «The aspect of meaning "high" of the word for mountain is beautifully continued in the hif'il-form of *rwm*–going to a high place serves the loud proclamation. The same thing is said in the transformation *gābǒʰ h bakkǒʰ ḥ*».

[125] Cf. J.P. FOKKELMAN, «Stylistic», 83. La partícula הִנֵּה es enfática. En sentido absoluto puede tener una función deíctica, esto es, señalar hacia dónde el lector debe fijar la atención (cf. R. FORNARA, *La visione contraddetta*, 67-71). Según Rendtorff, en Isaías הִנֵּה es un indicador del discurso del mensajero (cf. R. RENDTORFF, «Botenformel», 176-177).

[126] En otros lugares el término שָׂכָר es metáfora de la filiación (Gn 15,1; 30,18; Sl 127,3). Ambos términos, שָׂכָר y פְּעֻלָּה, aparecen en Jr 31,16 y 2Cr 15,7 como imagen de los hijos.

en la potencia de Yhwh (Is 40,10)[127] y su protagonismo en el rescate de los exiliados (cf. Is 49,24-25), denominados su pertenencia (cf. Is 43,5; 44,5), nos inclina a interpretar el mencionado sufijo como un genitivo subjetivo. Así pues, la recompensa y el salario de Dios son los exiliados (Is 49,24-25; 62,11)[128].

El aspecto de ilimitación y potencia es evocado por el sintagma בְּחָזָק[129] y el lexema זְרוֹעַ, que forman inclusión con la «mano de Yhwh» (40,2). Las antiguas epifanías describen la venida de Yhwh como un acontecimiento bipolar, potente y majestuoso contra el enemigo a la vez que misericordioso hacia el pueblo[130]. Esta doble polaridad se consigue en nuestro fragmento con la repetición del sustantivo זְרוֹעַ que hace de término medio entre 40,10 y 40,11. Si, por una parte, se afirma que «su brazo le da el dominio» (40,10), por otra, «con su brazo lo reúne» (40,11), refiriéndose al rebaño (עֶדְרוֹ).

El v. 11 desarrolla particularmente el tema de Dios-pastor (כְּרֹעֶה) que muestra un especial cuidado por las categorías más débiles: los «corderillos» (טְלָאִים)[131] y las «paridas» (עָלוֹת, cf. 1Sam 6,7.10; Is 49,15; 65,20; Sl 78,71). La temática es conocida en el mundo bíblico, pues desde los primeros capítulos de la BH Dios aparece como pastor (Gn 48,15; 49,24)[132], imagen relacionada también con la figura del rey (2Sam 5,2; 7,7; Is 44,28)[133].

---

[127] Cf. al respecto, J.P. FOKKELMAN, «Stylistic», 84, n.36: «on the level of sounds: all the vowels and consonants of ꜥālōt are found back in pǝꜥullātō».

[128] Cf. J.P. FOKKELMAN, «Stylistic», 84; R.N. WHYBRAY, *Isaiah 40–66*, 52; J.L. KOOLE, *Isaiah 40–48*, 76-77.

[129] Sobre el problema sintáctico de בְּחָזָק y las variantes textuales, cf. D. BARTHÉLEMY, *Critique textuelle*, II, 280-281; J. GOLDINGAY – D. PAYNE, *Isaiah 40.1–44.23*, 89; U. BERGES, *Jesaja 40–48*, 80.

[130] Cf. C. WESTERMANN, *Das Buch Jesaja*, 40; J.P. FOKKELMAN, «Stylistic», 84. Sobre las metáforas de la señoría de Yhwh en 40,10-11, cf. C. EHRING, *Die Rückkehr JHWHs*, 55-63.

[131] El plural טְלָאִים es inesperado, ya que la forma usual sería טְלָיִם. Sobre si טְלָאִים pertenece al hemistiquio precedente o al siguiente, cf. J. GOLDINGAY – D. PAYNE, *Isaiah 40.1–44.23*, 91-92; U. BERGES, *Jesaja 40–48*, 80-81.

[132] Cf. U. BERGES, *Jesaja 40–48*, 113.

[133] Cf. N.M. WALDMAN, «A Biblical Echo», 454-455; M.Z. BRETTLER, «Incompatible Metaphors», 99-110; C. EHRING, *Die Rückkehr JHWHs*, 179-191; U. BERGES, *Jesaja 40–48*, 114. El tema de la venida de Yhwh también está vinculado al de la realeza (cf. H. RINGGREN, «Behold your King», 209-210; C. EHRING, *Die Rückkehr JHWHs*, 60-63).

Junto a la experiencia de un Dios-Pastor, el pueblo tiene la de otros pastores, los jefes políticos y militares, una experiencia que ha sido negativa. La causa del exilio se atribuye a la infidelidad de estos personajes, por eso Dios mismo decide venir a asumir su oficio (cf. 1Sam 6,7.10; Is 49,15; 65,20; Sl 78,71).

La palabra de consolación que Sión debe anunciar a las ciudades de Judá es que Yhwh «está viniendo» (יָבוֹא, 40,10). El *yiqtol* יָבוֹא da un carácter incoativo y progresivo a la acción, y contiene una promesa futura. Con la ruptura del silencio de Dios a través del oráculo de consolación (40,1), se produce un acortamiento de la distancia que culmina en la visión de su venida (40,9-11). El texto se aplica a la dialéctica presencia-ausencia, lo que confiere al pasaje una apertura escatológica[134]: Dios está viniendo, pero todavía no está en Sión. La consolación última coincidirá con su llegada y presencia en Jerusalén.

1.3 Observaciones conclusivas del estudio de Is 40,1-11

El imperativo de 40,1 «consolad, consolad a mi pueblo» rompe el silencio del exilio (§ 1.1.1) e inaugura la transición hacia la consolación; está estrechamente conectado a la alianza y coincide con la resolución divina de restablecer la relación (§ 1.1.3). La determinación salvífica se encuentra implícita en la estructuración y progresión dramática del texto, que avanza en un creciente e imparable dinamismo de acercamiento: Yhwh primeramente se anuncia y finalmente se ve. El pasaje no explicita claramente el sujeto y destinatario del consuelo (§ 1.1.2). Dada la posición proléptica de 40,1 y su referencia a la alianza, hemos concluido que עַמִּי engloba a todo Israel. En la realización del oráculo consolatorio, Jerusalén goza de un papel insustituible: consolada ella (40,10-11), se convertirá en mediadora de consuelo para Judá (Is 40,9; 66,13).

---

[134] Cf. Is 42,10-13; 44,23; 48,20; 49,13; 52,9.

La determinación salvífica de Yhwh, sin embargo, no basta. El texto elabora algunas estrategias que buscan conquistar el consenso del interlocutor en orden a que se abra a la oferta consolatoria. Cada una de las cuatro sub-unidades elabora particularmente una estrategia: la cuantificación y delimitación del tiempo de sufrimiento (40,2; § 1.2.1); el cambio de disposición para acoger la salvación (40,3-5; § 1.2.2); la adhesión a una Palabra estable y performativa capaz de fundar de nuevo la confianza enraizada en Yhwh y no en las propias fuerzas (40,6-8; § 1.2.3) y los signos de visibilidad que expresan lo inexorable de una promesa que ya se está llevando a cabo (40,9-11; § 1.2.4). En Is 40,1-11 la consolación no se realiza a través de una acción; es un acto de palabra que anuncia el fin del exilio y culmina con la visión de la venida del Señor: «he aquí vuestro Dios» (40,9).

▨ 2. Consolación y nueva alianza (Is 54-55)

Desde el punto de vista literario y de la formación del texto, Is 52,7-12 debió de constituir, en una de las primeras redacciones, la conclusión deuteroisaiana[135]. La secuencia 52,13–55,13 fue, en cambio, un añadido posterior[136]. No obstante, las conexiones entre Is 40,1-11 e Is 55,1-13[137], especialmente Is 55,6-13 considerado propiamente el epílogo[138], señalan una inclusión y, por consiguien-

---

[135] Cf. P. VOLZ, *Jesaia II*, 122; K. ELLIGER, *Deuterojesaja in seinem Verhältnis*, 265; C. WESTERMANN, *Das Buch Jesaja*, 26-27.202; U. BERGES, *Das Buch Jesaja*, 377-385; A. BORGHINO, *La «Nuova Alleanza»*, 24; C. EHRING, *Die Rückkehr JHWHs*, 10-17. 90-95.

[136] Cf. R.F. MELUGIN, *The Formation*, 167-175; U. BERGES, *Das Buch Jesaja*, 333.

[137] Cf. J. MUILENBURG, *The Book of Isaiah*, 422; L.J. LIEBREICH, «The Compilation», 115-116; C. WESTERMANN, *Das Buch Jesaja*, 26; R.F. MELUGIN, *The Formation*, 82-87; H.C. SPYKERBOER, *The Structure*, 182-190; T.N.D. METTINGER, *A Farewell*, 21; E. HESSLER, *Das Heilsdrama*, 291-307; R. RENDTORFF, *Das Alte Testament*, 205-206; M.C.A. KORPEL, «Second Isaiah's Coping», 104-105; F. RAMIS DARDER, *El triunfo de Yahvé*, 63-69.

[138] Sobre la extensión del epílogo no hay consenso. Cf. las distintas posibilidades: a) 55,1-13 (cf. J.L. MCKENZIE, *Second Isaiah*, 141-145; P.-E. BONNARD, *Le Second Isaïe*, 298-301; R.J. CLIFFORD, «Isaiah 55», 27-35); b) 55,6-13 (cf. R.F. MELUGIN, *The Formation*, 86-87; A. BONORA, *Isaia 40–66*, 32-37; P. HÖFFKEN, «Überlegungen», 251-259). Westermann separa: 55,6-11.12-13 (cf. C. WESTERMANN, *Das Buch Jesaja*, 230-235); c) 55,8-13 (cf. R. RENDTORFF, *Das Alte Testament*, 205-206); d) 55,12-13 (cf. L. ALONSO SCHÖKEL – J.L. SICRE, *Profetas*, I, 339-340).

te, la intención de dar cohesión a estos capítulos. Con ello indican el cumplimiento al menos parcial de cuanto al inicio se prevee[139]. No es extraño por eso que Is 55 sea considerado por algunos autores el *climax* de Is 40–55[140]. Su relación con Is 54 debido a la temática de la nueva alianza[141] lleva a la consideración de que ambos capítulos constituyen la conclusión deuteroisaiana[142].

El imperativo *consolad* de 40,1 introduce una tensión dramática que encuentra cumplimiento en la «nueva alianza» de Is 54–55[143]. Dos son los elementos textuales que lo avalan: primero, la fórmula implícita de la alianza evocada en 40,1 por medio de los sintagmas «vuestro Dios» (אֱלֹהֵיכֶם) – «mi pueblo» (עַמִּי) y explícitamente

---

[139] Hablamos de cumplimiento parcial porque Is 55 mantiene conexiones con Is 56,1-9 (cf. J.D.W. WATTS, *Isaiah 34–66*, 240-251; U. BERGES, *Das Buch Jesaja*, 403; para una síntesis, cf. S. PAGANINI, *Zur Weg*, 29-33). Esto le confiere un estatuto de «puente» entre DtIs y TtIs (cf. M.A. SWEENEY, *Isaiah 1–4*, 88; S. PAGANINI, «Eigenart», 143-144, cf. también la consideraciones de J. BLENKINSOPP, «The Servant and the Servants», 156). Incluso algunos lo insertan en TtIs (cf. M.A. SWEENEY, *Isaiah 1–4*, 87-95; R.H. O'CONNELL, *Concentricity*, 215-233). En referencia a la temática de la consolación, consideramos que el oráculo consolatorio de 40,1 estaba dirigido a todo Israel, mientras en Is 54 la consolación alcanza sólo a Sión. El cap. 55 comienza con la invitación a venir, instaurando un movimiento de vuelta que encontrará su culmen en Is 66, donde en Jerusalén los israelitas *serán consolados*. Por lo tanto, la consolación que se proyecta en 40,1 para todo el pueblo de Israel alcanza un cumplimiento parcial al final de DtIs, donde Sión es objeto del consuelo de Yhwh.

[140] Cf. J. MUILENBURG, *The book of Isaiah*, 642; H.C. SPYKERBOER, «Isaiah 55,1-5», 357-359.

[141] Cf. R.F. MELUGIN, *The Formation*, 169-175; S. PAGANINI, *Zur Weg*, 27-29; A. BORGHINO, *La «Nuova Alleanza»*, 382-384.

[142] Cf. H.C. SPYKERBOER, *The Structure*, 179; E. HESSLER, *Das Heilsdrama*, 271-290; A. BORGHINO, *La «Nuova Alleanza»*, 23, a diferencia de A. Laato, según el cual Is 54–55 no pertenece a la macroestructura de Is 40–53 (cf. A. LAATO, «The Composition», 222). Westermann, por el contrario, considera que estos dos capítulos ocupan en DtIs una posición privilegiada, ya que en ellos no se habla de una acción sino de una «situación de salvación» (*Heilszustand*) (cf. C. WESTERMANN, *Das Buch Jesaja*, 15).

[143] Cf. A. BORGHINO, *La «Nuova Alleanza»*, 25-26: «L'apertura esplicita su questa tematica porta così a compimento tutto l'annuncio di consolazione del Deuteroisaia, iniziato con la proclamazione della fine della schiavitù di Gerusalemme e della cancellazione della sua colpa, per la quale ha ricevuto un doppio castigo (40,2). Is 54–55 costituisce il culmine del messaggio di questo profeta anonimo prospettando, mediante una molteplicità di motivi e immagini, la novità della condizione escatologica (Is 54) e invitando a saziarsi gratuitamente della relazione di alleanza con il Signore (Is 55,13)». Cf. también, B.W. ANDERSON, «Exodus and Covenant», 354-355.

expresada con el término בְּרִית en 54,10 y 55,3; segundo, la raíz נחם que marca el inicio de DtIs (40,1) y reaparece en 54,11, así como su antónimo (שָׁמֵם, 54,1), ambos asociados a la imagen matrimonial que es metáfora de la alianza (Is 54–55)[144]. Restablecerla será el núcleo de la consolación deuteroisaiana[145].

2.1 El término בְּרִית en Is 54–55

Is 54–55 son el correspondiente deuteroisaiano de otras secciones de la Tôrâh o Profetas que desarrollan el tema de la nueva alianza[146] (Dt 29–30[147]; Jr 30–31; Ez 36–37[148]). Si bien se han conseguido distinguir algunas de las características comunes entre estas secciones de nueva alianza[149], el fenómeno es complejo y en

---

[144] Cf. R.F. MELUGIN, *The Formation*, 174; A. BORGHINO, *La «Nuova Alleanza»*, 384.

[145] Esta observación remite a cuanto dijimos en el cap. I sobre el carácter relacional de la raíz נחם (cf. cap. I, § 1.2.3). Dozeman, estudiando en paralelo tres textos donde aparece la raíz נחם (Ex 32; Jl 2,13; Jon 4,2), los sitúa también en un contexto de renovación de la alianza (cf. T.B. DOZEMAN, «Inner-Biblical», 207-223).

[146] La disertación de A. BORGHINO, *La «Nuova Alleanza» in Is 54. Analisi esegetico-teologica*, está consagrada a probar que el capítulo 54 de Isaías es un pasaje de «nueva alianza». Previamente en el PIB se había defendido una tesis sobre este argumento que incluía además el capítulo 55 (cf. M. GOLEBIEWSKI, *Analyse littéraire et théologique d'Is 54–55. Une alliance éternelle avec la nouvelle Jérusalem*, Rome 1976). De esta disertación sólo se publicó un extracto. Cf. *id.*, 11-12.

[147] Cf. G. PAPOLA, *L'alleanza di Moab*.

[148] Sobre la nueva alianza en Ez 36,16-38, el 5 de Diciembre de 2008 se defendió una tesis en el PIB, cf. C. GRANADOS, *Ez 36,16-38. La nueva alianza como recreación*.

[149] Por ejemplo: a) la necesidad de una nueva alianza surge de la violación continua de la alianza sinaítica; b) la experiencia del exilio es el trasfondo de estas secciones pues, siendo el exilio el punto de ruptura total de la alianza, se requiere una intervención divina completamente nueva; c) la novedad de la relación entre Yhwh y su pueblo se expresa mayormente mediante la imaginería y no tanto mediante el léxico, de este modo se resalta ese *más* con respecto a lo anterior a través de motivos que indican una nueva economía salvífica; d) la nueva alianza se presenta como el punto unificante de las demás; e) es característico de la nueva alianza ser irrevocable y definitiva; suele ir acompañada de elementos que indican sobreabundancia, así como de una intervención en el interior del hombre que lo capacita para obedecer. Cf. A. BORGHINO, *La «Nuova Alleanza»*, 333-373.

la BH no se expresa de modo unívoco[150]. Se pueden diferenciar a *grosso modo* los textos que son conclusión de un *rîb* profético de aquellos que, como el nuestro, forman parte del anuncio escatológico del profeta[151]. Así pues, la alianza, núcleo de la consolación deuteroisaiana, goza de un carácter particular: es una nueva alianza. Para comprender mejor en qué radica la peculiaridad de esta nueva alianza y, por consiguiente, de la consolación en DtIs, estudiamos las dos atestaciones de בְּרִית que aluden a dos alianzas pasadas, la de Noé (Is 54,9-10) y la de David (Is 55,3-5)[152].

2.1.1 La alianza noánica

En Is 54,10 el término בְּרִית está caracterizado como «mi alianza pacífica» (בְּרִית שְׁלוֹמִי) y asociado a la alianza noánica (54,9). El texto hace referencia al diluvio mediante la expresión, repetida por dos veces, «las aguas de Noé» (מֵי־נֹחַ)[153]. Desde este punto de

---

[150] Cf. J. MEJÍA, «La problématique», 263-265. Tampoco el término בְּרִית es unívoco (cf. F. SERAFINI, *L'Alleanza Levitica*, 71-86).

[151] En los primeros textos mencionados, el *rîb* acusatorio está articulado en un oráculo de salvación (Dt 32,1-25 // 32,26-43; Jr 2,1–3,7 // 3,8–4,2; Ez 16,1-43 // 16,44-63; Os 2,4-15 // 2,16-25). Esta misma articulación entre el anuncio negativo y el positivo se encuentra en textos que forman parte del anuncio profético escatológico situados bien al final del libro, en secciones de mayor (Za 9–14) o menor extensión (Am 9,11-19; So 3,6-20; Ml 3,16-24), bien en medio del libro (Is 54–55; Jr 30–31; Ez 36–37), formando parte de unidades que desarrollan el anuncio positivo (Is 40–66; Jr 30–33; Ez 34–48). Cf. P. BOVATI, *Testi di Nuova Alleanza*, 95-99.130-131; A. BORGHINO, *La «Nuova Alleanza»*, 251, n.2.

[152] Sobre el tema de la alianza existe una vasta bibliografía de la cual nos limitamos a señalar los estudios más significativos: G.E. MENDELHALL, *Law and Covenant*; H.B. HUFFMON, «The Covenant», 285-295; K. BALTZER, *Bundesformular*; J. HARVEY, *Le plaidoyer prophétique*; L. PERLITT, *Bundestheologie*; M. WEINFELD, *Deuteronomy*, 59-157; E. KUTSCH, *Verheißung und Gesetz*; D.J. McCARTHY, *Treaty and Covenant*; E.W. NICHOLSON, *God and his People*; C. DOHMEN – C. FREVEL, *Für immer verbündet*. Para una ulterior precisión, cf. la nota bibliográfica de A. BORGHINO, *La «Nuova Alleanza»*, 251, n.91; y también la valoración sintética que presenta en el *status questionis* F. SERAFINI, *L'Alleanza Levitica*, 86-95.

[153] Sobre este sintagma, cf. F.H. POLAK, «The Restful Waters», 69-74; J.L. KOOLE, *Isaiah 49–55*, 370-371; A. BORGHINO, *La «Nuova Alleanza»*, 240-244; J. GOLDINGAY – D. PAYNE, *Isaiah 44.24–55.13*, 350-351.

vista Yhwh interpreta el exilio[154]. Inmediatamente después se pasa al parangón de los dos juramentos: «como juré de no derramar más las aguas de Noé sobre la tierra así juro no irritarme contigo y no increparte». La promesa de no destrucción hecha a Noé, ahora se concede a Sión (Gn 8,21; 9,8-17).

Esta idea de irrevocabilidad se desarrolla en 54,10 a través de la temática de la fidelidad y estabilidad de la alianza. Mientras la frase concesiva declara[155] «aunque los montes se *movieran* (מוש) y las colinas *vacilasen* (מוט)»[156], la oración principal afirma «mi fidelidad no se *moverá* (מוש) y la alianza de mi paz no *vacilará* (מוט)». Se pone en paralelo el binomio חֶסֶד y בְּרִית presente en otros lugares de la BH[157], cualificando la relación de alianza como una relación de amor y benevolencia, base sobre la que se sustenta la misma[158].

No obstante, la alianza está ulteriormente caracterizada como «mi alianza pacífica» (בְּרִית שְׁלוֹמִי)[159]. Expresiones análogas se encuentran en Nm 25,12; Ez 34,25; 37,26; Ml 2,5. Especialmente los tres primeros textos esclarecen el matiz que שָׁלוֹם concede al sintagma[160]. En ellos el בְּרִית שָׁלוֹם está asociado al fin del tiempo de

---

[154] Cf. a este respecto el valor de la preposición לְ. Cf. L. ALONSO SCHÖKEL – J.L. SICRE, *Profetas*, I, 335; J.L. KOOLE, *Isaiah 49–55*, 370; A. BORGHINO, *La «Nuova Alleanza»*, 244.

[155] El valor concesivo depende de la interpretación de la partícula כִּי. Cf. A. BORGHINO, *La «Nuova Alleanza»*, 248-249.

[156] Montes y colinas son emblema de la solidez (Sl 46,3-4). Cf. J.L. KOOLE, *Isaiah 49–55*, 372-373; A. BORGHINO, *La «Nuova Alleanza»*, 249-251; J. GOLDINGAY – D. PAYNE, *Isaiah 44.24–55.13*, 352.

[157] Por ejemplo, Dt 7,9.12; 1Re 8,23; Is 55,3; Sl 89,29.34-35; 106,45; Dn 9,4; Ne 1,5; 9,32; 2Cr 6,14. Cf. A. BORGHINO, *La «Nuova Alleanza»*, 251, n.90.

[158] Cf. *id.*, 254.

[159] Sobre esta expresión, cf. B.F. BATTO, «The Covenant», 187-211; A. BORGHINO, *La «Nuova Alleanza»*, 255-261.

[160] Cf. A. BORGHINO, *La «Nuova Alleanza»*, 256-257: «Nella locuzione בְּרִית שׁלומי vengono messi insieme due concetti che si arricchiscono vicendevolmente. Da una parte il sostantivo שָׁלוֹם spiega il valore del termine בְּרִית precisandone il contenuto o l'effetto; una tale alleanza si manifesta come condizione di "pace", con tutta la ricchezza di allusività di cui tale motivo è carico. Dall'altra parte, è la condizione di "pace", dopo il tempo della collera e dell'ostilità di Dio verso il suo popolo, che viene resa stabile in modo fermo e duraturo mediante un patto».

la cólera divina (cf. Is 54,7-8). La expresión, por lo tanto, designa un restablecimiento de la relación que no está sujeta al riesgo de la ira ni de la destrucción[161], lo cual en Is 54,11-17 se concretiza en la promesa de seguridad referida a Sión.

La aparición de Noé en 54,9 requiere que la alianza de 54,10 se interprete según el paradigma de Gn 9,8-17. Característica del pacto es la gratuidad e irrevocabilidad. La determinación divina no precisa ningún resarcimiento, pues la promesa de no destrucción no depende de la fidelidad humana sino que se funda en la fidelidad de Dios que la garantiza y hace efectiva. El pacto con Noé está unido al evento del diluvio, imagen de devastación total causada por la transgresión que en 54,9 se utiliza como arquetipo del exilio. La nueva alianza que ofrece Yhwh no podrá ser anulada por el pecado de Israel. Tras la destrucción de Babilonia, Sión como la humanidad post-diluviana, volverá a ser recreada y establecida sólidamente por la misericordia del Señor[162].

2.1.2 La alianza davídica

En 55,3b el término בְּרִית se califica como «alianza eterna» (בְּרִית עוֹלָם). Esta expresión normalmente se refiere a Sión (Is 61,8; Jr 32,40; 50,5; Ez 16,60; 37,26; Sl 105,10; 1Cr 16,17), y pocas veces a un personaje en particular[163]. La locución está ulteriormente especificada con el sintagma חַסְדֵי דָוִד הַנֶּאֱמָנִים. Respecto a éste, el problema es triple: primero, determinar el significado del mismo; segundo, establecer su relación con בְּרִית עוֹלָם; tercero, designar quién es el destinatario de esta alianza.

---

[161] Como en Is 12,1 donde el cese de la ira es equivalente de נחם. Podemos interpretar también aquí que la promesa de no destrucción igualmente corresponde a la promesa de consolación.

[162] Cf. A. BORGHINO, La «Nuova Alleanza», 266-270.

[163] En Is 24,5 se refiere a los habitantes de la tierra, en Gn 9,16 a Noé, en Gn 17,7.13. 19 a Abraham y en 2Sam 23,5 a David. Cf. A. KOZDRÓJ, «Voi tutti», 70-71.

La problemática concerniente a la expresión חַסְדֵי דָוִד הַנֶּאֱמָנִים se concentra en establecer si el sintagma חַסְדֵי דָוִד es un genitivo subjetivo[164] u objetivo[165], es decir, si las misericordias son «de David» o «para David». La traducción de las versiones antiguas no resuelve la cuestión[166], por lo que se recurre a la intertextualidad, especialmente a 2Sam 7, Sl 89 y 2Cr 6,42[167]. En este último texto aparece la misma expresión (חַסְדֵי דָוִד), pero tampoco la interpretación del genitivo es consensuada. Su relación con בְּרִית עוֹלָם hace preferible el parangón con 2Sam 7 y Sl 89, pasajes que presentan un contexto similar. En estos textos el חֶסֶד es el que realiza Yhwh a favor de David y, más en concreto, el חֶסֶד radica en la promesa de estabilidad de su casa (2Sam 7,16-17; Sl 89,29-30)[168]. Este hecho favorece la interpretación de חַסְדֵי דָוִד en Is 55,3 como un genitivo objetivo[169]. La expresión se refiere a las acciones, favores o gracias que Dios ha realizado por David acreditadas por el participio *nifal* הַנֶּאֱמָנִים[170] como «estables, firmes». Así pues, חַסְדֵי דָוִד está estrechamente vinculado con la promesa de estabilidad.

---

[164] Cf. A. CAQUOT, «Les grâces de David», 45-59; P.-E. BONNARD, *Le Second Isaïe*, 303-305; W.A.M. BEUKEN, «Isa. 55,3-5», 49-53; P. BORDREUIL, «Les grâces», 73-75; P.J. GENTRY, «Rethinking», 279-301.

[165] Cf. H.G.M. WILLIAMSON, «The Sure Mercies», 31-49; W.C. KAISER, «The Unfailing», 91-98.

[166] La LXX traduce: τὰ ὅσια Δαυιδ τὰ πιστά (cf. J. DUPONT, «Τὰ ὅσια Δαυιδ», 91-114). Las otras dos versiones griegas de Theo y Sym: ἐλέη Δαυιδ. La Vg: *misericordias David fideles*. El Tg: טָבָת דָּוִיד דִּמְהֵימְנִין y la Syr: *ṭbwth ddwyd*. Cf. A. CAQUOT, «Les grâces de David», 47-48; H.G.M. WILLIAMSON, «The Sure Mercies», 32-35; J. GOLDINGAY – D. PAYNE, *Isaiah 44.24–55.13*, 372.

[167] Cf. O. EISSFELDT, «The Promises», 196-207; K.M. HEIM, «The (God-) Forsaken King», 296-322; S.R.A. STARBUCK, «Theological Anthropology», 247-265.

[168] Cf. la tabla de textos propuesta por A. KOZDRÓJ, *«Voi tutti»*, 74, donde Yhwh en referencia a David es el sujeto del חֶסֶד (2Sam 7,15; 22,51; 1Re 3,6; Sl 89,29; 2Cr 1,8).

[169] Cf. J.L. KOOLE, *Isaiah 49–55*, 414; A. KOZDRÓJ, *«Voi tutti»*, 72-74; J. GOLDINGAY – D. PAYNE, *Isaiah 44.24–55.13*, 372.

[170] En 1Sam 25,28 y 1Re 11,38, la estabilidad es atributo de su casa (בַּיִת נֶאֱמָן). También en Sl 89,25 aparece el sustantivo אֱמוּנָה acompañado de חֶסֶד y en el v. 29 como participio *nifal* en función de predicado de חֶסֶד y de בְּרִית.

Pero ¿qué relación existe entre חַסְדֵי דָוִד הַנֶּאֱמָנִים y בְּרִית עוֹלָם? Algunos autores opinan que existe un *parallelismus membrorum*, y que el versículo señala que la alianza con David es perpetua[171]. La objeción a este tipo de interpretación es la preposición לָכֶם que complementa a כרת. Por eso, es mejor considerar חַסְדֵי דָוִד הַנֶּאֱמָנִים como una aposición de בְּרִית עוֹלָם[172]. Esta lectura, sin embargo, ha suscitado una especie de *democratización* de la alianza davídica, esto es, la transferencia de las promesas de David a Israel[173]. Aunque el fin de la monarquía solicitaba con el exilio una nueva interpretación de las promesas hechas a la casa de David[174], no se deduce del texto un traspaso de las mismas[175].

Una primera objeción, como hemos indicado, proviene del ámbito textual. El referente de la preposición לָכֶם no es todo Israel sino aquellos que acogen la invitación de 55,1-3a y, por tanto, escuchan y vuelven a Yhwh[176]. Una segunda observación emerge al constatar cómo el pueblo establece alianzas con particulares. Así como el pacto con Noé es en beneficio de toda la

---

[171] Cf. D. CAMERON, «The Sure Mercies», 562; K. SEYBOLD, *Das davidische Königtum*, 154.

[172] Cf. W.A.M. BEUKEN, «Isa. 55,3-5», 53-54.

[173] Cf. por ejemplo, P. VOLZ, *Jesaia II*, 140; O. EISSFELDT, «The Promises», 206-207; C. WESTERMANN, *Das Buch Jesaja*, 228; G. VON RAD, *Theologie des Alten Testaments*, II, 250; N. LOHFINK, *Das Jüdische*, 91 y 251, n.82; D.W. VAN WINKLE, «Proselytes in Isaiah XL–LV?», 355; M. PIETSCH, *Dieser ist der Spross Davids*, 72, n.382.

[174] Cf. J. BLENKINSOPP, *Isaiah 40–55*, 370. Según Sweeney, este proceso de reconceptualización de la alianza davídica en el libro de Isaías, el grupo de aquellos que guardan la alianza está asociado con la figura de «los siervos de Yhwh» que por primera vez aparece en 54,17 y después en TtIs (56,6; 63,17; 65,8.9.13.14.15; 66,14) (cf. M.A. SWEENEY, «The Reconceptualization», 41-61; P.J. GENTRY, «Rethinking», 293-294).

[175] Cf. K.M. HEIM, «The (God-) Forsaken», 309: «thus, the offer of David's original 'everlasting covenant' to the whole people is perhaps not so much a transferral, but an *extension – Ausweitung* rather than *Übertragung*, the term used by many German scholars. Thus the dispute whether the verse is 'mesianic' or whether is 'democratizes' the Davidic covenant may have created a false dichotomy. Is 55.3 clearly includes the whole people in the promised covenant renewal, and may thus justifiably be called 'democratic', but this by no means excludes the Davidic dinasty (although the inclusion of a Davidic king would not necessarily make verse messianic)».

[176] Cf. A. LAATO, *The Servant*, 245; A. KOZDRÓJ, «*Voi tutti*», 76-77.

157

humanidad y la alianza con Abraham afecta a todo Israel, de modo análogo ocurre con las promesas a David[177]. La lamentación colectiva de Sl 89 se funda precisamente en el "derecho" del pueblo a participar de la promesa davídica[178]. La perpetuidad del reino davídico es principio de autonomía y gloria para Israel, y esta promesa de estabilidad está estrechamente asociada a la construcción del templo en Sión, lugar que el Señor ha elegido para habitar[179].

Finalmente, una tercera observación proveniente del contexto próximo es que al igual que en Is 54,9-10 se evocaba la alianza con Noé como paradigma de comprensión de la nueva alianza, así también en 55,3 la alusión a la alianza davídica no significa su sustitución, sino su clave intepretativa[180].

Podemos entonces preguntarnos: si en Is 54,9 la promesa de no destrucción hecha a Noé se aplica a Jerusalén, en referencia a la alianza de David, ¿a qué aspecto paradigmático de su alianza se alude? El texto fundador de las promesas a David es 2Sam 7[181]. Tras

---

[177] Cf. W.C. KAISER, «The Unfailing», 76-77: «the problem with the democratization view is that it fails to appreciate that already in 2Sam 7,19 Yahweh had startled David by promising him his throne, dynasty and kingdom would be 'a charter for [all] humanity' (*wezoʾt tôat hāʾādām*) (Kaiser, 1974). In other words, included in the divine pledge to David is the idea of a collective or corporate solidarity with all who would believe from all the nations and thereby participate in that same word of promise». Cf. también K. SEYBOLD, *Das davidische Königtum*, 156; K.M. HEIM, «The (God-) Forsaken», 312; A. KOZDRÓJ, *«Voi tutti»*, 78.

[178] Cf. F. SERAFINI, *L'Alleanza Levitica*, 100: «L'alleanza con Davide, per quanto si presenti con caratteristiche peculiari, non può essere disgiunta, nella lettura complessiva dell'Antico Testamento, dall'alleanza di YHWH con Israele. Questo emerge chiaramente dalla prospettiva del Deuteronomio che sottopone il re alla legge e lo considera fratello tra i fratelli (Dt 17,14-20)».

[179] Cf. B.W. ANDERSON, «Exodus and Covenant», 345-346; J.J.M. ROBERTS, «The Davidic», 313-330; *id.*, «Zion», 331-347; F. SERAFINI, *L'Alleanza Levitica*, 99.

[180] Cf. W.A.M. BEUKEN, «Isa. 55,3-5», 60: «Now David is brought forward by DI as the typos of Israel». Cf. también S.R.A. STARBUCK, «Theological Anthropology», 265: «similar to the way by which Second Isaiah transforms the theology of the Davidic covenant of First Isaiah, the oracular Royal Psalms have been redacted and transformed to so that the one-time representative *for* all of Israel is now represented *through* all Israel».

[181] Existen otros pasajes donde se alude. Cf. por ejemplo, 2Sam 23,5; Sl 89,4.29.35. 40; 2Cr 13,5; 21,7. Sobre la recepción deuteroisaina de 2Sam 7, cf. M. PIETSCH, *Dieser ist der Spross Davids*, 62-75.

llevar el arca a Jerusalén (2Sam 6), el rey expresa a Natán su deseo de construir un templo al Señor (2Sam 7,2). El Señor rechaza la idea, pues desde el día de la liberación de Egipto Yhwh ha acompañado a Israel sin necesidad de vivir en una casa (2Sam 7,3-7), pero promete a David una descendencia (2Sam 7,11-12.19). El término clave es בַּיִת. A la iniciativa del rey de construir una *casa* (בַּיִת, 7,1.2.5.6.7.13) en el sentido de templo, Dios responde que Él construirá (עשה) una *casa* a David (בַּיִת, 7,11.16.18.19.25.26.27.29) en el sentido de descendencia[182].

El contexto histórico al que remite Is 55 es la vuelta a Jerusalén de los exiliados tras la liberación de Babilonia (Is 55,12-13). En esta circunstancia el templo está destruido. Inspirándose en 2Sam 7, Is 55,3 podría estar apuntando la misma idea: así como no fue David quien construyó una casa a Yhwh, tampoco ahora será Israel quien, retornando a Jerusalén, construya un templo al Señor sino que será el Señor quien construirá a Jerusalén dándole una descendencia (Gn 30,3; Is 66,1-2). El tema de los hijos y la maternidad de Sión es un tema característico de DtIs (Is 49,18-22; 53,10-11; 55,5.12). En Is 54,12-13 la asonancia entre אֲבָנִים y בָּנִים supone que las *piedras* (אֲבָנִים) del v. 12 con que Yhwh *construye* (בנה) a Sión son los *hijos* (בָּנִים) del v. 13, y estos son a su vez los *discípulos* (לִמּוּדֵי יְהוָה; 54,13) y los *siervos de Yhwh* (עַבְדֵי יְהוָה; 54,17)[183].

2.1.3 Las alianzas de Noé y David paradigmas de la nueva alianza

En Is 54–55 las dos atestaciones del término בְּרִית subrayan el aspecto de irrevocabilidad de la alianza[184]. En ambas el בְּרִית se asocia a חֶסֶד (54,8.10; 55,3), עוֹלָם (54,8; 55,3) y a dos alianzas originarias: la de Noé (Gn 9,1-17) y la de David (2Sam 7). Éstas

---

[182] Cf. N. Calduch-Benages, «Promessa di Dio», 19; B. Costacurta, *Lo scettro*, 131-149. Cf. también el reciente artículo de C.S. Marinelli, «Dio garante del futuro», 405-435 (esp. 427-432).

[183] Cf. A. Borghino, La «Nuova Alleanza», 285-286.

[184] Cf. B.W. Anderson, «Exodus and Covenant», 352-356.

tienen en común que son para siempre (Gn 9,16; 2Sam 7,13.16; 23,5; Sl 89,29) y se realizan con un individuo. Gozan además de una dimensión universal (Gn 9,10.12) o colectiva (2Sam 7,16) y prima en ellas el favor y la gratuidad divina en comparación a la alianza sinaítica. En este sentido tienen un valor permanente e indefectible que se apoya en la fidelidad de Dios.

El pacto con Noé es el primero y el de David el último. Al evocarlos, la nueva alianza de Is 54–55 se pone en continuidad con ellos, aunque se presenta también como su punto de unificación y cumplimiento[185]. Esta nueva síntesis permite a DtIs intercambiar elementos que son propios de cada una. Se observa, por ejemplo, que la óptica universalista de la alianza de Noé se transfiere a 55,3-5 donde se habla de la alianza de David. Sin embargo, la particularidad de Israel, que es una nota característica de la alianza davídica, aparece en 54,9-10 donde la protagonista es Jerusalén y el paradigma de alianza es Noé. El tema de la construcción y destrucción también se intercambian. La edificación de la casa, elemento típico del pacto davídico (2Sam 7), aparece en Is 54,11-12. El «signo» (אוֹת) que no se eliminará (לֹא יִכָּרֵת), propio del pacto con Noé (Gn 9,12.13.17), se halla, sin embargo, en 55,12[186].

La nueva alianza no sólo opera una síntesis entre todas las alianzas sino que, haciendo aflorar la «forma» originaria de la relación entre Yhwh e Israel, evidencia mejor los rasgos característicos de cada una[187]. La escatología, como normalmente sucede en los textos bíblicos, se modula y expresa según los paradigmas, las imágenes y los símbolos del origen. La novedad de la nueva alianza reside, sin embargo, en su cumplimiento y este realizarse es lo que restituye a la alianza su sentido verdadero[188]. Si en DtIs consolar coincide con restablecer la alianza y ésta se presenta con las categorías propias de la nueva alianza, entoces la

---

[185] Cf. P. BOVATI, *Testi di Nuova Alleanza*, 27; A. BORGHINO, *La «Nuova Alleanza»*, 365-367.

[186] El arco iris es la «señal de la alianza» (אוֹת הַבְּרִית); viéndolo, Yhwh se acordará del בְּרִית עוֹלָם (Gn 9,14-16) y no lo romperá (לֹא־יִכָּרֵת, Gn 9,11).

[187] Cf. A. BORGHINO, *La «Nuova Alleanza»*, 366.

[188] Cf. *id.*, 380.

consolación radica en ese cambio sustancial de la relación entre Dios e Israel llevado a cumplimiento. Una relación que, como aquella originaria de Noé y David, se apoya en la fidelidad de Dios y tiene por tanto un valor permanente e indefectible.

2.2 El matrimonio como metáfora de la alianza

La alianza implícitamente evocada en 40,1 por los términos «vuestro Dios» (אֱלֹהֵיכֶם) y «mi pueblo» (עַמִּי), y en 54,10 y 55,3 designada explícitamente por el lexema בְּרִית, se expresa no sólo en el vocabulario sino también mediante las imágenes. La figura de la mujer abandonada y estéril se asocia en 54,1 y 54,11 al estado de no consolación (לֹא נחם) y de desolación (שָׁמֵם). Especialmente en el profetismo, la metáfora del matrimonio se utiliza para significar el restablecimiento de la relación rota en el exilio[189]. Este motivo característico de los textos de nueva alianza[190] en Is 54 se desdobla en dos: el desposorio y la maternidad.

2.2.1 Jerusalén esposa

En la nueva economía salvífica Yhwh se presenta como el בַּעַל, el marido (Jr 3,13-18; 31,31-34; Os 2,16-25). La esposa, habiéndose prostituido con sus amantes (Ez 16,15-34; Os 2,4-

---

[189] Sobre la metáfora del matrimonio en el *corpus* profético, cf. L. ALONSO SCHÖKEL, *Símbolos matrimoniales*; N. STIENSTRA, *YHWH is the Husband*; G.P. HUGENBERGER, *Marriage as a Covenant*; R.J. WEEMS, *Battered Love*; R. ABMA, *Bonds of Love*; G. BAUMANN, *Lieb und Gewalt*; A. BORGHINO, *La «Nuova Alleanza»*, 192-196; T. SOLÀ, *Jahvè, espòs d'Israel*; S. MOUGHTIN-MUMBY, *Sexual and Marital Metaphors*. Sobre la metáfora en DtIs, cf. W.A.M. BEUKEN, «Isaiah LIV», 29-70; K. JEPPESEN, «Mother Sion», 109-125; C.A. FRANKE, *Isaia 46, 47 and 48*; M.C.A. KORPEL, «The Female Servant», 153-167; M.Z. BRETTLER, «Incompatible Metaphors», 112-118; G. BAUMANN, «Prophetic Objections to YHWH», 82-120; A. BORGHINO, *La «Nuova Alleanza»*, 175-213.338-370.

[190] Cf. A. BORGHINO, *La «Nuova Alleanza»*, 338-355.

[191] Para una mayor profundización de estos versículos, cf. *id.*, 149-213.

7.9), no ha correspondido a la fidelidad y especial cuidado del Señor (Ez 16,5-14; Os 2,10). La ruptura inminente del exilio se representa como un divorcio (Is 50,1; Jr 3,1-5) caracterizado por el abandono de los pueblos aliados (Jr 30,14; Lm 1,2) y la ausencia de un consolador (אֵין מְנַחֵם, Lm 1,9.16.17.21). No obstante, la valencia de la metáfora matrimonial en DtIs, a diferencia de los otros profetas, se distingue por ser muy positiva. En Is 47,1-15 la imagen esponsalicia se refiere a Babilonia y a Jerusalén en Is 49,14-23, 50,1 y 54,1-6.

En el capítulo 54 esta metáfora se desarrolla especialmente en los vv. 4-6[191]. La mujer, identificada con Sión[192], se encuentra en una condición de vergüenza y abandono[193]. Su «juventud» (עֲלוּמִים) y «viudez» (אַלְמָנוּת)[194] están marcadas por la deshonra (54,4). Por eso, la promesa de olvidar este tiempo (לֹא זָכַר y שָׁכַח) constituye una modalidad expresiva para significar la salvación (Ez 16,60-63)[195]. En el v. 6 se presenta la condición negativa de la mujer con la terminología del repudio: «pues como *una mujer abandonada* (אִשָּׁה עֲזוּבָה) y *afligida de ánimo* (עֲצוּבַת רוּחַ) Yhwh te ha llamado, y [como] la *mujer de la juventud* (אֵשֶׁת נְעוּרִים) cuando es *repudiada* (מאס), dice tu Dios». Este vocabulario aparece en textos afines (Is 60,15; 62,4) y remite a 54,11: «no consolada» (לֹא נֻחָמָה), «afligida» (עֲנִיָּה) y «conturbada» (סֹעֲרָה).

En el centro de 54,4-6 comparece el núcleo de la promesa: «*el que te desposa* (בֹּעֲלַיִךְ) es *tu hacedor* (עֹשַׂיִךְ), Yhwh de los ejércitos es su nombre, *el que te rescata* (גֹּאֲלֵךְ) es el Santo de Israel, Dios de toda la tierra es llamado» (Is 54,5). Los dos primeros elementos de cada sintagma, «el que te desposa» (Is 50,1) y «el que te resca-

---

[192] Este dato no aparece explícitamente en el texto. Sobre la problemática, cf. W.A.M. Beuken, «Isaiah LIV», 29-70; M.C.A. Korpel, «The Female Servant», 153-167; A. Borghino, La «Nuova Alleanza», 33-38.

[193] Cf. los términos de vergüenza: חֶרְפָּה, כלם y בֹּשֶׁת.

[194] Sobre la imagen de la viudez, cf. N. Calduch-Benages, «Jerusalem as Widow», 151-156.

[195] Cf. p. 97, n.82. La eternidad de esta promesa se indica además mediante el sintagma כִּי־לֹא y el estilema: עוֹד […] לֹא (Is 51,22; 52,1; 54,4; 60,18-20; 62,4.8; 65,19-20; Jr 3,16-17; 30,8; 31,12.29.34.40; Ez 36,12.14-15.30; 37,22-23; Os 2,18-19; Am 9,15). Cf. A. Borghino, La «Nuova Alleanza», 170-171, n.73 y 357, n.45.

ta», provienen del ámbito de las relaciones sean de parentela o bien matrimoniales (Is 62; Jr 2,2–4,4; Ez 16,23). Especialmente la figura del *gô'ēl* vinculada a la del esposo remite a la relación paretética característica del matrimonio en Israel. Ahora bien, aquí el *gô'ēl* es además el artífice (עֹשַׂיִךְ), lo que sugiere que el acto de salvación es una acción creativa (cf. Is 62,5)[196].

El hecho de crear a la propia esposa aparece desarrollado en 54,11-14 bajo la metáfora de la reconstrucción de la ciudad. Consiste, como en Ez 16,9-13, en una especie de embellecimiento externo (54,11-12) e interno (54,13-14), unido a la promesa de protección (54,15-17), pero sobre todo radica en la rehabilitación de Jerusalén para la relación con Yhwh[197]. Dicha capacitación tiene lugar con la donación de la justicia[198], lo cual significa que si el modo con que Dios crea a Sión es capacitándola para la relación (*justicia*)[199], la relación de Sión con Yhwh es un acto de creación, o con otras palabras, Dios crea a Sión en la misma relación, esto es, relacionándose con ella.

Aunque en el capítulo 55 no aparece la imagen matrimonial, sí se encuentra la simbología. Por ejemplo, el agua que se ofrece en 55,1-3 en otros pasajes indica la atmósfera esponsalicia (Pr 5,15-18; Ct 4,12.15)[200]. También el vino y la leche de 55,2 conectados a la promesa de la tierra de Canáan (Dt 32,14) sugieren el trasfondo de Yhwh esposo que llena a la amada de sus bienes (Jr 31,12;

---

[196] Sobre la relación creación-redención en Is 40–55, cf. R. RENDTORFF, «Die theologische Stellung», 3-13; C. STUHLMUELLER, *Creative Redemption*; J. VERMEYLEN, «Le motif de la création», 183-240; E. FARFÁN NAVARRO, *El desierto transformado*, 192-204; C. STREIBERT, *Schöpfung*.

[197] Cf. A. BORGHINO, La «*Nuova Alleanza*», 188-189: «Il nesso tra queste due espressioni dà risalto al fatto che l'azione di salvezza è creativa; nell'atto salvifico Yhwh ancora "crea" Israele, riportandolo, secondo la caratteristica propria dell'evento creatore, ad un essere in relazione».

[198] Cf. *id.*, 328.

[199] Este concepto entendido según la צְדָקָה hebrea, cf. p. 91, n.70.

[200] Sobre la metáfora del agua como símbolo del matrimonio y de la maternidad, cf. L. ALONSO SCHÖKEL, *Símbolos matrimoniales*, 218-223. Sobre el tema del agua en DtIs, cf. E. TESTA, «Il Targum», 268-270; E. FARFÁN NAVARRO, *El desierto transformado*, 72-77.103-108; A. KOZDRÓJ, «*Voi tutti*», 39-49.

Os 2,7). El resplandecer del que se habla en 55,5 se asemeja a esa forma de manifestar la predilección que es el embellecimiento de la esposa (Is 62,2-3; Ez 16,14)[201]. La temática del buscar (55,6) se emplea en el libro de Cantar de los Cantares para describir el dinamismo desiderativo de la amada (Ct 3,1-5; 5,6-9; 6,1-2).

La metáfora matrimonial se utiliza para significar la nueva alianza. Esta imagen esponsalicia confiere a la relación entre Yhwh y Sión un matiz exclusivo y personal[202]. La metáfora proveniente de las relaciones humanas es la única que incorpora el elemento femenino, expresando una relación paretética y exclusiva basada en la fidelidad de los *partner*. Por eso, es una imagen idónea para significar la alianza de Yhwh con Israel. Si la consolación en DtIs consiste en establecer esta nueva alianza entendida según los atributos propios de la nueva alianza, entonces podemos afirmar que en Is 40–55 consolar es un acto radicalmente originario. Es un acto de creación, mediante el cual Yhwh crea a su esposa Sión capacitándola para vivir en relación con Él.

2.2.2 Jerusalén madre

La relación esponsalicia define la relación de Jerusalén con Yhwh, mientras la maternidad define la relación del pueblo con Sión[203]. Ambas se hallan unidas en los textos proféticos en cuan-

---

[201] Los exegetas discuten si el sufijo ך de פָּאֲרֵךְ tiene como referente Sión o David. La raíz פאר asociada a Jerusalén aparece en Is 44,23; 46,13; 60,7.9.19.21; 62,3. No obstante, para un número considerable de autores el sufijo ך es una forma pausal y lo interpretan en referencia al «nuevo David» continuador de la alianza. Él asumirá la función de siervo y pastor de la comunidad de fieles, tal como aparece en otros textos en que se habla de pueblo restaurado y de un futuro reino de David (Jr 23,6; 33,15; Ez 34,23; 37,23) asociado, incluso como en 54,10 y 55,3, a la alianza de paz y a la alianza eterna (Ez 34,24-25; 37,24-26). Sobre las diversas posiciones, cf. A. KOZDRÓJ, «*Voi tutti*», 91.

[202] Cf. A. BORGHINO, La «*Nuova Alleanza*», 195-196.

[203] Sobre el tema de la maternidad de Sión, cf. R. LACK, La Symbolique du Livre d'Isaïe, 220-228; J.J. SCHMITT, «The Motherhood of God», 557-569; M. CALLAWAY, Sing, O Barren One, 73-90; H. SCHÜNGEL-STRAUMANN, «Mutter Zion», 19-30; H. -J. HERMISSON, «Die Frau Zion», 19-39; A. BORGHINO, La «Nuova Alleanza», 133-144.

to representan dos dimensiones de una misma realidad. Existe una esterilidad que es consecuencia de la infidelidad (Is 54,1; Os 2,5) y una fecundidad pervertida por la prostitución (Ez 16,15; Os 2,6-7). La maternidad es la expresión visible de una relación prolífera con Yhwh.

Is 54 desarrolla el aspecto de la maternidad especialmente en los vv. 1-3[204]: «más numerosos son los hijos de la *desolada* (שׁוֹמֵמָה) que los hijos de la *casada* (בְּעוּלָה)». La desolada previamente se califica de «estéril» (עֲקָרָה), «la que no ha dado a luz» (לֹא יָלָדָה) y «no ha conocido los dolores del parto» (לֹא־חָלָה). A ella se le manda gritar de alegría (54,1) y alargar sus confines (54,2-3). El participio שׁוֹמֵמָה de 54,1 es sinónimo del *qatal* לֹא נֶחָמָה de 54,11. En 54,1 se encuentra en relación a las «ciudades desoladas» (עָרִים נְשַׁמּוֹת) de 54,3[205]. El sujeto impersonal, como en éste último caso, es más frecuente cuando la raíz se usa con un valor objetivo, esto es, con el significado de «estar desierto, devastado»[206]. Sin embargo, en 54,1 שׁוֹמֵמָה hace referencia a una persona. Su conexión con בְּעוּלָה revela que el aspecto subjetivo está aquí presente (2Sam 13,20, Is 62,4; Lm 1,13). Es decir, indica el abandono vivido como experiencia contraria a la fecundidad[207].

Jerusalén durante el exilio se encuentra en una condición lamentable. Por una parte, la pérdida del hijo se presenta como una situación inconsolable (Gn 37,35; Jr 31,15) y, por otra, el estado de la prole dispersa y humillada impide que entre ellos pueda encontrarse alguno que la consuele (Is 51,19; Lm 1,16). Por eso, la vuelta de los deportados se vincula con el tema de la consolación (Is 40,10-11; 49,12-13; 51,1-3; 54,2-3; Jr 31,15-17). Resulta significativo que en algunos pasajes se dice que ella

---

[204] Para una exégesis detallada, cf. A. BORGHINO, *La «Nuova Alleanza»*, 81-147.

[205] El paso de la persona desolada (שׁוֹמֵמָה) a la ciudad (עָרִים נְשַׁמּוֹת) se observa en Is 51,1-3. En 51,1-2 se invita a reparar en Abraham y Sara, figuras representativas de la esterilidad. Inmediatamente después, en 51,3, se dice que las ruinas de Jerusalén serán consoladas.

[206] Cf. F. STOLZ, «שׁמם», *THAT* II, 970-974; I. MEYER, «שָׁמֵם», *ThWAT* VIII, 241-251; B. COSTACURTA, *La vita minacciata*, 38-42; A. BORGHINO, *La «Nuova Alleanza»*, 88-89.

[207] Cf. A. BORGHINO, *La «Nuova Alleanza»*, 95.

es inocente (Is 50,1; Ba 4,12)[208]. Es también de notar que en 49,21 la exclusividad propia del desposorio se transfiere a la maternidad. La misma idea de Sl 87,5: «se dirá de Sión: uno por uno todos han nacido allí» (cf. también Ez 16,61).

Jerusalén se convierte en madre sin haber generado: «pero tú te preguntarás: ¿quién me engendró a estos?, yo sin hijos y estéril ¿quién los ha criado? Me habían dejado sola, ¿de dónde vienen estos?» (49,21). Es como si con la vuelta de la deportación Sión se transformara en un seno que, acogiendo a los deportados, los engendra, debiendo ensanchar para ello el espacio de su habitación y alargar sus confines (Is 49,19-20; 54,2-3)[209]. Este volver a generar hijos que ya han nacido está asociado a un aspecto más bien cualitativo. Es decir, a la exclusividad de la relación esponsalicia corresponde una exclusividad de la maternidad-filiación que depende de la obediencia, pues los hijos de Sión serán «discípulos» (לִמּוּדֵי יְהוָה, 54,13) y «siervos de Yhwh» (עַבְדֵי יְהוָה, 54,17).

En Is 55 los hijos obedientes son los que vuelven a adquirir el agua (55,3). Al final del capítulo se habla del retorno (Is 55,12-13)[210], pero la llamada insistente a «venir»[211], especialmente en 55,1-3, es indicio de que existe una resistencia a regresar a Jerusalén. La identidad del personaje que en 55,1 invi-

---

[208] Cf. N. CALDUCH-BENAGES, «Jerusalem as Widow», 159-160.

[209] Se trata del denominado *regresus ad uterum*. Jerusalén como el centro y arquetipo materno del nuevo nacimiento. Cf. R. LACK, *La Symbolique du Livre d'Isaïe*, 220-228.

[210] En 55,12 se habla de «salir» (יצא) y «ser llevados» (יבל). La raíz יצא en *hifil* evoca la experiencia del éxodo; por eso, algunos autores le atribuyen el sentido de liberación (Is 43,8; 49,9; 48,20-21; 52,11-12; cf. J. MUILENBURG, *The Book of Isaiah*, 650; L.G. RIGNELL, *A Study of Isaiah*, 88; W. ZIMMERLI, «Der Neue Exodus», 200), mientras otros el de redención (cf. A. KOZDRÓJ, «*Voi tutti*», 128). La raíz יבל se interpreta como un pasivo teológico (cf. J. MUILENBURG, *The Book of Isaiah*, 651; A. KOZDRÓJ, «*Voi tutti*», 127).

[211] El imperativo «venid» (לכו) aparece 4 veces en 55,1-3. En 55,5 se dice: «pueblos que no conoces […] a ti *correrán* (רוץ)». En 55,6-9 se exhorta a «buscar» (דרש) a Yhwh, a «abandonar» (עזב) el mal camino, a «volver» (שוב) a Él.

ta al agua es una cuestión discutida[212]. A nosotros, sin embargo, nos interesa que en el texto «volver» es requisito para acceder a la salvación. Esto se observa en la progresión de los imperativos de 55,1-3 donde se pasa del «venid al agua» (55,1) al «venid a mí, escuchad» (55,3). La realización del mandato se configurará como promesa y posibilidad de vida: «escuchad y viviréis», como restablecimiento de la alianza: «y haré con vosotros una alianza eterna» (55,3)[213].

Yhwh esposo ha vuelto a llenar a la esposa de sus bienes, significados en los elementos del agua, leche y vino, dones que ella ahora ofrece[214]. Precisamente es la donación de estos regalos lo que la constituye en madre, pero para que se produzca plenamente la filiación, estos donativos deben adquirirse (55,1-3). El acto del *venir* significa y sintetiza el acto de obediencia requerido a Israel. En el capítulo 54 Sión ha sido reconocida por Yhwh como esposa; con la vuelta de los deportados ahora es reconocida como madre por sus hijos. Estos a su vez, regresando, serán reconocidos como tales por Sión (66,13) e introducidos por ella en la alianza (55,3). Así pues, la consolación para Israel se realiza a través de la mediación de Jerusalén[215], experiencia ésta que se interpreta en clave de filiación.

---

[212] Las posibilidades oscilan entre: Yhwh (Jr 2,13; Sl 36,10); Jerusalén (Is 33,21; Ez 47,12; Sl 45,5); la Tôrâh (55,10) (cf. J.L. KOOLE, *Isaiah 49–55*, 404-405). Como en otros pasajes de DtIs también la identificación de los personajes del capítulo 55 presenta dificultad (cf. S. PAGANINI, *Der Weg*, 35-54).

[213] Son temas propios de la teología deuteronomista (cf. W. BRUEGGEMANN, «Isaiah 55», 194-201; A. KOZDRÓJ, «*Voi tutti*», 66-67). De igual modo la correspondencia entre Is 55,6 y Dt 4,29; Jr 29,13-14 lleva a la consideración de un influjo deuteronomista (cf. W. BRUEGGEMANN, «Isaiah 55», 196-197; H.-J. HERMISSON, «Einheit und Komplexität», 299).

[214] La leche y el agua aparecen en Is 12,1 e Is 66,13 asociados al consuelo (נחם, 12,1; 66,11.13). Ambos textos comparten aspectos comunes con Is 55, por ejemplo, el elemento que se da, el agua (12,3; 55,1) o la leche (55,1; 66,11), que en 66,11 aparece bajo la expresión: «pecho de sus consolaciones» (שֹׁד תַּנְחֻמֶיהָ); el tenerla que adquirir: «sacar» (12,3), «venir» (55,1-3) o «succionar» (66,11); y la presencia del Señor (12,6; 55,6; 66,13).

[215] Sobre Jerusalén intercesora, cf. p. 129, n.36.

2.3 Capacitación para vivir la alianza

Consolar equivale a restablecer la alianza, pero el acto no se reduce a la reanudación de la relación. Consiste también en la creación de la esposa que es dotada de los elementos necesarios para poder vivir su relación con el esposo. La capacitación forma parte de este don. En nuestros capítulos esto aparece bajo los paradigmas de la restauración y donación de un elemento interior.

2.3.1 Restauración de Sión

Yhwh no sólo restablece la relación con Sión sino que también restaura las condiciones necesarias para ella. En Is 54 este aspecto se desarrolla bajo la metáfora de la reconstrucción tanto exterior (54,11-12) como interior (54,13-14a)[216]. La descripción detallada de las piedras preciosas expresa esplendor, minuciosidad, prolijidad y belleza. Yhwh adorna a su esposa (Ez 16,11-17) pero también la funda sobre la justicia (54,13-14a)[217]. Ésta es una modalidad de relación que deberá reproducirse entre sus miembros. En Is 55 Dios restaura transformando, primero la sed (55,1-2), después la infecundidad, como pone de manifiesto la mutación que realiza la Palabra (55,10-11) y, finalmente, se opera un cambio en la flora (55,13). Este cambio acaece mientras se está saliendo, como si al paso de los deportados la realidad fuera transformándose, de forma análoga a cuanto se describe en Sl 84,7[218].

Aunque Yhwh es el garante de la nueva alianza eterna e indefectible, también implica al ser humano en su propia restauración[219]: Israel y Sión deben colaborar. Los imperativos de júbilo son una invitación a celebrar el evento salvífico antes incluso de que se rea-

---

[216] Sobre la continuidad entre Jerusalén-madre-esposa (54,1-10) y Jerusalén-ciudad (54,11-17), cf. R. Martin-Achard, «Ésaïe liv», 246-248; A. Borghino, La «Nuova Alleanza», 287.

[217] Cf. A. Borghino, La «Nuova Alleanza», 289-298.

[218] Cf. F. Feldmann, Das Buch Isaias, II, 188-189.

[219] La libertad humana suele estar presente en los textos de nueva alianza. Cf. A. Borghino, La «Nuova Alleanza», 367-368: «Ciò che contraddistingue quest'ultima (nuova alleanza) rispetto alle altre è la rilevanza decisiva dell'elemento umano nella

lice (54,1) y esto requiere un acto de suprema confianza en Yhwh[220]. En la misma línea se exhorta a Jerusalén a ensancharse para acoger a los hijos que llegan (54,2). Ella debe olvidar la vergüenza que le produce su pecado (54,3), a fin de que el recuerdo no necrose y obstaculice la apertura al perdón[221]. También en Is 55 el uso de imperativos es notorio. Los mandatos de 55,1-3 recogen el doble dinamismo de adquirir y recibir, sintetizados en el «venir» (הלך) y «escuchar» (שמע). Dios «se deja encontrar» (בְּהִמָּצְאוֹ), «está cerca» (בִּהְיוֹתוֹ קָרוֹב); con todo, el hombre lo debe «buscar» (דִּרְשׁוּ) y «llamar» (קְרָאֻהוּ, 55,6). El perdón del Señor es un hecho pronto a efectuarse, pero el ser humano debe acogerlo (55,7). La nueva alianza es una nueva creación que se compromete activamente al ser humano.

2.3.2 Donación de un elemento interior

Característico de los textos de nueva alianza es la sobreabundancia de dones. Una plenitud de cumplimiento que asigna al acto de donación y recepción un matiz escatológico (Jr 31,11-14; Os 2,10)[222]. En Isaías la concesión de dones de naturaleza espiritual como la alegría (54,1; 55,12-13)[223], el perdón (54,7-8; 55,7)[224], la seguridad (54,11-17), la paz (54,10.13; 55,12) y la certeza del cumplimiento definitivo (עוֹלָם, 54,8; 55,3.12) son expresión de la salvación presente (Is 51,3.11; 54,1) y futura (Is 2,2-3; 11,1-9; 65,19-25). Un exceso no sólo cuantitativo sino también cualitativo: la reconstrucción con materiales preciosos (54,11-12) y la donación de elementos, no sólo esenciales como el pan y el agua sino también secundarios como el vino y la leche (55,1-2), señalan este aspecto.

---

costituzione del patto, della decisione del popolo nella sua assunzione libera e cosciente di un atteggiamento di risposta e di obbedienza».

[220] Cf. Sl 3,8-9; 5,12-13; 7,11-18; 9,12-15; 13,6; 22,23-32; 2Cr 20,21-22. Cf. P. BOVATI, *Geremia 30–31*, 218.

[221] Cf. A. BORGHINO, *La «Nuova Alleanza»*, 174-175.

[222] Cf. *id.*, 359-360.

[223] Cf. el vocabulario de la alegría: רנן (54,1), צהל (54,1), פצח + רִנָּה (54,1; 55,12), שִׂמְחָה (55,12) y מחא + כַּף (55,12).

[224] Cf. los lexemas: רחם (54,7.8.10; 55,7), סלח (55,7) y חֶסֶד (54,8.10; 55,3).

Sin embargo, para que sea tal el oráculo consolatorio requiere que contenga en sí mismo la capacidad de realizarse. Puesto que consolar equivale al restablecimiento de la relación, la oferta de la consolación requiere la donación de un elemento que consienta la posibilidad de vivir en fidelidad a la alianza[225]. La incapacidad estructural que Israel ha experimentado para obedecer a los mandamientos del pacto sinaítico exige que, junto con el don de la Tôrâh, Dios le conceda un elemento interior para su vivencia (Jr 31,31-34; Ez 36,26-27).

En el capítulo 54 dicho elemento consiste en la justicia (צְדָקָה). Existe una correlación entre *fundar* (יסד) la ciudad sobre piedras (54,11-12) y *establecerla* (כנן) sobre la justicia (54,14)[226]. Se relaciona con la paz y con ser discípulos de Yhwh: «todos tus hijos serán discípulos de Yhwh y grande será la paz de tus hijos, sobre la *justicia* (צְדָקָה) serás establecida» (54,13-14a). En el v. 17: «ésta es la heredad de los siervos del Yhwh y su *justicia* (צְדָקָה) de parte mía, oráculo del Señor». La preposición «de parte mía» (מֵאִתִּי) indica que la צְדָקָה es realmente el elemento divino dado a los siervos. Esto es, la nueva condición de salvación fruto de la nueva alianza con Yhwh[227].

En el capítulo 55 el elemento que se da y que produce la posibilidad de vivir en fidelidad a la alianza es la Palabra. Aparece implícitamente en 55,1-3 bajo la metáfora del agua, pues el paso de «venid al agua y adquirid» (55,1), a «venid a mí y escuchad» permite esta decodificación de la imagen (Pr 9,11; Sir 24,19-22)[228]. La pregunta retórica de 55,2: «¿por qué gastar dinero en lo que no alimenta y vuestra ganancia en lo que no sacia?» sorprende en este contexto de oferta por su carácter polémico[229]. Hay una sed que proviene de la ganancia (וִיגִיעֲכֶם)[230] empleada en

---

[225] Cf. A. BORGHINO, La «Nuova Alleanza», 360-363.

[226] Cf. *id.*, 292.

[227] Cf. *id.*, 327-328.

[228] Cf. J. BEGRICH, *Studien zu Deuterojesaja*, 53.

[229] Cf. W. BRUEGGEMANN, «A Poem of Summons», 126-127; S. PAGANINI, *Der Weg*, 93.

[230] Tanto la LXX (τὸν μόχθον) como la Vg (*laborem*) traducen יגיע por «trabajo». Sin embargo, las traducciones oscilan entre «trabajo» (Sl 128,2) o «fruto del trabajo» (Dt 28,33), o sea «ganancia». Debido al paralelismo con כֶּסֶף nosotros traducimos por «ganancia». Cf. F. FELDMANN, *Das Buch Isaias*, 183; A. KOZDRÓJ, *«Voi tutti»*, 30.

lo que no sacia (בְּלוֹא לְשָׂבְעָה), un no tener dinero al que corresponde el haberlo gastado (תִשְׁקְלוּ־כֶסֶף) en lo que no alimenta (בְּלוֹא לֶחֶם). La pobreza se asocia a un tipo de insipiencia que se agrava porque frente a una salvación gratuita: «sin dinero» (בְּלוֹא כֶסֶף־) y «sin pagar» (וּבְלוֹא מְחִיר) se escoge otra que requiere esfuerzo y no harta (55,2).

Esta misma tensión entre donación y resistencia aparece entre 55,8-9 y 55,10-11. En el primer texto se afirma la distancia entre los pensamientos de Yhwh (מַחְשְׁבוֹתַי) y los pensamiento humanos (מַחְשְׁבוֹתֵיכֶם), entre sus caminos (דְּרָכַי) y los caminos humanos (דַּרְכֵיכֶם). Esta distancia se equipara a la distancia entre los cielos y la tierra, la cual se supera en 55,10-11 por el envío de la lluvia que, bajando a la tierra (ירד), la fecunda[231]. La metáfora representa la Palabra que sale (יצא) de la boca del Señor y no volverá (לֹא יָשׁוּב) vacía, sin haber hecho (עשה) lo que Yhwh quiere (חפץ) y haber hecho prosperar (צלח) aquello para lo que la envió (שׁלח). La raíz חפץ aparece en 46,10 en paralelo con עֵצָה en una construcción similar a la nuestra: «mi *plan* (עֲצָתִי) se *realizará* (קוּם) y toda mi *voluntad* (וְכָל־חֶפְצִי) *haré* (עשה)». El término עֵצָה es prácticamente sinónimo de מַחְשָׁבָה (55,8-9). Luego, los planes de Yhwh, inescrutables para el hombre (55,8-9), se pueden conocer a través de su Palabra (Is 45,19)[232]. La Palabra que, descendiendo, salva la distancia insuperable entre el cielo y la tierra, entre los caminos de Yhwh y los de los hombres (55,8-11), no se limita a revelar el proyecto salvífico sino que realiza aquello para lo que fue mandada (40,8; 55,11)[233].

---

[231] Al igual que en 55,1-3 a través de la metáfora vegetal aparecen el agua y el pan asociados a la Palabra. Si allí el dinamismo de ir al agua y el pan coincidía con escuchar, aquí el descenso del agua (la Palabra) produce pan e instaura un movimiento de retorno que no es vacío. Cf. M.C.A. KORPEL, «Metaphors», 50-51.

[232] Sobre el «plan» o «proyecto» de Yhwh, cf. J. FICHTNER, «Jahves Plan», 16-33; H. WILDBERGER, «Jesajas Verständnis», 83-117; J. JENSEN, «Yahweh's Plan», 443-455.

[233] Cf. otros Jos 21,45; 23,14; 1Re 8,56; Sl 33,9-11. La raíz צלח aparece en los tres últimos capítulos (53,10; 54,17; 55,11). En 53,10 se encuentra particularmente asociada a la raíz חפץ. El siervo hace prosperar (צלח) la voluntad de Yhwh. Cf. al respecto, A. BORGHINO, La «Nuova Alleanza», 319. Sobre la performatividad de la palabra, cf. A. ROFÉ, «How is the Word Fulfilled?», 246-261.

Así como la alianza exclusiva entre Yhwh e Israel implica que no basta cualquier agua, pues sólo una sacia, la consolación requiere un elemento interior y sapiencial que se concretiza en la respuesta de obediencia. Y la obediencia no es sino la vuelta de una Palabra que ha producido aquello para lo que había sido enviada.

2.4 Consideraciones conclusivas

El tema de la alianza, que estaba implícito en 40,1 y relacionado con el imperativo «consolad», reaparece en Is 54–55 bajo el paradigma de nueva alianza y, por lo tanto, atribuye al acto de la consolación las características propias de la nueva alianza.

La puesta en relación de la alianza de 54,10 y 55,3 con las alianzas de Noé y de David nos ha llevado a la consideración de que éstas son los paradigmas interpretativos de la alianza referida en Is 54–55 (§ 2.1). Común a ambas es su carácter indefectible y gratuito. Siendo el pacto de Noé el primero y el de David el último, la alianza deuteroisaiana presenta su radical novedad precisamente en continuidad con dichas alianzas y en su aspecto de cumplimiento.

El núcleo de la consolación lo constituye ese cambio de la relación con Dios, cuya novedad se modula en la metáfora esponsalicia (§ 2.2). El restablecimiento de la relación matrimonial rota en el exilio se equipara a un acto creativo realizado en la misma relación. Dios, consolando a Sión, crea la esposa, la embellece, la llena de sus dones y la capacita para una vivencia personal y exclusiva de su amor.

La infidelidad estructural del ser humano, sin embargo, pone constantemente en riesgo la relación. Por eso, el don de la consolación, que coincide con el restablecimiento de la alianza, contiene un elemento que capacita para su vivencia (§ 2.3). Es más, el don llega a ser la misma capacitación de Sión, el instrumento con que Dios la crea. En Is 54, el don consistía en la concesión de la justicia (54,17); en Is 55, en el envío de la Palabra (55,10-11).

Ahora bien, la determinación salvífica de Yhwh, su indefectible resolución no es suficiente; es necesario el consenso humano para que se ponga en acto. Israel debe corresponder libremente a tal amor. Consolar, por lo tanto, consistirá en el restablecimiento de la relación de alianza y en la donación de un elemento que permita la posibilidad de vivir en fidelidad a ella. Consolar requiere la resolución divina y también la libertad humana. De hecho el oráculo consolatorio de 40,1 no se realiza automáticamente. Yhwh va modelando y forjando a su pueblo a fin de que se abra a su oferta salvífica, lo que será materia del siguiente capítulo.

CAPÍTULO IV

EL TEMA DE LA CONSOLACIÓN EN EL CORPUS DE DtIs

El oráculo consolatorio que con urgencia se decreta en Is 40,1 se hace una oferta tangible en Is 54–55. Al lector, como destinatario último, se le promete que el don está disponible. Dios ha hecho todo lo que estaba en su mano, ahora le toca decidir al hombre. El paso de la desolación a la consolación no es automático. El *corpus* deuteroisaiano trabaja especialmente este aspecto de la libertad humana. Las estrategias utilizadas en los textos tienen como objetivo persuadir a Israel, y el presente capítulo pretende evidenciar algunas de ellas.

Un número considerable de exegetas, tanto desde una perspectiva sincrónica como diacrónica, constata una serie de diferencias entre Is 40–48 y 49–55[1], sub-secciones en las que nor-

---

[1] He aquí un elenco: a) mientras en 40–48 predomina el binomio Jacob-Israel, en 49–55 predomina el binomio Jerusalén-Sión; b) 48,22 es un versículo que constituye una cesura del texto. La invitación a salir indica el final de una etapa; c) los himnos son un elemento compositivo que señala el cierre de una secuencia (42,10-13; 44,23; 45,8; 48,20-21; 49,13; 52,9-12); d) algunos temas sólo aparecen en 40–48, como por ejemplo, la fabricación de los ídolos (40,19-20; 41,6-7; 44,9-20); Ciro (44,24–45,25). En Is 49–55 es característica la alternancia siervo-Sión; f) existe un paralelismo entre elementos de 40–48 y 49–55. Por ejemplo: la caída de Babilonia (Is 47) está en neto contraste con el restablecimiento de Jerusalén (Is 54); a la acción de Ciro en 40–48 corresponde la del siervo en 49–55; g) la raíz נחם que aparece por primera vez en 40,1, no vuelve a comparecer hasta Is 49–55 (Is 49,13; 51,3[x2].12.19; 52,9; 54,11). Cf. L. ALONSO SCHÖKEL – J.L. SICRE, *Profetas*, I, 275-276; E. HESSLER, *Das Heilsdrama*, 17-19; J.L. KOOLE, *Isaiah 40–48*, 14-16; F. RAMIS DARDER, *El triunfo de Yahvé*, 57-89; J. GOLDINGAY – D. PAYNE, *Isaiah 40.1–44.23*, 17-21; H.-W. JÜNGLING, «Das Buch Jesaja», 435-437.

malmente se divide DtIs[2] y que nosotros asumimos en la presentación de los contenidos. Por eso, en el primer apartado afrontamos el tema de la consolación en Is 40,12–48,22 y en el segundo nos centramos en 49,1–52,12.

1. El tema de la consolación en Is 40,12–48,22

En Is 40,12–48,22 no hay ninguna recurrencia de la raíz נחם, pero sí de las metáforas y del campo semántico asociado a la misma. A nosotros, sin embargo, en este momento nos interesa constatar no tanto la existencia de la lexicografía y de la imaginería típica como las estrategias y los recursos que el profeta utiliza para provocar el paso de la desolación al consuelo. A fin de ilustrar este fenómeno, hemos elegido tres perícopas en las que se desarrolla especialmente la dimensión argumentativa destinada a eliminar los obstáculos que se oponen a la acción consoladora.

Cada uno de los pasajes seleccionados elabora una de las temáticas características de la sub-sección 40–48. La primera perícopa, Is 40,12-31, desarrolla la cuestión sobre el obstáculo que supone la idolatría y la confianza en otras instancias fuera de Yhwh; la segunda, conecta una acusación (42,18-25) a un oráculo de promesa (43,1-7) y la tercera (45,9-13), brinda la interpretación correcta del evento histórico de la liberación de Babilonia por manos de Ciro, rey de Persia. Las tres unidades se desenvuelven en un tono apologético, pues Yhwh proporciona razones sobre su modalidad de actuación y presenta pruebas a Israel del control que tiene sobre la creación y la historia, tratando de vencer con tales argumentos las resistencias de Israel a la promesa consolatoria.

---

[2] Cf. P.-E. BONNARD, *Le Second Isaïe*, 21-28; R.F. MELUGIN, *The Formation*, 77-89; L. ALONSO SCHÖKE – J.L. SICRE, *Profetas*, I, 275-276; R. RENDTORFF, *Das Alte Testament*, 205-207. Para un resumen y presentación de las distintas posiciones de los exegetas, cf. H.C. SPYKERBOER, *The Structure*, 1-29; R.H. O'CONNELL, *Concentricity*, 150-161; F. RAMIS DARDER, *El triunfo de Yahvé*, 47-56.

1.1 La desesperanza de Israel: Is 40,12-31

La perícopa Is 40,12-31 se ubica tras el Prólogo y por eso, resulta particulamente interesante para nuestro estudio. El texto además es muy denso e introduce, junto al meollo del conflicto, un vocabulario que volverá a aparecer en DtIs[3]. Algunos exegetas sostienen que con Is 40,1-11 forma una unidad literaria[4], otros por el contrario defienden que la conexión de sendos pasajes es sólo a nivel compositivo o temático[5]. Según J.N. Oswalt, cada una de las unidades del capítulo 40 trataría de responder a una pregunta: a) ¿quiere Dios perdonar a su pueblo? (Is 40,1-11); b) ¿puede Dios realmente perdonarlo? (Is 40,12-26); c) ¿por qué Dios no ha intervenido en el sufrimiento? (40,27-31)[6]. Yhwh, que ha anunciado en Is 40,1-11 su determinación salvífica, debe demostrar ahora su capacidad para hacerla realidad[7].

Esta finalidad apodíctica ante un destinatario no sólo neutral sino también incrédulo (40,27) determina la articulación del pasaje. El tono apologético sitúa la perícopa dentro del género literario de la disputa[8], aunque como notan los autores, en 40,12-26 se

---

[3] Cf. R. Lack, *La Symbolique du Livre d'Isaïe*, 86-88.

[4] Cf. C.C. Torrey, *The Second Isaiah*, 301-302; J.C. de Moor, «The Integrity», 181-207; J.N. Oswalt, *The Book of Isaiah*, 46-47; M.C.A. Korpel, «Second Isaiah's Coping», 90-105; J. Goldingay – D. Payne, *Isaiah 40.1–44.23*, 58-59.

[5] Según W. Brueggemann, el tema de la fuerza pone en conexión 40,9-11 con Is 40,12-31 (cf. W. Brueggemann, *Isaiah 40–66*, 22). Para J.L. Koole, al nombre de Yhwh (6x en Is 40,1-11), corresponde el pronombre interrogativo מִי (6x en 40,12-31) (cf. J.L. Koole, *Isaiah 40–48*, 81). Algunos estudiosos señalan la alternancia: a) consolación de Jerusalén-Sión (40,1-11); b) disputa contra los ídolos y las naciones ante Jacob-Israel (40,12–41,7); a') consolación de Israel-Jacob (41,8-20); b') disputa contra las naciones y los ídolos ante Jerusalén-Sión (41,21–42,13) (cf. R.H. O'Connell, *Concentricity*, 153).

[6] Cf. J.N. Oswalt, *The Book of Isaiah*, 57.71-72.

[7] Cf. J. Blenkinsopp, *Isaiah 40–55*, 190.

[8] Cf. L. Köhler, *Deuterojesaja*, 111.114.116; J. Begrich, *Studien zu Deuterojesaja*, 42; H.E. von Waldow, *Anlaß und Hintergrund*, 28-36; id., «The Message», 268-270; H.-J. Hermisson, «Diskussionsworte», 670-674; B.D. Naidoff, «The Rhetoric of Encouragement», 62-66; C. Westermann, *Sprache und Struktur*, 44-49; U. Berges, *Jesaja 40–48*, 127-128.

encuentran elementos hímnicos (Sl 33,6-10)[9] y sapienciales (Job 40,25–41,4)[10], mientras que en Is 40,27-31 aflora el tono de la lamentación[11].

La misma constatación lleva, sin embargo, a conclusiones diversas sobre la composición[12] y unidad de Is 40,12-31[13]. Nosotros, con otros exegetas, pensamos que la articulación de los distintos elementos lingüísticos pone de manifiesto la unidad literaria del pasaje[14] y que la progresión argumentativa evidencia su estructura lógica[15]. Los estudiosos divergen en la subdivisión de la perícopa[16],

---

[9] Cf. H. GRESSMANN, «Die literarische Analyse», 293-294; F. CRÜSEMANN, *Studien zur Formgeschichte*, 92-94; C. WESTERMANN, *Sprache und Struktur*, 47-48.

[10] Cf. R.F. MELUGIN, «Deutero-Isaiah», 332-334; R.P. MERENDINO, *Der Erste*, 84-85.

[11] Cf. R.F. MELUGIN, «Deutero-Isaiah», 334-335; R.P. MERENDINO, *Der Erste*, 116-118; C. WESTERMANN, *Sprache und Struktur*, 46-47.

[12] Westermann ve confirmada la hipótesis de que DtIs compone unidades literarias a partir de géneros orales antiguos (cf. C. WESTERMANN, *Sprache und Struktur*, 49), mientras Melugin opina que el pasaje se forma a partir de unidades independientes (cf. R.F. MELUGIN, «DeuteroIsaiah», 335-337).

[13] Algunos autores consideran Is 40,12-26 e Is 40,27-31 dos unidades distintas (cf. L. ALONSO SCHÖKEL – J.L. SICRE, *Profetas*, I, 280-283; J.L. KOOLE, *Isaiah 40–48*, 84). Otros trasladan Is 40,19-20 a Is 41,5-7 (cf. C. WESTERMANN, *Das Buch Jesaja*, 56-57), o viceversa (cf. B. DUHM, *Das Buch Jesaja*, 269-271; L. KÖHLER, *Deuterojesaja*, 7-8; L. ALONSO SCHÖKEL – J.L. SICRE, *Profetas*, I, 280; J. BLENKINSOPP, *Isaiah 40–55*, 188); sin embargo, no existe ningún argumento de crítica textual para alterar el orden (cf. F. RAMIS DARDER, *El triunfo de Yahvé*, 92).

[14] Cf. P.-E. BONNARD, *Le Second Isaïe*, 96-97; Y. GITAY, *Prophecy and Persuasion*, 81-83; W.A.M. BEUKEN, *Jesaja deel II A*, 38. Para una síntesis de los elementos literarios que crean conexión en el pasaje, cf. Y. GITAY, *Prophecy and Persuasion*, 81-94; B.D. NAIDOFF, «The Rhetoric of Encouragement», 73-75.

[15] Cf. Y. GITAY, *Prophecy and Persuasion*, 86-88; B.D. NAIDOFF, «The Rhetoric of Encouragement», 73-74; J.N. OSWALT, *The Book of Isaiah*, 57-58.71-72.

[16] Por ejemplo: a) 12-17; 18-20; 21-24; 25-26; 27-31 (cf. J. BEGRICH, *Studien zu Deuterojesaja*, 42; H.E. VON WALDOW, *Anlaß und Hintergrund*, 31-32); b) 12-17; 18-24; 25-26; 27-31 (cf. C. WESTERMANN, *Das Buch Jesaja*, 42; R.F. MELUGIN, *The Formation*, 31-35; J.L. KOOLE, *Isaiah 40–48*, 87); c) 12-20; 21-26; 27-31 (cf. P.-E. BONNARD, *Le Second Isaïe*, 96-97; J.N. OSWALT, *The Book of Isaiah*, 58.70); d) 12-17; 18-26; 27-31 (cf. B.S. CHILDS, *Isaiah*, 308-311); f) 12-26; 27-31 (cf. Y. GITAY, *Prophecy and Persuasion*, 86-88); g) A (12-14) – B (15-17) – C (18-20) – B' (21-24) – C' (25-26) – A' (27-29) – A'' (30-31) (cf. U. BERGES, *Jesaja 40–48*, 127).

pero la mayoría distingue 40,27-31 del resto del ensamblado[17], considerándola el nodo central de la discusión[18]. El lamento de 40,27: «¿por qué dices Jacob y tú hablas Israel: mi camino está escondido a Yhwh y mi causa escapa a mi Dios?», esconde una queja: Yhwh, o *no quiere*, o *no puede* salvarnos[19]. La unidad 40,12-26 trataría de demostrar que Dios *puede* salvar a Israel, mientras el fragmento 40,27-31 procuraría justificar que Yhwh *quiere* salvar a su pueblo[20].

El núcleo de la problemática arraiga en la desesperanza que provoca en Israel la vivencia del exilio. Esta experiencia paraliza al pueblo y obstaculiza su fe en la potencia salvífica de Yhwh. Por eso, Jacob-Israel pone su confianza en otras instancias, en otros poderes y en otros dioses diversos del Señor. Yhwh desea regenerar su fe y para ello tiene que desarmar los bastiones en que el pueblo está atrincherado. Estudiamos, pues, los recursos y las estrategias literarias utilizados en Is 40,12-31.

1.1.1 La articulación y función de las preguntas

Según Westermann, la composición, alcanza su objetivo en 40,28-31: la consolación de Israel[21]. Las preguntas son el elemento

---

[17] La mayor parte de los autores percibe un corte en 40,27 (cf. B.D. NAIDOFF, «The Rhetoric of Encouragement», 66). El cambio del plural al singular es la razón principal para probar que en 40,27 empieza otra perícopa (cf. K. ELLIGER, *Deuterojesaja*, 95). Sin embargo, para otros estudiosos este cambio es sólo indicio de la progresión climática del pasaje (cf. H.C. SPYKERBOER, *The Structure*, 51; Y. GITAY, *Prophecy and Persuasion*, 83; U. BERGES, *Jesaja 40–48*, 126).

[18] Cf. C. WESTERMANN, *Das Buch Jesaja*, 42-43; P.-E. BONNARD, *Le Second Isaïe*, 97; H.C. SPYKERBOER, *The Structure*, 51-52.57; Y. GITAY, *Prophecy and Persuasion*, 83-86; B.S. CHILDS, *Isaiah*, 310; J. BLENKINSOPP, *Isaiah 40–55*, 190.194; U. BERGES, *Jesaja 40–48*, 126.

[19] Cf. C. WESTERMANN, *Das Buch Jesaja*, 43; R.F. MELUGIN, *The Formation*, 92; *id.*, «Deutero-Isaiah», 336-337.

[20] Cf. C. WESTERMANN, *Das Buch Jesaja*, 43; W.A.M. BEUKEN, «*Mišpāṭ*», 8; Y. GITAY, *Prophecy and Persuasion*, 82.

[21] Cf. C. WESTERMANN, *Das Buch Jesaja*, 52.

utilizado por el texto para conseguir tal objetivo. Éstas, además, tienen la función de articular la disposición retórica del pasaje[22].

La progresión argumentativa pasa del *quién* de 40,12 (מִי), al *a quién* de 40,18 (אֶל־מִי) y, finalmente, al *porqué* de 40,27 (לָמָּה). Cada interrogatorio aúna un núcleo temático. Mientras 40,12-17 desarrolla la cuestión acerca la inconmensurabilidad y la inescrutabilidad de Yhwh, 40,18-26 subraya su incomparabilidad. La pregunta de 40,27 constituye una crítica a la actitud de Israel; el reproche consiste en un interrogante que cita en estilo directo lo que el pueblo está diciendo. El desarrollo lógico del pasaje sería: si Dios es omnisciente, omnipotente, inescrutable (40,12-17) e incomparable (40,18-26), entonces ¿por qué Jacob está diciendo que Yhwh les ha abandonado? (40,27-29)[23].

Los interrogantes, además de estructurar la perícopa, tienen una doble función: persuadir al interlocutor y crear un impacto emotivo[24]. Las preguntas retóricas presuponen la respuesta: existe un punto de común acuerdo[25]; en nuestro caso, Yhwh es el creador y Señor de la historia. Su progresión llevan al interlocutor a confrontarse con el absurdo de su propia incredulidad[26], pues se pasa de cuestiones generales, que presuponen el

---

[22] Cf. B.D. NAIDOFF, «The Rhetoric of Encouragement», 67; J. KUNTZ, «The Form», 134; U. BERGES, *Jesaja 40–48*, 125-126. Según Westermann, solamente en 40,27 existe un verdadero interrogante. En los demás casos se trata de preguntas que preparan la disputa y tienen sentido sólo en función de 40,27 (cf. C. WESTERMANN, *Das Buch Jesaja*, 42-43). Kuntz considera retóricas las preguntas de 40,12-14.18.21.25.28 (cf. J. KUNTZ, «The Form», 126). Naidoff diverge de Westermann y reivindica la función argumentativa para las cuestiones de 40,18 y 40,25 (cf. B.D. NAIDOFF, «The Rhetoric of Encouragement», 67).

[23] Oswalt, sin embargo, observa que la articulación literaria no pretende tanto una progresión cuanto reforzar la fe a través de la repetición de los mismos temas y aserciones. Cf. J.N. OSWALT, *The Book of Isaiah*, 58.

[24] Cf. J. KUNTZ, «The Form», 135. Cf. al respecto Y. GITAY, *Prophecy and Persuasion*, 88: «Although the addressees are not required to answer, the fact that they are addressed with this sort of question causes them to respond and thus, to take an active role in the persuasive process».

[25] Cf. J. KUNTZ, «The Form», 122-123.

[26] Moviéndose aquí de la lógica al ridículo. Cf. Y. GITAY, *Prophecy and Persuasion*, 89-90.

conocimiento de la respuesta, a su implicación concreta[27]. La praxis resulta incoherente con la teoría que se confiesa. La aproximación emotiva, por su parte, se realiza simultáneamente a la progresión persuasiva mediante el uso de los pronombres que van del *quién* indefinido (40,12-14), al *vosotros* (40,18.25) y, por último al *tú*: Jacob-Israel (40,27)[28], binomio que tiene una particular resonancia en el pueblo[29].

Esta progresión lógica se observa también en cada sub-unidad, sea por el modo de argüir como por la secuenciación del interrogatorio. En referencia a 40,12-17, Gitay advierte una argumentación análoga a la *enthymeme* aristotélica que pasa directamente de una afirmación general, en nuestro caso presupuesta en las preguntas retóricas (40,12-14), a la conclusión (40,15-17)[30]. El colofón de 40,18-26 desemboca a su vez en un corolario análogo al de 40,12-17: la nulidad de las potencias frente a la grandeza de Yhwh (40,23-24).

Existe, además, un crecimiento persuasivo entre los interrogantes de cada sub-unidad. Así, el *quién* de 40,12 interroga sobre alguien capaz de medir la creación inconmensurable, mientras los quiénes de 40,13-14 interrogan sobre un ser capaz de dirigir la inteligencia inescrutable del creador. Si la cuestión de 40,12 admite dos posibilidades: *Yhwh* o *ninguno*[31], las de 40,13-14 admiten sólo una: *ninguno*[32]. Entre las preguntas muy simila-

---

[27] Cf. Y. GITAY, *Prophecy and Persuasion*, 83.

[28] Cf. *id.*, 85-86.

[29] Cf. Y. GITAY, *Prophecy and Persuasion*, 86; J.N. OSWALT, *The Book of Isaiah*, 72.

[30] Normalmente un silogismo está compuesto por tres momentos: a) una afirmación general; b) una afirmación detallada; y c) la conclusión. En 40,12-17 sería: a) Dios es el creador del mundo; b) también ha creado las naciones; y c) luego todo depende absolutamente de Él. Sin embargo, la *enthymeme* salta el eslabón intermedio, pasando directamente de la afirmación general a la conclusión tal, como lo hace DtIs en el mencionado texto. Cf. Y. GITAY, *Prophecy and Persuasion*, 83-84.

[31] Sobre esta cuestión, cf. J.L. KOOLE, *Isaiah 40–48*, 90; J. GOLDINGAY – D. PAYNE, *Isaiah 40.1–44.23*, 99-100; U. BERGES, *Jesaja 40–48*, 131.

[32] El primer «quién (מִי)» de 40,13 se refiere a «ninguno», el segundo depende de la interpretación de la proposición וְאִישׁ עֲצָתוֹ יוֹדִיעֶנּוּ. Sobre esta cuestión, cf. M. DAHOOD, «The Breakup», 537-538; K. BALTZER, «Jes 40,13-14», 710; J.L. KOOLE, *Isaiah 40–48*, 91-93; J. GOLDINGAY – D. PAYNE, *Isaiah 40.1–44.23*, 101-103; U. BERGES, *Jesaja 40–48*, 122-123.133-134.

res de 40,18 y de 40,25 se observa, sin embargo, una variación: en 40,25 la raíz דמה aparece con el sufijo de 1ª pers. sg.: «¿a quién me asemejaréis?»; no así en 40,18: «¿a quién asemejaréis a Dios?», creándose de este modo una mayor aproximación afectiva en 40,25, favorecida además por el interrogatorio de 40,21 que lo precede y que está introducido por הֲלוֹא. La partícula confiere a la frase una tonalidad acusatoria, preparando la de 40,28 también encabezada por הֲלוֹא[33].

Sin embargo, es 40,27-31 la unidad que pone de manifiesto el corazón del problema. Se trata de la falta de confianza en Yhwh, pues Israel ya no espera en el Señor; es más, le acusa de haberlo abandonado (40,27). El lamento del pueblo no está ni siquiera dirigido *a Dios* sino que se habla *de él* (Sl 26,1; 27,9; 44,25)[34]. Otra particularidad es que la queja está incluida en la pregunta de Yhwh: «¿por qué *andas diciendo* (תֹאמַר) Jacob *y andas hablando* (וּתְדַבֵּר) Israel[35]: mi camino está escondido a Yhwh y mi causa escapa a mi Dios?». Yhwh, citando en la pregunta la protesta de Israel, le devuelve la acusación. Estas afirmaciones son todavía más graves si, como muestra los interrogantes con הֲלוֹא (40,28), Yhwh supone que Jacob-Israel lo debía saber: «¿acaso (הֲלוֹא) no lo conocías, y no lo habías escuchado?». No obstante la acusación de Yhwh, a diferencia de Is 40,12-17 e Is 40,18-26 que concluyen con la nulidad de las potencias, a Jacob-Israel se le brinda la posibilidad de regenerar sus fuerzas (40,31).

---

[33] Sobre la partícula הֲלוֹא, cf. H.A. BRONGERS, «Some Remarks», 177-189; A. MOSHAVI, «Sintactic Evidence», 51-63.

[34] Cf. H.C. SPYKERBOER, *The Structure*, 53; B. CHILDS, *Isaiah*, 311.

[35] Los *yiqtol* תֹאמַר y תְדַבֵּר subrayan, además, el carácter perenne o continuo de las aserciones. Cf. J.N. OSWALT, *The Book of Isaiah*, 72; J. GOLDINGAY – D. PAYNE, *Isaiah 40.1–44.23*, 126.

1.1.2 Idolatría y confianza en Yhwh

En Is 40,19-20 se habla explícitamente de la manufactura de los ídolos. Tanto por la posición y conexión con el contexto[36] como por los problemas textuales que presentan, especialmente 40,20[37], estos versículos constituyen una *crux* para la exégesis. En ellos la idolatría no se presenta, como en otros pasajes, bajo el aspecto del culto a otros dioses, sino bajo la forma de la fabricación de los ídolos[38]. Ésta, sin embargo, no es la única expresión idolátrica a la que hace referencia el texto; implícitamente aparecen algunas variantes de la misma como pueden ser la confianza en otras potencias y poderes (40,15.17.23)[39] o el intento humano de dirigir y controlar la acción divina (40,13-14.27)[40]. La perícopa hace frente a estos obstáculos que impiden la apertura y adhesión al oráculo salvífico. Una forma de enfrentarlos son las preguntas, otra es poner en evidencia a través de la contraposición el absurdo que supone la actitud de Israel.

Yhwh es incomparable a cualquier otra potencia e instancia humana o divina. Esta incomparabilidad reside en su ser inconmensurable, omnipotente y omnisciente. Se contrasta la no medi-

---

[36] Cf. p. 178, n.13. Sobre los elementos de relación entre 40,18 y 40,19-20, cf. M.C.A. KORPEL, «Soldering», 219-220.

[37] Véase la abundante bibliografía al respecto: P. HAUPT, «*Mĕsukkân*», 145-146; F. STUMMER, «הַמְסֻכָּן תְּרוּמָה (Jes 40,20)», 283-285; P. TRUDINGER, «To Whom», 220-225; A. SCHOORS, «Two Notes», 501-503; T.N.D. METTINGER, «The Elimination», 77-83; H.G.M. WILLIAMSON, «Isaiah 40,20», 1-19; M. HUTTER, «Jes 40,20», 31-36; A. FITZGERALD, «The Technology», 426-446; M.C.A. KORPEL, «Soldering», 219-222; K. VAN LEEUWEN, «An Old Crux», 273-287; M.B. DICK, «Second Isaiah's», 193-202; S. SHERWIN, «*hamsukkān*», 145-149. Para un resumen de las posibles opciones, cf. F. RAMIS DARDER, *El triunfo de Yahvé*, 91-99; U. BERGES, *Jesaja 40–48*, 123-124.143-145.

[38] En el *corpus* deuteroisaiano es característico de la secuencia 40,12–44,23. Cf. Is 40,19-20; 41,6-7; 44,9-20.

[39] Ramis Darder ve también en la expresión de 40,28: אֱלֹהֵי עוֹלָם יְהוָה, una alusión a la expresión idolátrica de Babilonia en 47,7: «para siempre seré señora» (לְעוֹלָם אֶהְיֶה גְבָרֶת). Cf. F. RAMIS DARDER, *El triunfo de Yahvé*, 132-134.

[40] Cf. *id.*, 137.

da de Yhwh[41] con la cuidadosa elección de materiales para la fabricación de ídolos (40,19-20)[42]: soberanía del Señor que difiere de la nulidad de los poderes políticos[43]. Yhwh, que no es cuantificable en su grandeza, tampoco lo es en la temporalidad[44], ni en la extensión que abarca su acción[45]. Su omnipotencia y omnisciencia se describe con lexemas que indican fuerza (40,28) y sabiduría[46], capacidad de intervenir en la historia y llevar adelante su proyecto[47]. Él es el creador (40,26.28) frente a los ídolos que no son más que una creación humana. La insipiencia y necedad de la idolatría se apoya en que el ser humano, hecho a imagen y semejanza de Dios, se hace un dios a imagen y semejanza suya.

La terminología de la fuerza y sabiduría de 40,12-26 reaparece en 40,27-31, ahora vinculada a Israel. Con respecto al léxico sapiencial, los lexemas דֶּרֶךְ, מִשְׁפָּט y תְּבוּנָה ponen en relación 40,27-28 con 40,14. Si las preguntas de 40,12-14 presuponían que ningún ser humano era capaz de contener el espíritu de Yhwh, ahora el texto, utilizando los mismos términos, señala que Israel se ha apropiado de tal presunción. Por eso, la crítica de 40,27 no sólo representa un lamento por parte de Israel sino

---

[41] Especialmente en 40,12 aparece el campo de la medición: «medir» (מדד), «calibrar» (תכן), «abarcar» (כול), «pesar» (שקל), «cuenco de la mano» (שֹׁעַל), «palmo» (זֶרֶת), «tercio» (שָׁלִישׁ), «báscula» (פֶּלֶס), «balanza» (מֹאזְנַיִם).

[42] Se nombran los materiales: «oro» (זָהָב), «plata» (כֶּסֶף) y «madera» (עֵץ); las técnicas: «fundir» (נסך), «recubrir» (רקע), «soldar» (צרף), «elegir» (בחר), «buscar» (בקש), «erigir» (כון). La inercia de la imagen (לֹא יִמּוֹט) contrasta con el dinamismo creador de Yhwh que, a diferencia de los ídolos, no requiere el esfuerzo del hombre. Por el contrario, es Él quien fortalece (40,31).

[43] En 40,15-17 se indica la valoración (חשב): «no basta» (אֵין דַּי), «gotas de un cubo» (מַר מִדְּלִי), «polvo» (שַׁחַק), «polvillo» (דַּק), «nada» (אַיִן), «vacío» (תֹּהוּ). Cf. 40,23.

[44] En 40,28 es denominado אֱלֹהֵי עוֹלָם יְהוָה, en contraste con la caducidad de los jefes que, «apenas» (אַף בַּל) sembrados, se secan (40,24).

[45] En 40,12 se alude a su dominio sobre toda la creación con la tríada: «aguas» (מַיִם) – «cielos» (שָׁמַיִם) – «tierra» (אֶרֶץ). Esta taxonomía evoca aquella de Gn 1,6-10. También su potencia creadora y la extensión de su acción aparece en las construcciones participiales de 40,22-23.26 y en el sintagma בּוֹרֵא קְצוֹת הָאָרֶץ de 40,28.

[46] Cf. Is 40,13-14: «aconsejar» (יעץ), «comprender» (בין), «enseñar» (למד), «hacer conocer» (ידע), «inteligencia» (תְּבוּנוֹת), «ciencia» (דַּעַת).

[47] Cf. J. JENSEN, «Yahweh's Plan», 450.

la arrogancia de creer conocer cómo debería haber obrado el Señor. No obstante, como pone de manifiesto el interrogatorio con הֲלוֹא (40,21 y 40,28), de los planes inescrutables de Yhwh (40,13-14) Israel debería haber sabido algo de ello, pues Yhwh les había hecho partícipes de su sabiduría.

El campo semántico de la fuerza, característico de 40,12-26, aparece en 40,27-31 en contraposición al del cansancio. En la literatura profética la fatiga se encuentra asociada a la idolatría[48]. De hecho, en Is 40,30-31 se confrontan dos grupos: «los muchachos» (נְעָרִים y בַּחוּרִים) y «los que esperan en Yhwh» (קוֹיֵ יְהוָה). La desesperanza en la que está sumergido Israel se describe con términos de cansancio (יעף), fatiga (יגע), falta de vigor (אֵין אוֹנִים); la situación contraria es descrita como aumento de energía (עָצְמָה) y renovación de las fuerzas (כֹּחַ). Esto que es propio del Señor (40,28) es donado a los que esperan en Él (קוֹיֵ יְהוָה, 40,31)[49]. Al igual que Yhwh omnisciente ha hecho partícipe de su proyecto a Israel, Yhwh omnipotente hace partícipes de su fuerza a quienes confían en Él. La consolación, si quiere efectuarse, deberá vencer el recelo a creer. Las naciones y los ídolos no consuelan. A Israel, pues, se le invita a esperar nuevamente en la capacidad salvífica del Señor.

* * *

La fabricación del propio dios y el apoyarse en otras intancias o poderes políticos es el elemento que obstaculiza el anuncio de consolación (40,19-20). Su origen radica en la falta de confianza en el Señor (40,27). Esto se traduce en actitudes de cansancio (40,28-30). Dios se afana en desmontar la incredulidad de Israel en orden a abrirlo a la esperanza (40,31). El instrumento argumentativo prevalente en nuestro pasaje son las preguntas, aunque también utiliza la técnica de la contraposición

---

[48] Cf. Is 43,22-24; 44,12; 46,1-2; Jr 2,24; 51,58; Ha 2,13.

[49] Sobre la expresión יַחֲלִיפוּ כֹחַ y su relación con 41,1, cf. J.G. JANZEN, «Another look», 428-434.

para conducir al interlocutor a la incoherencia de su posición. Yhwh es el Señor de la creación y de la historia. De esta afirmación deben sacarse las conclusiones prácticas.

1.2 Articulación de una acusación a un oráculo salvífico: Is 42,18-43,7

Es característico de los textos de nueva alianza y del tardoprofetismo situar un oráculo de salvación como conclusión de un *ríb* profético[50]. En nuestra perícopa la acusación corresponde a 42,18-25, mientras el oráculo salvífico a 43,1-7[51]. Muchos exegetas, sin embargo, tratan ambas unidades como si fueran independientes[52]. No obstante la discrepancia de los mismos, nosotros consideramos que la partícula וְעַתָּה conecta literariamente 42,18-25 con 43,1-7[53].

---

[50] Cf. p. 153, n.151.

[51] Se observa una articulación similar mediante la partícula וְעַתָּה en 43,22–44,5: acusación (43,22-27) – oráculo de salvación (44,1-5).

[52] Cf. C. WESTERMANN, *Das Buch Jesaja*, 89-90.94-95; L. ALONSO SCHÖKEL – J.L. SICRE, *Profetas*, I, 290-292; B. WILLMES, «Gott erlöst», 62-63; B. BALDAUF, «Jes 42,18-25», 19-20; J.L. KOOLE, *Isaiah 40–48*, 261-263.282-285; W. BRUEGGEMANN, *Isaiah 40–66*, 48.52; J. BLENKINSOPP, *Isaiah 40–55*, 216.219-220; J. GOLDINGAY – D. PAYNE, *Isaiah 40.1–44.23*, 253.270.

[53] Así también: K. MARTI, *Das Buch Jesaja*, 291-295; H. GRESSMANN, «Die literarische Analyse», 270; S. MOWINCKEL, «Die Komposition», 96; P.-E. BONNARD, *Le Second Isaïe*, 134-136; K. ELLIGER, *Deuterojesaja*, 275-276; Y. GITAY, *Prophecy and Persuasion*, 135-139.148; H.C. SCHMITT, «Erlösung», 121-125; J.N. OSWALT, *The Book of Isaiah*, 127.135. Westermann, aunque separa las dos perícopas, reconoce que existe una relación muy estrecha con 43,1-7 (cf. C. WESTERMANN, *Das Buch Jesaja*, 94). Berges, por el contrario, alarga la unidad a 42,13–44,23 que separa en dos sub-unidades paralelas (42,13–43,13 y 43,14–44,6): *Heilsworte/Heilsankündigung* (A: 42,13-17 – A': 43,14-21); *Disputation/Auseinandersetzung* (B: 42,18-25 – B': 43,22-28); *Heilsorakel* (C: 43,1-7 – C': 44,1-5); *Gerichtsrede* (D: 43,8-13 – D': 44,6-8) (cf. U. BERGES, *Jesaja 40–48*, 245-246).

1.2.1 El *ríb* acusatorio

Generalmente se acepta que Is 42,18-25 constituye una unidad literaria[54], aunque la mayoría de autores reconoce su falta de homogeneidad[55]. El cambio continuo de interlocutor, de destinatario y de sujetos, las reduplicaciones, las particulares construcciones sintácticas y la métrica de los versículos lleva incluso a algunos a considerarla una conflación de textos diversos[56]. Por el tono de contienda se clasifica dentro del género literario de una disputa similar a la de 40,12-31[57].

En referencia a la temática de la consolación nos interesa la terminología e imaginería con que se describe su antónimo, o sea la desolación. Aquí se presenta como una condición de ceguera y de sordera (42,18-20) y se expresa con el vocabulario del saqueo y de la prisión (42,22-23). La causa de tal coyuntura se explica con una terminología relativa a la ira y a la punición (42,24-25).

— *La condición de ceguera y de sordera* (42,18-20)

Sorprende el imperativo con que empieza 42,18: «sordos, escuchad y ciegos, mirad para ver»[58]. El asombro del lector no se debe al comienzo *exabrupto*, característico de Isaías[59] ni a la llamada a

---

[54] Cf. la apreciación que hace Goldingay sobre la estructura como construcción no tanto del autor como del lector, cf. J. GOLDINGAY, «Isaiah 42.18-25», 50.

[55] Cf. P.-E. BONNARD, *Le Second Isaïe*, 136-137; K. ELLIGER, *Deuterojesaja*, 278; H.C. SCHMITT, «Erlösung», 122-124; J.L. KOOLE, *Isaiah 40–48*, 263-264.

[56] Cf. R.P. MERENDINO, *Der Erste*, 276-283; J. GOLDINGAY, «Isaiah 42.18-25», 46.

[57] Cf. C. WESTERMANN, *Das Buch Jesaja*, 90; R.F. MELUGIN, *The Formation*, 41-43; K. ELLIGER, *Deuterojesaja*, 279; H.C. SCHMITT, «Erlösung», 122; J.L. KOOLE, *Isaiah 40–48*, 264; W. BRUEGGEMANN, *Isaiah 40–66*, 48-49; J. BLENKINSOPP, *Isaiah 40–55*, 217-218. Si en 40,27 claramente se expresaba el lamento, aquí permanece implícito. Westermann avanza la hipótesis de que 42,18-25 pueda ser una respuesta de Yhwh ante la acusación de ser ciego y sordo al sufrimiento de Israel (cf. C. WESTERMANN, *Das Buch Jesaja*, 90; L. ALONSO SCHÖKEL – J.L. SICRE, *Profetas*, I, 291; J.N. OSWALT, *The Book of Isaiah*, 130).

[58] El sustantivo definido seguido de un imperativo tiene la función de vocativo (cf. Ges-K § 126e.f; *IntBHSyn* § 8.3d). Esta construcción es única en DtIs, ya que el imperativo normalmente aparece en primera posición (Is 44,1; 46,3.12; 47,8; 48,1.12.14.16; 49,1; 51,1.7.21; 55,2.3). Cf. H. SIMIAN-YOFRE, *Sofferenza dell'uomo*, 157.

[59] Cf. Is 24,16; 26,3; 29,1; 38,11.17.19; 48,11.15; 51,9.12.17; 52,1.11; 57,6.14; 62,10; 65,1.

prestar atención, propia de los profetas[60] y particularmente de DtIs[61], sino a la paradoja de su contenido: se ordena a los ciegos que vean y a los sordos que oigan[62]. En 42,20 el texto especifica en qué consiste la ceguera y la sordera: «miras[63] muchas cosas pero no las comprendes, abiertos los oídos pero no escucha». Así pues, no se trata de un defecto físico sino de la cerrazón e incapacidad para comprender (Dt 29,3; Is 6,9-10; 63,17; Jr 5,21; Ez 12,2)[64]. El imperativo constituye entonces una llamada a cambiar de actitud[65].

La paradoja de 42,18 continúa en 42,19, donde Yhwh en una especie de monólogo sigue hablando de la sordera y ceguera[66]. Se pasa de un sujeto plural indefinido (42,18): «sordos, escuchad y ciegos, mirad para ver», a un sujeto singular y explícito (42,19): «¿quién es ciego sino mi siervo, quién es sordo como mi mensajero que envío[67]? ¿Quién es ciego sino mi

---

[60] Cf. Is 6,9; Jr 5,21; Ez 12,2.

[61] Cf. Is 44,1; 46,3.12; 47,8; 48,1.12.16; 49,1; 51,4.5.7.21; 55,2.

[62] Cf. C. WESTERMANN, *Das Buch Jesaja*, 90; J. BLENKINSOPP, *Isaiah 40–55*, 218; J. GOLDINGAY – D. PAYNE, *Isaiah 40.1–44.23*, 257.

[63] El *Ketib* (רָאִיתָ) es un perfecto *qal* 2ª pers. m. sg. y el *Qere* (רָאוֹת) un inf. absoluto. A raíz del paralelismo con el siguiente sintagma introducido por un inf. absoluto (פָּקוֹחַ), muchos optan por el *Qere*. Nosotros, sin embargo, preferimos el *Ketib*. Otro problema de concordarcia es que el verbo que sigue a ראה está en 3ª pers. m. sg. (יִשְׁמָע); el verbo que sigue a פָּקוֹחַ, en cambio, está en 2ª pers. m. sg. (תִשְׁמֹר). Para una síntesis de la problemática y las posibles soluciones, cf. D. BARTHÉLEMY, *Critique textuelle*, II, 307-309; B. BALDAUF, «Jes 42,18-25», 22; J.L. KOOLE, *Isaiah 40–48*, 270; J. GOLDINGAY – D. PAYNE, *Isaiah 40.1–44.23*, 261-262.

[64] Cf. P.-E. BONNARD, *Le Second Isaïe*, 137; J.L. KOOLE, *Isaiah 40–48*, 265.

[65] Cf. W. BRUEGGEMANN, *Isaiah 40–66*, 49. Para Westermann, sin embargo, el tono del imperativo no es tanto conminatorio o acusatorio cuanto de promesa (cf. C. WESTERMANN, *Das Buch Jesaja*, 90-91).

[66] Cf. J.L. KOOLE, *Isaiah 40–48*, 266.

[67] Las versiones antiguas presentan variaciones. Respecto a la preposición כְּ del TM, la LXX (ἀλλ᾽ ἢ) y la Vg (*nisi*) traducen como si se repitiera כִּי אם. Además la Vg lee: «(quien es sordo sino) hacia quien envio mis mensajeros» (*ad quem nuntios meos misi*), el Tg en vez de mensajeros: «mis profetas» (דְּנְבַיּ). En cuanto que las variantes falicitan la comprensión del texto, opinamos que el TM sea *lectio difficilior* y, por lo tanto, más atendible. Cf. J.L. KOOLE, *Isaiah 40–48*, 266-268; J. GOLDINGAY – D. PAYNE, *Isaiah 40.1–44.23*, 259; U. BERGES, *Jesaja 40–48*, 250.

enviado (מְשֻׁלָּם)[68] y ciego como el siervo de Yhwh?». La contradicción consiste precisamente en que quién debía estar habilitado para su misión se presenta ciego y sordo[69]. La identificación de este siervo o mensajero constituye un problema para la interpretación del texto que está además relacionado con la discusión sobre la figura individual o colectiva del עֶבֶד יְהוָה[70]. Los dos *siervos*, el individual y el colectivo, muestran características comunes[71]. De hecho, Is 42,18-25 mantiene contactos tanto con 42,1-9[72] como con Is 43,8-13[73]. En nuestra opinión, aquí prima la identificación con Israel (41,8.9; 44,2.21; 45,4).

En referencia a la temática de la consolación, nos interesa subrayar, sin embargo, el estado de ceguera y sordera como metáfora de la condición interna de Israel. Ambos son defectos físicos, normalmente fruto de malformaciones genéticas, que afectan a los sentidos y dificultan la percepción de la realidad. Aquí se utilizan para expresar la incapacidad constitutiva del pueblo para reconocer e interpretar la acción de Dios y son, en última instancia, un obstáculo y una forma de cerrazón a la realización del oráculo de salvación. Dios consuela haciendo ver (Is 40,5), pero también haciendo que los ciegos vean (Is 35,5;

---

[68] La forma מְשֻׁלָּם sólo aparece como nombre propio en 1Cr 3,19. La LXX (οἱ κυριεύοντες) y la Syr (*slyṭʾ*) vocalizan en participio *hofal* de משל y traducen como «sus gobernantes». La Vg: *qui venundatus est.* Dada la dificultad, se proponen algunas enmiendas al texto (cf. K. ELLIGER, *Deuterojesaja*, 271-272; J.L. KOOLE, *Isaiah 40–48*, 268-269; J. GOLDINGAY – D. PAYNE, *Isaiah 40.1–44.23*, 259-261). Nosotros valoramos el término מְשֻׁלָּם como un participio *pual* de la raíz שלם con sentido de «enviado, el que lleva a cumplimiento» (44,28) (cf. ZORELL, 853; ALONSO, 768).

[69] Es más, la partícula כִּי אִם de 42,19 tiene un sentido restrictivo (Mi 6,8), subrayando de este modo que el siervo es ciego y sordo, más que otros. Cf. ZORELL, 354; H. SIMIAN-YOFRE, *Sofferenza dell'uomo*, 167.

[70] Para un resumen de esta cuestión, cf. J.S. VAN DER PLOEG, *Les chants du serviteur*, 106-160; C.R. NORTH, *The Suffering Servant*, 6-103; A. FEUILLET, *Études d'exégèse*, 142-164; J. COPPENS, *Le Messianisme*, 68-84; R. HESKETT, *Messianism*, 133-174.

[71] Cf. C.R. NORTH, *The Suffering Servant*, 205-207.

[72] Por ejemplo los lexemas: עַבְדִּי (42,1.19); פקח (42,7.20); בֵּית כֶּלֶא (42,7.22); תּוֹרָה (Is 42,4.21.24). Cf. P. STERN, «The Blind Servant», 224-232.

[73] En ambos aparecen los lexemas: חֵרֵשׁ (42,18.19; 43,8); עִוֵּר (42,18.19; 43,8); אָזְנַיִם (42,20; 43,8). Cf. H. SIMIAN YOFRE, *Sofferenza dell'uomo*, 154.

42,7). Por lo tanto, Yhwh aquí debe consolar capacitando, esto es, donando un elemento interior y sapiencial que facilite la comprensión y que permita vivir en alianza[74].

— *La circunstancia del saqueo y de la prisión* (42,21-23)

En 42,21-22 se pasa de la terminología de la sordera-ceguera a la de la encarcelación y despojo. Entre el v. 21 y el v. 22 se establece un contraste expresada por la conjunción adversativa (וְהוּא)[75]. Por una parte, «Yhwh quería[76] por amor de su justicia glorificar y engrandecer su ley» (v. 21); por otra (וְהוּא), «son un pueblo saqueado y despojado, atrapados todos en cuevas, encerrados en mazmorras. Eran para el saqueo y nadie los libraba, para despojo y nadie decía: devuélvelo» (v. 22). La unidad finaliza en 42,23 con una pregunta que saca a colación el tema de la sordera de 42,18-19: «¿quién de vosotros prestará oído a esto y atento escuchará el futuro?».

Para expresar el saqueo se utilizan las raíces בזז y שסה, términos extremos que forman inclusión al principio y final de 42,22. En el primer sintagma son participios pasivos: «él es un pueblo *saqueado* (בָּזוּז) y *despojado* (וְשָׁסוּי)» y en las últimas frases del versículo comparecen como sustantivos: «eran para el *saqueo* (בַּז) y nadie los libraba, para *despojo* (מְשִׁסָּה) y nadie decía: "devuélvelo"». En PtIs estos términos describen la conquista asiria (Is 8,1; 10,6.13) y el futuro que les espera a las naciones como contrapaso (Is 13,16; 17,14; 33,23)[77]. Aquí hacen alusión al exilio[78].

---

[74] Cf. cap. II, § 3.3.2 y cap. III, § 2.3.2.

[75] Cf. J. GOLDINGAY – D. PAYNE, *Isaiah 40.1–44.23*, 264; U. BERGES, *Jesaja 40–48*, 265. Algunos autores consideran 42,21 una glosa (cf. C. WESTERMANN, *Das Buch Jesaja*, 92; K. ELLIGER, *Deuterojesaja*, 286-287). Berges, en cambio, cree que está haciendo alusión a primer canto del siervo donde se habla de la «justicia» y la «Ley» (cf. U. BERGES, *Jesaja 40–48*, 264-265).

[76] Generalmente la raíz חפץ no va seguida de verbos conjugados sino de un infinitivo (Is 53,10). Sobre este fenómeno, cf. GesK § 120c.

[77] Cf. J. GOLDINGAY – D. PAYNE, *Isaiah 40.1–44.23*, 265.

[78] Cf. otras imágenes similares con las cuales se representa la deportación en DtIs: haber sido vendido (50,1; 52,3); esclavitud (47,6; 52,2); cautividad (42,7; 43,14; 49,9.24; 51,14; 52,2); servicio oneroso (40,2).

En el v. 22 se usa la terminología de la prisión para describir la condición en la que se encuentra Israel. Se dice que están «atrapados» (הֻפַּח)[79] y «encerrados» (הָחְבָּאוּ) en «cuevas» (בַּחוּרִים)[80] y «mazmorras» (בְּבָתֵּי כְלָאִים), expresiones que pueden ser interpretadas en sentido literal o metafórico[81]. La deportación es representada como un cautiverio (Is 40,2) o un estado de oscuridad (Is 42,7; 49,6) que contrasta con la raíz אדר «glorificar» de 42,21, remitiendo de este modo a la condición de ceguera de 42,18-19.

La prisión y el despojo subrayan la impotencia y el ser víctimas de fuerzas superiores. La consolación, por tanto, se presentará bajo la forma de liberación y de victoria sobre estos poderes. El dramatismo del texto aumenta con las siguientes afirmaciones: «nadie los libraba» (וְאֵין מַצִּיל), «nadie decía:"devuélvelo"» (וְאֵין־אֹמֵר הָשַׁב). La construcción evoca el estribillo típico de Lm 1: «no hay quien la consuele» (אֵין־לָהּ מְנַחֵם, Lm 1,2.9.16.17.21). Este *quién*, en cuya mano está la posibilidad de cambiar la situación, se revela paradójicamente como el agente en 42,24; y, en consecuencia, al estado de desvalimiento se suma la sensación profunda de abandono y soledad por un tiempo indefinido.

El fragmento se concluye con una pregunta abierta: «¿quién de vosotros *prestará oído* (יַאֲזִין) a esto, *pondrá atención* (יַקְשִׁב) y *escuchará* (וְיִשְׁמַע) el futuro?» (42,23). La cuestión, de nuevo, reclama la condición de sordera y de ceguera de 42,18-19[82]. El proble-

---

[79] Derivándolo de un infinitivo *hifil* de פוח «soplar», el verbo הֻפַּח expresa metafóricamente el modo en que son tratados los exiliados (Sl 10,5). Sin embargo, la LXX (παγίς), la Vg (*laqueus*) y la Syr (*ph'*) lo traducen como proveniente del sustantivo פַּח «red». Esto lleva a los exegetas a considerarlo un inf. absoluto *hifil* de una raíz פחח con significado de «atrapar». Si se tiene en cuenta el paralelismo con חבא, ésta parece la opción mejor. Cf. J. GOLDINGAY – D. PAYNE, *Isaiah 40.1–44.23*, 266.

[80] El vocablo בַּחוּרִים significa «jóvenes», pero debido al paralelismo con בְּבָתֵּי כְלָאִים se hace derivar de חוֹר «caverna, pozo». Es necesario entonces cambiar la vocalización. Koole, sin embargo, no estima necesario esta modificación, pues lee בַּחוּרִים como el plural de חוֹר (cf. Is 11,8). Cf. J.L. KOOLE, *Isaiah 40–48*, 274.

[81] Cf. C. WESTERMANN, *Das Buch Jesaja*, 92. Sobre el encarcelamiento en el Antiguo Oriente, cf. P. BOVATI, *Ristabilire la giustizia*, 205-206; H. SIMIAN-YOFRE, *Sofferenza dell'uomo*, 165, n.123.

[82] Goldingay-Payne señalan que la partícula מִי en 42,23 tiene una función apelativa, por lo que expresa un deseo. Cf. J. GOLDINGAY – D. PAYNE, *Isaiah 40.1–44.23*, 267.

ma no radica en estar despojados o encarcelados sino en la incapacidad de Israel para comprender lo que está sucediendo (43,8-
13; 50,10). La terminología del conocimiento reaparecerá en
42,25, para señalar que el pueblo no ha sabido interpretar la
finalidad de la punición.

— *La terminología de la cólera y de la punición de Yhwh* (42,24-25)
La unidad 42,18-25 termina identificando el agente y la
causa del cautiverio: «¿quién entregó a Jacob al despojo, a Israel
a los saqueadores? ¿no fue Yhwh contra quien pecamos no queriendo seguir sus caminos ni obedecer su ley» (42,24). El v. 25
describe el trance de la destrucción con la terminología de la
punición y de la ira: «descargó sobre él *el ardor de su ira* (חֵמָה אַפּוֹ),
el furor de la guerra (וֶעֱזוּז מִלְחָמָה), lo rodeaban sus llamas y no se
daba cuenta, lo quemaban y no hacía caso» (42,25).

El responsable es Yhwh. La locucion נתן + בְּיַד o similares
designa la entrega del acusado por parte de la autoridad para que
se proceda a la ejecución del castigo[83]. En 42,24 se dice que
Yhwh los *entrega* (נתן) al «despojo» (לִמְשׁוֹסֶה)[84] y los entrega a los
«saqueadores» (לְבֹזְזִים). Las raíces שסה y בזז ya habían aparecido en
42,22. Con dicha inclusión, el texto responsabiliza a Yhwh de la
situación allí descrita. Este elemento es importante para la comprensión de la actuación del oráculo consolatorio por dos motivos: primero, porque el sufrimiento se lee como *castigo justo* y
no como abandono o victoria del enemigo. La punición no es
arbitraria, pues en el texto su causa se explicita mediante la confesión del v. 24: «¿no fue Yhwh contra quien pecamos no queriendo seguir sus caminos ni obedecer su ley»[85]. Segundo, por-

---

[83] Cf. P. Bovati, *Ristabilire la giustizia*, 351-352.

[84] El *Ketib* (מְשׁוֹסֶה) es un part. *poal* de שסה. La opción por esta lectura se debe al paralelismo con בֹזְזִים. El problema, sin embargo, es que un término está en singular y el
otro en plural. El *Qere* (מְשִׁסֶּה) lee el sustantivo que aquí tendría que ser interpretado
como un *nomen actionis*. Cf. J.L. Koole, *Isaiah 40–48*, 277.

[85] El cambio a la 1ª pers. pl. sorprende y lleva a algunos exegetas a considerar el
v. 24 un añadido. Cf. al respecto, C. Westermann, *Das Buch Jesaja*, 93; J.N. Oswalt,
The Book of Isaiah, 129, n.69; U. Berges, *Jesaja 40–48*, 251.266-267.

que quien se encoleriza puede cesar en su cólera y reconciliarse con el culpable; y esto introduce el oráculo de 43,1-7[86].

La descripción de la ejecución del castigo con la terminología de la ira: «descargó sobre él el *ardor de su ira* (חֵמָה אַפּוֹ), el *furor de la guerra* (וֶעֱזוּז מִלְחָמָה)»[87], aporta además otro dato, es decir, el efecto que el castigo produce en Israel: «lo rodeaban sus llamas *y no comprendía* (וְלֹא יָדַע), lo quemaban *y no hacía caso* (וְלֹא־יָשִׂים עַל־לֵב)». La intervención punitiva tiene como origen la transgresión y como finalidad que Israel *comprenda*. Sin embargo, Israel ha sido incapaz de interpretar correctamente el castigo y convertirse. Ahora bien, esta apreciación se hace desde un *ahora* (וְעַתָּה) en el cual la situación ha cambiado radicalmente (43,1-7). La llamada a Israel en *este ahora* sigue siendo la misma que en 42,25; Israel debe comprender que la nueva situación, como aquella pasada, es fruto de la intervención salvífica de Yhwh.

1.2.2 La promesa de salvación

La promesa, como la amenaza, puede ser un medio coercitivo en aras a preparar la apertura a la salvación[88]. Recuperado e interpretado correctamente el sentido del momento negativo (42,18-25), Yhwh ofrece a Israel la posibilidad de restablecer la relación (43,1-7). Motivos comunes entre 42,18-25 y 43,1-7 son el *arder* (42,25; 43,2) y el *camino* (42,24; 43,2); es, sin embargo, la partícula וְעַתָּה el elemento sintáctico que determina la conexión entre ambas unidades[89]. Esta partícula señala no sólo el paso de un tiem-

---

[86] Sobre el cese de la ira asociado a la raíz נחם, cf. cap. I, § 2.1.3 y § 2.2.3.

[87] Para una profundización sobre la particularidad y variantes textuales de estos dos sintagmas, cf. J.L. KOOLE, *Isaiah 40–48*, 280-281; J. GOLDINGAY – D. PAYNE, *Isaiah 40.1–44.23*, 270; U. BERGES, *Jesaja 40–48*, 251.267-268.

[88] Cf. P. BOVATI, *Ristabilire la giustizia*, 74.

[89] Esta partícula puede crear continuidad «y ahora», o discontinuidad «pero ahora» (cf. H.A. BRONGERS, «Bemerkungen», 299; E. JENNI, «Zur Verwendung», 8-9). En el libro de Isaías aparece 15 veces normalmente contrastando la situación anterior con la actual (1,21; 5,3.5; 16,14; 28,22; 36,8.10; 37,20; 43,1; 44,1; 47,8; 48,16; 49,5; 52,5; 64,7) (cf. K. ELLIGER, *Deuterojesaja*, 292; J.N. OSWALT, *The Book of Isaiah*, 136, n.8).

po pasado a otro presente sino de una condición de devastación a una condición de salvación. Designa, pues, un dinamismo teologal análogo al de la desolación – consolación.

Los elementos que determinan la articulación retórica de 43,1-7 son la fórmula אַל תִּירָא (43,1.5) que funciona como término inicial y el binomio יצר – ברא (43,1.7) que, junto a la construcción שֵׁם + קְרָא (43,1.7), son términos extremos y forman inclusión. Ésta es una inclusión temática[90] que normalmente lleva a estructurar Is 43,1-7 en dos partes: 43,1-4 y 43,5-7[91]; ambas se inician con la fórmula "no temer" (43,1.5), motivada (43,1.5) y seguida por un anuncio de salvación (43,2-4.5b-6)[92].

— *La invitación a "no temer" y su motivación (43,1.5a.7)*

El sentido de la exhortación a no temer (אַל־תִּירָא) depende del contexto[93]. Generalmente su función es animar, consolar, crear confianza[94]. En 43,1 la expresión está precedida por «así dice Yhwh que te creó Jacob, y te formó Israel», es decir, quien dice «no temas» es Yhwh, en su cualidad de creador (ברא) y formador (יצר). De las 16 veces que aparece la raíz ברא en Is 40–55, sólo en una ocasión se refiere como aquí a Israel (cf. 43,15); de las 20 atestaciones de יצר, en 8 se aplica a la formación del pueblo (cf. 43,1.7.21; 44,2.21.24; 45,9.11; dudoso 49,8)[95]. En esta perícopa las raíces ברא y יצר alusivas a la acción creativa de Gn 1[96] están vin-

---

[90] Cf. L. ALONSO SCHÖKEL – J.L. SICRE, *Profetas*, I, 292.

[91] Cf. C. WESTERMANN, *Das Buch Jesaja*, 95; K. ELLIGER, *Deuterojesaja*, 277-278; W. BRUEGGEMANN, *Isaiah 40–66*, 52. Blenkinsopp critica la posición de los autores que consideran Is 43,1-4 e Is 43,5-7 como dos oráculos diferentes (cf. J. BLENKINSOPP, *Isaiah 40–55*, 221). Cf. otras posibilidades: J.L. KOOLE, *Isaiah 40–48*, 285; J. GOLDINGAY – D. PAYNE, *Isaiah 40.1–44.23*, 271-272.

[92] Cf. C. WESTERMANN, *Das Buch Jesaja*, 95.

[93] Para esta fórmula, cf. p. 100, n.94 y para su uso específicamente en DtIs, cf. E.W. CONRAD, «The Fear Not Oracles», 129-152.

[94] Cf. B. COSTACURTA, *La vita minacciata*, 260.

[95] Cf. B. WILLMES, «Gott erlöst», 79-80.

[96] Cf. J.N. OSWALT, *The Book of Isaiah*, 137.

culadas con una actuación histórica[97]. Por tanto, en 43,1, ברא y יצר indican que Yhwh crea a Israel en la historia, señalando una relación personal y de pertenencia con Él (Is 54,5; Sl 95,5-7)[98]. La misma idea se encuentra formando inclusión en 43,7: «todos los que llevan mi nombre y para mi gloria los *creé* (ברא), los *formé* (יצר) y los *hice* (עשה)»[99]. El v. 7 insiste en la finalidad de esta creación: «para mi gloria (לִכְבוֹדִי)»[100]. Así pues, la motivación del acto salvífico reside en Dios mismo (Ez 36,32).

El motivo presentado en Is 43,1 para no temer es triple: «porque te he redimido (גְּאַלְתִּיךָ), te he llamado por tu nombre (קָרָאתִי בְשִׁמְךָ), tú eres mío (לִי-אָתָּה)». Estas motivaciones constituyen el núcleo consolatorio de la perícopa. La primera razón consolatoria es que Israel ha sido redimido, significando la raíz גאל un acto de liberación de la esclavitud[101]. La segunda razón es que Yhwh «llama a Israel por su nombre» (קָרָאתִי בְשִׁמְךָ)[102]. Si aquí Israel es llamado por *su* nombre, en 43,7 es llamado por *el nombre de Yhwh* (כֹּל הַנִּקְרָא בִשְׁמִי). Is 43,1 acentúa el aspecto de ser llamado para una tarea o misión[103], mientras Is 43,7 subraya la per-

---

[97] Cf. C. WESTERMANN, *Das Buch Jesaja*, 96; U. BERGES, *Jesaja 40–48*, 271.

[98] Cf. C. WESTERMANN, *Das Buch Jesaja*, 95-96; Y. GITAY, *Prophecy and Persuasion*, 140; J. GOLDINGAY – D. PAYNE, *Isaiah 40.1–44.23*, 272-273.

[99] Sobre la tríade ברא – יצר – עשה, cf. C. STUHLMUELLER, *Creative Redemption*, 209-218; R. REISEL, «The Relation», 65-79.

[100] Una expresión de este tipo no existe en el AT. Ante la dificultad, Goldingay-Payne puntúan diversamente el TM: «each one who is called in my name, for my honour, whom I created, shaped, yes made» (cf. J. GOLDINGAY – D. PAYNE, *Isaiah 40.1–44.23*, 279). Berges interpreta el sintagma כֹּל הַנִּקְרָא בִשְׁמִי como un *casus pendens* y traduce en la misma línea del anterior (cf. U. BERGES, *Jesaja 40–48*, 278). Koole opina que caben dos interpretaciones. Según la primera, Yhwh se glorifica así mismo en la acción de crearlos. Según la segunda, la gloria es aquella que Israel da a Dios con su comportamiento, análogamente a la honra que los hijos deben dar a los padres (Ex 20,12; Mi 7,6; Ml 1,6; Sl 100,2; 102,19) (cf. J.L. KOOLE, *Isaiah 40–48*, 299).

[101] Cf. J.L. KOOLE, *Isaiah 40–48*, 287; U. BERGES, *Jesaja 40–48*, 271.

[102] La Lxx (ἐκάλεσά σε τὸ ὄνομά σου) y el Tg (רְבִיתָךְ בִשְׁמָךְ) indican un texto del tipo קראתיך בשמך. En base a estas variantes, el aparato crítico propone leer el verbo con suf. de 2ª pers. sg. (קראתיך) y שֵׁם con suf. de 1ª pers. sg. (בִשְׁמִי). Sin embargo, en otros lugares el verbo está asociado con שֵׁם y no tiene ningún sufijo de complemento directo (Is 7,14; 8,3; 12,4; 40,26; 41,25; 44,5; 45,3).

[103] Cf. J.L. KOOLE, *Isaiah 40–48*, 287-288.

tenencia (cf. Dt 28,10; Is 44,5; 48,1; Jr 14,9; 15,16)[104]. La tercera razón la expone el sintagma «tú eres mío» (לִי־אָתָּה, 41,9; 44,21;
49,3). Proviene del ámbito legal y designa el acto de reconocimiento del hijo[105]. Por consiguiente, el motivo que debe consolar a Israel progresa *in crescendo*: Yhwh lo ha liberado de la esclavitud, le confía una misión y le reconoce como hijo.

En 43,1 la motivación para no temer se concentra en la pertenencia; en 43,5, en cambio, el núcleo consolatorio está asociado a
la presencia: «no temas porque yo estoy contigo (כִּי אִתְּךָ־אָנִי)». En
otros pasajes deuteroisaianos la fórmula de asistencia aparece unida
a la de confortación (41,10; 43,1-2)[106]. La ausencia de temor no se
funda en la ausencia de peligros, ni en la eliminación de los obstáculos, ni tampoco en la concesión de prerrogativas o de acciones
milagrosas que eliminan las dificultades sino en la presencia cercana de Yhwh que produce consuelo (Sl 23,4).

— *La promesa de salvación (43,2-4.5b-6)*
Tras la invitación a no temer y su correspondiente motivación, tanto en 43,1-4 como en 43,5-7 aparece una promesa de
salvación. El v. 2 la formula del siguiente modo: «cuando cruces
las aguas, yo estaré contigo, la corriente no te anegará, cuando
pases por el fuego, no te quemarás, la llama no te abrasará». Dos
peligros en cierto modo opuestos: agua y fuego, que aluden al
éxodo y al fuego de 42,25 respectivamente[107].

La promesa está además garantizada en 43,3a por la misma
identidad divina: «porque yo soy Yhwh, tu Dios, el Santo de Israel,
tu salvador» (43,3a). Estas expresiones indican no sólo quién rea-

---

[104] Cf. J.N. OSWALT, *The Book of Isaiah*, 142.
[105] Cf. C. WESTERMANN, *Das Buch Jesaja*, 96; J.L. KOOLE, *Isaiah 40–48*, 288;
B. WILLMES, «Gott erlöst», 80; U. BERGES, *Jesaja 40–48*, 272.
[106] Con respecto a esta fórmula, cf. p. 100, n.95.
[107] Para algunos, este último versículo hace referencia al pasaje de la zarza ardien-
do y es símbolo de la persecución (cf. B.P. ROBINSON, «Moses», 116). Para un resumen de las distintas interpretaciones, cf. J.L. KOOLE, *Isaiah 40–48*, 289; U. BERGES,
Jesaja 40–48, 272-273.

liza la promesa: «Yhwh» (יְהוָה), «el Santo de Israel» (קְדוֹשׁ יִשְׂרָאֵל)[108] sino quién es Yhwh para Israel: «tu Dios» (אֱלֹהֶיךָ), «tu salvador» (מוֹשִׁיעֶךָ)[109]. Como en 43,1 (בֹּרַאֲךָ y יֹצֶרְךָ), el Señor se define en base a su relación con Israel, lo cual, además de ser un elemento persuasivo, es también una modalidad de gran potencia consolatoria, pues Yhwh está diciendo simultáneamente que Israel le pertenece y que Él pertenece a Israel (43,1).

En 43,4a se declara quién es Israel para el Señor: «eres precioso a mis ojos (יָקַרְתָּ בְעֵינַי), eres valioso (נִכְבַּדְתָּ) y yo te amo (וַאֲנִי אֲהַבְתִּיךָ)». La raíz יקר combinada con el sintagma בְּעֵינַי se utiliza en otros lugares para indicar la protección del débil (1Sam 26,21; 2Re 1,13; Sl 72,14)[110]: tiene entonces el mismo sentido de גאל en 43,1. Aquí está en sinonimia con el *nifal* כבד que significa «ser valioso». Ante la condición de humillación y saqueo (42,18-25), Dios revaloriza a su pueblo con los atributos de ser preciado (יקר) y valioso (כבד). A la amabilidad de Israel corresponde el amor del Señor: «y yo te amo (וַאֲנִי אֲהַבְתִּיךָ)». La raíz אהב expresa esa especial relación de Yhwh con Israel (Jr 31,3) que se concreta en la elección y la alianza (Is 41,8; Os 3,1; Sl 47,5; 78,68)[111]. El núcleo de la experiencia de consolación presentada en 43,4a reside en sentirse ennoblecido por un amor completamente gratuito.

Complementos de 43,3a y 43,4a son dos sintagmas paralelos, uno formulado en pasado «*he puesto* (נָתַתִּי) como rescate tuyo a

---

[108] La expresión קְדוֹשׁ יִשְׂרָאֵל es típica de Isaías. Aparece 13 veces en PtIs, 13 en DtIs (41,14.16.20; 43,3.14.15; 45,11; 47,4; 48,17; 49,7[x2]; 54,5; 55,5) y 2 en TtIs. Aquí se encuentra en aposición al tetragrama y subraya la trascendencia y majestad de Dios frente a los hombres. Cf. B. WILLMES, «Gott erlöst», 81.

[109] Según algunos autores, el término מוֹשִׁיעַ proviene del ámbito jurídico y corresponde al acto de rehabilitación del oprimido (cf. H.J. BOECKER, *Redeformen*, 64-66; J.F.A. SAWYER, «What Was», 480). Se discute si aquí se debe interpretar en este sentido legal (cf. J.L. KOOLE, *Isaiah 40–48*, 290-291; J. GOLDINGAY – D. PAYNE, *Isaiah 40.1–44.23*, 274-275). A nuestro juicio, esta última lectura no es pertinente, ya que ante un Israel que se reconoce culpable (42,24), Dios no actúa como el juez que salva al inocente sino como el Santo que salva de la muerte al pecador.

[110] Cf. J.L. KOOLE, *Isaiah 40–48*, 292.

[111] Cf. C. WESTERMANN, *Das Buch Jesaja*, 97.

Egipto, a Etiopía y Saba *a cambio de ti* (תַחְתֶּיךָ)» (43,3b) y otro en futuro «*pondré* (וְאֶתֵּן) a los hombres *a cambio de ti* (תַחְתֶּיךָ), a los pueblos *por tu vida* (תַחַת נַפְשֶׁךָ)» (43,4b). El término כֹּפֶר indica la compensación pecuniaria entregada como resarcimiento por una ofensa[112]. En Am 5,12 y Job 36,18 significa el don ofrecido para obtener una ventaja e incluso el soborno[113]. Ahora bien, en 43,3 dicho término no puede ser entendido así (cf. 45,13), pues la partícula תַחַת en paralelo con כֹּפֶר determina su significado[114]. Se trata de una metáfora para expresar el amor preferencial de Yhwh por Israel[115].

En 43,5b-6 la promesa se concentra en el motivo de la reunión de Israel: «*desde oriente* (מִמִּזְרָח) traeré a tu estirpe, *desde occidente* (מִמַּעֲרָב) te reuniré» (43,5b); «diré *al norte* (לַצָּפוֹן): "entrégalo"; *al sur* (לְתֵימָן): "no lo retengas"» (43,6a), para concluir: «tráeme a mis hijos de lejos y a mis hijas del confín de la tierra"» (43,6b). La mención de los cuatro puntos cardinales subraya el carácter de total dispersión en que se encuentra Israel[116], al mismo tiempo que pone de manifiesto la potencia amorosa de Dios que es capaz de encontrar y unificar lo que está completamente disperso. En el momento histórico del exilio, cuando el pueblo está diseminado y sin tierra, esta capacidad congregadora de Yhwh constituye un gran elemento consolatorio para Israel. Como un padre Yhwh reúne a sus «hijos» (בָּנַי) e «hijas» (בְּנוֹתַי) (Ex 4,22-23; Os 11,1). El texto, de nuevo, pone en relación la creación y la paternidad, elementos centrales de la promesa de consolación en 43,1-7.

---

[112] Cf. P. BOVATI, *Ristabilire la giustizia*, 178.

[113] Cf. *id.*, 178-181.

[114] Cf. D. VIEWEGER – A. BÖCKLER, «Ich gebe», 598-599; J.L. KOOLE, *Isaiah 40–48*, 291-292.

[115] Según Stuhlmueller, es imagen de la redención (cf. C. STUHLMUELLER, *Creative Redemption*, 113; B. WILLMES, «Gott erlöst», 86). Otros autores relacionan כֹּפֶר con las expresiones de ofrenda de 53,10-12 (cf. D. VIEWEGER – A. BÖCKLER, «Ich gebe», 597).

[116] El vocabulario utilizado contiene, según Wyatt, matices de la mitología. Cf. N. WYATT, «Sea and Desert», 377-378.

1.2.3 La relación entre Is 42,18-25 e Is 43,1-7

Existe una correlación entre el oráculo acusatorio de 42,18-25 y la promesa salvífica de 43,1-7, cuyo elemento formal está constituido por la partícula וְעַתָּה. Otros elementos textuales confirman la relación de 42,18-25 con 43,1-7, corroborando la tesis de que estas perícopas no pueden comprenderse independientemente. Por ejemplo, el tema del «quemar» (בער) aparece en 42,25 y en 43,2; los términos de despojo y saqueo en 42,22-24 (בזז y מסה) contrastan con los de aprecio en 43,4 (יקר y כבד); la expresión נתן + לִמְשִׂסָּה / לָבֹזֵים de 42,24 está relacionada con נתן + כֹפֶר / תַּחַת (43,3b; 43,4b), contraponiendo la situación negativa de Is 42,18-25 y aquella positiva de Is 43,1-7; ante las aserciones de 42,22 «no hay *quien le libere* (מַצִּיל)» y «no hay *quien le diga* (אֹמֵר): "*restituid*" (הָשֵׁב)», 43,3 responde presentando a Yhwh como «tu salvador» (מוֹשִׁיעֶךָ) y 43,6 como aquel que «dice (אֹמֵר) al norte: "*dádmelo*" (תֵּנִי), y al sur: "*no lo retengas*" (אַל־תִּכְלָאִי)».

Estos elementos formales confirman una relación de oposición entre 42,18-25 y 43,1-7. Ahora bien, las dos situaciones (negativa y positiva) no se yuxtaponen simplemente; están articuladas y, en consecuencia, son inseparables. La oposición entre ambas hace del sufrimiento el punto necesario a partir del cual aflora la promesa[117]. Por eso, el paso de una a otra no se realiza por la eliminación de una de ellas; no se accede a la condición salvífica sin pasar por el sufrimiento y el sufrimiento es el lugar teológico a partir del cual brota la promesa.

La salvación no anula los elementos de la hostilidad, pues expresiones como «no temas» (43,1.5) o el elemento del fuego (43,2), señalan el peligro. La adversidad no desaparece, pero sin embargo, se afronta con una certeza nueva: la presencia y asistencia del Señor (43,1.5). Este elemento positivo ofrece una nueva clave de comprensión diametralmente opuesta a la incapacidad de lectura expresado por la ceguera y la sordera (42,18-19). La integración de la experiencia de sufrimiento y la fe renovada en Yhwh como padre y creador son la llave de acceso a la promesa.

---

[117] Cf. P. BEAUCHAMP, «Propositions», 193; A. BORGHINO, *La «Nuova Alleanza»*, 369.

* * *

La desolación es representada como una condición de sordera y de ceguera (42,18-20), una circunstancia de saqueo y de prisión (42,21-23), consecuencia de la ira y de la punición de Yhwh (42,24-25). Cada uno de estos términos asigna una connotación distinta a la experiencia de aflicción: mientras que la primera subraya la situación interior de incapacidad para percibir la realidad, la segunda y la tercera acentúan la dimensión exterior de impotencia, abandono, carencia de libertad, hostilidad y humillación. La promesa salvífica, por el contrario, se diseña mediante un vocabulario pródigo de expresiones de predilección (43,1.4.7) y asistencia cercana de Yhwh (43,2.5-6). La articulación de los pasajes operada por el profeta pone de manifesto que no son dos momentos que se subsiguen en el tiempo sin relación alguna ni tampoco son completamente separables en sus elementos; la consolación brota del sufrimiento.

1.3 Objeciones a la elección y misión de Ciro: Is 45,9-13

La perícopa Is 45,9-13 forma parte de la secuencia 44,24–45,25 dedicada a Ciro[118]. Tras la aparición del rey persa (44,24-28) y la descripción de su misión (45,1-4), en el v. 9 comienza una disputa (45,9-13)[119] referida a la decisión del Señor de elegir a Ciro como instrumento para liberar a Israel, seguida

---

[118] Además de Is 44,24-28; 45,1-7; 45,9-13, Elliger cataloga Is 41,21-29; 42,5-9; 46,9-11; 48,12-15 dentro del grupo de poemas referidos a Ciro (cf. K. ELLIGER, *Deuterojesaja*, 117). Sobre la extensión, unidad, delimitación y elementos estructurantes de 44,24–45,25, cf. J. GOLDINGAY – D. PAYNE, *Isaiah 44.24–55.13*, 1-3; U. BERGES, *Jesaja 40–48*, 370-371.

[119] La mayor parte de autores considera 45,9-13 una unidad literaria. Cf. C. WESTERMANN, *Das Buch Jesaja*, 133-134; J.L. KOOLE, *Isaiah 40–48*, 448-451; W. BRUEGGEMANN, *Isaiah 40–66*, 78-80; J.N. OSWALT, *The Book of Isaiah*, 206-207; J. BLENKINSOPP, *Isaiah 40–55*, 250.252; J. GOLDINGAY – D. PAYNE, *Isaiah 44.24–55.13*, 31-33; U. BERGES, *Jesaja 40–48*, 409. Alonso Schökel y Sicre alargan el pasaje hasta el v. 15 (cf. L. ALONSO SCHÖKEL – J.L. SICRE, *Profetas*, I, 302) y Leene incluso hasta el v. 25 (cf. H. LEENE, «Universalism», 323-334).

de una extensa unidad (45,14-25) concentrada en la afirmación monoteísta[120]: Yhwh es el único Dios, nada escapa a sus planes[121]. Situado en el medio de esta secuencia, nuestro pasaje está relacionado con la misma. El estudio de Is 45,9-13 solamente afrontará dos puntos conectados al objetivo del presente capítulo: las objeciones de Israel y la respuesta de Yhwh.

1.3.1 Objeciones implícitas a la perícopa

El estudio de las perícopas 40,12-31 y 42,18–43,7 ha evidenciado algunas de las objeciones que el pueblo hace a Yhwh. En 40,27 la dificultad principal estriba en que Yhwh ha abandonado a su pueblo y no quiere o no puede liberarlo. El cansancio y desesperanza que brota de la falta de confianza en el Señor conduce a la fabricación de la propia salvación, o sea la idolatría. Análogamente, 42,18-25 deja vislumbrar una acusación implícita: el Señor es ciego y sordo al sufrimiento de su pueblo. La perícopa de 45,9-13 también introduce una imputación contra Yhwh sobre el modo de poner en acto su salvación.

— *Articulación y argumentación del texto*

Antes de llegar a la formulación de la queja, es necesario que hagamos algunas consideraciones sobre la articulación y el modo de argumentar del texto. La unidad 45,9-13 normalmente se subdivide en 45,9-10 y 45,11-13[122], división que responde tanto al

---

[120] Generalmente 45,14-25 se subdivide en: a) 45,14-17 y 18-25 (cf. J.L. KOOLE, *Isaiah 40–48*, 463.473-474; J. GOLDINGAY − D. PAYNE, *Isaiah 44.24–55.13*, 41.49); b) 45,14-17; 18-19; 20-25 (cf. C. WESTERMANN, *Das Buch Jesaja*, 137.139.141); c) 45,14-17; 18-19; 20-21; 22-23; 24-25 (cf. W. BRUEGGEMANN, *Isaiah 40–66*, 80-85); d) 45,14-19; 20-25 (cf. J.N. OSWALT, *The Book of Isaiah*, 211.219; J. BLENKINSOPP, *Isaiah 40–55*, 255.260).

[121] Cf. M.C. LIND, «Monotheism», 432-446; H. KLEIN, «Der Beweis», 267-273.

[122] Cf. C. WESTERMANN, *Das Buch Jesaja*, 134; B.D. NAIDOFF, «The Two-Fold Structure», 185; J. BLENKINSOPP, *Isaiah 40–55*, 252; J. GOLDINGAY − D. PAYNE, *Isaiah 44.24–55.13*, 31-33; U. BERGES, *Jesaja 40–48*, 407-408.

TM[123] como a consideraciones de tipo diacrónico[124] o sincrónico[125]. En el v. 11 se vuelven a repetir algunos lexemas que funcionan como términos iniciales[126]. La disposición retórica de 45,9-10 está articulada por la repetición de la partícula הוֹי al comienzo de ambos versículos, y dentro de los mismos por las interrogaciones con מַה[127]. La estructura de 45,11-13 está determinada por la triple aparición del pronombre אָנֹכִי / אֲנִי al inicio de cada proposición de 45,12-13a en oposión al pronombre הוּא de 45,13b[128].

El género literario es la disputa[129] y por lo tanto el modo de argüir responde a los parámetros de este género. Naidoff sostiene que aquí se trata de dos polémicas, en las que la conclusión de la primera (45,11) coincide con el inicio de la segunda[130]. En su opinión, la argumentación sigue el siguiente razonamiento: así como la arcilla no pone en cuestión la obra del artesano (45,9), ni los hijos la generación de los padres (45,10), tampoco se puede cuestionar la acción de Yhwh (45,11). Luego, ¿está justificada la querella contra Yhwh? (45,11). Respuesta: si Dios es el creador (45,12-13a), tiene derecho a elegir a Ciro (45,13b) para llevar a cabo su propósito (45,13c)[131].

---

[123] Al separar los vv. 8-10 por una *setûmāh* y colocar una *petûḥāh* tras el v. 13, el TM considera 45,11-13 una unidad. Cf. al respecto J. GOLDINGAY – D. PAYNE, *Isaiah 44.24–55.13*, 31-32.

[124] Para algunos exegetas, Is 45,9-13 es el resultado de la cohesión de dos unidades distintas: Is 45,9-10 e Is 45,1-13. Ésta última es la que se considera auténticamente deuteroisaiana. Cf. K. ELLIGER, *Deuterojesaja in seinem Verhältnis*, 179-183; C. WESTERMANN, *Das Buch Jesaja*, 134.

[125] Cf. B.D. NAIDOFF, «The Two-Fold Structure», 183.185; J. GOLDINGAY – D. PAYNE, *Isaiah 44.24–55.13*, 32.

[126] Por ejemplo: יצר (45,9.11); פעל (45,9.11); אמר (45,9.11); יָד (45,9.11). Algunos de estos lexemas aparecen en 45,11-13: אמר (45,11.13); יָד (45,11.12); צוה (45,11.12).

[127] Cf. U. BERGES, *Jesaja 40–48*, 410.

[128] Cf. B.D. NAIDOFF, «The Two-Fold Structure», 184; J. GOLDINGAY – D. PAYNE, *Isaiah 44.24–55.13*, 32.

[129] Cf. J. BEGRICH, *Studien zu Deuterojesaja*, 42; B.D. NAIDOFF, «The Two-Fold Structure», 180; J. BLENKINSOPP, *Isaiah 40–55*, 252; J. GOLDINGAY – D. PAYNE, *Isaiah 44.24–55.13*, 33.

[130] Cf. B.D. NAIDOFF, «The Two-Fold Structure», 184-185; cf. también R.F. MELUGIN, *The Formation*, 30.

[131] Según Naidoff, el modo de argumentar varía del esquema normal compuesto por tres pasos: la afirmación sobre la materia de la disputa; las bases; la conclusión. En 45,9-10 falta el primer paso. Cf. B.D. NAIDOFF, «The Two-Fold Structure», 181.

— *Objeciones a las que responde el texto*
Si bien el texto no formula explícitamente las objeciones, el carácter polémico de la perícopa pone de manifiesto que tras la disputa de la que es garante Yhwh, existe una neta oposición en referencia a su modalidad de actuación. Ahora bien, dependiendo de quién sea el referente, el tipo de conflicto varía.

Algunos exegetas consideran que se trata de una polémica de Yhwh contra las naciones o sus dioses[132]. Tanto unos como otros atribuyen la liberación de Israel a la victoria del rey persa y no al Señor. Según esta lectura, el texto procura responder a la duda sobre la capacidad salvífica de Yhwh, su control sobre la historia, su especial predilección por Israel. Otros autores, sin embargo, consideran que el litigio va dirigido contra Israel[133]. En este caso, el conflicto del pasaje descansa no tanto sobre la soberanía de Yhwh como sobre su libertad. El Señor es libre para elegir como instrumento a un rey pagano y esto es motivo de escándalo.

Las razones que apoyan la primera opción son los imperativos de 45,11: «preguntadme» (שְׁאָלוּנִי) y «mandadme» (תְּצַוֻּנִי). Estos recuerdan otros pasajes deuteroisaianos de pleito contra los dioses, donde se invita a las divinidades a anunciar los acontecimientos futuros (41,22-23). En ellos, Yhwh manifiesta siempre una particular interés en recalcar que Él es quien los había predicho y también suscitado (41,25)[134]. Por esta razón, aludiendo a «las cosas que vendrán» (הָאֹתִיּוֹת), Is 45,11 señala de alguna manera la predicción de Yhwh sobre el futuro triunfo del rey persa. El problema es que aquí «las cosas que vendrán» se refieren al

---

[132] Cf. K. ELLIGER, *Deuterojesaja in seinem Verhältnis*, 180-181; H. LEENE, «Universalism», 319-320. Según Westermann, la unidad de 45,11-13 justifica pensar en ese tipo de polémica. Es, sin embargo, 45,9 lo que determina que el interlocutor de Yhwh sea Israel (cf. C. WESTERMANN, *Das Buch Jesaja*, 134).

[133] Cf. P.-E. BONNARD, *Le Second Isaïe*, 174; L. ALONSO SCHÖKEL – J.L. SICRE, *Profetas*, I, 302; J.L. KOOLE, *Isaiah 40–48*, 450-451; W. BRUEGGEMANN, *Isaiah 40–66*, 78-79; J.N. OSWALT, *The Book of Isaiah*, 208.

[134] Este mismo tipo de argumentación aparece en 41,1-7.

pueblo, «sobre mis hijos» (עַל־בָּנַי)[135], y esto es más propio de las polémicas de Yhwh contra Israel (42,18-25; 43,22-28)[136].

Los argumentos que favorecen la segunda opción son la imagen de la arcilla y el alfarero; Dios es el formador de su pueblo (יצר, 43,1.7.21; 44,2.21.24). En otros lugares del AT ambas aparecen como metáforas de Yhwh e Israel (Is 29,16; 64,6-7; Jr 18,1-6). También los términos «hijo» e «hija» (45,11) y sus correlativos «padre» y «madre» expresan en Is 40–55 la relación de Dios (42,14; 43,6; 49,15) o de Jerusalén con Israel (49,20-21.25; 51,18; 54,1-2)[137]. El hecho de que las unidades 44,24-28 y 45,1-7 tienden a justificar la elección de Ciro como ungido y liberador de Israel, conduce a pensar que dicha elección no fuera pacíficamente aceptada por el pueblo y, en consecuencia, que 45,9-13 sea una disputa entre Yhwh e Israel.

Debido a que existen razones convincentes para optar por una u otra opción, concluimos que el v. 11 opera una síntesis no sólo lexical sino también entre dos géneros literarios: la disputa contra los dioses y la disputa contra Israel. Si aceptamos como válidas las dos posiciones, dos son las objeciones intrínsecas al texto: a) la victoria de Ciro significa la supremacía de los dioses persas sobre Yhwh; b) presuponiendo que el éxito de Ciro no escapa al control del Señor, la dificultad es la siguiente ¿por qué escoger un rey pagano como instrumento de liberación de Israel?

1.3.2 La respuesta de Yhwh a las objeciones

La respuesta de Yhwh se desarrolla en dos momentos estrechamente relacionados: la contestación explícita que proporciona las claves de lectura del evento histórico de Ciro (45,12-13)

---

[135] La LXX, sin embargo, no relaciona הָאֹתִיּוֹת con שְׁאָלוּנִי sino con יְצָרוֹ. En vez del part. הָאֹתִיּוֹת, 1QIsaᵃ y la Peshitta presentan el sustantivo אוֹת. Para una síntesis de las distintas soluciones, enmiendas e interpretación del texto, cf. J.L. KOOLE, *Isaiah 40–48*, 456-457; J. GOLDINGAY – D. PAYNE, *Isaiah 44.24–55.13*, 37-39; U. BERGES, *Jesaja 40–48*, 370.

[136] Cf. B.D. NAIDOFF, «The Two-Fold Structure», 182.

[137] Cf. J.J. SCHMITT, «The Motherhood of God», 557-569.

y la contestación implícita que constituye el grueso de la argumentación (45,9-11). Ésta última está orientada a vencer las resistencias de Israel y prepara el terreno para que el pueblo pueda abrirse al anuncio de 45,12-13.

— *La libertad divina*

Yhwh es absolutamente libre en su forma de actuar[138]. Esta afirmación no aparece explícitamente, pero se deduce del razonamiento con que se conduce al interlocutor a reconocer su posición incoherente[139].

La discusión se introduce con un par de ayes (הוֹי): «¡*Ay*! de quien pleitea con su artífice [...] ¡*ay*! del que le dice al padre» (45,9-10). La partícula הוֹי confiere al discurso una tonalidad de juicio[140]. Se utiliza el mismo recurso de 40,27, o sea citar en estilo directo lo que se está diciendo: «Acaso dice la arcilla a su artífice: "*¿Qué* (מַה) haces?*", y: "tu obra no tiene asas"»[141]. ¡*Ay*! de quien dice al padre: "*¿por qué* (מַה) engendras?*", o a la mujer: "*¿por qué* (מַה) te retuerces?*"». Las preguntas acusatorias con מַה especifican en qué consiste la problemática. A diferencia de 40,12-31 y 42,18-25 aquí no se cuestiona la inoperancia divina sino su modo de actuar: *¿por qué?*.

En el v. 11 se decodifican las imágenes de 45,9-10: «así dice Yhwh, el santo de Israel, su artífice: preguntadme por las cosas que vendrán *sobre mis hijos* (עַל־בָּנַי) y *sobre la obra de mis manos* (וְעַל־פֹּעַל יָדַי) mandadme». Los hijos se asocian a la imagen de paternidad-maternidad (45,10), mientras «la obra de mis manos» al tema de la arcilla-alfarero (45,9). Los imperativos contienen una cierta iro-

---

[138] Cf. J. BLENKINSOPP, *Isaiah 40–55*, 253.

[139] Cf. F. DELITZSCH, *Commentar*, 462; P.E. BONNARD, *Le Second Isaïe*, 174.

[140] Sobre esta partícula, cf. E. GERSTENBERGER, «The Woe-Oracles», 249-263; R.J. CLIFFORD, «The Use of HÔY», 458-464; W. JANZEN, *Mourning*, 81-91; H. -J. KRAUSE, «hôj», 15-46; D.R. HILLERS, «Hôy», 185-188.

[141] Sobre las variantes e interpretación de este versículo, cf. D. BARTHÉLEMY, *Critique textuelle*, II, 338-340; J.L. KOOLE, *Isaiah 40–48*, 451-454; J. GOLDINGAY – D. PAYNE, *Isaiah 44.24–55.13*, 33-36; U. BERGES, *Jesaja 40–48*, 369-370.

nía «preguntadme» (שְׁאָלוּנִי) y «mandadme» (תְּצַוֻּנִי)[142] que provoca al interlocutor, ya que presuponen la existencia tanto de resistencias como de una lectura alternativa a la de Yhwh.

En el estudio de las perícopas anteriores hemos visto cómo el profeta se esfuerza por demostrar que el exilio no ha escapado al control de Dios. Análogamente aquí la liberación en manos de un pagano no es fruto de la casualidad sino que responde al querer y absoluta libertad divina. Por eso, el fin de la trama deuteroisaina no coincide con el término del exilio. Israel tiene que comprender y convencerse. La situación externa, positiva o negativa, no es lo que determina la interpretación de Israel. El problema fundamental es aceptar la libertad de Dios que se configura diversamente del modo de pensar humano (Is 55,8-9).

— *La misión que Yhwh confía a Ciro*

La argumentación de 45,9-11 constituye un primer momento de la respuesta que en 45,13 se formula explícitamente. Los vv. 12-13 se articulan con el triple אָנֹכִי: «*yo* (אָנֹכִי) hice la tierra y creé sobre ella al hombre; *mis propias* (אֲנִי)[143] manos desplegaron el cielo y doy órdenes a todo su ejército; *yo* (אָנֹכִי) le he suscitado justamente y allanaré todos sus caminos» (45,12-13a), que está en relación de oposición con el pronombre הוא de 45,13b: «*él* (הוא) reconstruirá mi ciudad, libertará a mis deportados sin

---

[142] El imperativo *qal* שְׁאָלוּנִי está vocalizado como un perfecto o enmendado como imperfecto por haplografía de la ת con el término que precede (הָאֹתִיּוֹת) (cf. P.W. Skehan, «Some Textual Problems», 54-55; H. Leene, «Universalism», 315). Si se mantiene el TM, la forma imperativa puede tener aquí un sentido irónico (cf. Ges-K § 110a) o permisivo (cf. Ges-K § 110b). El *yiqtol* תְּצַוֻּנִי que le sigue favorecería la primera posibilidad (cf. J. Goldingay – D. Payne, *Isaiah 44.24–55.13*, 38). Otros exegetas, sin embargo, consideran que, en vez de traducir el verbo por un imperativo, se debe entender 45,11 como una continuación de las preguntas retóricas de 45,9-10 (cf. L. Alonso Schökel – J.L. Sicre, *Profetas*, I, 302; B.D. Naidoff, «The Two-Fold Structure», 182, n.8).

[143] El pronombre אֲנִי no concuerda con el verbo en 3ª pers. pl. נָטוּ, cuyo sujeto sería יָדַי. La LXX traduce יָדַי como un dativo: «con mis manos» (τῇ χειρί μου) y el verbo נטה en 1ª pers. sg. (ἐστερέωσα). No obstante, el pronombre אֲנִי en posición enfática puede tener la función de reforzar el sufijo: «con mis propias manos». Cf. J. Goldingay – D. Payne, *Isaiah 44.24–55.13*, 39-40.

precio ni soborno, dice el Señor de los ejércitos». Si en las primeras frases con אָנֹכִי se describe la relación de Yhwh con Ciro (45,12-13a), en la última con הוּא se define la misión del rey persa en referencia a Israel (45,13b).

Los dos primeros sintagmas de 45,12 retoman algunos términos de 45,9-11: el lexema אָדָם alude a אֲדָמָה de 45,9 y la raíz צוה a 45,11. Con esta alusión a 45,9-11, el v. 12 podría indicar que Dios es también el creador de Ciro. Esta primera relación de criatura a creador se estrecha al designarle para una misión: «yo le he suscitado justamente[144] y allanaré todos sus caminos». Yhwh no sólo «le suscita» sino también le asiste. La misión que se le confía es la de reconstruir Jerusalén; un sintagma análogo aparece en 44,28 referido a Dios[145]. La vuelta de los exiliados aparece también por primera vez aquí asociada a la misión del rey persa[146]. Y esto se dice que será «sin precio (לֹא בִמְחִיר) ni soborno (וְלֹא בְשֹׁחַד)», es decir, no traerá ninguna ventaja[147].

La especial relación de Ciro con Yhwh se prepara en las perícopas precedentes (44,24-28 y 45,1-7), donde es denominado: «mi pastor» (רֹעִי, 44,28) y «ungido» (מְשִׁיחוֹ, 45,1), términos referentes a la realeza[148]. Simultáneamente a estos títulos se apunta que Ciro «no conoce a Yhwh» (45,4.5), él es un mero instrumento para llevar a cabo sus planes[149]. La alusión entonces a su persona tiene la finalidad no tanto de ensalzar al personaje como de reforzar el monoteísmo[150]. La iniciativa a favor de su pueblo parte exclusivamente del Señor; «el pueblo escogido es centro

---

[144] Koole en cambio traduce בְּצֶדֶק, «para la victoria», ya que la expresión siguiente «allanar sus caminos» (וְכָל־דְּרָכָיו אֲיַשֵּׁר) puede significar metafóricamente «tener éxito» (cf. J.L. KOOLE, *Isaiah 40–48*, 460). Nosotros optamos por una forma adverbial.

[145] Sobre la misión de Ciro, cf. J.C. WHITCOMB, «Cyrus», 395-401.

[146] Cf. J.L. KOOLE, *Isaiah 40–48*, 461.

[147] Cf. C. WESTERMANN, *Das Buch Jesaja*, 137; J.L. KOOLE, *Isaiah 40–48*, 461-462; J. GOLDINGAY – D. PAYNE, *Isaiah 44.24–55.13*, 41; U. BERGES, *Jesaja 40–48*, 416.

[148] Cf. M.C. LIND, «Monotheism», 438. Sobre el mesianismo de Ciro, cf. la reciente monografía de R. HESKETT, *Messianism*, 15-37.

[149] Cf. J.L. KOOLE, *Isaiah 40–48*, 438.

[150] Cf. M.C. LIND, «Monotheism», 438-442.

de la historia de salvación, pero no límite»[151]. Yhwh puede escoger personajes que se encuentran fuera de Israel.

Si el Señor hubiera liberado a su pueblo con signos espectaculares como en el éxodo, la prueba sería inexorable. Sin embargo, ante la conquista del rey persa cabe la sospecha de que Yhwh se esté atribuyendo un evento del que ha sido ajeno. DtIs insiste que *ʾādōnāy* lo había predicho y otorga a Ciro atributos propios de los reyes. Indicando a través de esta modalidad expresiva no sólo que lo había anunciado sino que Él mismo lo ha suscitado; es conforme a su querer y lo sostiene.

* * *

La desolación como situación causada por un elemento externo no aparece en la perícopa. Se presenta, por el contrario, una situación favorable: la liberación del Ciro. El texto, a través de las imágenes de la arcilla y los hijos, ridiculiza esta actitud poniendo de manifiesto el meollo del problema: la aceptación de la libertad de Yhwh y de su modo de llevar a cabo la liberación. Como en los otros pasajes, la determinación divina no es suficiente como tampoco lo es que la salvación puesta en marcha se esté ya realizando. Israel debe aceptar la mediación y comprender la modalidad con la que Dios actúa en la historia, aunque choque con sus esquemas y ponga en crisis sus principios.

La consolación puede llegar a través de un rey pagano y esto hay que acogerlo como una mediación legítima puesta en marcha por Yhwh. El hecho de que el Señor se sirva de Ciro, un rey que no le conoce (Is 45,4.5), constituye ciertamente una dificultad para Israel, pero también una prueba de la potencia salvífica de Yhwh que supera los confines de su pueblo y opera en la historia universal. Por eso, para quien acepta la palabra del profeta, se abre la posibilidad de un reconocimiento mayor de la supremacía del Señor y un reforzamiento de su fe y de su esperanza en Él. Fe y esperanza, son elementos esenciales en la experiencia de consolación.

---

[151] Cf. L. ALONSO SCHÖKEL – J.L. SICRE, *Profetas*, I, 301.

▓ 2. El tema de la consolación en Is 49,1–52,12

Al inicio del capítulo señalábamos algunos elementos eviden-
ciados por la exégesis que permitían considerar Is 40–48 e
Is 49–55 dos sub-secciones. De ahí nuestra división del capítulo en
dos grandes apartados. También a la hora de elegir las perícopas
que íbamos a estudiar en Is 40–48 tuvimos en cuenta las características compositivas de dicha sub-sección y los ejes temáticos propios de la misma. Igualmente ahora, como criterio de elección,
consideramos uno de los elementos compositivos más característicos de Is 49–55, la alternancia siervo-Sión[152]. Hemos escogido, por
eso, como objeto de nuestro análisis un texto referido al siervo
(Is 50,4-11) y otro a Jerusalén (Is 51,17-23). El objetivo de la exégesis es evidenciar la terminología e imaginería de la consolación
o de su antónimo en estos pasajes, así como su articulación y las
estrategias puestas en acto por el profeta. Una segunda atención
apunta a constatar una ligera disminución de la intesidad apologé-
tica y apodíctica de esta sub-sección con respecto a Is 40–48.

2.1 Una palabra de aliento: Is 50,4-11

La delimitación del denominado tercer canto del siervo no es
un dato consensuado. La exégesis oscila entre 50,4-9[153] y 50,4-11[154].

---

[152] Cf. siervo (49,1-13) – Sión (49,14–50,3) – siervo (50,4-11) – Sión (51,1–52,12)
– siervo (52,13–53,12) – Sión (54,1-17). Cf. J.F.A. SAWYER, «Daugther», 89-107;
P.T. WILLEY, «The Servant», 280-296; A. BORGHINO, La «Nuova Alleanza», 381-403.

[153] Cf. B. DUHM, Das Buch Jesaja, 350; P. VOLZ, Jesaja II, 159.162; G. FOHRER, Das
Buch Jesaja III, 136-137.140; C. WESTERMANN, Das Buch Jesaja, 182-183; L. ALONSO
SCHÖKEL – J.L. SICRE, Profetas, I, 320-321; W. BRUEGGEMANN, Isaiah 40–66, 121;
J.L. KOOLE, Isaiah 49–55, 100; J.N. OSWALT, The Book of Isaiah, 320-322. Algunos fina-
lizan la perícopa en 50,9a, cf. por ejemplo: E. VOGT, «Die Ebed», 778; P.-E. DION, «Les
chants» 22; R.P. MERENDINO, «Allein und einzig Gottes», 344-348.

[154] Cf. O. KAISER, Der königliche Knecht, 67-68; J.L. MCKENZIE, Second Isaiah, 115-116;
P.-E. BONNARD, Le Second Isaïe, 233; F.D. LINDSEY, «The Commitment», 216-217;
T.N.D. METTINGER, A Farewell, 33-34; J.A. MOTYER, Prophecy, 398; P.T. WILLEY, Remember,
211-212; K. BALTZER, Deutero-Jesaja, 426; J. BLENKINSOPP, Isaiah 40–55, 319; J.W. ADAMS,
The Performative Nature, 162-163; J. GOLDINGAY –D. PAYNE, Isaiah 44.24–55.13, 205.

Dada la división del TM, nosotros optamos por la última posibilidad. El comienzo *exabrupto* de Is 50,4 también plantea problemas respecto a su relación con el contexto precedente[155]. En referencia al género literario se considera una lamentación individual (*Klagelied*)[156] o un salmo de confianza (*Vertrauenspsalm*)[157]. Algunos exegetas señalan conexiones con las confesiones de Jeremías[158].

La articulación de la perícopa está determinada por el cambio de interlocutor, pues se pasa de la 1ª pers. sg. (50,4-9) a la 3ª pers. sg. (50,10-11). En la primera parte el siervo habla de su sufrimiento y de la confianza en Yhwh, en la segunda el Señor interviene hablando sobre el juicio que acontecerá a los enemigos[159]. La estructura de 50,4-9 se puede subdividir ulteriormente en 50,4-7 y 50,8-9[160]. Respecto a nuestro estudio, nos centramos sólo en las expresiones que hacen referencia a la dimensión corporal y en el aspecto de simultaneidad entre la condición de desolación y la confianza en Yhwh.

---

[155] Sobre este punto, cf. P.T. WILLEY, *Remember*, 222-226; J.L. KOOLE, *Isaiah 49–55*, 102-103; H. SIMIAN-YOFRE, *Sofferenza dell'uomo*, 199-200; J. GOLDINGAY – D. PAYNE, *Isaiah 44.24–55.13*, 205-206.

[156] Cf. J. BEGRICH, *Studien zu Deuterojesaja*, 48.

[157] Cf. K. ELLIGER, *Deuterojesaja in seinem Verhältnis*, 34; O. KAISER, *Der königliche Knecht*, 68-69; C. WESTERMANN, *Das Buch Jesaja*, 183; J. GOLDINGAY – D. PAYNE, *Isaiah 44.24–55.13*, 207. Según J.L. KOOLE, *Isaiah 49–55*, 103, el género de Is 50,4-9 no tiene paralelo en la BH.

[158] Cf. C. WESTERMANN, *Das Buch Jesaja*, 183-184; P.-E. BONNARD, *Le Second Isaïe*, 233; L. ALONSO SCHÖKEL – J.L. SICRE, *Profetas*, I, 320; J. BLENKINSOPP, *Isaiah 40–55*, 320. P.T. Willey, sin embargo, encuentra conexiones con Lm 3 (cf. P.T. WILLEY, *Remember*, 214-219).

[159] Cf. R.F. MELUGIN, *The Formation*, 152. Además del cambio de persona, la expresión אֲדֹנָי יְהוִה sólo aparece en 50,4-9 (vv. 4.5.7.9), mientras las partículas מִי y הֵן conectan 50,8-9 con 50,10-11.

[160] Para otras posibilidades, cf. J.L. KOOLE, *Isaiah 49–55*, 104.

2.1.1 La dimensión corporal del sufrimiento: Is 50,4-9

Un buen número de autores señala la disposición concéntrica de 50,4-5a[161]. A nuestro juicio, el paralelismo sintáctico entre 50,4a y 50,5a no marca una inclusión. Con 50,5a se da inicio a otro segmento[162], pues cada versículo desemboca en un resultado distinto. En 50,4 el resultado es positivo: «para saber cómo sostener al cansado» y en 50,5-7 es negativo: «yo no me resistí, no me eché atrás; ofrecí la espalda a los que me apaleaban, las mejillas a los que mesaban la barba; no me tapé el rostro a ultrajes y salivazos. El Señor Yhwh me ayuda, por eso no me acobardaba; por eso endurecí el rostro como perdenal, sabiendo que no quedaría defraudado»[163].

Los elementos corporales que aparecen en cada segmento son: la «lengua» (לְשׁוֹן) y el «oído» (אֹזֶן) en 50,4; el «oído» (אֹזֶן), la «espalda» (גֵּוִי), las «mejillas» (לְחִי), el «rostro» (פָנֶה) en 50,5-7. Como apuntamos en el segundo capítulo, la desolación tiene una manifestación somática que es indicadora del drama interno que el sujeto está viviendo[164]. Aquí la causa es externa y, por lo tanto, no se trata de un fenómeno de somatización sino de la vejación de un ser humano. No obstante, no deja de sorprender la insistencia del texto sobre los órganos corporales implicados.

---

[161] Cf. H. SIMIAN-YOFRE, *Sofferenza dell'uomo*, 202; J.W. ADAMS, *The Performative Nature*, 166; J. GOLDINGAY – D. PAYNE, *Isaiah 44.24–55.13*, 208. La estructura concéntrica sería: A) el Señor, Yhwh me ha dado lengua de discípulo; B) para saber cómo sostener al cansado; C) despierta una palabra; D) por la mañana; D') por la mañana; C') despierta el oído; B') para escuchar como el discípulo; A') el Señor Yhwh me ha abierto el oído.

[162] Cf. el paralelismo sintáctico:

50,4a אֲדֹנָי יְהוִה + *qatal* (נָתַן) + prep. לִי + órgano de los sentidos (לְשׁוֹן לִמּוּדִים)

50,5a אֲדֹנָי יְהוִה + *qatal* (פָּתַח) + prep. לִי + órgano de los sentidos (אֹזֶן).

[163] Como observa Simian-Yofre, Is 50,5-7 está formado por cinco proposiciones negativas en 1ª pers. sg. intercaladas con afirmaciones positivas: «yo *no* (לֹא) me resistí, *no* (לֹא) me eché atrás; ofrecí la espalda […] las mejillas […] *no* (לֹא) me tapé el rostro […] el Señor Yhwh me ayuda, por eso *no* (לֹא) me acobardaba; por eso endurecí el rostro […] sabiendo que *no* (לֹא) quedaría defraudado». Cf. H. SIMIAN-YOFRE, *Sofferenza dell'uomo*, 202.

— *La lengua y el oído del discípulo*

El v. 4 nombra explícitamente dos órganos de los sentidos: la *lengua* (לָשׁוֹן) y el *oído* (אֹזֶן), ambos relacionados por el fenómeno de la palabra. El versículo se abre con la afirmación «el Señor Yhwh me ha dado una lengua de *discípulo* (לִמּוּדִים)», y se cierra con la inclusión «y oído para que escuche como *discípulo* (כַּלִּמּוּדִים)». Lengua y oído se caracterizan entonces por pertenecer a un discípulo (לִמּוּדִים)[165]. Las dos veces que aparece לִמּוּד en Jeremías (Jr 2,24; 13,23) significa ser experto de una realidad negativa; en Isaías, en cambio, se trata siempre de un discípulo de Yhwh (Is 8,16; 50,4[x2]; 54,13)[166]. La raíz למד en Isaías se utiliza para indicar la acción de enseñar a cargo del Señor (Is 48,17) y también la acción de aprender el camino correcto por parte de Israel (Is 1,17; 2,4; 29,24)[167]. En nuestro pasaje este discípulo se identifica con el profeta, ya que él está hablando en primera persona (cf. Is 30,20). La dotación de su lengua y de su oído está en función de la instrucción de los cansados (50,4)[168].

La lengua (לָשׁוֹן) es el órgano que posibilita el habla, pero también puede ser una sinécdoque de la persona en su dimensión parlante[169]. En la BH no suele ser un elemento neutro sino el órgano de la alabanza (Sl 51,16; 66,17) o de la mentira (Sl 5,10; 10,7). En Is 54,17 es el arma en el juicio[170]. Dependiendo de la intepretación de לָעוּת, aquí podría tener la función de derrotar verbalmente a los adversarios de 50,8-9[171]. No obstante, dado

---

[164] Cf. cap. II, § 1.3.1.

[165] Aunque las dos veces que aparece el término לִמּוּדִים se encuentra en plural, se puede considerar un plural abstracto (cf. Ges-K § 124d). Sobre la traducción del término, cf. también G.R. DRIVER, «Linguistic», 406.

[166] Cf. A. BORGHINO, La «Nuova Alleanza», 290-291.

[167] Cf. H. SIMIAN YOFRE, Sofferenza dell'uomo, 204-205.

[168] Cf. A. BORGHINO, La «Nuova Alleanza», 291.

[169] Cf. E. FARFÁN NAVARRO, El desierto transformado, 79.

[170] Cf. a este respecto P. BOVATI, Ristabilire la giustizia, 258-259.

[171] El término עות es considerado o bien un *hapax* de עות II o bien derivado de עות I con el significado físico de «torcer, curvar» o ético de «agraviar, damnificar» (cf. H. SIMIAN-YOFRE, Sofferenza dell'uomo, 207). Las versiones antiguas divergen en la traducción. En algunos manuscritos la LXX lee: ἐν καιρῷ […] εἰπεῖν y traduce por «tiempo» (עת) y por un *verbum dicendi* como hace el Tg y la Peshitta. La Vg, sin embargo, lee *sustentare* (también Aq). Los autores proponen distintas enmiendas o propuestas de solución; sobre las mismas, cf. J.L. KOOLE, *Isaiah 49–55*, 106-107; J.W. ADAMS, *The Performative Nature*, 157-158; J. GOLDINGAY – D. PAYNE, *Isaiah 44.24–55.13*, 209.

que la *palabra* está destinada al «cansado» (יָעֵף), creemos que es mejor considerar la raíz עות un *hapax* con significado de «sustentar, sostener, alentar»[172].

Tras la afirmación inicial, aparecen dos proposiciones que se encuentran en paralelismo antitético. A la oración principal «despierta una palabra» (B: יָעִיר דָּבָר), corresponde «mañana tras mañana me despierta el oído» (B': בַּבֹּקֶר בַּבֹּקֶר יָעִיר לִי אֹזֶן). A la subordinada final «para saber sostener al cansado» (A: לָדַעַת לָעוּת אֶת־יָעֵף), corresponde «para que escuche como un discípulo» (A': לִשְׁמֹעַ כַּלִּמּוּדִים)[173]. Es decir, para sostener al cansado, *despierta* una palabra y para escuchar como discípulo, *despierta* el oído.

B	יָעִיר דָּבָר	A	לָדַעַת לָעוּת אֶת־יָעֵף
A'	לִשְׁמֹעַ כַּלִּמּוּדִים	B'	בַּבֹּקֶר בַּבֹּקֶר יָעִיר לִי אֹזֶן

El Señor «despierta la palabra» (יָעִיר דָּבָר) y «despierta el oído» (יָעִיר לִי אֹזֶן). Se sintetiza así la totalidad del fenómeno en su dimensión de acogida (escuchar) y de donación (hablar)[174]. También se garantiza el acto, pues no sólo es de Yhwh la iniciativa sino también el contenido: la palabra con que el discípulo alienta es la que ha escuchado[175]. Además, a través de los *yiqtol* (יָעִיר) y de la expresión בַּבֹּקֶר בַּבֹּקֶר[176], se indica que esta acción es

---

[172] Cf. F. DELITZSCH, *Commentar*, 495; E.J. YOUNG, *The Book of Isaiah*, 298; W. BRUEGGEMANN, *Isaiah 40–66*, 121; J.N. OSWALT, *The Book of Isaiah*, 320, n.20; J. BLENKINSOPP, *Isaiah 40–55*, 317-318; J.W. ADAMS, *The Performative Nature*, 158; J. GOLDINGAY – D. PAYNE, *Isaiah 44.24–55.13*, 209.

[173] El TM, colocando el *atnah* bajo דָּבָר, considera éste el complemento directo del infinitivo que precede (עות), como también interpretan 1QIsaᵃ, la LXX y el Tg. Esto lleva a algunos autores a considerar el *yiqtol* יָעִיר como una diptografía que debe eliminarse. El doble בַּבֹּקֶר causa también dificultad en referencia a la división del hemistiquio. Sobre estas problemáticas, cf. D. BARTHÉLEMY, *Critique textuelle*, II, 370-371; J.L. KOOLE, *Isaiah 49–55*, 108-109; J.W. ADAMS, *The Performative Nature*, 158-159; J. GOLDINGAY – D. PAYNE, *Isaiah 44.24–55.13*, 209-210.

[174] Cf. C. WESTERMANN, *Das Buch Jesaja*, 185.

[175] Cf. A. BORGHINO, *La «Nuova Alleanza»*, 291. Si en 50,4 la palabra del discípulo responde a la escucha del Señor, en 50,10 a la instrucción del siervo debe corresponder una actitud de escucha.

[176] La repetición del sintagma aparece en otros lugares (Ex 16,21; Is 28,19) y se interpreta como distributiva. Cf. *IntBHSyn* § 7.2.3b.

durativa y progresiva[177]. La capacitación del discípulo a través de la apertura de los órganos del habla tiene como fin «despertar una palabra para sostener al cansado». Lengua y oído están en función de dicha palabra, cuya misión es consolar, alentar, dar fuerza, vivificar (40,8.31; 55,10-11). Este aspecto está vinculado a la tradición sapiencial del justo constantemente vivificado por la Tôrâh (Sl 1; 119), y con ello, a la idea de la Palabra como fuente de refrigerio y de consolación en el sufrimiento.

— *La espalda, las mejillas y el rostro del discípulo*

La paradoja es que el desenlace negativo que se describe en 50,5-7 se produce precisamente por la apertura del oído: «el Señor Yhwh me *ha abierto el oído* (פָּתַח־לִי אֹזֶן)[178]» (50,5a). En otras atestaciones la expresión, en vez de con פתח, se formula con la raíz גלה (1Sam 9,15; 2Sam 7,27; Job 33,16; 36,10.15) o נטה (Jr 7,24.26; 11,8; 17,23), condición que se contrapone a la sordera de Israel (Is 6,9-10; 29,18; 30,20-21; 32,3; 42,18-20; 43,8; 48,8). La imagen es una metáfora de la revelación divina[179], aunque aquí conlleva sufrimiento. La palabra de consolación que el siervo escucha para sostener al cansado le expone a una condición funesta.

El texto, como muestra el pronombre אָנֹכִי en posición enfática y en correlación con אֲדֹנָי יְהוִה, describe el comportamiento del siervo (50,5b-7); a la acción del Señor de abrir el oído corresponde la actitud del discípulo de «no resistirse» (לֹא מָרִיתִי), «ni echarse atrás» (אָחוֹר לֹא נְסוּגֹתִי). Sin el adverbio negativo (לֹא), la primera proposición trasluce una actitud de rebeldía y desobediencia (Dt 1,26.43; 9,7) y la segunda se utiliza para indicar la derrota del rival (Is 42,17; Jr 38,22). La formulación en negativo de sendas expresiones designa aquí, por el contrario, la fidelidad y la lealtad (Sl 44,19).

---

[177] Cf. C. WESTERMANN, *Das Buch Jesaja*, 185.

[178] Debido a la repetición del sintagma, algunos autores consideran esta expresión secundaria (cf. R.N. WHYBRAY, *Isaiah 40–66*, 152), aunque no existen razones textuales para eliminarla (cf. G. SCHWARZ, «Jesaja 50:4-5a», 356-357; J. BLENKINSOPP, *Isaiah 40–55*, 318; J.W. ADAMS, *The Performative Nature*, 159).

Ahora bien, el siervo que no pone resistencias a la palabra del Señor (50,5b) tampoco pone obstáculos a la agresión de sus opresores: «ofrece» (נָתַתִּי) espaldas y mejillas, «no esconde» (לֹא הִסְתַּרְתִּי) el rostro (50,6). De este modo, el texto supone que a la no resistencia a la palabra corresponde la aceptación de la coyuntura negativa que conlleva la fidelidad a ella. *Espaldas* (גֵּוִי) y *mejillas* (לְחִי) indican totalidad en cuanto constituyen el dorso y la parte delantera de la persona. La espalda se ofrece «a los que apaleaban» (לְמַכִּים) y las mejillas «a los que mesaban la barba» (לְמֹרְטִים)[180], mientras el rostro (פָּנֶה) «no se esconde a *ultrajes* (מִכְּלִמּוֹת) y *salivazos* (וָרֹק)»[181]. El v. 7 completa otro aspecto de la misma realidad, pues al hecho de no esconder el rostro corresponde de «puse mi rostro *como un pedernal* (כַּחַלָּמִישׁ)», evocando con esta imagen otros pasajes proféticos (Jr 1,18; 15,20; Ez 3,8)[182].

Si, por una parte, la apertura del oído expone al siervo al ultraje, por otra, él mismo confiesa por dos veces «el Señor Yhwh me ayuda» (וַאדֹנָי יְהוָה יַעֲזָר לִי, 50,7.9). En 50,7 esta confesión desemboca en dos frases consecutivas: «por eso no *seré deshonrado* (לֹא נִכְלָמְתִּי), por eso he puesto mi cara como perdernal» y en la afirmación: «yo sé (o sabiendo)[183] que *no me avergonzaré*

---

[179] Cf. J. GOLDINGAY – D. PAYNE, *Isaiah 44.24–55.13*, 210.

[180] Las versiones antiguas presentan variantes. La LXX, como la Syr, traduce «golpe» (ῥαπίσματα). En 1QIsaª leemos למטלים que puede derivar de: a) מטל: «afeitarse» o «golpear»; b) טלל I: «cubrir» (Ne 3,15); c) טלל II: «dañar». La Vg atestigua *genas meas vellentibus faciem meam*, «mesar la barba» (Esd 9,3; Ne 13,25). Sobre la discusión de esta problemática, cf. J.L. KOOLE, *Isaiah 49–55*, 112; J.N. OSWALT, *The Book of Isaiah*, 321, n.27; J.W. ADAMS, *The Performative Nature*, 159; J. GOLDINGAY – D. PAYNE, *Isaiah 44.24–55.13*, 211.

[181] En vez de la raíz סתר 1QIsaª lee סור «volverse». Así también la LXX (ἀπέστρεψα), la Vg (*averti*) y la Syr (ʾpnyt), mientras el Tg (טמרית) sostiene el TM. Con respecto a los sustantivos «ultrajes» (מִכְּלִמּוֹת) y «salivazos» (וָרֹק), la LXX atestigua la construcción de genitivo (ἀπὸ αἰσχύνης ἐμπτυσμάτων) haciendo una especie de endíadis. Cf. J.L. KOOLE, *Isaiah 49–55*, 112; J.W. ADAMS, *The Performative Nature*, 159; J. GOLDINGAY – D. PAYNE, *Isaiah 44.24–55.13*, 211.

[182] En la BH la expresión «esconder el rostro» normalmente se refiere a Dios. Con sujeto de persona sólo aparece aquí y en Ex 3,6; Is 53,3. Cf. al respecto, H. SIMIAN-YOFRE, *Sofferenza dell'uomo*, 210.

[183] El *wayyiqtol* וָאֵדַע y su conexión con lo precedente es objeto de distintas interpretaciones. Cf. J.W. ADAMS, *The Performative Nature*, 160; J. GOLDINGAY – D. PAYNE, *Isaiah 44.24–55.13*, 212-213.

(לֹא אֵבוֹשׁ)». El binomio בוש – כלם es propio del campo semántico de la vergüenza y se utiliza en el ámbito jurídico para indicar la derrota (Is 41,11)[184]. Nuestro texto, según Westermann, es
revolucionario, pues el inocente, al no defenderse, parece dar
razón a cuanto en el juicio se concluye[185].

El oído que se abre para escuchar una palabra de aliento destinada al cansado conduce paradójicamente a la humillación del
profeta. La constante resistencia que a lo largo de DtIs ha mostrado Israel para acoger un oráculo consolatorio alcanza aquí
uno de los puntos más álgidos. La palabra, en cambio, es acogida por un hombre que no ofrece resistencias y que, identificado
con ella, será objeto del rechazo y el menosprecio. Sin embargo,
tampoco esto conseguirá mermar la lealtad y la confianza del
ʿebed ʾādōnāy.

2.1.2 Confianza en la desolación

La simultaneidad entre desolación y confianza se prepara ya
desde el inicio de la perícopa. La disposición a anunciar la palabra que ha escuchado coloca al siervo en una situación de
adversidad (50,5a) típica del profeta. Se comienza así a vivir una
realidad contradictoria, pues propiamente aquello que debía ser
motivo de bendición se convierte en causa de sufrimiento
(Jr 20,8). La simultaneidad con que vive el siervo la desolación
externa causada por los hombres (50,5-6) y la confianza interna
en Yhwh (50,7) pone en crisis los pilares de la teoría retributiva, cuyo *leitmotiv* puede sintetizarse así: los males que acucian al
ser humano son manifestación de la punición divina[186].

---

[184] Sobre el valor objetivo o subjetivo de esta raíces, cf. M.A. KLOPFENSTEIN, *Scham und Schande*, 206-207. Cf. al respecto P. BOVATI, *Ristabilire la giustizia*, 341, n.70.

[185] Cf. C. WESTERMANN, *Das Buch Jesaja*, 186. Sobre el silencio jurídico, cf. P. BOVATI, *Ristabilire la giustizia*, 311-316.

[186] Cf. C. WESTERMANN, *Das Buch Jesaja*, 212; L. ALONSO SCHÖKEL – J.L. SICRE, *Profetas*, I, 331.

El siervo no apela a una instancia humana sino a Yhwh (50,8-9). La terminología utilizada es del ámbito judicial (בַּעַל, רִיב, צדק, מִשְׁפָּט, רשׁע), lo cual no implica que el pasaje reproduzca un proceso (Jr 26; Am 7)[187]. De hecho, la invocación al Señor no busca la liberación, ni la declaración de su inocencia ante el tribunal humano. Se trata de la confesión de dos certezas: «el que me justifica está cerca» (מַצְדִּיקִי[188] קָרוֹב, 50,8) y «Yhwh me ayuda» (הֵן אֲדֹנָי יְהוִה יַעֲזָר לִי, 50,9). Desde esta seguridad desafía, el siervo a sus adversarios, invitándoles a comparecer a través de tres preguntas retóricas y dos exhortaciones[189]: «¿Quién pleiteará contra mi (מִי יָרִיב אִתִּי), comparezcamos juntos (נַעַמְדָה יָּחַד) ¿quién es mi acusador? (מִי־בַעַל מִשְׁפָּטִי), que se acerque (יִגַּשׁ אֵלָי) [...] ¿quién me condenará? (מִי־הוּא יַרְשִׁיעֵנִי)».

---

[187] Cf. F. DELITZSCH, *Commentar*, 496; C. WESTERMANN, *Das Buch Jesaja*, 187; P. -E. BONNARD, *Le Second Isaïe*, 235; E.J. YOUNG, *The Book of Isaiah*, 302; W. BRUEGGEMANN, *Isaiah 40–66*, 122; J. BLENKINSOPP, *Isaiah 40–55*, 321-322; H. SIMIAN-YOFRE, *Sofferenza dell'uomo*, 212-214. Las expresiones del v. 8 indican la acción jurídica que se emprende contra la otra parte (cf. P. BOVATI, *Ristabilire la giustizia*, 201.213). La forma de proceder es típica del *rîb*, aquí realizada en sede forense (cf. *id.*, 153). Algunos consideran que la vejación física del siervo indica que el juicio ya se ha celebrado (cf. C. WESTERMANN, *Das Buch Jesaja*, 187), otros que está todavía en espera (cf. L. ALONSO SCHÖKEL – J.L. SICRE, *Profetas*, I, 321; H. SIMIAN-YOFRE, *Sofferenza dell'uomo*, 214).

[188] El sentido del participio מַצְדִּיק oscila entre «defensor, el que justifica» (cf. P. -E. BONNARD, *Le Second Isaïe*, 235; J.L. KOOLE, *Isaiah 49–55*, 117; J.N. OSWALT, *The Book of Isaiah*, 322; J. BLENKINSOPP, *Isaiah 40–55*, 317) y «vengador» (cf. P.T. WILLEY, *Remember*, 212; W. BRUEGGEMANN, *Isaiah 40–66*, 121; J.W. ADAMS, *The Performative Nature*, 156; J. GOLDINGAY – D. PAYNE, *Isaiah 44.24–55.13*, 213). La figura de מַצְדִּיק en cuanto portador de la defensa contrasta con la del «acusador» que aquí aparece bajo la denominación בַּעַל מִשְׁפָּט (Is 41,11; cf. P. BOVATI, *Ristabilire la giustizia*, 216.238, n.5) y se encuentra en antinomia con la raíz רשׁע del v. 9 (cf. F. DELITZSCH, *Commentar*, 496; J.N. OSWALT, *The Book of Isaiah*, 326).

[189] Algunos autores descubren una construcción quiástica. Simian-Yofre hace notar la combinación: afirmación, pregunta retórica, exhortación (cf. H. SIMIAN-YOFRE, *Sofferenza dell'uomo*, 212). Otros evidencian la articulación ABCB'C' en el v. 8 (cf. J.W. ADAMS, *The Performative Nature*, 160; J. GOLDINGAY – D. PAYNE, *Isaiah 44.24–55.13*, 213). Según Adams, la función de las preguntas de 50,8-9 no es tanto asertiva como interrogativa (cf. J.W. ADAMS, *The Performative Nature*, 168).

Dios responde en 50,10-11[190], pero su respuesta no se refiere a la liberación del siervo sino que constituye una especie de exhortación-amenaza. La exhortación del v. 10: «¿quién de vosotros teme a Yhwh y obedece a su siervo? El que camine en tinieblas, sin un rayo de luz, que confíe en el nombre de Yhwh y se apoye en su Dios»[191] va seguida de una amenaza en el v. 11: «Atención, vosotros que atizáis el fuego y encendéis teas: id a la hoguera de vuestro fuego, de las teas que habéis encendido. Así os tratará mi mano y yaceréis en el tormento».

La exhortación es a escuchar la voz del siervo. Luego, se reconoce indirectamente su inocencia, pero la finalidad de 50,10-11 no es tanto demostrar la impunidad del siervo como instar al interlocutor a que tome una decisión adecuada que debe pasar por la mediación del siervo. Se trata de escuchar su voz (שֹׁמֵעַ בְּקוֹל עַבְדּוֹ) y adoptar un comportamiento análogo al suyo: «que *confíe* (יִבְטַח) en el nombre de Yhwh y *se apoye* (וְיִשָּׁעֵן) en su Dios». Análogamente la asistencia de Yhwh para aquellos que le temen, lejos de anular el sufrimiento, sacar de la oscuridad o eliminar la dificultad, consistirá en invitar a la confianza. La desolación y la adversidad, por tanto, pueden vivirse sin perder la fe en Yhwh. En esto consiste la consolación.

* * *

La lengua y el oído son sinécdoque del ser humano y representan la totalidad del fenómeno de la palabra. La apertura del

---

[190] La afirmación de Is 50,9b relaciona 50,10-11 con cuanto precede. La metáfora del vestido consumido por la polilla aparece en otros textos (Is 51,6.8; Os 5,12; Sl 39,12; 102,27; Job 13,28) y simboliza una destrucción paulatina. Esto se asocia a la imagen de aniquilación de 50,11.

[191] A nivel sintáctico el v. 10 presenta tres problemas: 1) la función de מִי; 2) la división del versículo y la función de אֲשֶׁר; 3) los imperfectos de los últimos sintagmas (cf. J.W. ADAMS, *The Performative Nature*, 160). Para un resumen de las distintas soluciones, cf. J.L. KOOLE, *Isaiah 49–55*, 124-128; H. SIMIAN-YOFRE, *Sofferenza dell'uomo*, 215-216; J.W. ADAMS, *The Performative Nature*, 160-161; J. GOLDINGAY – D. PAYNE, *Isaiah 44.24–55.13*, 215-217.

oído y la donación de la palabra están dirigidas a producir consuelo, a sostener al cansado (50,4), aunque para el siervo serán motivo de vejación (50,5-7). La desolación, descrita como sufrimiento corporal, convive simultáneamente con una actitud de confianza. Yhwh comparece al final (50,10-11) y el único argumento que ofrece esta vez es la vida del siervo y su actitud frente el sufrimiento (cf. por contraste otros textos estudiados).

La injusticia humana no equivale al abandono, es más, puede tener origen en la fidelidad a la Palabra. Tradicionalmente la experiencia de consuelo se vincula a una especie de fortalecimiento y revivificación interna que capacita al ser humano para vivir la adversidad (Sl 71,20-21; 119,76-88). También en nuestro pasaje la confianza del siervo expresa la experiencia de un fortalecimiento constante que le capacita para el sufrimiento. No obstante esta posibilidad de sufrir sin desconfiar sea ya consolación, ésta sólo alcanzará su cumplimiento cuando la violencia y la injusticia sean eliminadas.

2.2 Despiértate Jerusalén: Is 51,17-23

La perícopa Is 51,17-23 forma parte de la secuencia 51,1–52,12. Su unidad temática y literaria se debe principalmente a la presencia de Sión[192], aunque existen otros elementos literarios que cumplen la misma función[193]. Entre ellos cabe des-

---

[192] Para algunos exegetas, 51,1–52,12 constituye una secuencia (cf. J.A. MOTYER, *The Prophecy*, 402; P. HÖFFKEN, *Das Buch Jesaja*, 148-163; T. SEIDL, *Der Becher*, 15; J. GOLDINGAY – D. PAYNE, *Isaiah 44.24–55.13*, 220-221). Para otros la secuencia es: a) 51,9–52,12 (cf. R.J. CLIFFORD, *Fair Spoken*, 165.170; P.T. WILLEY, *Remember*, 105); b) 51,9–52,2 (cf. C. WESTERMANN, *Das Buch Jesaja*, 194 que incluye 52,3; R. LACK, *La Symbolique du Livre d'Isaïe*, 178-180; X.H.T. PHAM, *Mourning*, 148); c) o también dividen en dos poemas: 51,1-16 y 51,17–52,12 (cf. C.C. TORREY, *The Second Isaiah*, 394.403; J. MUILENBURG, *The Book of Isaiah*, 588-613; J.K. KUNTZ, «The Contribution», 143-146). Para una síntesis de la cuestión, cf. J. GOLDINGAY – D. PAYNE, *Isaiah 44.24–55.13*, 221.

[193] Algunas raíces y sustantivos que se repiten son לבש (51,9; 52,1), יָם (51,10.15), שׂים (51,10.16.23), עבר (51,10.23), ראשׁ (51,11.20), נחם (51,3[x2].12.19; 52,9), חֵמָה (51,13[x2].17.20.22), פתח (51,14; 52,2), קום (51,17; 52,2) y יסף (51,22; 52,1) (cf. X.H.T. PHAM, *Mourning*, 158). La situación de Sión se expresa con la metáfora del luto (cf. *id.*, 154-156).

tacar el uso de dobles imperativos[194] y la utilización de una terminología e imaginería que muestra conexiones con el libro de Lamentaciones[195]. La secuencia comienza con Is 51,1-8, todavía formulada en 2ª pers. m. pl. Se trata de una perícopa de transición a la que sigue la serie 51,9-16, 51,17-23 y 52,1-6. Cada una de estas unidades empieza por el doble imperativo «despierta» (עורי)[196]. Se termina con la conclusión (52,7-12) donde el mensajero anuncia la instauración del reinado del Señor, mientras los vigías advierten la vuelta de Yhwh a Sión (cf. Is 40,9-11)[197].

Is 51,17-23 se sitúa en el centro de la secuencia y se puede articular en dos fragmentos, 51,17-20 y 51,21-23[198]. Tras la llamada a despertarse (51,17a), se describe la situación de Jerusalén y de sus hijos (51,17b-20). El Señor apela de nuevo a Sión (51,21) y en 51,22-23 le anuncia su intervención.

2.2.1 Metáforas del estado desolador de Jerusalén y de sus hijos

La condición de Sión se representa con las metáforas de la borrachera (51,17.21), el luto (51,19) y la caza (51,20). Se trata de un estado de inconsciencia y debilitamiento causados por la ira de Yhwh. Jerusalén y sus hijos han sido objeto de la «destruc-

---

[194] Cf. T. SEIDL, *Der Becher*, 15-16.

[195] Cf. P.T. WILLEY, *Remember*, 106; X.H.T. PHAM, *Mourning*, 148.

[196] Entre las unidades, sin embargo, existen diferencias. Por ejemplo, el imperativo de 51,9 va dirigido al «brazo de Yhwh», mientras los de 51,17 y 52,1 a Sión. Los de 51,9 y 52,1 se encuentran en la forma *qal* (עורי), el de 51,17 en *hitpolel* (התעוררי). En las dos primeras perícopas (51,9-16 y 51,17-23) el énfasis recae sobre el pasado; en la última (52,1-12), sobre el futuro. Cf. P.T. WILLEY, *Remember*, 113-115; T. SEIDL, *Der Becher*, 15.

[197] Cf. p. 150, n.135.

[198] Sobre la división de la unidad, algunos autores descubren una construcción quiástica en 51,17-20: A) Sión objeto de la ira de Yhwh (51,17b) – B) la ausencia de los hijos (51,18) – C) su múltiple devastación (51,19) – B') la muerte de los hijos (51,20a) – A') los hijos objeto de la ira de Yhwh (51,20b) (cf. J. GOLDINGAY – D. PAYNE, *Isaiah 44.24–55.13*, 248). El v. 21 se considera un versículo de transición. Algunos lo conectan con lo que precede: 51,17-21 (cf. W. BRUEGGEMANN, *Isaiah 40–66*, 133); otros con lo que sigue: 51,21-23 (cf. X.H.T. PHAM, *Mourning*, 160; T. SEIDL, *Der Becher*, 29-30; J. BLENKINSOPP, *Isaiah 40–55*, 335).

ción» (שֹׁד), la «ruina» (שֶׁבֶר), el «hambre» (רָעָב), la «espada» (חֶרֶב), y no hay quien la consuele (51,19). Las imágenes ilustran una situación sin remedio humano. No existen recursos externos, no hay hijos (51,18) que puedan devolver a Jerusalén su vitalidad y su capacidad maternal.

— *La metáfora de la borrachera*

La metáfora de la borrachera se aplica a Sión. En Is 51,21, inmediatamente después del adjetivo «afligida» (עֲנִיָּה), se llama a Jerusalén «borracha» (שְׁכֻרַת)[199]. La condición de aflicción se equipara a la de embriaguez. Esta extraña asociación no causa ningún problema en el lector ya que en 51,17 se había enunciado «has bebido de la mano de Yhwh la copa de su ira, has bebido, has apurado hasta el fondo el caliz del vértigo». Así pues, la borrachera no es de vino sino de la ira de Yhwh. Y, por consiguiente, a diferencia de otros textos donde la copa es signo de bendición (Sl 16,5; 23,5) y consuelo (Jr 16,7), la ebriedad aquí tiene un valor negativo (Sl 11,6).

Las dos expresiones «copa de su cólera» (כּוֹס חֲמָתוֹ) y «cáliz del vértigo» (קֻבַּעַת כּוֹס הַתַּרְעֵלָה)[200] contienen una metáfora, la cólera en sustitución del vino e incluyen dos metonimias: la primera consiste en el continente por el contenido, la «copa de su cólera»; la segunda, en el efecto por la causa: «el caliz del vértigo/tambaleo»[201].

---

[199] El adjetivo שְׁכֻרַת se encuentra en estado constructo, aunque no le sigue un *nomen rectum*. Se podría considerar un participio pasivo (cf. JOÜON § 50e) donde el constructo puede ser construido con la preposición (cf. JOÜON § 129m). El מִן del siguiente sintagma señalaría entonces el agente (sobre esta posibilidad, cf. Ges-K § 121f). Sin embargo, dado que el verbo es intransitivo no es plausible considerlo como pasivo (cf. Ges-K § 50f). Así pues, es más probable que sea una forma arcaica de infinitivo en estado absoluto utilizada para evitar el hiato שׁכרה ו (cf. Ges-K § 130b).

[200] El sustantivo קֻבַּעַת es un *hapax* que aparece aquí y en el v. 22. Debido a su significado «cuenco o cáliz», resulta problemático determinar su relación con כּוֹס. Las soluciones de los exegetas se sintetizan en: a) considerar כּוֹס una glosa explicativa y eliminarlo; b) considerarlo como una aposición; o, c) considerarlo un genitivo. Cf. J.L. KOOLE, *Isaiah 49–55*, 199.

[201] Cf. R. LACK, *La Symbolique du Livre d'Isaïe*, 180-181.

El símbolo, conocido en el mundo bíblico (cf. Jr 25,15-29; Ez 23,31-34; Ab 16; Ha 2,16; Sl 75,9; Lm 4,21), proviene de la condena a muerte por veneno o del uso de un narcótico antes de la ejecución[202]. En los textos citados «hacer beber la copa» es metonimia de la misma condena, esto es, la muerte. Lo mismo ocurre en 51,17, donde al ser la ira la bebida que se ingiere, se asimila el furor divino que destruye internamente la persona. Esta copa se recibe además «de la mano de Yhwh» (מִיַּד יְהוָה). La imagen de la mano evoca aquella del brazo potente del Señor en el Éxodo (Ex 6,6; 15,16) que se «despierta» también en 51,9 como imagen de la salvación (52,10). No así en nuestro texto, pues aquí la mano de Yhwh no es la mano que salva sino la mano que suministra el veneno (cf. Is 40,2).

En la simbología de la copa existe además un elemento de medida. Es decir, la cólera de Yhwh tiene un contorno que coincide con la capacidad contenedora del cáliz[203]. Este aspecto también está implícito en el significado de la raíz מצה «apurar hasta el fondo» (51,17), entiéndase, la plena ejecución del castigo (Jr 25,28-29). Así como ocurría con el lexema כִּפְלַיִם de 40,2, el componente de exceso es precisamente su límite[204]. La copa ha sido apurada hasta el fondo, pero en esto consiste precisamente su fin[205].

La ingestión del etílitico produce una reacción cenestésica[206]. Si bien el efecto inhibidor del alcohol tiene un resultado paliativo que permite afrontar la situación nefasta sin plena conciencia y, por lo tanto, atenúan la aflicción, la absorción del licor igualmente desencadena una serie de efectos psíquicos y somáticos imprevisibles como la pérdida del control motor (Jr 25,16; Ha 2,16), vómitos (Jr 25,27), enloquecimiento (Jr 25,16; 51,7), tambaleo (Jr 25,27), insensatez y exhibición pública (Ha 2,16;

---

[202] Cf. L. ALONSO SCHÖKEL – J.L. SICRE, *Profetas*, I, 325. Sobre el origen de la metáfora, cf. H.A. BRONGERS, «Der Zornesbecher», 177-192.

[203] Cf. R. LACK, *La Symbolique du Livre d'Isaïe*, 181.

[204] Cf. p. 135-136.

[205] La asíndeton entre שׁתה y מצה (Ez 23,32-34; Sl 75,9) sugiere la idea de beber ininterrumpidamente hasta haber apurado toda la copa. Cf. *HebSyn* § 133b.

[206] Cf. R. LACK, *La Symbolique du Livre d'Isaïe*, 181.

Lm 4,21)[207]. El deterioro y el menoscabo del dominio corpóreo exponen al embriagado a la vulnerabilidad propia, al desprecio ajeno y a la violencia física del enemigo (51,23).

De este modo, la condición psicológica del borracho es la de un individuo carente de recursos a menos que alguien lo *despierte* (הִתְעוֹרְרִי הִתְעוֹרְרִי, 51,17). Por este motivo, el imperativo הִתְעוֹרְרִי es metáfora de la salvación, pues la condición de vigilia significa el fin del efecto del etílico, el momento a partir del cual el ebrio puede volver a recuperar su propia dignidad. En otras palabras, se trata de una especie de vuelta a la vida después del sueño de la muerte, como indica también el imperativo קוּמִי que en la cadena asindética sigue a הִתְעוֹרְרִי «despierta» repetido dos veces.

— *La metáfora de la caza*

Si la borrachera remite a la condición de Jerusalén, la imagen de la caza se refiere a los hijos. Aparece en 51,20 a través de la comparación «como un antílope en la red» (כְּתוֹא מִכְמָר). El sustantivo תְּאוֹ sólo se encuentra en Dt 14,5 y la mayor parte de los exegetas coinciden en que se trata de un tipo de gacela o antílope[208]. El lexema מִכְמָר aparece también en Sl 141,10 con distinta vocalización (מַכְמֹר). El contexto y su aproximación morfológica al término מִכְמֶרֶת (Is 19,8; Ha 1,15-16) favorecen la traducción «red» o «trampa», si bien la explicación sobre su mecanismo de funcionamiento varía entre los exegetas[209].

A nosotros nos interesa el término *comparationis* de כְּתוֹא מִכְמָר («como antílope en la red»), o bien, «tus hijos desfallecidos yacen

---

[207] Cf. J. BLENKINSOPP, *Isaiah 40–55*, 337.

[208] Cf. L. ALONSO SCHÖKEL – J.L. SICRE, *Profetas*, I, 325; A. TERIAN, «The Hunting», 470; J.L. KOOLE, *Isaiah 49–55*, 203; J.N. OSWALT, *The Book of Isaiah*, 350; J. BLENKINSOPP, *Isaiah 40–55*, 335. Las versiones antiguas presentan variaciones. La LXX traduce por «remolacha» (σευτλίον ἡμίεφθον), también la Syr. En algunas versiones de la Vg «buey salvaje» (*oryx illaqueatus*).

[209] Por ejemplo, Koole lo describe como una trampa que se esconde en el suelo donde a su paso el animal queda apresado por las patas (cf. J.L. KOOLE, *Isaiah 49–55*, 204). Terian, sin embargo, opina que el término hace referencia a un tipo de construcciones descubiertas en algunas zonas de Medio Oriente que servían tanto para la caza como de redil (cf. A. TERIAN, «The Hunting», 462-468.470-471).

en las encrucijadas». La raíz עלף indica un estado de debilitación, pérdida de conciencia o fuerzas (Am 8,13; Jon 4,8). En relación asindética a עלף se encuentra שכב que enormalmente significa «yacer». El lugar, «en las encrucijadas» (בְּרֹאשׁ כָּל־חוּצוֹת), y el estado de decaimiento evocan la misma circunstancia de Lm 2,19; 4,1[210].

En la BH, la metáfora de la caza normalmente señala la acción del enemigo (Jr 5,26; Sl 140,6), la guerra (Jr 16,16) o la contienda jurídica (Is 38,13-14; Os 13,7-8)[211]. El arte venatorio implica el seguimiento y persecución de la presa, estrategias que requieren perspicacia más que fuerza, la planificación de las trampas y el engaño, la búsqueda del momento oportuno y la velocidad en la actuación para impedir la fuga. Por eso, es idónea para las situaciones anteriormente citadas. El término *comparationis*, sin embargo, matiza la metáfora, pues no se trata de un animal que preso en la trampa lucha por liberarse sino de un animal extenuado y entregado a su destino de muerte.

Para algunos autores, la imagen hace referencia al asedio de Jerusalén o a la deportación en Babilonia[212]. El texto por su parte indica que la causa ha sido la cólera del Señor[213]. La expresión «repletos de la ira de Yhwh» (הַמְלֵאִים חֲמַת־יְהוָה)[214] remite entonces a 51,17, donde la «copa de su ira» (כּוֹס חֲמָתוֹ) provoca la borrachera. Si el contexto histórico, como creemos, es el del exilio, entonces el pasaje hace una lectura trascendente de esta coyuntura histórica y la interpreta como fruto de la ruptura de la relación con Yhwh. Aquí el *cazador* es Yhwh (Job 10,15-17) que acusa a Israel y lo apresa con la abundancia de su ira y reproche. Los hijos son como

---

[210] Por esta razón algunos autores consideran בְּרֹאשׁ כָּל־חוּצוֹת una glosa. Cf. por ejemplo, B. DUHM, *Das Buch Jesaja*, 360; L. KÖHLER, *Deuterojesaja*, 46; C.C. TORREY, *The Second Isaiah*, 405; P. VOLZ, *Jesaja II*, 117.

[211] Cf. P. BOVATI, *Ristabilire la giustizia*, 269-275; B. COSTACURTA, *Il laccio spezzato*, 144-149.

[212] Cf. P. VOLZ, *Jesaja II*, 120; J. BLENKINSOPP, *Isaiah 40-55*, 337.

[213] Cf. E.J. YOUNG, *The Book of Isaiah*, 322; R. LACK, *La Symbolique du Livre d'Isaïe*, 182; J.L. KOOLE, *Isaiah 49–55*, 204; J.N. OSWALT, *The Book of Isaiah*, 354; X.H.T. PHAM, *Mourning*, 183; J. GOLDINGAY – D. PAYNE, *Isaiah 44.24–55.13*, 252.

[214] «El reproche de tu Dios» (גַּעֲרַת אֱלֹהָיִךְ) se halla en aposición a «repletos de la ira de Yhwh». La ira (חֵמָה) o cólera (אַף) + reproche (גְּעָרָה) aparece también en Is 66,15 y Sl 18,16.

un animal exhausto dentro de la trampa. Tanto los ha debilitado el Señor con su punición que no pueden escapar. De este modo, la dimensión salvífica del castigo también se hace evidente. Dios, al castigar, cierra la posibilidad de que Israel escape (Os 2,8-9) y vaya tras sus amantes (Lm 1,2). En esta condición nadie puede consolar a Jerusalén (51,18.20), ya que el único capaz de liberarla del sopor mortal es el Señor; sólo Yhwh puede presentarse en este momento como auténtico consolador (51,3; 51,12; 52,9).

— *La metáfora del luto*

La imagen del luto aparece implícita en 51,18-19. El acento de estos versículos no recae tanto en la calamidad como en el hecho de que Jerusalén está abandonada. En 51,18 dicho abandono se expresa a través de dos aserciones negativas: «no hay quien la guíe» (אֵין־מְנַהֵל לָהּ)[215], «no hay quien la lleve de su mano» (וְאֵין מַחֲזִיק בְּיָדָהּ). Ambas se restringen al ámbito de los hijos: «de entre los hijos que ha engendrado» (מִכָּל־בָּנִים יָלָדָה) y «de entre los hijos que has criado» (מִכָּל־בָּנִים גִּדֵּלָה). En 51,19 el desamparo se hace manifiesto por las preguntas retóricas: «¿quién te compadece?» (מִי יָנוּד לָךְ), ¿cómo te consolaré? (מִי אֲנַחֲמֵךְ).

El binomio נוד y נחם suele aparecer en contexto de duelo (Jr 16,5.7; Na 3,7; Sl 69,21; Job 2,11; 42,11) donde son prácticamente sinónimos[216]. La raíz נוד significa «sacudir» la cabeza (1Re 14,15) como gesto de simpatía hacia la otra persona[217]. También aparece asociada a otras raíces verbales como «tener piedad» (חמל, Jr 15,5), «lamentar» (ספד, Jr 16,5), «llorar» (בכה, Jr 22,10). En Jr 16,7, al profeta no se le permite realizar los gestos de condolencia: no debe partir el pan (לֶחֶם + לֹא פָרַס), ni dar de beber la copa del consuelo (כּוֹס תַּנְחוּמִים). Es decir, en la condición de luto no habrán palabras ni gestos proféticos que consuelen al pueblo.

---

[215] En vez de la raíz נהל, la Lxx, el Tg y la Syr leen נהם, mientras la Vg refiere «sostener» (*sustentet*). 1QIsaᵃ coincide con el TM, pero sustituye la preposición לָהּ con לְךָ (cf. también la Lxx).

[216] Cf. T. SEIDL, *Der Becher*, 37.

[217] Cf. H. RINGGREN, «נוד», *ThWAT* V, 292.

En Is 51,18-19 sucede algo análogo. Primero, en referencia a los hijos se dice «no hay quien la guíe de entre los hijos que ha engendrado, no hay quien la lleve de su mano de entre los hijos que ha criado» (51,18). De por sí las acciones «guiar» y «llevar de la mano» no pertenecen al campo semántico del duelo sino que más bien están relacionadas con la metáfora precedente de la borrachera[218]. No obstante, la enumeración en 51,19 de los cuatro males: «la ruina» (הַשֹּׁד), «y la destrucción» (וְהַשֶּׁבֶר), «y el hambre» (וְהָרָעָב), «y la espada» (וְהַחֶרֶב), así como condición de los hijos en 51,20, indican que estos no pueden ayudar a Sión porque se encuentran en una situación similar[219]. En el ritual del luto la acción de consolar normalmente la realizan los parientes y amigos. Se comprenden entonces las dos preguntas de 51,19a y 51,19b respectivamente, pues si los hijos están también destruidos, *quién compadecerá* a Jerusalén, *cómo la consolará* Yhwh.

En 51,19b la 1ª pers. sg. de la raíz נחם es problemática. La LXX, la Vg, la Syr y 1QIsaᵃ leen en 3ª pers. sg. y el Tg coincide con el TM. Para algunos autores, sin embargo, el TM reproduce un error auditivo de intercambio entre la *aleph* y la *yod*[220]; otros opinan que el TM es la *lectio difficilior* y por lo tanto más atendible[221]. La 1ª pers. sg. aparece en Lm 2,13, pero en nuestro versículo la dificultad reside en el pronombre interrogativo מִי. La interpretación del sintagma se reconduce prácticamente a tres posibilidades: a) «¿con

---

[218] Según algunos textos antiguos de Oriente próximo, era un deber de los hijos asistir a un pariente borracho, a fin de evitar que fuera expuesto a la vergüenza y vulnerabilidad. Cf. J.N. OSWALT, *The Book of Isaiah*, 352.

[219] La cuaterna indica que la devastación ha sido total (cf. J. GOLDINGAY – D. PAYNE, *Isaiah 44.24–55.13*, 250). Mientras «la ruina» (הַשֹּׁד) y «la destrucción» (הַשֶּׁבֶר) sólo aparecen asociados aquí, el «hambre» (הָרָעָב) y «la espada» (הַחֶרֶב) se encuentran juntos en otros lugares (Jr 5,12; 11,22; 14,13; Lm 4,9). Algunos exegetas puntualizan que los dos primeros males, «ruina y destrucción», se refieren a la tierra, mientras «hambre y espada» a las personas (cf. J.L. KOOLE, *Isaiah 49–55*, 201; J.N. OSWALT, *The Book of Isaiah*, 353; X.H.T. PHAM, *Mourning*, 183; J. GOLDINGAY – D. PAYNE, *Isaiah 44.24–55.13*, 250). Lack sostiene que los dos primeros males hacen referencia a Sión y los dos segundos a los hijos (cf. R. LACK, *La Symbolique du Livre d'Isaïe*, 182).

[220] Cf. Ges-K § 47b, n.1.

[221] Cf. D. BARTHÉLEMY, *Critique textuelle*, II, 376.

quién te consolaré?»; b) «*¿cómo* te consolaré?»[222]; c) «¿quién es [Jerusalén] para que yo la pueda consolar?», considerándola una especie de braquilogía (cf. Am 7,2.5; Na 3,7)[223].

La devastación ha sido total (ruina, destrucción, hambre, espada; 51,19). Si se interpreta מִי אֲנַחֲמֵךְ como «*¿con quién* te consolaré?», la idea es que estando los hijos extenuados, no hay suje-to humano con quien el Señor pueda consolar a Jerusalén. Si, en cambio, el מִי se traduce por «*¿cómo* te consolaré?», la pregunta subraya la imposibilidad de volver atrás, pues el exilio y la muer-te ha comportado una ruptura insuperable. La destrucción ha sido tal que se requiere una nueva acción y un nuevo modo de consolar. La interpretación de Gesenius, en fin, se basa sobre el aspecto relacional. Es decir, el Señor se pregunta sobre la iden-tidad y significación de Jerusalén, para que que Él pueda conso-larla. Si bien es difícil resolver el problema sintáctico del texto, su sentido es claro: la situación de Sión es de tal modo nefasta e irreversible que humanamente no admite consuelo.

2.2.2 La promesa a Sión

La apelación de Jerusalén «afligida, borracha y no de vino» (51,21), contrasta con la autopresentación del Señor: «así dice *tu señor* (אֲדֹנַיִךְ), *Yhwh* (יְהֹוָה), *y tu Dios* (וֵאלֹהַיִךְ), *el que defiende a su pueblo* (יָרִיב עַמּוֹ)» (v. 22). Normalmente los exegetas ven en אֲדֹנַיִךְ una alu-sión a la relación esponsalicia entre Yhwh e Israel (Gn 18,12; Am 4,1; Sl 45,12). Yhwh se presenta como el esposo[224]. Esta inter-pretación no es extraña a DtIs ni tampoco al contexto (Is 49,14;

---

[222] Cf. J.L. KOOLE, *Isaiah 49–55*, 202.

[223] Cf. H.F.W. GESENIUS, *Thesaurus*, II, 786.

[224] Cf. E.J. YOUNG, *The Book of Isaiah*, 322; M.Z. BRETTLER, «Incompatible Metaphors», 110-116; J.L. KOOLE, *Isaiah 49–55*, 206; J.N. OSWALT, *The Book of Isaiah*, 355; J. GOLDINGAY – D. PAYNE, *Isaiah 44.24–55.13*, 253. La forma plural, considera-da intensiva, se utiliza en las relaciones humanas y raramente para Dios (Dt 10,17; Ml 1,6; Ne 8,10; 10,30; Sl 8,2.10; 135,5; 136,3; 147,5).

54,5-6)[225]. Jerusalén definida como «afligida» (עֲנִיָּה, 51,21), «borracha» (שְׁכֻרַת, 51,21) y desconsolada (מִי אֲנַחֲמֵךְ, 51,18), se encuentra en una condición análoga a la de 54,11: «*afligida* (עֲנִיָּה), *turbada* (סֹעֲרָה)[226], *no consolada* (לֹא נֻחָמָה)». Desolación que en 54,1-4 igualmente se asocia a la esterilidad, viudez y divorcio.

Si אֲדֹנַיִךְ pone el acento en el restablecimiento de una relación exclusiva, como lo es la esponsalicia, el atributo «el que defiende a su pueblo» (יָרִיב עַמּוֹ)[227] subraya los deberes de Yhwh derivados del compromiso de alianza adquirido con Israel. Este aspecto también está vinculado a la imagen matrimonial en cuanto relación paretética. La raíz ריב con el sentido de «defender»[228] pertenece al mismo campo semántico de «ayudar» (עזר), «salvar» (ישע), «vengar» (נקם), «redimir» (גאל), «juzgar» (שפט)[229], raíces a su vez relacionadas con נחם[230].

La promesa salvífica de 51,23 «mira, yo quito de tu mano la copa del vértigo» se desdobla en dos: «no volverás a beber del caliz de mi ira» y «la pondré en la mano de los que te golpeaban». La acción de Yhwh no es sólo de defensa (v. 22) sino de restablecimiento. El primer miembro del v. 23 contiene un elemento de inmutabilidad que evoca la perennidad e irrevocabilidad de la alianza y de la Palabra (Is 40,8; 54,10; 55,3.13)[231]. La restauración de Sión coincide con el cese de la punición y esto se promete para siempre, «no volverás a beber» (cf. Is 54,9-10). Sin embargo, también requiere un acto de restablecimiento de

---

[225] Cf. cap. III, § 2.2.1.

[226] Estado de turbación (סֹעֲרָה) que en algunos aspectos es equiparable a la situación causada por la borrachera.

[227] A este sintagma se le suele dar un valor atributivo (cf. nuestra traducción). Cf. F. DELITZSCH, *Commentar*, 505.

[228] Cf. P. BOVATI, *Ristabilire la giustizia*, 32.

[229] Relacionada con «salvar» (ישע, Jue 6,31; Is 19,20), «vengar» (נקם, Jr 51,36), «redimir» (גאל, Jr 50,34; Sl 119,154; Pr 23,11; Lm 3,58) y «juzgar» (שפט, 1Sam 24,16; Is 1,17.23; Sl 43,1). Cf. P. BOVATI, *Ristabilire la giustizia*, 33.

[230] Cf. CLINES, V, 664.

[231] El sintagma formado por la raíz יסף + לְ + inf. (שתה) + la partícula עוֹד contiene un elemento de perennidad e indica que esta situación no volverá a ocurrir (54,9). Cf. J.L. KOOLE, *Isaiah 49–55*, 207; A. BORGHINO, *La «Nuova Alleanza»*, 170-171.

la justicia y, por consiguiente, el castigo de aquellos que han abusado de su condición. Este cambio de suertes se expresa en el segundo miembro del v. 23 bajo la imagen del pasar la copa: el caliz que Sión «bebe de mano de Yhwh» (51,17), le es ahora «quitado» (לקח) de su mano (51,22) y «puesto» (שים) en la mano de sus opresores (51,23).

El uso del participio *hifil* מוֹגַיִךְ (51,23) es significativo, pues de las 9 ocurrencias en la BH, 5 están en Lamentaciones (Lm 1,4.5.12; 3,32.33) y tienen como sujeto a Dios[232]. Una idea parecida se encuentra en Is 47,6 donde Yhwh dice que ha entregado Israel a Babilonia y ésta, aprovechándose de su condición, ha humillado al pueblo. La consecuencia es que ahora el Señor somete Babilonia a la vergüenza. Los términos e imágenes con que se describe esta deshonra se asemejan a los de 51,23. La utilización de la raíz ינה en 51,23 con un sujeto distinto a Yhwh podría indicar que, aunque el Señor ha dejado la punición en manos de Babilonia, ésta se ha aprovechado de la situación. Así lo expresa el texto: «tus opresores los que decían:"dobla tu cuello, que pasemos encima".Y presentaste la espalda como suelo, como calzada para los que pasaban». La expresión «dobla tu cuello, que pasemos encima» refleja la constumbre del conquistador de poner el pie sobre el enemigo como signo de sometimiento y humillación (Jos 10,24; Sl 110,1)[233]. El sintagma «y presentaste la espalda como suelo, como calzada para los que pasaban» recuerda la situación del siervo en Is 50,6[234].

Nos interesa, sin embargo, señalar la inclusión al inicio y al final de la perícopa entre los imperativos «inclina o dobla» (שְׁחִי, 51,23) y «levántate» (קוּמִי, 51,17)[235]. Frente a la acción opresora de los enemigos, Yhwh inicia el pasaje invitando a Jerusalén a «despertarse» (הִתְעוֹרְרִי) y a «levantarse» (קוּמִי). Si el imperativo קוּמִי

[232] Cf. J. BLENKINSOPP, *Isaiah 40–55*, 337.

[233] Cf. E.J. YOUNG, *The Book of Isaiah*, 323; J.L. KOOLE, *Isaiah 49–55*, 209; J.N. OSWALT, *The Book of Isaiah*, 357; J. BLENKINSOPP, *Isaiah 40–55*, 337.

[234] Cf. J. GOLDINGAY – D. PAYNE, *Isaiah 44.24–55.13*, 254.

[235] Cf. X.H.T. PHAM, *Mourning*, 186-187.

hace alusión al estado de postración (שָׁחַ), el imperativo הִתְעוֹרְרִי alude a la borrachera. Esta condición de somnolencia y ebriedad, en cuanto pérdida de la capacidad perceptiva, evoca a su vez la sordera y ceguera (42,7.16.18.19; 43,8)[236]. Y como en 42,18, también aquí se espera que Sión realice una acción en orden a su salvación[237]. Israel debe levantarse y recobrar su dignidad (cf. Is 52,1).

* * *

El texto comienza *exabrupto* con la invitación a Jerusalén a despertarse y ponerse en pie (51,17). Esta estrategia es utilizada en otros lugares de DtIs para provocar una reacción en el interlocutor. Tras la cadena de imperativos, el autor describe la condición en que se encuentra la ciudad con las metáforas de la borrachera (51,17.21), la caza (51,20) y el luto (51,18-19). Dichas metáforas se aproximan mucho al estado de desolación y depresión que se suele caracterizar por un debilitamiento tanto psíquico como físico del sujeto. A la pérdida de interés, apatía y dejadez se llega, como en 51,17-23, por una saturación de sufrimiento. Sin embargo, el Señor anuncia a Israel su determinación de cambiar la situación (51,22-23); será irrevocable (51,22) y conllevará la punición de sus opresores (51,23). A través de los imperativos, se exige la decisión y acción de Jerusalén, llamada a ser sujeto agente y artífice del propio despertarse.

---

[236] El verbo עור con el sentido de «despertar» es propio de Is 49–55 (50,4[x2]; 51,9[x3].17[x2]; 52,1[x2]). En la primera sub-sección aparece en referencia a Ciro con el significado de «suscitar» (41,2.25; 45,13) y teniendo por sujeto a Yhwh en 42,13.

[237] La raíz עור en *hitpolel* tiene un sentido reflexivo. Cf. W. BRUEGGEMANN, *Isaiah 40–66*, 132; J.L. KOOLE, *Isaiah 49–55*, 198; J.N. OSWALT, *The Book of Isaiah*, 352; T. SEIDL, *Der Becher*, 20; J. BLENKINSOPP, *Isaiah 40–55*, 335; J. GOLDINGAY –D. PAYNE, *Isaiah 44.24–55.13*, 248.

3. Consideraciones conclusivas del Capítulo IV

Al final del estudio de cada perícopa hemos sintetizado los elementos que han surgido en referencia al tema de la consolación-desolación, la articulación entre los mismos y las estrategias que ponen en juego cada pasaje en orden a que se produzca el paso de la desolación al consuelo. Recapitulamos ahora en este punto conclusivo los resultados.

3.1 *El estado de desolación* aparece implícitamente en todos los pasajes. Hemos observado dos dimensiones que, aunque normalmente superpuestas, también pueden aparecer desdobladas: la externa y la interna. Las imágenes o metáforas que evidencian más el aspecto exterior son las del saqueo y el encarcelamiento (42,21-22); la ira y la punición de Yhwh (42,25); la humillación física (50,6-7); la destrucción, la ruina, el hambre, la espada y el luto (51,18-19); la oscuridad (42,21-22; 50,10); la borrachera (51,17.21); la caza (51,20). La dimensión interior se dibuja como un estado de cansancio (40,28-30; 50,4), increencia e idolatría (40,19-20), falta de confianza (40,27.31), debilitamiento (51,17-21), vergüenza (50,8-9), rebeldía (40,27; 45,9-11), ceguera y sordera (42,18-20), falta de entendimiento (42,25; 45,9-10).

En dos pasajes la dimensión externa e interna se separan aportando un elemento nuevo al concepto. Se trata de Is 45,9-13 e Is 50,4-11; en el primero, la situación positiva de liberación no coincide con la situación interna de rebeldía. Análogamente, en el segundo la condición de humillación del siervo contrasta con la de confianza. En consecuencia, consolación y desolación no coinciden simplemente con un estado de dificultad o bienestar externos sino con la lectura que se hace del mismo y con las actitudes con las que se vive, siendo la referencia teologal la que determina uno u otro estado.

Algunas metáforas, como la sordera, ceguera o borrachera, subrayan la alteración de las capacidades perceptivas y motrices. Indican una discapacidad que provoca una lectura alterada e insipiente de los acontecimientos, constituyendo en última instancia un obstáculo para la actuación de la salvación. No basta que Israel sea liberado o castigado, en ello debe reconocer la acción de Yhwh.

3.2 Los *argumentos*, normalmente en boca del Yhwh, que el texto desarrolla para persuadir a Israel varían ligeramente en las dos sub-secciones, siendo la primera de carácter más apologético. Entre las razones que el Señor da para convencer a su pueblo se encuentran su omnipotencia y su incomensurabilidad como creador (40,12-14.18-26; 43,1; 45,12); el control que tiene sobre la historia (40,15-17.23; 45,13); la atribución de la responsabilidad sea de la punición como de la salvación (42,24; 45,12-13); su absoluta libertad (45,9-13) y sabiduría (40,13-14); su voluntad salvífica que se concreta en asistencia, presencia y cercanía (43,1.5); la gratuidad en la elección y en la salvación (43,1.3-4; 45,13). En las perícopas que hemos estudiado de la sub-sección Is 49,1–52,12, la responsabilidad del Señor en referencia a la situación negativa de Jerusalén y, por lo tanto, su control sobre la historia sólo aparecen implícitamente en 51,17-23. Según nuestro análisis de Is 50,4-11, el único argumento que brinda Yhwh es la actitud y el comportamiento del siervo en la adversidad (50,10).

3.3 Las *estrategias* no difieren mucho de una sub-sección a la otra. En líneas generales, podemos decir que las perícopas escogidas de 40,12–48,22 explotan sobre todo la dimensión argumentativa. Por ello, priman las preguntas retóricas (40,12-31); la persuasión a través de una promesa (43,1-7); la ironía (45,9-13); la citación en estilo directo de la queja (40,27; 45,9-10); la ridiculización (40,12-27; 45,9-11). Las perícopas de 49,1–52,12, por el contrario, desarrollan menos la argumentación y más la imaginería. Por eso, se han mostrado ricas en la representación metafórica (51,17-23) o en la descripción de una situación real (50,4-11). Sin embargo, ninguno de estos elementos es exclusivo de una u otra parte.

Otro componente característico de los textos ha sido la utilización de interjeciones u otro tipo de recursos literarios que interpelan directamente al interlocutor. Es decir, Israel debe implicarse en su propia salvación. Aún siendo la aproximación afectiva más acusada en 49,1–52,12, en las dos sub-secciones hemos destacado el uso de imperativos en posición inicial (42,18; 51,17); el comienzo *exabrupto* (45,9; 50,4); el cambio de sujetos (40,27; 42,19) y el estilo directo (43,6; 50,8; 51,23).

3.4 Se promete *el elemento de consolación*. En todos los textos aparece más o menos desarrollada una promesa (40,31; 43,1-7; 45,13; 50,9b-11; 51,22-23), que se configura y se concreta como restauración de las fuerzas (40,31), reunión de Israel y liberación de los deportados (43,5-6; 45,13), pertenencia y preferencia (43,1.4.7), reconstrucción de Jerusalén (45,13), cambio de situación e irrevocabilidad (51,22), asistencia y presencia (43,2.5; 50,8.11).

Ahora bien, lo que ha resultado más interesante es la articulación que los textos operan entre la desolación y la consolación. Los dos momentos no se yuxtaponen simplemente. En la mayoría la promesa no elimina el elemento negativo; al contrario, lo integra. En 40,31 y 50,10-11 se invita a la espera y a la confianza. Igualmente en 43,2 se promete la neutralización del fuego mientras se camina, pero no su desaparición. Por dos veces se insta a no tener miedo (43,1.5), lo que indica la existencia de una cierta hostilidad.

El componente positivo igualmente se debe encontrar en la desolación. En varios de los textos estudiados, Yhwh se responsabiliza de la ira y de la punición, durísimas pero limitadas. Es decir, en cuanto tienen como finalidad la salvación, ambas constituyen su punto de partida y forman parte del plan divino, porque hacen comprender a Israel que la vida y alegría sólo pueden venir de la unión esponsalicia con el Señor. El elemento positivo, pues, se encuentra ya en el castigo. Con estas nuevas claves, Israel debe salir de la cerrazón en que le ha sumido el dolor y leer el sufrimiento según las nuevas indicaciones que se le ofrecen. No basta la determinación divina, el consentimiento de Israel es un requisito indispensable para que actúe el oráculo de consolación.

CAPÍTULO V

EL TEMA DE LA CONSOLACIÓN EN IS 52,13-53,12

En Is 52,13-53,12 no aparece el término נחם. Es más en la perícopa dominan elementos de sufrimiento y de humillación. Por eso, puede parecer extraño que como punto culminante de nuestro estudio hayamos escogido este pasaje[1]. El motivo de elegir el cuarto canto del siervo es doble: por la situación del texto dentro de DtIs y por la relación novedosa que la perícopa establece entre la consolación y la desolación.

La delimitación de nuestro pasaje no es motivo de discusión[2]. La mayor parte de los exegetas, en conformidad con la tradición masorética, afirman que Is 52,13-53,12 constituye una unidad literaria[3]. El problema, sin embargo, consiste en explicar su rela-

---

[1] Por otra parte, es un texto muy estudiado en exégesis, como muestra la vasta bibliografía existente. Cf. P. BAILEY, «A Classified Bibliography», 462-492.

[2] Sólo para algunos exegetas Is 52,13-15 forma una unidad distinta. Cf. H.M. ORLINSKY, *The So-Called Servant*, 17-23; N.H. SNAITH, *Isaiah 40-66*, 168-169.

[3] Cf. C.F.A. DILLMANN, *Der Prophet Jesaja*, 447; K. MARTI, *Das Buch Jesaja*, 344; B. DUHM, *Das Buch Jesaja*, 364; F. FELDMANN, *Das Buch Isaias*, II, 160; C.C. TORREY, *The Second Isaiah*, 413; P. VOLZ, *Jesaia II*, 169-170; E.J. KISSANE, *The Book of Isaiah*, 174-175; L.G. RIGNELL, *A Study of Isaiah*, 78; C.R. NORTH, *Isaiah 40-55*, 130; C. WESTERMANN, *Das Buch Jesaja*, 206-207; J.L. McKENZIE, *Second Isaiah*, 129-131; L. ALONSO SCHÖKEL – J.L. SICRE, *Profetas*, I, 328-329; W.A.M. BEUKEN, *Jesaja deel IIB*, 185-188; J.L. KOOLE, *Isaiah 49-55*, 258-259; J.N. OSWALT, *The Book of Isaiah*, 373; K. BALTZER, *Deutero-Jesaja*, 493; J. BLENKINSOPP, *Isaiah 40-55*, 344-346; J. GOLDINGAY – D. PAYNE, *Isaiah 44.24-55.13*, 275-276.

ción con el contexto inmediato[4]. Las conexiones lexicales que la
perícopa del siervo mantiene tanto con Is 52,1-12 como con
Is 54,1-17[5] revelan un trabajo redaccional[6]. Por éste y otros motivos,
algunos exegetas establecen un nexo de causalidad entre
Is 52,13–53,12 e Is 54–55, también nosotros compartimos dicha
perspectiva hermenéutica. La nueva condición de salvación de Sión
se debe a la acción del Siervo[7]. Así Is 52,13–53,12 es el puente entre
la promesa que se anuncia (52,7-12) y su cumplimiento (54,1-17)[8].
Existe, por lo tanto, un vínculo entre el destino del siervo
(Is 52,13–53,12) y la nueva alianza (Is 54–55). Si el consuelo que se
ordena en 40,1 se realiza parcialmente en Is 54–55[9], el *ᶜebed ʾādōnāy*
ejerce respecto al mismo la función de mediador[10].

La mayor parte de autores descubre en el pasaje una disposición
concéntrica[11], cuyo criterio de estructuración normalmente es el

---

[4] De hecho algunos consideran que inicialmente 52,7-12 y 54,1-17 estaban unidos. Cf. T.K. CHEYNE, *The Prophecies of Isaiah*, 53; C.F.A. DILLMANN, *Der Prophet Jesaja*, 463; B. DUHM, *Das Buch Jesaja*, 378; C.C. TORREY, *The Second Isaiah*, 423-424; S. MOWINCKEL, «Die Komposition», 110. Por el contrario, E. FRANCO, «La morte del Servo», 221 retiene que la separación del contexto inmediato, tanto del cuarto canto como de los demás cantos, es cada vez más una cuestión contestada.

[5] Lexemas y raíces que se repiten entre: a) Is 52,1-12 e Is 52,13–53,12 son: יְהוָה (52,3.4.5.8.9.10.11.12; 53,1.6.10); עַמִּי (52,5.6; 53,8); לָקַח (52,5; 53,8); הִנֵּה (52,6.13); אֱלֹהִים (52,7.10.12; 53,4); שָׁלוֹם (52,7; 53,5); זְרוֹעַ (52,10; 53,1); גּוֹיִם (52,10.15); אֶרֶץ (52,10; 53,2.8); מֹסֵר (52,2; 53,5); שָׁמַע (52,7.15); נָשָׂא (52,8.11.13; 53,4.12); רָאָה (52,8. 10.15; 53,2.10.11); b) entre Is 52,13–53,12 e Is 54,1-17: עֶבֶד (52,13; 53,11; 54,17); זֶרַע (53,10; 54,3); גּוֹיִם (52,15; 54,3); שָׁלוֹם (53,5; 54,10.13); רַב (52,14.15; 53,11.12; 54,1.13); צֶדֶק (53,11; 54,14.17); נַחֲלָה / חֵלֶק (53,12; 54,17); צְלַח (53,10; 54,17); עָנָה (53,4.7; 54,11); שָׁמֵם (52,14; 54,1.3); שָׁחַת (52,14; 54,16); אֹרֶךְ (53,10; 54,2); סֵתֶר + פָּנִים (53,3; 54,8).

[6] Cf. A. BORGHINO, *La «Nuova Alleanza»*, 397-398.

[7] Cf. J. KNABENBAUER, *Erklärung*, 613-614; F. DELITZSCH, *Commentar*, 533; E.J. YOUNG, *The Book of Isaiah*, 361; J. RIDDERBOS, *Isaiah*, 489; J.A. MOTYER, *The Prophecy*, 444; J.N. OSWALT, *The Book of Isaiah*, 413-414.

[8] Cf. R.F. MELUGIN, *The Formation*, 174; J.L. KOOLE, *Isaiah 49–55*, 347-348; A. BORGHINO, *La «Nuova Alleanza»*, 398.

[9] Cf. p. 151, n.143.

[10] Cf. A. BORGHINO, *La «Nuova Alleanza»*, 398-402.

[11] Cf. K. MARTI, *Das Buch Jesaja*, 345; P. VOLZ, *Jesaia II*, 172; C. WESTERMANN, *Das Buch Jesaja*, 206-207; P.-E. BONNARD, *Le Second Isaïe*, 269; C. GALLAND, «A Short Structural Reading», 197-203; P. GRELOT, *Les Poèmes*, 52; E. FRANCO, «La morte del Servo», 222; J.D.W. WATTS, *Isaiah 34–66*, 229; P. BEAUCHAMP, «Lecture», 327; A.R. CERESKO, «The

emisor[12]. Yhwh habla en los marcos A (52,13-15) – A' (53,11b-12), mientras que en el centro habla la comunidad B (53,1-11a)[13]. Otros elementos textuales que confirman esta subdivisión son los lexemas עַבְדִּי y רַבִּים, repetidos sólo en los extremos, y la narración de la humillación pasada del *corpus* (53,1-11a) que está en neto contraste con su futura exaltación (52,13-15; 53,11b-12)[14]. El esquema lógico que se deduce de esta disposición es que la consolación es la recompensa que obtiene el siervo por su sufrimiento. Sin embargo, la articulación de los elementos consolatorios y desoladores en el poema supera esta comprensión.

Rhetorical Strategy», 51; A. WÉNIN, «Le poème», 493-508; H.-J. HERMISSON, «Das vierte Gottesknechtslied», 10; L. RUPPERT, «Mein Knecht», 3-4; B. JANOWSKI, «Er trug unsere Sünden», 80; P. TREMOLADA, *E fu annoverato*, 88-91; J.L. KOOLE, *Isaiah 49–55*, 262; M.L. BARRÉ, «Textual», 1; B.S. CHILDS, *Isaiah*, 411; J. BLENKINSOPP, *Isaiah 40–55*, 351; A. NICCACCI, «Quarto Carme», 9-11; J. GOLDINGAY – D. PAYNE, *Isaiah 44.24–55.13*, 277.

[12] Cf. K. MARTI, *Das Buch Jesaja*, 345; P. VOLZ, *Jesaia II*, 172; P.-E. BONNARD, *Le Second Isaïe*, 269; C. WESTERMANN, *Das Buch Jesaja*, 206; P. GRELOT, *Les Poèmes*, 52; R.N. WHYBRAY, *Isaiah 40–66*, 169; E. FRANCO, «La morte del Servo», 222; P. BEAUCHAMP, «Lecture», 326-327; A.R. CERESKO, «The Rhetorical Strategy», 51; H.-J. HERMISSON, «Das vierte Gottesknechtslied», 10; B. JANOWSKI, «Er trug unsere Sünden», 80; P. TREMOLADA, *E fu annoverato*, 90; J.L. KOOLE, *Isaiah 49–55*, 262; J.N. OSWALT, *The Book of Isaiah*, 376; B.S. CHILDS, *Isaiah*, 411; J. BLENKINSOPP, *Isaiah 40–55*, 351; A. NICCACCI, «Quarto Carme», 10-11.

[13] Dos son las principales objeciones a esta división. La primera es la preposición עָלָיו de Is 52,14. Para salvar la dificultad algunos autores enmiendan el texto (cf. A. PENNA, *Isaia*, 528; C. WESTERMANN, *Das Buch Jesaja*, 204; E. KUTSCH, *Sein Leiden*, 16; G.R. DRIVER, «Isaiah 52,13–53,12», 91; J.L. MCKENZIE, *Second Isaiah*, 129) o en base a la atestación de la Syr y del Tg proponen un suf. de 3ª pers. m. sg., como recomienda el aparato crítico de la BHS. Otros autores, sin embargo, intepretan el suf. de 2ª pers. m. sg. de la preposición referido a Dios (cf. P. TREMOLADA, *E fu annoverato*, 89-90; H. SIMIAN-YOFRE, *Sofferenza dell'uomo*, 227). El problema es que entonces se atribuye a שָׂמֵם una valencia positiva que aquí no tiene. Dado que el cambio de persona no es un fenómeno raro en la retórica hebrea, normalmente se considera que el emisor de 52,14 es el mismo que en 52,13 (cf. Ges-K § 144p; J.W. ADAMS, *The Performative Nature*, 175). La segunda objeción proviene del sufijo de 1ª pers. sg. del sustantivo עַמִּי en 53,8. Para algunos, esto indica un cambio de interlocutor a partir de 53,7 (cf. P. TREMOLADA, *E fu annoverato*, 89-90). Tal dificultad se resuelve de la misma manera que la anterior y, aunque sobre ésta existe una mayor diversidad de opiniones, para nuestro estudio consideramos que sustancialmente 53,1-11a constituye la confesión de la comunidad, sea en boca de *nosotros* sea en boca del profeta.

Dividimos el siguiente capítulo en cuatro apartados: los tres primeros estudian la dinámica de la desolación-consolación desde la perspectiva del que confiesa, del siervo y de Yhwh; el último profundiza en la intercesión como clave de lectura del evento.

1. El sufrimiento del siervo desde la perspectiva de la comunidad

El dolor resulta incomprensible para el ser humano. Sin embargo, a pesar de su carácter enigmático, intenta darle un sentido. La declaración del *nosotros* constituye la parte central del poema (Is 53,1-11a)[14]. Este grupo, narrando la vida lastimosa y la muerte violenta del siervo, ofrece una explicación sobre su padecimiento. El motivo de traer a la memoria el recuerdo lacerante de la injusta condena del *ᶜebed* manifiesta que, en este pasado cruento, la comunidad encuentra un elemento salvífico que sigue operando en el presente. Lo comunica además al lector para que, adhiriéndose desde la fe (53,1), también él reciba el beneficio redentor (53,11-12). Dos son los núcleos semánticos con que es descrita la condición del *ᶜebed ᵓādōnāy*. El primero se aúna en torno a la terminología de la enfermedad-pecado (53,2-5) y el segundo en torno a la de la vejación-escarnio (53,6-9)[16].

---

[14] Cf. C. WESTERMANN, *Das Buch Jesaja*, 206-207; W.A.M. BEUKEN, *Jesaja deel IIB*, 193-200; J.W. ADAMS, *The Performative Nature*, 188-190.

[15] Ésta se articula según el eje cronológico de la vida del *ᶜebed ᵓādōnāy*. Algunos exegetas hablan de una narración biográfica: nacimiento y crecimiento (53,2); sufrimiento y pasión (53,3-7); condena y ejecución (53,8); sepultura (53,9); y glorificación (53,10-11a) (cf. L. ALONSO SCHÖKEL – J.L. SICRE, *Profetas*, I, 330-331). Westermann, subrayando el carácter confesional de la misma, utiliza incluso la denominación de *credo apostólico* (cf. C. WESTERMANN, *Das Buch Jesaja*, 213).

[16] Cf. C. WESTERMANN, *Das Buch Jesaja*, 213.

1.1 La enfermedad, un castigo

La metáfora de la persona enferma o herida se utiliza en otros pasajes para describir el estado de Jerusalén (Jr 30,12-17; Lm 1,11-18; 2,11-13; 3,1-5)[17]. Esta imagen aparece al inicio y al final de PtIs en dos textos emblemáticos. En Is 1,6 se dice que no hay nada en Israel que se encuentre sano[18], mientras en Is 38,1-20 se narra la enfermedad y restablecimiento de Ezequías[19]. El tema de la curación también atraviesa el libro de Isaías. En 6,10 se le ordena al profeta que «embote el corazón de ese pueblo», entre otras razones «para que no se convierta y se cure». Is 53,5, en cambio, declara «sobre él la corrección de nuestra paz» y que «por sus heridas hemos sido curados». Por último, en 57,18-19 el profeta anuncia el oráculo de Yhwh: «Yo lo curaré y le guiaré, y le daré ánimos a él y a los que con él lloraban, poniendo alabanza en los labios: ¡Paz, paz al de lejos y al de cerca! – dice Yhwh – yo lo curaré».

En nuestra perícopa el motivo de la enfermedad se desarrolla principalmente en 53,2-5. Estudiaremos este fragmento desde las siguientes perspectivas: la descripción de la patología como deformación (§ 1.1.1); la reacción que la afección provoca en quien la contempla (§ 1.1.2); la interpretación que la comunidad da a la enfermedad del siervo (§ 1.1.3).

1.1.1 La deformación del siervo

La asunción de la patología provoca en el siervo un deterioro somático que afecta a la dimensión estética. En 53,2 la deformación del siervo se describe como mostrarse «sin aspecto»

---

[17] Sobre esta terminología, cf. J. MUILENBURG, «The Terminology», 45-48; J.C. BASTIAENS, «The Language of Suffering», 423-430; Z. KUSTÁR, *Durch seine Wunden*, 30-41.

[18] Cf. Z. KUSTÁR, *Durch seine Wunden*, 42-53. Sobre la relación de Is 1,2-6 con Is 52,13–53,12, cf. *id.*, 191-196.

[19] Cf. B. COSTACURTA, *La vita minacciata*, 156-162; Z. KUSTÁR, *Durch seine Wunden*, 119-129.

(לֹא־תֹאַר), «sin esplendor» (וְלֹא הָדָר), «sin apariencia» (וְלֹא־מַרְאֶה)[20].
En 52,14 «su aspecto» (תֹּאֲרוֹ)[21] y «su apariencia» (מַרְאֵהוּ) se califi-
can de «desfigurados» (מִשְׁחַת). Además, en este versículo la extensión de la comparación abarca toda la realidad humana[22]: desfigurado «de los hombres» (מֵאִישׁ) y «de los hijos de Adán» (מִבְּנֵי
אָדָם), indicando de este modo que el siervo se encuentra com-
plementamente degradado (cf. Nm 23,19; Jr 2,6; Sl 49,3).

El término מִשְׁחַת con que se caracteriza en 52,14 la deformación del siervo es una *crux* en la interpretación bíblica[23]. Todas las
versiones menos 1QIsaᵃ confirman el TM que presenta la raíz
שׁחת. En 1QIsaᵃ, sin embargo, se ve משחתי de la raíz משׁח. Los autores que optan por la versión de 1QIsaᵃ derivan מִשְׁחַת o bien del
sustantivo מִשְׁחָה[24], o bien de מָשְׁחַת[25] (Lv 7,35), ambos con el significado de «unción». La *lectio* de 1QIsaᵃ es una *variante facilitante*[26].

La estrecha relación entre 52,14 y 53,2 recomienda considerar מִשְׁחַת como un derivado de la raíz שׁחת. Las posibilidades se
reducen entonces a tres: a) considerarlo un *hapax* con el significado de «desfigurado»[27]; b) hacerlo provenir de מָשְׁחָת «estropea-
do, mutilado, defectuoso» (Lv 22,25)[28]; o, c) examinarlo bien
como un participio *hofal* absoluto (מֻשְׁחָת, cf. Pr 25,26), cuyo
agente sería מֵאִישׁ[29]; bien como un participio *hofal* constructo
(מֻשְׁחַת)[30]. En nuestra opinión, la mejor opción es considerar מִשְׁחַת

_____

[20] La negación en una frase nominal se suele hacer con אין, aunque también es
posible con לא. Cf. Ges-K § 152d; JOÜON § 160oa.

[21] Sobre la vocalización, cf. Ges-K § 93q.

[22] La preposición מין tendría aquí un valor comparativo (Gn 3,1; Pr 30,2) (cf.
J.W. ADAMS, *The Performative Nature*, 176-177) o incluso valor superlativo (cf.
J. GOLDINGAY – D. PAYNE, *Isaiah 44.24–55.13*, 291-292).

[23] Cf. la discusión A. RUBINSTEIN, «Isaiah LII 14», 475-479; Y. KOMLOSH, «The
Countenance», 217-220; D. BARTHÉLEMY, *Critique textuelle*, II, 385-395; R. HESKETT,
Messianism, 169, n.188.

[24] Cf. D. BARTHÉLEMY, *Critique textuelle*, II, 390.

[25] Cf. G. GERLEMAN, «Studien», 39; H. SIMIAN-YOFRE, *Sofferenza dell'uomo*, 227-228.

[26] Cf. D. BARTHÉLEMY, *Critique textuelle*, II, 390.

[27] Cf. ZORELL, 480; BDB, 1008; ALONSO, 463.

[28] Cf. KB, 574.

[29] Cf. M. DAHOOD, «Phoenician Elements», 65.

[30] El aparato crítico sobre la base de los manuscritos babilónicos de la Genizza propone vocalizar מֻשְׁחַת.

un *hapax*[31], pues de otro modo no se explica una forma constructa seguida de la preposición מִן.

El énfasis del pasaje sobre la manifestación externa de la patología, descrita como total deformación (לֹא־מַרְאֶה ;לֹא הָדָר ;לֹא־תֹאַר), alude indirectamente al ser humano creado a «imagen y semejanza» de Dios (בְּצַלְמוֹ בְּצֶלֶם אֱלֹהִים, Gn 1,27). De este modo, se comprende la reacción de desprecio y la lectura religiosa que la comunidad realiza de la condición degradada del *ᶜebed*. El siervo, no teniendo apariencia ni aspecto humano, ha perdido esa dignidad personal que radica en la semejanza con el creador.

Ahora bien, puesto que la causa de tal degradación es la asunción de la enfermedad ajena (53,4-5), la somatización es revelatoria de la culpa no del *ᶜebed* sino de la comunidad. En otras palabras, el estado del siervo es un espejo donde la comunidad puede contemplar en otro sujeto el deterioro que produce su propio pecado. Y el reflejo de su misma corrupción en la desfiguración del siervo es, paradójicamente, el elemento que se rechaza y se desprecia, el aspecto que no se quiere mirar y ante lo que se oculta el rostro (53,3).

1.1.2 La reacción que la enfermedad del siervo provoca

A diferencia de otros pasajes, el texto se muestra más interesado en subrayar la reacción que la enfermedad del *ᶜebed* produce en quien lo contempla que en presentar el estado de angustia del mismo siervo. Es decir, el foco de atención se centra en el efecto que su degeneración produce en otros y no tanto en la experiencia de horror que el siervo prueba. En 52,14-15 esos *otros* son un «muchos» indefinido (רַבִּים, v. 14), «muchas naciones» (גּוֹיִם רַבִּים, v. 15) y «los reyes» (מְלָכִים, v. 15). En 53,2-3 el espectador del drama es el «nosotros» (אֲנַחְנוּ). El campo semántico con que se describe la reacción en 52,14-15 es el del asombro y en 53,2-3 es el del desprecio.

---

[31] Cf. J.W. ADAMS, *The Performative Nature*, 176.

— *La reacción de "asombro" (52,14-15)*

La estupefacción se especifica en 52,14-15 mediante tres expresiones: «se *horrorizaron* (שָׁמְמוּ) sobre ti muchos», «así *asombrará* (יַזֶּה) a muchas naciones» y «sobre él los reyes *cerrarán* (יִקְפְּצוּ) sus bocas». Los sintagmas están relacionados por una correlación comparativa כֵּן [...] כַּאֲשֶׁר que paragona una situación de horror pasado (שָׁמְמוּ, v. 14) con otra de asombro futuro (יַזֶּה y יִקְפְּצוּ, v. 15)[32].

La raíz שׁמם *qal* del v. 14, dependiendo del aspecto objetivo o subjetivo predominante en el contexto, se traduce por «estar desierto, desolado» (Is 49,8.19) o por «estar horrorizado, aterrorizado» (Jr 2,12)[33]. En Is 52,14 prevalece el aspecto subjetivo[34]. La preposición עַל con la que suele ir construido indica la persona que provoca terror[35]. Por consiguiente, se compara el horror pasado (שׁמם) de los *rabbîm* causado por la degradación del siervo (v. 14) con el asombro futuro (נזה) de muchas naciones y de los reyes producida por la manifestación de "algo" que, aunque no «hayan escuchado» ni les «haya sido contado», ellos «verán» y «comprenderán» (v. 15).

Existen, sin embargo, divergencias a la hora de traducir el *yiqtol* יַזֶּה que afectan a la interpretación de los vv. 14 y 15[36]. La raíz

---

[32] Interpretamos que la conjunción correlativa de comparación כֵּן [...] כַּאֲשֶׁר divide 52,14-15 en prótasis (52,14) y apódosis (52,15) (cf. L. ALONSO SCHÖKEL – J.L. SICRE, *Profetas*, I, 329; R.N. WHYBRAY, *Isaiah 40–66*, 170; J.N. OSWALT, *The Book of Isaiah*, 379, n.80; J. GOLDINGAY – D. PAYNE, *Isaiah 44.24–55.13*, 293). La Vg, sin embargo, conecta כַּאֲשֶׁר con el primer כֵּן de 52,14. Otros autores consideran que כַּאֲשֶׁר establece una doble comparación con cada uno de los כֵּן (cf. Ex 1,12; Jos 11,15; cf. D. BARTHÉLEMY, *Critique textuelle*, II, 385-386). E.J. Young relaciona כַּאֲשֶׁר con la segunda proposición de 52,15: עָלָיו יִקְפְּצוּ מְלָכִים פִּיהֶם (cf. E.J. YOUNG, *The Book of Isaiah*, 336-337). Dahood, en cambio, opina que 52,13 es la oración principal de la subordinada de 52,14 introducida por כַּאֲשֶׁר (cf. M. DAHOOD, «Phoenician Elements», 63). Sobre las posibles interpretaciones, cf. J.W. ADAMS, *The Performative Nature*, 175.

[33] Cf. p. 165, n.206.

[34] De las 10 veces que aparece en Isaías, sólo tres tienen valencia subjetiva (52,14; 59,16; 63,5). El resto tienen valencia objetiva y hace referencia a la desolación de la tierra o de la ciudad. Cf. A. BORGHINO, *La «Nuova Alleanza»*, 90.

[35] Cf. B. COSTACURTA, *La vita minacciata*, 40.

[36] Sobre la problemática, cf. J. MILGROM – D.P. WRIGHT, «נזה», *ThWAT* V, 322.325; T.C. VRIEZEN, «The Term *hizza*», 201-235; N. SNAITH, «The Sprinkling», 23-24.

נזה en *hifil* (Lv 14,7.16) normalmente significa «asperger»[37]. La objeción a esta lectura es que dicho verbo se suele construir con אֶל o עַל, lo que no se cumple en este caso[38]. La LXX, a diferencia de las otras versiones, presenta la variante θαυμάσονται[39]. A partir de esta lectura algunos autores proponen enmiendas al texto[40], aunque normalmente la alternativa entre los exegetas oscila entre traducir por «purificar, asperger»[41] o «asombrar»[42].

Sin excluir la otra línea interpretativa, creemos que el significado de «asombrar» es el que mejor se ajusta al contexto. La primera razón es la correlación comparativa entre el v. 14 y el v. 15 que entabla un parangón entre el horror pasado de los *rabbîm* y la estupefacción futura de muchos pueblos. Una segunda razón para dar al *yiqtol* יַזֶּה el significado de «asombrar» es el sentido del v. 15b, donde se afirma que «los reyes sobre él (עָלָיו) cerrarán

_____

[37] Cf. BDB, 633; KB, 604; ALONSO, 486.

[38] Se podría entonces pensar en עָלָיו, aunque la puntuación del TM, a diferencia de 1QIsaᵃ y la LXX, lo conecta con lo que sigue. En Lv 14,6.17, sin embargo, la raíz נזה aparece sin la preposición אֶל o עַל como en 52,15.

[39] El Tg (וְבַדֵּר) y Sym (ἀποβάλλει) leen «dispersar». Rashi «destruir» (ידה). Aq y Theo (ραντίσει), la Syr (*mdkʾ*) y la Vg (*asperget*), «asperger».

[40] Por ejemplo, יְרַגִּזוּ (cf. K. ELLIGER, *Deuterojesaja in seinem Verhältnis*, 6; C. WESTERMANN, *Das Buch Jesaja*, 204; J.L. McKENZIE, *Second Isaiah*, 129); יְזֻהוּ (cf. G. FOHRER, *Das Buch Jesaja III*, 158; E. KUTSCH, *Sein Leiden*, 17; O.H. STECK, «Aspekte», 41, n.23); יִתְמְהוּ (cf. A. PENNA, *Isaia*, 528); יֶחֱזוּ (cf. J. MORGENSTERN, «The Suffering Servant», 314); יִבְזֶה (cf. 49,7; J. LEVEEN, «יזה in Isaiah LII. 15», 93-94); G.R. DRIVER, «Isaiah 52,13–53,12», 92, vocaliza al qal: יָזֶּה). Para otras enmiendas, cf. J.W. ADAMS, *The Performative Nature*, 177.

[41] Cf. E.J. YOUNG, «The Interpretation», 125-132; R.J. RIGNELL, *A Study of Isaiah*, 79; H.D. PREUSS, *Deuterojesaja*, 97; E. HESSLER, *Das Heilsdrama*, 249; J.M. VINCENT, *Das Auge hört*, 78, n.31; K. BALTZER, *Deutero-Jesaja*, 493.504; A. NICCACCI, «Quarto Carme», 10; H. SIMIAN-YOFRE, *Sofferenza dell'uomo*, 228-229; J.W. ADAMS, *The Performative Nature*, 177; J. GOLDINGAY – D. PAYNE, *Isaiah 44.24–55.13*, 294-295; R. HESKETT, *Messianism*, 187, n.268.

[42] Cf. ZORELL, 507; CLINES, V, 649; F. DELITZSCH, *Commentar*, 513; B. DUHM, *Das Buch Jesaja*, 365; P. VOLZ, *Jesaia II*, 169-170; C. WESTERMANN, *Das Buch Jesaja*, 204; J.L. McKENZIE, *Second Isaiah*, 129; L. ALONSO SCHÖKEL – J.L. SICRE, *Profetas*, I, 329; J.D.W. WATTS, *Isaiah 34–66*, 225; J.L. KOOLE, *Isaiah 49–55*, 272-273; J.N. OSWALT, *The Book of Isaiah*, 374, n.56; J. BLENKINSOPP, *Isaiah 40–55*, 346-347.

(יִקְפְּצוּ) su boca (פִּיהֶם)». Aunque la traducción de este sintagma es clara, la causa del silencio de los reyes no es tan evidente[43].

Las dos únicas veces que la raíz קפץ aparece con פֶּה (Sl 107,42; Job 5,16) está asociada al hecho de callarse por fracaso o vergüenza[44]. La admiración, por el contrario, podría tener aquí un valor positivo en contraste con la reacción de espanto de los *rabbîm* de 52,14 y como admite la interpretación de la coordinada explicativa de 52,15 «pues lo que no habrá sido contado a ellos, verán y lo que no habrán escuchado, comprenderán»[45]. La indeterminación del texto permite las dos posibilidades de lectura, ya sea que se trate de un asombro positivo (admiración) ya de un asombro negativo (fracaso). A nosotros nos interesa subrayar simplemente el hecho de que la futura exaltación del siervo provocará una gran sorpresa, en el sentido de una eventualidad que no se esperaba ni imaginaba.

— *La reacción de desprecio (53,2-3)*

En 53,2-3 la deformación del siervo produce una reacción que, a diferencia de 52,14-15, se describe con términos de repulsa. Cada versículo finaliza con una proposición consecutiva que indica tal menosprecio. En 53,2 se formula en positivo

---

[43] El significado del silencio es polivalente. En el ámbito jurídico indica la derrota del inculpado (cf. P. BOVATI, *Ristabilire la giustizia*, 311-316); puede ser también una reacción provocada por el miedo (cf. B. COSTACURTA, *La vita minacciata*, 237-238); o ante la teofanía (cf. R. FORNARA, *La visione contraddetta*, 236-238). Sobre este punto, cf. S.J. BÁEZ ORTEGA, *Tiempo de callar*, 103-106.

[44] Cf. R.E. WATTS, «The Meaning», 327-335; S.J. BÁEZ ORTEGA, *Tiempo de callar*, 88-89.

[45] La Lxx (οἷς […] οἳ) y la Vg (*quia quibus* […] *qui*) interpreta el pronombre relativo אֲשֶׁר como el sujeto y, por lo tanto, con función de nominativo. El Tg y las partículas אֶת אֲשֶׁר de 1QIsaᵃ indican que lo interpretan como complemento directo. Además, la Lxx traduce los *qatal* רָאוּ y הִתְבּוֹנָנוּ en futuro (ὄψονται y συνήσουσιν), mientras la Vg los traduce como pret. perf. pasivo (*est narratum* y *contemplati sunt*). A. NICCACCI, «Quarto Carme», 15-16 piensa que se deba traducir רָאוּ הִתְבּוֹנָנוּ como futuros anteriores, ya que los *qatal* expresan anterioridad respecto a la forma futura del *yiqtol* (יַזֶּה y יִקְפְּצוּ). Según Niccacci, los dos *qatal* negativos לֹא־סֻפַּר y לֹא־שָׁמְעוּ indican, sin embargo, un pasado absoluto «quello che mai nella loro vita è stato loro raccontato né mai hanno visto».

«de modo que le deseásemos» (וְנֶחְמְדֵהוּ) y en 53,3 en negativo «de modo que no le tuvimos en cuenta» (וְלֹא חֲשַׁבְנֻהוּ).

v. 2	sin aspecto y sin esplendor, le vimos sin apariencia	*de modo que le deseásemos*
v. 3	despreciado y rechazado de los hombres, hombre de dolores y experimentado en enfermedad, como uno ante el que se oculta el rostro de él, depreciado	*de modo que no le tuvimos en cuenta*

La consecutiva del v. 2 proviene de contemplar la deformación del siervo. Sin aspecto y sin esplendor, él produce displicencia, carencia de deseo y de atracción. El sustantivo מַרְאֶה en relación a la raíz חמד remite al relato de Gn 2–3[46]. Si en Gn la *apariencia* (מַרְאֶה) del fruto provoca el *deseo* (חמד) insipiente que termina en el pecado (Gn 2,9; 3,6), en nuestro texto la *no apariencia* (לֹא־מַרְאֶה) del *ʿebed* produce un rechazo (וְלֹא חֲשַׁבְנֻהוּ), también insipiente, que consiste en no reconocer el brazo de Yhwh revelado en él (53,1).

El principal problema de 53,2 es determinar la relación sintáctica entre וְנֶחְמְדֵהוּ y וְנִרְאֵהוּ. Según el *atnah* del TM, el *weyiqtol* וְנִרְאֵהוּ está unido a lo que sigue (וְלֹא־מַרְאֶה וְנֶחְמְדֵהוּ). El aparato crítico de la *BHS*, en cambio, propone unir וְנִרְאֵהוּ al hemistiquio precedente (לֹא־תֹאַר לוֹ וְלֹא הָדָר), como hace Sym. La comparación con las otras versiones no resuelve la cuestión[47]; por eso, los

---

[46] Cf. A. Wénin, «Le poème», 505; R. Meynet, «Le quatrième chant», 434; M. García Fernández, «Is 52,13–53,12», 8-30.

[47] La Lxx lee וְנִרְאֵהוּ en pasado (καὶ εἴδομεν αὐτόν) y traduce וְנֶחְמְדֵהוּ como un adjetivo (κάλλος). 1QIsaᵃ vocaliza וְנֶחְמְדֵהוּ como un imperfecto y traduce en pasado, relacionando los dos sintagmas como el TM, aunque cambia el sufijo de 3ᵃ pers. m. sg. por el de 1ᵃ pers. pl. (ונחמדנו). La Vg soluciona la correlación traduciendo como si fueran dos frases coordinadas (*et vidimus eum* […] *et desideravimus eum*). El problema es que esta lectura tiene un sentido positivo que no encaja en el contexto.

exegetas ofrecen posibles soluciones entre las que señalamos las siguientes: a) basándose en la métrica, omitir וְנִרְאֵהוּ[48]; b) mantener la forma וְנִרְאֵהוּ, pero en correlación consecutiva con lo antecedente[49]; c) traducir el primer *weyiqtol* como pasado y el segundo como consecutivo[50]. Niccacci considera que el primer *weyiqtol* (וְנִרְאֵהוּ) es la prótasis, el sintagma וְלֹא־מַרְאֶה la apódosis y el segundo *weyiqtol* (וְנֶחְמְדֵהוּ) señala la finalidad[51]. En nuestra opinión, וְנִרְאֵהוּ es la prótasis. El sintagma adverbial que sigue (וְלֹא־מַרְאֶה) cualifica el objeto que se ve (הוּ-): «le vimos (הוּ-) sin apariencia (וְלֹא־מַרְאֶה)». La apódosis sería la consecutiva final «de modo que le deseásemos (וְנֶחְמְדֵהוּ)».

En el v. 3 la oración consecutiva está formulada en negativo y se presenta como el resultado lógico de la condición lamentable del siervo: «despreciado y rechazado de los hombres, hombre de dolores y experimentado en enfermedad, como uno ante el que se oculta el rostro de él, depreciado, *de modo que no le tuvimos en cuenta* (וְלֹא חֲשַׁבְנֻהוּ)». En este versículo la mayor parte de los calificativos del estado del *ʿebed* expresan una reacción de repulsa: «despreciado y rechazado de los hombres», «como uno ante el que se oculta el rostro de él, depreciado». Es decir, sus atributos remiten a la reacción que desencadena en otros su persona. Por consiguiente, el interés del texto es subrayar el efecto que provoca el estado del siervo más que su condición sufriente[52].

Repetido por dos veces en el v. 3, el participio *nifal* נִבְזֶה forma inclusión. En el primer sintagma נִבְזֶה está asociado al adjetivo חָדֵל que significa «abstenerse, cesar», teniendo aquí el

---

[48] Cf. B. DUHM, *Das Buch Jesaja*, 367-368; E. HAAG, «Die Botschaft», 168-169.

[49] Cf. Ges-K § 166a; JOÜON § 116c; R. FORNARA, *La visione contraddetta*, 80, n.2; J. GOLDINGAY – D. PAYNE, *Isaiah 44.24–55.13*, 300.

[50] Cf. F. DELITZSCH, *Commentar*, 516-517; J.N. OSWALT, *The Book of Isaiah*, 374-375, n.62; J. BLENKINSOPP, *Isaiah 40–55*, 345.

[51] En cuanto el *weyiqtol*, no pudiendo traducirse como una forma independiente del pasado, propone: «*qualora lo volessimo guardare*, non aveva aspetto *perchè lo desiderassimo*». Cf. A. NICCACCI, «Quarto Carme», 12, n.3.

[52] Cf. p. 244.

valor de «abandonar, dejar». En Sl 39,5, en cambio, חָדֵל significa «frágil, transitorio», como traducen en 53,3 la mayor parte de las versiones[53]. Respecto a la segunda vez que aparece נִבְזֶה, las versiones presentan algunas variantes[54].

El sintagma וּכְמַסְתֵּר פָּנִים מִמֶּנּוּ califica también la condición del siervo con un atributo que hace referencia no tanto al estado del *ᶜebed* como al efecto que éste crea en el espectador. La forma מַסְתֵּר es inusual[55] y en las 30 veces que aparece la raíz סתר con objeto פָּנִים, menos en Ex 3,6 e Is 50,6, el sujeto es Yhwh[56]. En Is 50,6 el siervo no esconde el rostro ante los que le oprimen, contrastando esta actitud con la que adopta la comunidad en 53,3. Por otra parte, la raíz גלה de 53,1 evoca Ex 3,6 donde Moisés ante la teofanía del Señor se cubre el rostro (וַיַּסְתֵּר מֹשֶׁה פָּנָיו). Si interpretamos que es la

---

[53] La Lxx traduce ἐκλεῖπον παρὰ πάντας ἀνθρώπους; Sym, ἐλάχιστος ἀνδρῶν; la Syr, *mkykᵓ dᵓnšᵓ*; la Vg, *novissimum virorum*. Estas versiones interpretan חָדֵל en el sentido de ser «pequeño», «débil», «el menor», «humilde». Los exegetas discuten sobre el valor activo o pasivo del participio נִבְזֶה y del adjetivo חָדֵל. En el caso de נִבְזֶה la traducción en activo le otorgaría un matiz objetivo: «ser despreciable» (cf. J.L. KOOLE, *Isaiah 49–55*, 283-284), más que «despreciado» (cf. ZORELL, 102; CLINES, II, 133; BDB, 102; KB, 116). En el caso de חָדֵל sería «ser caduco, carente, transitorio» (cf. BDB, 293; KB, 278) más que «rechazado» (cf. ZORELL, 224; G.R. DRIVER, «Isaiah 52,13–53,12», 92-93; P.-E. BONNARD, *Le Second Isaïe*, 272, n.6). En nuestra opinión, prima el matiz pasivo.

[54] El manuscrito 1QIsaᵃ lee ובזוהו (de la raíz בוז con el mismo significado que בזה). La Syr traduce con el sufijo de 3ª pers. sg. (*wšṭnyhy*). Debido a una haplografía algunos autores sostienen que נִבְזֶהו es la lectura original (cf. J. MORGENSTERN, «The Suffering Servant», 315-316; D.W. THOMAS, «A Consideration of Is 53», 83). Sin embargo, esta opción es *lectio facilior*, pues establece un buen equilibrio con el verbo חֲשַׁבְנֻהוּ. Además, sólo 1QIsaᵃ y la Syr presentan esta variante (cf. D. BARTHÉLEMY, *Critique textuelle*, II, 395-396; J.L. KOOLE, *Isaiah 49–55*, 287).

[55] Se considera: a) un híbrido *nifal-hofal* de raíz סתר (cf. C.C. TORREY, *The Second Isaiah*, 418); b) una forma compuesta que combina el participio *hifil* (מַסְתִּיר) con el infinitivo *hifil* (הַסְתֵּר). La Lxx, la Vg y la Syr interpretan una forma *hifil* (הסתיר); c) una forma *maqtel* que indica no la acción sino el instrumento (cf. BL § 61rς); o d) una derivación nominal de raíz סתר, aunque la traducción se haga mediante una forma verbal sustantivada «como un ocultar el rostro de él» (cf. G. WEHMEIER, «סתר», *THAT* II, 174; S. WAGNER, «סתר», *ThWAT* V, 968).

[56] Cf. p. 215, n.182.

comunidad quien esconde su rostro para no ver al siervo[57], el gesto
de desprecio pone de manifiesto la paradoja: Dios se revela en un
hombre deformado (53,1) y la acción de cubrirse el rostro ante esta
insoportable visión (53,3), aunque significa rechazo, simultáneamente expresa que, con su gesto, el *nosotros* está indicando, sin saber-
lo, encontrarse ante la presencia de una teofanía (Ex 3,6).

Mientras los otros sintagmas del v. 3 describen el estado del
siervo mediante el efecto causado por la contemplación de su
deformación, el sintagma situado en el centro de versículo
subraya su aflicción física: «hombre de dolores y experimentado
en enfermedad». La frase señala que la condición de deterioro
del ʿ*ebed* no es una circunstancia puntual sino algo que le ha
acompañado en su itinerario vital. Su existencia ha estado mar-
cada por la «enfermedad» (חֳלִי) y el «dolor» (מַכְאֹבוֹת) físico[58]; es
un hombre «experimentado» (וִידוּעַ)[59].

---

[57] Dado que la enfermedad se consideraba como una especie de abandono de Dios,
el Tg y algunos autores interpretan que también aquí es Yhwh quien esconde su rostro
(cf. K. ELLIGER, *Deuterojesaja in seinem Verhältnis*, 9; A. PENNA, *Isaia*, 531; J. HELLER,
«Hiding», 46). Para la Vg y la LXX, por el contrario, es el siervo quien oculta su cara. Según
Theodoretus, el ʿ*ebed* esconde el rostro en el sentido de que mantiene su poder divino
escondido. Según otros autores, la causa de dicha acción es porque es un leproso; por vergüenza; o porque así se solía hacer con los sentenciados a muerte (cf. J.L. KOOLE, *Isaiah
49–55*, 286). Para la Syr, por el contrario, es la comunidad quien oculta el rostro.

[58] El sustantivo מַכְאֹב indica un dolor físico (Sl 38,18), pero también puede señalar
un dolor de otro tipo (Qo 1,18; Lm 1,12.18) (cf. R. MOSIS, «כאב», *ThWAT* IV, 13). El
plural (מַכְאֹבוֹת) señala intensidad (cf. J.W. ADAMS, *The Performative Nature*, 180;
R. HESKETT, *Messianism*, 188, n.272). El sustantivo חֳלִי de la raíz חלה se refiere sobre todo
a un sufrimiento físico (Jr 10,19; Qo 6,2) (cf. F. STOLZ, «חלה», *THAT* I, 567-570).

[59] Respecto a este término, cf. G.R. DRIVER, «Isaiah 52,13–53,12», 93; A. GELSTON,
«Knowledge», 127-134. 1QIsaᵃ (וידע), la Syr (ydʿhẑ²), la LXX (εἰδὼς) y la Vg (*scientem*) leen
el participio activo «el que conoce, conocedor» (יֹדֵעַ), opción que actualmente siguen la
mayor parte de los exegetas. Las versiones de Aq, Sym y Theo, en cambio, traducen por el
adjetivo «conocido» (γνωστὸς). En la opinión de algunos estudiosos, la forma del TM indica una cualidad inherente («experimentado») como en otras formas de *qatul* (Is 26,3;
Sl 103,14; de ידע, cf. Dt 1,13.15) (cf. Ges-K § 50f). Otros, por el contrario, piensan que
וידוע deriva de una raíz árabe (ידע II, «estar en silencio») que por extensión metonímica
aquí significa «sumiso, callado» (cf. C. WESTERMANN, *Das Buch Jesaja*, 205; D.W. THOMAS,
«A Consideration of Is 53», 83; J. DAY, «*daʿat*», 98). W. Johnstone ha demostrado que no
existe conexión con el árabe (cf. W. JOHNSTONE, «*ydʿ* II», 49-62), lo que ha sido confir-
mado por Emerton (cf. J.A. EMERTON, «A Futher Consideration», 145-163). Dahood, por

1.1.3 Interpretación de la enfermedad y confesión de la culpa

Además de la reacción de rechazo (53,2-3), otra forma con que el texto subraya el efecto que el sufrimiento del siervo causa en sus espectadores, es presentar la lectura que ellos hacen del mismo. El fragmento 53,4-5a desarrolla este aspecto contraponiendo quiásticamente la interpretación correcta de la comunidad (הוּא) con la interpretación errónea (אֲנַחְנוּ): *él* (הוּא) cargó con la enfermedad (53,4a), sin embargo *nosotros* (אֲנַחְנוּ) le consideramos un castigado por Dios (53,4b), aunque *él* (הוּא) había sido perforado por nuestros pecados (53,5a).

La hermenéutica del *nosotros* acerca el sufrimiento del ⁽ebed se reconduce al esquema retributivo: «nosotros *le consideramos* (חֲשַׁבְנֻהוּ)[60] golpeado, herido de Dios y afligido» (53,4). El siervo ha pecado y, por eso, sufre; la comunidad lee su enfermedad como un castigo de Yhwh. Los términos de punición − «golpeado» (נָגוּעַ)[61], «herido de Dios» (מֻכֵּה אֱלֹהִים)[62] y «afligido» (וּמְעֻנֶּה)[63] −

---

su parte, considera que el participio pasivo hace referencia al hecho de que el siervo está sufriendo la enfermedad sin haber cometido pecado (cf. M. DAHOOD, «Phoenician Elements», 67). En nuestra opinión, se trata de un *qal* pasivo que significa «experto, conocedor, experimentado» (cf. ZORELL, 295; BDB, 394; KB 365).

[60] La raíz חשׁב había aparecido en 53,3. Aquí es el verbo principal de la oración. Indica un acto valutativo y rige doble acusativo. El primer acusativo señala el sujeto sobre el que se expresa la valoración: el siervo (הו-). El segundo indica la cualidad con la que los interlocutores lo perciben: «golpeado, herido de Dios y afligido». Cf. Ges-K § 117h.

[61] El *qal* de נגע se utiliza para indicar que Yhwh «golpea» a alguien con la enfermedad (1Sam 6,9; Job 19,21) (cf. L. SCHWIENHORST, «נגע», ThWAT V, 223; G.R. DRIVER, «Isaiah 52,13−53,12», 93; J.L. KOOLE, *Isaiah 49−55*, 291; Z. KUSTÁR, *Durch seine Wunden*, 172). En la forma *piel* puede significar «tener la lepra» (2Re 15,5; 2Cr 26,20). Esto explica la traducción de algunas versiones antiguas (cf. la Vg: *quasi leprosum*; Sym: ἐν ἀφῇ ὄντα; y Aq: ἀφήμενον) y de algunos autores modernos (cf. J. LINDBLOM, *The Servant Songs*, 44; R.J. TOURNAY, «Les chants du Serviteur», 494, n.5).

[62] La raíz נכה del sintagma מֻכֵּה אֱלֹהִים está relacionada con la peste (Ex 9,15; Nm 14,12; 1Sam 5,6), la muerte repentina (2Sam 6,7) o la maldición causada por la desobediencia (Lv 26,24; Dt 28,22). Significa ser «herido, golpeado» (Jos 9,18; 1Sam 5,6; 6,19).

[63] El participio *pual* de la raíz ענה II (מְעֻנֶּה) se traduce por «ser humillado, oprimido, afligido» (Sl 119,71) (cf. ZORELL, 613; KB, 719). Cuando el sujeto es Dios, indica el «castigo» a causa de los pecados (Is 64,11; Sl 90,15). En DtIs se encuentra en *nifal* en Is 53,7, como adjetivo en 41,17 y como sustantivo en 48,10. Sobre el uso de la raíz ענה II en DtIs, cf. E. FARFÁN NAVARRO, *El desierto transformado*, 59-64.

acentúan la dimensión corporal y ponen en correlación dicha condición con la de enfermedad descrita en 53,2-3.

Aunque en Is 53,5a se sigue utilizando el vocabulario de punición física: «*perforado* (מְחֹלָל)[64] por nuestras transgresiones y *pulverizado* (מְדֻכָּא)[65] por nuestras culpas». El texto contrapone la interpretación errónea de 53,4b con la correcta de 53,5a. ¿En qué sentido 54,5a corrige 53,4b? La solución depende del valor que se le conceda a la preposición מִן de los sintagmas מֵעֲוֹנֹתֵינוּ y מִפְּשָׁעֵנוּ[66]. Dicha preposición puede introducir un complemento causal, como traduce la Lxx (διά) y la Vg (*propter*). Por consiguiente, esta lectura aceptaría que Dios *golpea* al siervo (53,4b), pero a diferencia de cuanto creyó la comunidad, no es por causa de sus propios pecados sino por causa de cargar con los ajenos (53,4a). El problema es que con esta interpretación se adjudica a Dios una acción improcedente en referencia al justo. Para evitar tal lectura, algunos autores inteptetan los pasivos como impersonales[67].

En nuestra opinión, la función de מִן es expresar el sujeto agente (Gn 9,11; 16,2; Lv 26,43; Job 24,1). Si la enfermedad es metáfora del pecado – ya que por el sufijo de 1ª pers. sg. se establece una relación sinonímica entre «*nuestros* dolores y enfermedades» (מַכְאֹבֵינוּ y חֳלָיֵנוּ, 53,4a) con «*nuestras* culpas y tragresiones» (מֵעֲוֹנֹתֵינוּ y מִפְּשָׁעֵנוּ, 53,5a) – el elemento devastador es intrín-

---

[64] El aparato crítico de la *BHS* propone מְחֻלָּל (part. *pual*) en vez de מְחֹלָל (part. *poal*). La grafía plena de 1QIsaª (מחולל) o defectiva de 1QIsaᵇ (מחלל) no soluciona el problema. La raíz puede ser: a) un *polal* del verbo חיל («hacer retorcer a alguno de dolor»); b) una forma *pual* de חלל I («profanar, manchar, violar»); o c) una forma *poal* de חלל II («herir, penetrar»), como aparece en el TM. Aq (βεβηλωμένος) y el Tg (דאיתחל) leen «profanar» (part. *pual* de חלל I), como también algunos autores modernos (cf. P. -E. BONNARD, *Le Second Isaïe*, 273; H.D. PREUSS, *Deuterojesaja*, 98). La Lxx (ἐτραυματίσθη), la Vg (*vulneratus est*) y la Syr (*mtqtl*), en cambio, leen «perforar, penetrar» (part. *poal* de חלל II), sentido que concuerda mejor con el de מְדֻכָּא y que nosotros adoptamos (cf. Is 51,9; y también ZORELL, 245; BDB, 194; KB, 303).

[65] El participio *pual* מְדֻכָּא proviene de דכא «aplastar, pulverizar». Con la raíz ענה aparece en Sl 94,5. El verbo, además, puede traducirse por «matar» (Job 6,9), «oprimir» (Is 3,15; Lm 3,34). Cf. ZORELL, 172; CLINES, II, 436; BDB, 194; KB, 209.

[66] Cf. R. HESKETT, *Messianism*, 193.

[67] Cf. Ges-K § 121a; *HebSyn* § 35c; JOÜON § 128ba.

seco. El siervo es pulverizado por el pecado que, como la enfermedad, contiene un componente auto-destructivo.

Ahora bien, en 53,5b el *nosotros* va más allá. El texto no se detiene en que el siervo ha sufrido injustamente por la asunción del pecado ajeno sino que este acto ha sido salvífico. En palabras de Paul Beauchamp, a la *transferencia de mal* le corresponde una *transferencia de bien*[68]: «el castigo de nuestra reconciliación sobre él, por sus heridas hemos sido curados» (53,5b). El intercambio se visualiza sintéticamente en las dos preposiciones con que ambos miembros terminan: «sobre *él*» (עָלָיו) y «a/para *nosotros*» (לָנוּ), así como en los sufijos nominales: «*nuestra* reconciliación» (שְׁלוֹמֵנוּ) y «*sus* heridas» (חֲבֻרָתוֹ).

La salvación emerge de un intercambio de bien y de mal y, según 53,5b, consiste en un estado de «paz» (שָׁלוֹם)[69] y de «curación» (רפא) que brota, paradójicamente, de la «corrección» (מוּסָר)[70] y de las «heridas» (חַבּוּרָה) del *ᶜebed*. Esta última resulta particularmente significativa, ya que en la tradición bíblica la herida requería ser retribuida (Gn 4,23-24; Ex 21,25) o era un indicio del pecado (Is 1,6; Sl 38,6); en nuestro texto, por el contrario, es el elemento a partir del cual surge la curación. Con el oxímoro se indica la radical novedad de la salvación cuya modalidad de actuación supera todo entendimiento (52,15).

---

[68] Cf. P. BEAUCHAMP, «Lecture», 328-330.

[69] El lexema שָׁלוֹם generalmente se traduce por «paz»; sin embargo, el concepto hebreo es más amplio que el nuestro y puede significar «salvación» (cf. ZORELL, 846; BDB, 1022-1023; KB, 974; G. GERLEMAN, «שלם», *THAT* II, 919-935; F.J. STENDEBACH, «שָׁלוֹם», *ThWAT* VIII, 12-46). Sobre el término שָׁלוֹם, cf. la nota bibliográfica de A. BORGHINO, La «Nuova Alleanza», 255, n.101.

[70] El *nomen regens* מוּסָר proviene de una raíz יסר, que en *piel* significa «castigar, corregir» (cf. ZORELL, 317; BDB, 416; KB, 387). El sustantivo puede significar tanto «instrucción, enseñanza» como «castigo, disciplina» (Sl 39,11). Por el contexto consideramos más conveniente traducir por «disciplina o corrección».

1.2 La humillación y vejación del siervo

Aunque en la segunda parte del poema (53,6-11a) se encuentra el léxico del castigo físico[71], el escenario cambia. A partir de 53,6 el pronombre «nosotros» desaparece y también el tema de la enfermedad. El siervo ya no es un degradado que la comunidad margina y desprecia sino alguien que, retenido culpable, es condenado por un colectivo no identificado. Y si, por una parte, el *'ebed 'ādōnāy* es tratado como un delincuente, pone su sepultura «con los malvados» (אֶת־רְשָׁעִים, 53,9) y es contado «entre los pecadores» (אֶת־פֹּשְׁעִים, 53,12); por otra, el texto declara que él era inocente: «no hizo violencia y no hubo engaño en su boca» (53,9). Los verbos son el elemento retórico para indicar un movimiento de creciente abandono (v. 6) y violencia (vv. 7-8) que culmina con la sepultura (v. 9).

1.2.1 El abandono del siervo

El tono de confesión característico de 53,4-5 continúa en 53,6. La comunidad, referida con el pronombre כֻּלָּנוּ, que forma inclusión en el versículo, reconoce que ha abandonado al *'ebed 'ādōnāy*: «*todos nosotros* (כֻּלָּנוּ) como un rebaño nos extraviamos, cada uno se orientó por su camino pero Yhwh descargó en él la culpa de *todos nosotros* (כֻּלָּנוּ)».

El v. 6 señala el abandono y dispersión con las raíces verbales תעה y פנה. El verbo תעה significa «vagar, extraviarse» (Ex 23,4; Is 35,8; Job 38,41). Describe un movimiento tanto físico como interior, a veces con la connotación de tomar un mal camino (Ez 48,11; Sl 58,14), probar confusión interior (Is 21,4; 29,24) e incluso alejarse de Dios (Ez 14,11; Pr 21,16)[72]. En nuestro texto la compara-

---

[71] Se repiten las raíces ענה (53,7), נגע (53,8), חלל y דכא (53,10). Sobre el fenómeno de la repetición en el poema, cf. P.R. RAABE, «The Effect», 77-81; M.L. BARRÉ, «Textual», 3-7.

[72] Cf. ZORELL, 905; BDB, 1073; KB, 1035.

ción del *nosotros* con un «rebaño» (כַּצֹּאן) disperso (תעה) evoca otras atestaciones proféticas donde, a causa del pecado de los pastores, el pueblo se encuentra perdido y, por eso, Dios mismo decide venir como Pastor (Jr 2,8; 23,2-3; 31,10; Ez 34,1-16; Mi 4,6).

Otra posibilidad interpretativa es pensar que, como en Za 13,7, el siervo desfigurado y herido produce el extravío del pueblo. Sin embargo, aquí la raíz תעה es equiparada a un «orientarse» (פָּנִינוּ) cada uno según el propio camino. Se trata de una expresión análoga (אִישׁ לְדַרְכּוֹ פָּנִינוּ) a la de Is 47,15 (אִישׁ לְעֶבְרוֹ תָּעוּ), donde se afirma que los pueblos aliados «han dejado sola» a Babilonia. Por esta analogía, nosotros interpretamos 53,6 del mismo modo: al siervo le han dejado solo.

1.2.2 La vejación del siervo

Tras el abandono de la comunidad (53,6), se desata un dinamismo violento por parte de un agresor no identificado que conduce progresivamente al siervo a la muerte: «fue llevado» (יבל, 53,7); «tomado» (לקח, 53,8); «arrancado» (גזר) de la tierra de los vivos (53,8); «puso» (נתן) su tumba entre los muertos (53,9).

El siervo es objeto de la crueldad. La metáfora animal del rebaño, aplicada en 53,6 al *nosotros*, es trasferida en 53,7 al *ᶜebed* que «como un *cordero* (שֶׂה) llevado al matadero, no abrió su boca» y «como una *oveja* (רָחֵל) enmudeció ante quien lo trasquila». El término de comparación entre ambas proposiciones es el silencio de la víctima[73]. Esto es, se trata de la misma actitud de indefensión y no resistencia, bien sea ante un destino de muerte (לַטֶּבַח), bien sea ante quien lo hiere (לִפְנֵי גֹזְזֶיהָ).

La descripción de la vejación continúa en 53,8: «con opresión y juicio *fue tomado* (לֻקַּח)». Dependiendo del valor que se le dé a la preposición מִן, este sintagma se interpreta diversamente. Si a מִן se le atribuye una función separativa[74], «ser tomado *de la opresión y del jui-*

---

[73] Cf. R.N. WHYBRAY, *Isaiah 40–66*, 176.
[74] Cf. E.J. YOUNG, *The Book of Isaiah*, 351.

cio (מֵעֹצֶר וּמִמִּשְׁפָּט)» tendrá el sentido de *ser liberado* y la frase siguiente «arrancado de la tierra de los vivos» se entenderá en la misma línea de 2Re 2,3-10[75]. Si a la preposición מִן, en cambio, se le atribuye un valor causativo, instrumental o privativo[76], el verbo לֻקָּח en paralelo con נִגְזַר se entenderá con el sentido de *ser eliminado*[77].

Esta doble alternativa está relacionada con la discusión sobre la muerte del siervo[78]. En el cuadro general del poema, nosotros retenemos más plausible la segunda opción. Otro motivo es que el sintagma אֶרֶץ חַיִּים con מִן aparece únicamente en Jr 11,19 y Sl 52,7[79]. En estos textos los verbos que rigen la expresión indican agresión: «cortar» (כרת, Jr 11,19) y «desarraigar» (שׁרשׁ, Sl 52,7) y se encuentran, además, en relación sinonímica con «destruir» (שׁחת), «derribar» (נתץ), «aplastar» (חתה) o «arrancar» (יסח). Todas ellas son acciones violentas que buscan poner fin a la vida de alguien.

Unida a la intención de eliminar al profeta, Jr 11,19 añade además «su nombre no será recordado». En 53,8 la eliminación del recuerdo se sugiere mediante el sintagma «a su generación ¿quién se lo narrará?» (וְאֶת־דּוֹרוֹ מִי יְשׂוֹחֵחַ). Tanto la forma verbal יְשׂוֹחֵחַ como el sustantivo דּוֹר tienen diversos significados y las opciones interpretativas estriban en las distintas combinaciones de dichos significados[80]. Basados en la atestación de la LXX, la Vg y la Syr y la rela-

---

[75] Cf. R.N. WHYBRAY, *Isaiah 40–66*, 177.

[76] Por ejemplo, «sin detención y sin juicio» (cf. G.R. DRIVER, «Isaiah 52,13–53,12», 94) o «por opresión y sin juicio» (cf. H.H. ROWLEY, *The Biblical Doctrine of Election*, 116).

[77] Cf. F. DELITZSCH, *Commentar*, 523; M. DAHOOD, «Phoenician Elements», 69; L. ALONSO SCHÖKEL – J.L. SICRE, *Profetas*, I, 332-333; H. SIMIAN-YOFRE, *Sofferenza dell'uomo*, 247.

[78] Cf. R.N. WHYBRAY, *Thanksgiving*, 79-106.

[79] La «tierra de los vivientes» (אֶרֶץ חַיִּים) aparece además en muchos textos en contraposición con el reino de la muerte (Is 38,11; Jr 11,19; Ez 26,20; 32,23.27.32; Sl 27,13; 52,7; 142,6; Job 28,13). Cf. R. HESKETT, *Messianism*, 198.

[80] El verbo יְשׂוֹחֵחַ es una forma *polel* de la raíz verbal שׂיח que en *qal* significa «narrar», «considerar» o «instruir» (cf. ZORELL, 799; BDB, 967; KB, 919). La traducción del sustantivo דּוֹר también oscila entre varias posibilidades: «generación», «contemporáneos» o «destino» (cf. ZORELL, 169-170; CLINES, II, 428-430; BDB, 189; KB, 206; J.W. ADAMS, *The Performative Nature*, 183). De la combinación de estas opciones emergen cuatro posibles interpretaciones: a) traducir el verbo por «narrar» y דּוֹר por «generación»: «a su generación ¿quién se lo narrará?». Ésta es la interpretación que hace la

ción de Is 53,7-8 con Jr 11,19, creemos que la opción que mejor responde al sentido del texto es traducir «a su generación ¿quién se lo narrará?». Además, esta interpretación pone de relieve el hecho de que es precisamente el culpable quien, confensando, está no sólo narrando a las generaciones futuras lo que ha sucedido sino también invitándolas a creer en su predicación (53,1).

1.2.3 La sepultura del siervo

Si el v. 8 ha descrito cómo el siervo haya sido eliminado de la tierra de los *vivos*, el v. 9 se concentra en precisar qué lugar ocupa en el mundo de los *muertos*. Al movimiento ascendente de «*arrancar* (גזר) de la tierra de los vivos» (v. 8), se contrapone el descendente de «poner (נתן) su tumba con los pecadores y con los ricos en su muerte[81]».

Si נִגְזַר «ser eliminado» (53,8) se interpreta en el sentido de morir, resulta difícil conceder al *wayyiqtol* וַיִּתֵּן un valor activo. Por eso, algunos exegetas le atribuyen un matiz impersonal[82]. Otros, en cambio, proponen vocalizar en *pual*[83]. En nuestra opinión, no es

---

Syr, la Vg (*generationem eius quis enarrabit*) y la Lxx (τὴν γενεὰν αὐτοῦ τίς διηγήσεται); b) traducir שׂיח por «considerar» y דּוֹר por «destino», el sentido sería «¿quién considerará su destino?» (cf. G.R. Driver, «Isaiah 52,13–53,12», 94-95; H.D. Preuss, *Deuterojesaja*, 98); c) otra lectura posible: «¿quién se preocupará por su generación?» (cf. P. Volz, *Jesaia II*, 178; C. Westermann, *Das Buch Jesaja*, 205; E. Kutsch, *Sein Leiden*, 27; K. Baltzer, *Deutero-Jesaja*, 494.525-526); d) finalmente, traducir el verbo por «instruir» (Pr 6,22) y el sustantivo por «contemporáneos». Luego, «¿quién instruirá a sus contemporáneos?» (cf. H.-P. Müller, «Die hebräische Wurzel שׂיח», 366).

[81] Algunos autores, a diferencia de la puntuación del TM, consideran que בְּמֹתָיו forma parte del sintagma siguiente (עַל לֹא־חָמָס עָשָׂה). Por otra parte, בְּמֹתָיו puede ser entendido bien como בְּ + מָוֶת en plural o bien como בְּ + el sustantivo בָּמָה «lugar alto» o «tumba». Esta última opción, adoptada por el Tg (בּוּמְתוֹ), resalta el paralelismo con קִבְרוֹ (Is 14,14; 58,14). Aunque el sustantivo מָוֶת en plural es raro (sólo en Ez 28,10), nosotros preferimos conservar el TM y traducir, como la Lxx, la Vg, la Syr y 1QIsaᵃ, en singular («en su muerte»). Sobre la discusión, cf. D. Barthélemy, *Critique textuelle*, II, 399-400; J.L. Koole, *Isaiah 49–55*, 313-314; J.W. Adams, *The Performative*, 184.

[82] Cf. F. Delitzsch, *Commentar*, 525; C.C. Torrey, *The Second Isaiah*, 420; E.J. Young, *The Book of Isaiah*, 352.

[83] Cf. K. Marti, *Das Buch Jesaja*, 350; P. Volz, *Jesaia II*, 171.

necesario cambiar la vocalización del texto[84]. A nivel retórico el *wayyiqtol* וַיִּתֵּן remite al וַיַּעַל de 53,2 que, formando una especie de inclusión en el *corpus* del poema (53,2-10a) – en cuanto וַיַּעַל indica un movimiento ascendente y וַיִּתֵּן, por el contrario, un movimiento descendente –, retoma a la inversa el dinamismo de exaltación de la humillación característico de los marcos del cuarto canto (52,13-15; 53,11b-12). Es cierto que, si וַיִּתֵּן se interpreta en sentido activo, la dificultad permanece, ya que no se explica cómo el siervo, después de muerto, pueda «poner su tumba». De todos modos, este problema se resuelve a la luz de otros pasajes.

Por ejemplo, en Ez 39,11 aparece el verbo נתן en *qal* + מְקוֹם־שָׁם + קֶבֶר, cuyo sentido es asignar un lugar de sepultura para Gog mientras éste se encuentra todavía en vida. Más interesante nos parece Ez 32,17-31. Se trata de un canto fúnebre sobre Egipto, al que se le da a conocer el futuro que le espera estando en vida y se le indica, además, el lugar que le ha sido asignado en «el reino de los muertos», donde ya está Asiria (v. 22), Elam, (v. 25), Mesec y Tubal (v. 26), Edom (v. 29) y los caudillos del norte (v. 30). Aunque las expresiones no son idénticas, pues la raíz נתן en Ez 32 se construye en *nifal*, la idea se asemeja. Dada su conducta, Egipto ya tiene asignado antes de morir un lugar en el mundo de los muertos. Lo mismo se podría pensar para el siervo que, cargando con el pecado, acepta ser contado «con los pecadores» (53,12). Así pues, él «pone su tumba» no en sentido material sino como consecuencia de la opción que ha tomado en vida.

Sintetizando, la metáfora de la enfermedad (53,2-5) se transforma en la metáfora de la condena injusta que culmina en la muerte (53,6-9). Si en 53,2-5 la comunidad se confiesa responsable del desprecio, en 53,6-9 el agresor permanece en la incógnita. Análogamente a 53,4, en 53,6 y en 53,8 se dice explícitamente que la vejación es debida a una transferencia de mal: «pero Yhwh descargó en él la culpa de todos nosotros» (v. 6) y «por la transgresión de mi pueblo, el castigo sobre él» (v. 8). Por consiguiente, el sufrimiento del inocente se interpreta en la misma línea. La humillación es la punición que sufre el *ʿebed* por el pecado de otros.

---

[84] Cf. otros ejemplos de sujetos indefinidos con verbos activos en Ges-K § 144d.

⬛ 2. El sufrimiento desde la perspectiva del siervo

El texto no señala explícitamente cómo el siervo vive la dinámica de la desolación-consolación y cómo interpreta su sufrimiento. Con todo, un dato se recaba del pasaje: el ʿ*ebed* acepta el dolor, y esto es de gran importancia para salir de un esquema que es inmediatamente retributivo o de sustitución vicaria. Su consentimiento no se debe al hecho de que al final espere una recompensa, pues, desde la perspectiva en la que se encuentra inmerso, él sólo experimenta el entregarse a la muerte sin ver el fruto, la descendencia o la glorificación que el pasaje promete (53,10.11). El siervo es consolado sólo por la fe, como el mártir o el profeta ve aquello que los ojos de carne no ven. Se trata de una sabiduría distinta. Y esto es precisamente a lo que *todos* deben asentir cuando escuchan la palabra profética de consolación (53,1).

2.1 La aceptación del siervo

El texto afirma no sólo que el siervo es uno despreciado y humillado sino que acepta esta situación. Su estado, en cambio, ¿es fruto de la iniciativa de otros o de la propia?, ¿es la consecuencia de su decisión o la consecuencia de aceptar la voluntad de Yhwh? El pasaje expresa magistralmente la bipolaridad de un hecho complejo y, de por sí, irreducible a una lectura unilateral a través de la combinación de la voz pasiva con la activa.

2.1.1 ¿Decisión de los hombres o decisión del siervo?

En 53,2-5 se crea un primer contraste entre la eventual lectura del siervo como sujeto activo o pasivo de la vejación, contraponiendo las formas pasivas: «despreciado (נִבְזֶה) y rechazado (חֲדַל)» (53,3), «golpeado (נָגוּעַ), herido (מֻכֵּה) y afligido (וּמְעֻנֶּה)» (53,4) y «perforado (מְחֹלָל) y pulverizado (מְדֻכָּא)» (53,5), con la expresión: «sin embargo nuestras enfermedades él *llevó* (נָשָׂא) y nuestros dolores *cargó* (סְבָלָם)» (53,4). A los ojos de la comunidad el siervo puede parecer uno que está a merced de la enfermedad o del rechazo de otros, pero en realidad en esta situación él está desempeñando un papel tremendamente activo: «nuestras enfermedades él llevó y nuestros dolores cargó».

En la segunda parte del poema dicho contraste se advierte en el v. 7 donde, en oposición a «ser llevado» (יוּבָל) a la muerte, se repite por dos veces el *estribillo* «y no abrió su boca» (וְלֹא יִפְתַּח פִּיו). Si el pasivo (יוּבָל) indica una acción padecida, el silencio de la víctima (וְלֹא יִפְתַּח פִּיו) expresa su renuncia a defenderse y, por tanto, la aceptación activa de la humillación. También el sintagma נִגַּשׂ וְהוּא נַעֲנֶה en 53,7 señala esta simultaneidad entre la dimensión pasiva y activa del sufrimiento del siervo. En este último sintagma los problemas son determinar la función del pronombre הוא y del *waw*. En referencia a la función de הוא consideramos que lo más lógico es darle un valor enfático[85]. Respecto al *waw*, la mejor opción es considerarlo un *waw* adversativo que establece un constraste entre una situación externa de opresión (נִגַּשׂ, «fue oprimido») y otra interna de aceptación (נַעֲנֶה וְהוּא, «pero él se sometió»)[86].

---

[85] Después de un verbo finito (נִגַּשׂ) la construcción con un pronombre (וְהוּא) seguido de un participio (נַעֲנֶה) introduce una oración circunstancial (cf. Ges-K § 141e; *HebSyn* § 139b; JOÜON § 171f). Sin embargo, C. WESTERMANN, *Das Buch Jesaja*, 205 cree que la subordinación está en נִגַּשׂ. J.L. KOOLE, *Isaiah 49–55*, 300 resuelve el problema interpretando que el sujeto de נִגַּשׂ es el término עָוֹן de 53,6. La aparición de וְהוּא en medio de las dos proposiciones, de por sí, no tiene porqué indicar que el sujeto cambia de un miembro a otro. Por eso, interpretamos el pronombre como enfático (cf. W.A.M. BEUKEN, *Jesaja deel IIB*, 219-220).

[86] Otras interpretaciones son considerarlo: a) causal (Sl 60,13). Esta lectura facilitaría la explicación de la construcción pronombre + participio; b) concesivo (Jue 16,15), lo que suscita un problema de traducción, ya que se contraponen dos acciones (נִגַּשׂ y ענה) que son prácticamente sinónimas; y c) consecutivo, creando un efecto parecido al causal (cf. J.W. ADAMS, *The Performative Nature*, 181). Si al *nifal* de ענה se le da, como hemos hecho nosotros, el valor reflexivo de «inclinarse, someterse» (Ex 10,3) (cf. F. DELITZSCH, *Commentar*, 522; J.N. OSWALT, *The Book of Isaiah*, 391; J.W. ADAMS, *The Performative Nature*, 181), el sintagma נַעֲנֶה וְהוּא puede entenderse como una oración coordinada adversativa. En esta línea H.-J. HERMISSON, «Das vierte Gottesknechtslied», 7, n.23 señala que, si bien los dos verbos son pasivos, el primero (נִגַּשׂ) es un pasivo regular mientras el segundo (נַעֲנֶה) es intransitivo. Es decir, mientras la «opresión» es externa, el «inclinarse, someterse» es la reacción interna del siervo. De este modo, también se entendería mejor el sentido enfático del pronombre.

Afirmando la contemporaneidad de la dimensión pasiva y activa se intenta significar la complejidad de un acontecimiento donde el siervo es, simultáneamente, sujeto agente y paciente. Algo similar a cuanto ya señalamos al indicar el contraste entre el *wayyiqtol* «puso su tumba» (וַיִּתֵּן, 53,9) y la secuencia de pasivos «fue llevado» (יוּבָל, 53,7), «tomado» (לֻקָּח, 53,8) y «arrancado» (נִגְזַר, 53,8). Es como si el texto quisiera subrayar que, aunque el siervo ha sido víctima de la violencia, él ha aceptado libremente esta condición.

2.1.2 ¿Decisión del siervo o voluntad de Dios?

La aceptación del sufrimiento por parte del siervo podría llevar a pensar que la iniciativa salvífica ha sido suya. El pasaje evita una eventual lectura, expresando mediante algunos recursos literarios la complejidad de un hecho en que la determinación divina no anula la libertad humana sino que la requiere. Señalamos dos casos donde proposiciones sinonímicas tienen como sujeto agente a Yhwh y al siervo.

Tanto en 53,4 como en 53,11-12 el *ʿebed* «carga» con el pecado ajeno, mientras en 53,6 es Yhwh quien se lo «deposita». La locución נשׂא + un lexema de pecado (חַטָּאת, פֶּשַׁע, עָוֹן)[87], o similares[88], puede significar sea el acto de «perdonar»[89] que el de «asumir las consecuencias del reato»[90]. Es decir, el siervo se solidariza y respon-

---

[87] Sobre esta expresión, cf. R.N. WHYBRAY, *Thanksgiving*, 31-57; P. BOVATI, *Ristabilire la giustizia*, 127-128.

[88] En Is 53,4 la locución se construye con «enfermedad» y «ánimo angustiado» (נְכֵאָה רוּחַ), cf. Jr 10,19. En paralelo a «dolencia» (מַחֲלָה), cf. Pr 18,14. Otros complementos directos a medio camino entre enfermedad y pecado son: «reproche, afrenta» (חֶרְפָּה, Jr 15,15; 31,19; Mi 6,16; Sl 55,13); «desgracia, insulto» (כְּלִמָּה, Ez 16,52.54; 32,24.25.30; 34,29; 36,6.7; 39,26; 44,13); «infamia» (זִמָּה, Ez 16,58; 23,35); «prostitución» (תַּזְנוּת, Ez 23,35); «abominación» (תּוֹעֵבָה, Ez 16,58; 44,13); «ira» (זַעַף, Mi 7,9); «terror» (אֵימָה, Sl 88,16); y «dominio o yugo» (עֹל, Lm 3,27).

[89] El perdón puede ser de parte de Dios (Gn 18,24.26; Ex 23,21; 32,32; 34,7; Nm 14,18.19; Jos 24,19; Is 2,9; Os 1,6; 14,3; Mi 7,18; Sl 25,18; 32,1.5; 85,3; Job 7,21) o de los hombres (Gn 50,17; Ex 10,17; 1Sam 15,25; 25,28).

[90] Cf. por ejemplo: Gn 4,13; Lv 5,17; 17,16; 19,8.17; 20,17; 24,15; Nm 5,31; 9,13; 14,34; Ez 14,10; 44,10.12.

sabiliza de la transgresión del inculpado y Yhwh reconoce este dato al final del poema: «pues el pecado de muchos *llevó* (נָשָׂא)» (53,12). En 53,6, sin embargo, esta acción se atribuye no a la iniciativa del siervo sino a la de Yhwh «pero Yhwh *depositó* (הִפְגִּיעַ)[91] en él la culpa de todos nosotros». Si bien, es cierto que las dos afirmaciones no son antitéticas sino complementarias, también es cierto que, poniendo el acento en distintas dimensiones para la consecución de un mismo acto salvífico, se hace concurrir la implicación necesaria de las dos voluntades en cuestión.

En la misma línea se coloca el primer sintagma de 53,10 «pero Yhwh quiso triturarlo, le hizo enfermar» en parangón con la afirmación de 53,4 «pero él llevó nuestras enfermedades y cargó con nuestros dolores» y con cuanto se afirma en 53,7-9 sobre el siervo sujeto paciente de la vejación en manos de un agente desconocido. Yhwh, revelándose como el responsable, apunta que la condición atribulada del ⁽*ebed* no es ni consecuencia de la asunción del pecado ajeno (vv. 2-5) ni tampoco de la humillación de otros (vv. 7-9). Al contrario, que Él es el agente (v. 10).

A nivel teológico la afirmación «pero Yhwh quiso *triturarlo* (דַּכְּאוֹ)[92],

---

[91] Cf. la LXX (κύριος παρέδωκεν αὐτὸν) y la Vg (*et Dominus posuit in eo*). En *qal* la raíz פגע se traduce normalmente por «encontrar a alguien» (Ex 23,4; Am 5,19). Por eso, algunos autores traducen la forma *hifil* como un causativo «hacer encontrar» (Nm 32,23) (cf. KB, 751; K. MARTI, *Das Buch Jesaja*, 349; P. VOLZ, *Jesaia II*, 169; C. WESTERMANN, *Das Buch Jesaja*, 205) cuyo sentido se asemeja a «depositar», al cual se llegaría por una extensión metafórica del significado de la forma *qal* (cf. J. GOLDINGAY – D. PAYNE, *Isaiah 44.24–55.13*, 308).

[92] Normalmente el acusativo חֵפֶץ se construye con בְּ y, si es un infinitivo, con o sin לְ (Job 13,3; 33,32). Así ocurre en Is 53,10 donde el infinitivo *piel* דַּכְּאוֹ va unido al *qatal* חָפֵץ sin ninguna preposición. Su relación con la siguiente proposición asindética (הֶחֱלִי) es difícil, la LXX lo resuelve con una paráfrasis (βούλεται καθαρίσαι αὐτὸν τῆς πληγῆς). C. WESTERMANN, *Das Buch Jesaja*, 205, en cambio, corrige la vocalización proponiendo el sustantivo דַּכָּא. Otra posibilidad es enmendar con זכהו en consonancia con la LXX, Theo y el Tg (cf. G.R. DRIVER, «Isaiah 52,13–53,12», 96; H.P. MÜLLER, «Ein Vorschlag», 377) y con el significado de la raíz דכא en arameo (cf. J.W. ADAMS, *The Performative Nature*, 185). Sin embargo, no se ve motivo para modificar el texto ni para cambiar el significado de דכא. Además, en la poesía hebrea se pueden encontrar otras construcciones asindéticas de este tipo (Os 2,7; So 3,7; Mi 7,8) (cf. F.J. DEL BARCO DEL BARCO, *Profecía*, 137-139).

le hizo enfermar (הֶחֱלִי)[93]» es muy problemática. En 53,4 se había dicho que siervo fue considerado (חשב) uno «golpeado por Dios» (מֻכֵּה אֱלֹהִים), expresión equivalente a la de 53,10. Sin embargo, esta interpretación se confesaba como errónea (por el verbo חשב) y, además, podía entenderse – como nosotros lo hicimos – que el agente del verbo pasivo era מֵעֲוֹנֹתֵינוּ y מִפְּשָׁעֵנוּ[94]. Aquí, por el contrario, no cabe otra opción sintáctica sino «Yhwh quiso triturarlo, le hizo enfermar». Retomando las consideraciones de Barthélemy, Niccacci opina que en este versículo el lenguaje no tiene ninguna connotación sádica; simplemente es un modo de indicar que el querer divino se realiza a través del sacrificio del siervo[95]. A esta consideración nosotros añadimos que es también una forma para salir del esquema retributivo, pues, para que dicho sacrificio sea salvífico, aunque sea cruento, debe ser aceptado no sólo por el siervo sino también por Dios[96]. Poniendo a Dios como sujeto agente del verbo «hacer enfermar», se indica que los acontecimientos históricos no escapan a su querer y que, no obstante la eliminación del siervo, la voluntad humana no consigue mermar su voluntad salvífica, siempre y cuando el ʿebed acepte esta modalidad[97].

---

[93] La forma *hifil* הֶחֱלִי deriva de חלא o חלה (cf. Ges-K § 74k) con el significado de «estar enfermo». 1QIsaᵃ lee ויחללהו de la raíz חלל I «profanar» o חלל II «penetrar», seguramente por asimilación del v. 5 y por eso, considerado una *lectio facilitante* (cf. D. BARTHÉLEMY, *Critique textuelle*, II, 401). La Lxx, la Vg, Aq y Sym entienden un sustantivo (הֶחֱלִי). La Syr, sin embargo, lee un infinitivo (*wnḥšywhy*) en paralelo a דִּכְּאוֹ. Sobre las distintas posibilidades y soluciones remitimos a G.R. DRIVER, «Linguistic», 403-404; H. HAAG, *Der Gottesknecht*, 180; D. BARTHÉLEMY, *Critique textuelle*, II, 400-402; J.L. KOOLE, *Isaiah 49–55*, 319-320; J.W. ADAMS, *The Performative Nature*, 185-186; R. HESKETT, *Messianism*, 200-201.

[94] Cf. p. 250-251.

[95] Cf. A. NICCACCI, «Quarto Carme», 22, n.33.

[96] Nos encontramos ante el mismo problema teológico que plantea la muerte de Jesucristo y la voluntad del Padre de que la salvación pasara por la modalidad histórica de la Cruz.

[97] El sintagma también se puede explicar recurriendo al teocentrismo bíblico, fenómeno extraño a nuestra concepción primordialmente antropocéntrica. Se observa, por ejemplo, que el sujeto de «endurecer el corazón del faraón» es Dios (חזק, Ex 4,21; 9,12; 10,20.27; 11,10; 14,4.8.17; כבד, Ex 10,1; 14,4.17) Nosotros, por el contrario, hubiéramos atribuido este hecho al ser humano. De este modo, el AT manifiesta una concepción distinta: la Palabra de Dios realiza siempre lo que dice (Is 55,10-11).

Por tanto, la salvación brota de la fusión de dos voluntades libres, la de Dios y la del siervo[98]. El v. 10 describe la concomitancia de estos dos sujetos libres mediante la inclusión del tetragrama y de la raíz חפץ: «*pero Yhwh quiso* (וַיהוָה חָפֵץ) triturarlo, le hizo enfermar. Si él pone su vida como ofrenda verá descendencia, alargará sus días y el *querer de Yhwh* (וְחֵפֶץ יְהוָה) en su mano prosperará». Es decir, la realización de la voluntad divina pasa por la aceptación del siervo; la voluntad del Señor no prospera *si* (אִם) el siervo no se entrega, pone su vida como ofrenda. Así pues, Dios quiere (וְחֵפֶץ יְהוָה), pero también el siervo debe querer (אִם־תָּשִׂים אָשָׁם נַפְשׁוֹ). Con el recurso literario de la inclusión se sintetiza la complejidad del acto salvífico en cuya consecución concurren dos seres libres que encuentran en la obediencia y el amor oblativo la máxima expresión de su libertad.

2.2 La entrega como sacrificio

Desde la perspectiva de la comunidad que confiesa, el sufrimiento del siervo es una punición por el pecado. Sin embargo, la información que recibe el lector es que el siervo asume libremente el castigo y que Yhwh lo acepta. Estos datos requieren que el acto sea reinterpretado desde otras categorías. Al final del poema aparece el concepto de sacrificio, concretamente en la prótasis de la frase condicional del v. 10: «si él se pone como ofrenda» (אִם־תָּשִׂים אָשָׁם נַפְשׁוֹ).

El sintagma es una *crux* para la intepretación bíblica[99]. Un

---

[98] Cf. H. SPIECKERMANN, «The Conception», 7; A. NICCACCI, «Quarto Carme», 23. P. BEAUCHAMP, «Lecture», 331 ve en la aparición del «brazo» de Yhwh en 53,1 y la «mano» del siervo en 53,10 la indicación de que el acto salvífico ha sido una acción conjunta del siervo y de Yhwh.

[99] Cf. I. SONNE, «Isaiah 53,10-12», 335-342; J. COPPENS, «La finale du quatrième chant», 114-121; E. HAAG, «Das Opfer», 87-98; J.R. BATTENFIELD, «Isaiah LIII 10», 485; A. SCHENKER, «Die Anlässe», 45-66; H. HENNING-HESS, «Bemerkungen», 618-626; J.VOLGGER, «Das Schuldopfer», 473-498; A. SCHENKER, *Knecht und Lamm Gottes*, 86-91.

problema lo constituye la 3ª pers. f. sg. del *yiqtol* תָּשִׂים[100]. Otro es, el valor de la expresión אָשָׁם + שִׂים. Debido a su uso en los libros de Números, Levítico y Ezequiel («ofrenda por los pecados»), la lectura tradicional lo ha interpretado también aquí como «ofrenda cultual». Sin embargo, la primera acepción de אָשָׁם no responde al ámbito cultual sino en otras situaciones de la vida (Gn 26,10; 1Sam 6,3-4) donde el término indica una «compensación», un «delito» o una «responsabilidad»; de hecho la Lxx (περὶ ἁμαρτίας) y la Vg (*pro peccato*) traducen por «pecado, delito», señalando que el siervo entrega su vida por el pecado.

La sinopsis comparativa de los tres sintagmas que en el poema contienen la *lectio* נַפְשׁוֹ puede ser orientativa para iluminar el significado de la expresión אָשָׁם + שִׂים.

53,10	Si pone como ofrenda SU ALMA	אִם־תָּשִׂים אָשָׁם נַפְשׁוֹ
53,11	Por el trabajo de SU ALMA	מֵעֲמַל נַפְשׁוֹ
53,12	Porque entregó a la muerte SU ALMA	תַּחַת אֲשֶׁר הֶעֱרָה לַמָּוֶת נַפְשׁוֹ

Común a las tres proposiciones es la correlación de נַפְשׁוֹ con un término que expresa «ofrenda» (אָשָׁם, 53,10), «trabajo» (עָמָל, 53,11) y «entregarse a la muerte» (הֶעֱרָה לַמָּוֶת, 53,12). Las tres proposiciones además están relacionadas con una promesa: «verá descendencia, alargará los días» (53,10), «verá y se saciará en su sabiduría» (53,11) y «le designaré muchos y repartirá con los potentes el botín» (53,12). Esta correspondencia nos permite determinar el sentido de אָשָׁם en relación al sustantivo עָמָל y la expresión הֶעֱרָה לַמָּוֶת.

---

[100] La forma verbal תָּשִׂים puede ser un imperfecto *qal* de 3ª pers. f. sg. o de 2ª pers. m. sg. 1QIsa[a] confirma el TM, 4QIsa[d] lee תשם que podría indicar un pasivo (תֻּשַׂם) como la Syr y es la opción que toma el aparato crítico de la *BHS*. La Lxx, en cambio, lee la 2ª pers. pl. (δῶτε) y la Vg traduce como 3ª pers. m. sg. (*si posuerit pro peccato animam suam*). Se podría pensar en נַפְשׁוֹ como sujeto (cf. C.R. NORTH, *The Suffering Servant*, 122.126; P.-E. BONNARD, *Le Second Isaïe*, 268), pero entonces faltaría el complemento directo. Por eso, algunos exegetas enmiendan con יָשִׂים (cf. A. PENNA, *Isaia*, 536; J.L. McKENZIE, *Second Isaiah*, 130) o, como nosotros, leen la forma תָּשִׂים como 3ª pers. m. sg. con prefijo ת (cf. H. SIMIAN YOFRE, *Sofferenza dell'uomo*, 239-240).

El término עָמָל pertenece al ámbito sapiencial y se traduce por «fatiga, trabajo, esfuerzo» (Qo 1,3). Por derivación se puede asociar al campo semántico de la «pena, aflicción, sufrimiento» (Dt 26,7; Ab 13) o al de la «vejación, violencia» (Sl 7,17; Pr 24,2)[101]. El verbo ערה en *hifil* significa «descubrir, desnudar», en *piel* y *nifal* además del anterior sentido, puede tener el matiz de «derramarse»[102]. Aquí podría entenderse en un sentido figurado, en cuanto que «desnudarse ante la muerte» supone un tipo de entrega a ella, como expresa la metáfora del «derramarse» (נגר, 2Sam 14,14). Se traduzca de una manera o de otra, el significado no varía[103]. Así pues, אָשָׁם tendría que ver con una entrega a la muerte que contiene algo de oneroso y violento (Is 49,4).

Completan nuestro cuadro algunos textos de la tradición bíblica donde Dios no acepta sacrificios injustos (Is 1,11; 66,34; Ml 1,10), no quiere ofrendas ni holocaustos sino misericordia (Os 6,6) y obediencia (1Sam 15,22)[104]. El Señor se complace de los que esperan en Él (Sl 147,10-11). Puesto que el sufrimiento del siervo es causado por su fidelidad, podemos pensar que *su ofrenda* (אָשָׁם) es aceptada con la misma calidad de los sacrificios (Sl 51,18-19; Dn 3,39-40), sin que esto signifique que אָשָׁם tenga el sentido técnico de ofrenda por los pecados. El siervo se entrega al sufrimiento sin una perspectiva retributiva que le permita percibir que su dolor será recompensado o será salvífico para otros en un futuro. El hecho de que él lo asuma, no desde la resignación, sino libremente indica que existe un elemento salvífico que él es capaz de vislumbrar allí donde desde una lógica humana la realidad parece significar lo contrario. En esto consiste precisamente su sabiduría.

---

[101] Cf. ZORELL, 609; BDB, 765; KB, 715.

[102] Cf. ZORELL, 626-627; BDB, 788; KB, 734.

[103] En el caso que se traduzca por «desnudarse», cf. la relación con la raíz נלה de 53,1. Si se traduce por «derramarse», notar la posible referencia a נזה de 52,15 entendido como «asperger».

2.3 La sabiduría del siervo

Tanto la consolación como la desolación requieren un elemento sapiencial para ser correctamente interpretadas y vividas. Hemos estudiado cómo en 42,18-25 la punición tiene como finalidad que Israel comprenda y cómo en 45,9-13 la liberación de Ciro debe concluir con el reconocimiento de que Yhwh es el único Dios (45,9-13). Sin embargo, el ser humano se resiste a sufrir y no entraría ni tampoco permanecería voluntariamente en el padecimiento si dentro del mismo no existiera un elemento consolotario que, aún sin eliminar la adversidad, le capacita para vivirla. Dicho elemento sapiencial está anclado en la fe y en 50,4-11 lo evidenciamos como fidelidad y resistencia en el dolor.

2.3.1 El reconocimiento explícito de la sabiduría del siervo

El cuarto canto se abre con el reconocimiento explícito de Yhwh sobre esta cualidad sapiencial del *ᶜebed*: «mi siervo *tendrá acierto* (יַשְׂכִּיל), subirá, será levantado y se enaltecerá mucho» (52,13). La partícula הִנֵּה seguida del verbo (יַשְׂכִּיל) enfatiza no tanto su persona como la declaración que se hace sobre él[105], o sea sobre *su acierto*. El significado de la raíz שׂכל *hifil* oscila entre «comprender» y «tener éxito»[106]. Las versiones antiguas atestiguan esta fluctuación semántica[107] debida a la dificultad de encontrar un término que exprese simultáneamente la dimen-

---

[106] Sobre la crítica profética del culto, cf. E. HAAG, «Das Opfer», 95-97.

[105] Cf. J. GOLDINGAY − D. PAYNE, *Isaiah 44.24–55.13*, 288. Según Alonso Schökel, la partícula הִנֵּה indica un inicio solemne (cf. L. ALONSO SCHÖKEL, «Nota estilística», 80).

[106] Cf. ZORELL, 800; BDB, 968; KB, 922. En conexión con otros textos (Dn 11,33. 35; 12,3.10), algunos exegetas señalan que שׂכל tiene aquí el sentido de «iluminar» (cf. P. BEAUCHAMP, «Lecture», 334; R. MEYNET, «Le quatrième chant», 411).

[107] La mayor parte subraya el aspecto intelectivo del verbo שׂכל. La LXX: συνήσει, Aq: ἐπιστημονισθήσεται, la Syr: *mstkl* y la Vg: *intelliget*, mientras el Tg lo pone en relación con יצלח de 53,10 y opta por el sentido práctico.

sión intelectual y su realización práctica. En nuestra lengua la locución que mejor reproduce el sentido es «tener acierto»[108].

De nuevo, en 53,11 Dios promete al siervo esta inteligencia interior como recompensa por su entrega: «por el trabajo de su vida *verá* (יִרְאֶה)[109] y se saciará *en su sabiduría* (בְּדַעְתּוֹ)[110]» (53,11). Por consiguiente, el premio del siervo es su propia sabiduría. Del mismo modo, la voluntad de Yhwh puesta en las manos del *ᶜebed* tendrá suceso (צלח, 53,10), pues su acierto (שׂכל, 52,13) o sabiduría (בְּדַעְתּוֹ, 53,11) radica en haber trascendido la apariencia y vislumbrado el valor salvífico del sacrificio. Tal comprensión no procede de una especial revelación sino de la obediencia a la fe que, aceptando la contradicción del dolor y de la muerte, rompe la lógica retributiva que afirma que el justo no puede sufrir.

Luego, si la fe no exime del dolor, debe existir en la desolación un elemento sapiencial que permita asumirlo, un elemento consolatorio que no sea posterior sino interior y simultáneo al mismo, y que no coincida simplemente con un estado anímico o con una condición exterior de bienestar. El *corpus* del poema desarrolla especialmente esta dimensión.

---

[108] Sobre el uso y significado de la raíz שׂכל en DtIs, cf. E. FARFÁN NAVARRO, *El desierto transformado*, 164-178.

[109] La Lxx (φῶς), 1QIsaᵃᵇ y 4QIsaᵈ añaden como complemento directo de ראה el sustantivo אוֹר, no así Aq, Sym, Theo, la Vg y la Syr. Si se admite esta variante, el TM sería el resultado de una haplografía. En nuestra opinión, esta opción es una *lectio facilitante*. Además, en DtIs la raíz ראה aparece sin complemento directo en Is 41,5.23; 49,7.18; 53,11; 66,14. Sobre la problemática, cf. D. BARTHÉLEMY, *Critique textuelle*, II, 403-407; J.L. KOOLE, *Isaiah 49–55*, 328-329; J.W. ADAMS, *The Performative Nature*, 187.

[110] El complemento בְּדַעְתּוֹ causa problemas, pues no existe consenso ni sobre su proveniencia ni sobre su sentido ni sobre su conexión con el sintagma anterior (יִשְׂבָּע) o posterior (יַצְדִּיק צַדִּיק) (cf. I. BLYTHIN, «A Consideration», 29-30; B. REICKE, «The Knowledge», 188-191; A. GELSTON, «Some Notes on Second Isaiah», 524-527; H.G.M. WILLIAMSON, «daᶜat», 118-122; J. DAY, «daᶜat», 97-101; A. GELSTON, «Knowledge», 134-141; A. TÅNGBERG, «The Justification», 31-36; R. HESKETT, *Messianism*, 205-207). Para nosotros, en conformidad con la puntuación masorética, pertenece al sintagma בְּדַעְתּוֹ יִשְׂבָּע y proviene no de un forma verbal sino del sustantivo דַעַת (cf. CLINES, II, 458; BDB, 395; KB, 215).

2.3.2 La sabiduría escondida en el dolor

La futura exaltación del siervo, declarada en el marco del poema, podría poner la duda de si el texto logra realmente escapar de la lógica retributiva. Aunque el carácter enigmático del pasaje impide encontrar una formulación clara del elemento sapiencial y consolatorio inherente al sufrimiento, el autor especialmente en el *corpus* del poema utiliza algunos recursos para indicar que la sabiduría y la consolación no son posteriores ni inseparables del dolor. Así, en 53,2 el siervo crece (עלה) simultáneamente sea «ante» Dios (לְפָנָיו) sea «desde» una condición hóstil, «la tierra seca» (מֵאֶרֶץ צִיָּה)[111]. Haciendo concurrir dos situaciones aparentemente contrarias, se intenta decir que la adversidad humana y la benevolencia divina pueden coexistir sin eliminarse[112].

A través de locuciones y términos polisémicos el profeta realiza algo análogo a lo anterior[113]. La raíz פגע en 53,6 significa «depositar» y en 53,12 «interceder». También en 53,4 el sintagma נשא / סבל + un lexema de pecado tiene claramente el sentido de «asumir la responsabilidad», mientras que en 53,12 podría traducirse por «perdonar»[114]. Con este recurso, pues, se podría querer indicar

---

[111] No todos están de acuerdo en que la preposición לְפָנָיו se refiera a Yhwh. Existen tres opciones intepretativas: a) que se refiera al «quién» de 53,1 (cf. R.J. RIGNELL, *A Study of Isaiah*, 80); b) que ser refiera a Dios (cf. F. DELITZSCH, *Commentar*, 516; R.J. TOURNAY, «Les chants du Serviteur», 493); o c) que sea un sufijo reflexivo (cf. D.W. THOMAS, «A Consideration of Is 53», 81; R.P. GORDON, «Isaiah LIII 2», 491-492). Por falta de consenso, los autores proponen algunas enmiendas al texto: a) לֹא יָפֶה (cf. P. VOLZ, *Jesaia II*, 170); b) לְפָנַי, como si se tratase de una especie de diptografía (cf. J. LINDBLOM, *The Servant Songs*, 43); y, por último, c) לְפָנֵינוּ, como intepreta el aparato critico de la BHS y un número mayor de autores (cf. K. MARTI, *Das Buch Jesaja*, 347; K. ELLIGER, *Deuterojesaja in seinem Verhältnis*, 6-7; O. KAISER, *Der königliche Knecht*, 86; J. MORGENSTERN, «The Suffering Servant», 315; G. FOHRER, *Das Buch Jesaja III*, 158; E. KUTSCH, *Sein Leiden*, 12; H.D. PREUSS, *Deuterojesaja*, 97). Las variantes no están atestiguadas en las versiones antiguas. Teniendo en cuenta que el último sintagma de 53,1 es el «brazo de Yhwh» y que el verbo crecer (עלה) de 53,2 se encuentra en conexión con la promesa de Dios de exaltar al siervo (נשא, רום y גבה, 52,13), creemos que lo más adecuado es interpretar לְפָנָיו en referencia a Yhwh.

[112] Cf. cap. IV, § 2.1.2.

[113] En esta línea, P.R. RAABE, «The Effect», 80-81 muestra como los mismos lexemas se utilizan tanto en sentido de humillación como de exaltación.

[114] Cf. p. 259, n.89 y n.90.

que «perdonar» (53,12) y «cargar con el pecado» (53,4), «interceder» (53,12) y «soportar» (53,6) no son dos momentos distintos sino un mismo acto salvífico contemplado desde perspectivas y tiempos diferentes.

El uso de lexemas del mismo campo semántico o la repetición de términos en contextos diversos produce también éste efecto. Así, el texto contrapone el «ver» del siervo (רָאָה, 53,10.11) al ver del *nosotros* cuya mirada no trasciende la «apariencia» (מַרְאֶה y תֹּאַר, 53,2). La comunidad «esconde el rostro» (סתר, 53,3) allí donde el pasaje indica que el brazo del Señor se «está revelando» (גלה, 53,1). Este varón «experimentado» (וִידוּעַ, 53,3) en dolores, precisamente y paradójicamente, es quien se saciará «en su sabiduría» (בְּדַעְתּוֹ, 53,11). Es como si, a través de la utilización de la misma raíz ידע, se quisiera decir que el bien que se revelará con nitidez en el futuro (53,11) no es una realidad distinta al dolor pasado asumido en la oscuridad e incertidumbre (53,3).

El dolor y la recompensa no son dos momentos yuxtapuestos. Por el contrario, la sabiduría se encuentra dentro del dolor y consiste en aceptar la enfermedad y cargar con el pecado ajeno. A diferencia del pueblo de Israel que está buscando pseudo-consolaciones en los dioses o seguridades en otras instancias políticas, la mediación antropológica elegida por el Señor para desencadenar la consolación pasa por el sufrimiento y brota desde el mismo. Por eso, resulta algo totalmente inesperado e impensable, un evento completamente nuevo y sin precedentes que requiere una sabiduría diversa (52,15).

3. El sufrimiento del ʿebed ʾādōnāy desde la perspectiva divina

La lectura que hace Yhwh sobre el valor de la aflicción del siervo se concentra en los marcos del poema (52,13-15; 53,11b-12). Especialmente en 53,11b-12 se recuperan sintéticamente algunas de las interpretaciones de la parte central que, en boca del Señor ahora, constituyen una confirmación. El siervo ha sido tratado como un culpable («contado con los pecadores», 53,12) aún siendo inocente («mi siervo justo», 53,11). La asunción del pecado («ha cargado con la culpa», 53,11.12) desemboca en el sacrificio de la vida que acepta voluntariamente («desnudó su vida a la muerte», 53,12). Es a partir de esta entrega cuando emerge una promesa consolatoria tanto para los *rabbîm* como para el siervo.

3.1 La salvación prometida a los rabbîm

En la parte central ya había aparecido una primera interpretación de los beneficios que el colectivo recibe a partir de la acción del siervo. El primero es no sufrir el castigo inherente al mal, lo que hemos denominado *transferencia de mal* (53,4a.5a.8). El segundo daba un paso más, pues, según un esquema de *intercambio* o *admirabile commercium*, a esta *transferencia de mal* corresponde una de *bien* (53,5b)[115]. En 53,11-12 la perspectiva divina interpreta la función del siervo con el parámetro de la intercesión.

La primera y última oración de 53,11b-12 presenta a nivel sintáctico una inversión. La correspondencia entre «soportar las culpas» (סבל + עָוֹן, 53,11b) y «cargar el pecado» (חֵטְא + נשׂא, 53,12c), conduce a una sinonimia análoga entre «justificar a muchos» (רַבִּים + לְ + צדק, 53,11b) e «interceder por los pecadores» (פֹּשְׁעִים + לְ + פגע, 53,12c).

53,11b A. Justificará mi siervo justo a MUCHOS   B. *pues sus culpas él* SOPORTARÁ
53,12c Bᴵ. *Pues él el pecado de* MUCHOS LLEVÓ   Aᴵ. por los pecadores intercederá

La raíz צדק en *hifil* normalmente tiene el sentido forense de «declarar inocente» (Dt 25,1; 1Re 8,32; Is 5,23), pero también puede tomar otros matices como «obtener derechos» o «pleitear por los mismos» (2Sam 15,4; Is 50,8), «absolver, tratar como inocente» (Ex 23,7), «proteger, defender» (Sl 82,3), «tener razón» (Job 27,5) y, finalmente, «hacer justos, justificar» (Dn 12,3)[116]. En

---

[115] Cf. cap. V, § 1.1.3.
[116] Cf. ZORELL, 682; BDB, 842; KB, 794; K. KOCH, «צדק», *THAT* II, 507-530; B. JOHNSON, «צדק», *ThWAT* VI, 903-924. Koole sin embargo piensa que, menos en Dn 12,3, dicha raíz en *hifil* siempre tiene un sentido forense (cf. J.L. KOOLE, *Isaiah 49–55*, 332-333).

la Lxx Dios es el sujeto de יַצְדִּיק[117]; en el TM, por el contrario, es el siervo. El complemento directo de צדק se construye con לְ. Algunos exegetas, sin embargo, consideran que aquí el verbo es intransitivo y traducen como «mostrarse justo ante muchos»[118]. En nuestra opinión, לָרַבִּים es el complemento directo del verbo (cf. 1Cr 29,20)[119].

La justificación consiste en un restablecimiento de la relación con Dios[120]. La declaración divina «mi siervo, justo» (צַדִּיק עַבְדִּי) ratifica que el siervo pueda justificar o interceder precisamente por ser «justo» (צַדִּיק)[121], esto es, por hallarse en un estado de justicia, lo cual no equivale a no tener pecado[122]. Tal habilitación, como muestra la coordinación sintáctica (יַצְדִּיק צַדִּיק עַבְדִּי לָרַבִּים וַעֲוֹנֹתָם הוּא יִסְבֹּל), deriva precisamente de haber cargado con el pecado ajeno[123]. En otras

---

[117] Cf. καὶ κύριος βούλεται [...] δικαιῶσαι δίκαιον εὖ δουλεύοντα πολλοῖς (53,10-11).

[118] Cf. S. MOWINCKEL, *He that Cometh*, 199; C. WESTERMANN, *Das Buch Jesaja*, 216; W.A.M. BEUKEN, *Jesaja deel IIB*, 232.

[119] Cf. Ges-K § 117n.

[120] Sobre este punto, cf. P. BOVATI, *Ristabilire la giustizia*, 10. Torrey describe el acto de justificación como «to bring into the right relationship with God» (cf. C.C. TORREY, *The Second Isaiah*, 423; J.W. ADAMS, *The Performative Nature*, 208).

[121] La interpretación del sintagma צַדִּיק עַבְדִּי resulta problemática. Entre las soluciones que cambian el texto o su disposición están: a) considerar צַדִּיק como el sujeto (cf. C.C. TORREY, *The Second Isaiah*, 421-422; P. VOLZ, *Jesaia II*, 172; E. KUTSCH, *Sein Leiden*, 35-36) o el complemento directo (cf. G.R. DRIVER, «Isaiah 52,13–53,12», 101) del miembro anterior (יִשְׂבַּע בְּדַעְתּוֹ); o, b) entenderlo como una diptografía y, por lo tanto, omitirlo (cf. J.L. MCKENZIE, *Second Isaiah*, 131; J. BLENKINSOPP, *Isaiah 40–55*, 348). Otras posibilidades que no cambian el texto son: a) interpretar צַדִּיק como un acusativo interno (cf. C. WESTERMANN, *Das Buch Jesaja*, 216); b) un infinitivo absoluto (cf. I. SONNE, «Critical Notes», 338; H.P. MÜLLER, «Ein Vorschlag», 380); c) una aposición (cf. Ges-K § 132b; E.J. KISSANE, *The Book of Isaiah*, 191; J.N. OSWALT, *The Book of Isaiah*, 399, n.45); o, d) un adjetivo (cf. E.J. YOUNG, *The Book of Isaiah*, 357; L. ALONSO SCHÖKEL – J.L. SICRE, *Profetas*, I, 334). En nuestra opinión, el adjetivo צַדִּיק se encuentra en posición enfática (Is 10,30; 23,12) (cf. F. DELITZSCH, *Commentar*, 530; A. NICCACCI, «Quarto Carme», 19, n.24). Significa «mi siervo justo», pudiendo adquirir una ulterior connotación de «honrado», «recto», «el que tiene razón» (cf. שׂכל, 52,13), «inocente» (cf. P. BOVATI, *Ristabilire la giustizia*, 88-89.96-98.285-286).

[122] Cf. S. MOWINCKEL, *He that Cometh*, 202-203.

[123] Cf. R. HESKETT, *Messianism*, 182-183.

palabras, el siervo puede justificar a los *rabbîm* porque no se ha disociado de su transgresión sino que se ha hecho solidario con ellos. Este acto le capacita como intercesor.

En 53,12 la raíz פגע hifil (cf. 53,6) significa en 53,12 «interceder»[124]. Tal habilitación del siervo en favor de los «trasgresores» (פֹּשְׁעִים) no está separada de la acción de «haber llevado el pecado de muchos» (וְהוּא חֵטְא רַבִּים נָשָׂא). Así pues, ha existido una transferencia de mal y una asunción del mismo que capacita al siervo como mediador de la salvación[125]. La transferencia de bien, sin embargo, no es automática.

La categoría de la intercesión como modalidad salvífica normalmente requiere el consentimiento del pecador y, por tanto, que éste, consciente de su pecado, sienta la necesidad de alguien que medie por él ante Dios. El beneficio que los *rabbîm* reciben (la justificación) consiste precisamente en la finalidad de la mediación: restablecer la relación con el Señor (צדק, 53,11). El don de la reconciliación no es algo impersonal, sino que implica la confesión y la voluntad del pecador. Tampoco la entrega del siervo es el precio que se paga a un Dios airado, que descarga su cólera contra cualquiera y se calma con el sacrificio de cualquier individuo. El don que los *rabbîm* reciben, fruto de la entrega del *ᶜebed*, coincide con la justificación, o sea, el restablecimiento de la relación con Yhwh, única fuente de vida y de consolación.

---

[124] La LXX (παρεδόθη) y 1QIsaᵃ (יפנע) traducen en voz pasiva. Tanto la LXX como la Vg y la Syr consideran la acción referida al pasado (cf. M. DAHOOD, «Isaiah 53,8-12», 569). El *yiqtol*, sin embargo, podría indicar que el ministerio de intercesión del siervo continuará en el futuro (cf. J. GOLDINGAY – D. PAYNE, *Isaiah 44.24–55.13*, 330). En 53,11b también hay un *yiqtol* en el sintagma וַעֲוֹנֹתָם הוּא יִסְבֹּל. Esto resulta extraño ya que en 53,12b y 53,4 expresiones análogas se formulan en *qatal*. Según Niccacci, el paso del pasado al futuro y viceversa es típico del canto y aumenta el carácter enigmático del poema (cf. A. NICCACCI, «Quarto Carme», 20). «Comunque si traduca, al futuro o all'imperfetto, lo yiqtol di 53,10b e 53,12f, resta il fatto che il ruolo benefico del Servo si realizza dopo la sua morte, anzi proprio grazie alla sua morte. Se poi si traduce al futuro anche 53,10b, allora il senso è che l'auto-offerta del Servo si perpetua dopo la morte» (cf. *id.*, 19).

[125] Según Westermann, la modalidad de esta intercesión no se debe a oraciones o sacrificios por los pecadores – como sostiene el Tg – sino a la entrega de la vida. Cf. C. WESTERMANN, *Das Buch Jesaja*, 217.

3.2 La recompensa del siervo

El elemento consolatorio que el siervo obtendrá en un futuro se promete en 52,13 con la terminología de la exaltación y en 53,12 con la de la recompensa. Situados en posición inicial, los tres verbos de elevación indican el reconocimiento divino: «*subirá* (יָרוּם), *será levantado* (וְנִשָּׂא) y *se enaltecerá* (וְגָבַהּ) mucho»[126]. Las raíces רום, נשא y גבה, referidas a un sujeto de persona, pueden tener sentido negativo «ser orgulloso, engreído» o positivo «ser ensalzado»[127]. Aquí claramente prima éste último. La progresión verbal se interpreta de forma diversa. Algunos la consideran una referencia a la tradición de Moisés[128]; otros piensan que se trata simplemente de sinónimos[129]. Para P. Beauchamp la exaltación de un ser humano a la altura de Dios es característica del post-exilio (Is 6,1; Ez 1,26)[130]. La progresión verbal indica que Yhwh no sólo reconoce la inocencia del siervo sino que lo capacita como intercesor (53,11).

Una retribución análoga aparece en el sintagma de 53,12, donde la raíz חלק en *piel* introducida por la partícula aseverativa לָכֵן se repite en los dos miembros. Primero, con el sujeto Dios («le *asignaré* [אֲחַלֶּק] muchos») y, después, con el sujeto el siervo («con los potentes *repartirá* [יְחַלֵּק] el botín»). Si el sentido del verbo es claro – «repartir, dividir, asignar» –, el problema consiste en cómo entender el complemento preposicional בָרַבִּים del primer sintagma y אֶת־עֲצוּמִים del segundo. Existen diversas posibilidades. La LXX y la Vg leen los complementos preposicionales como un comple-

---

[126] Los dos *weqatal* (וְנִשָּׂא וְגָבַהּ) aparecen coordinados con el *yiqtol* (יָרוּם). 1QIsa^a y la Syr, en vez del *yiqtol* יָרוּם, leen וירום. La LXX sólo traduce dos verbos y, además, interpreta la exaltación como una glorificación: καὶ ὑψωθήσεται καὶ δοξασθήσεται σφόδρα. Cf. O. HOFIUS, «Zur Septuaginta», 107-110; J. GOLDINGAY – D. PAYNE, *Isaiah 44.24–55.13*, 289.

[127] Con sentido negativo, cf. רום: Dt 8,14; Os 13,6; Dn 11,12; נשא en *nifal*: Is 2,12-14; Jr 51,9; גבה: Jr 13,15; Ez 28,2; Sl 131,1. Con significado positivo, cf. רום: Sl 18,47; 89,18; נשא en *nifal*: Is 57,15; גבה: Is 5,16; Job 36,7. Sobre la raíz רום con sentido de exaltar a una persona, cf. R. HESKETT, *Messianism*, 180, n.233.

[128] Cf. K. BALTZER, *Deutero-Jesaja*, 498-502.

[129] Cf. J. BLENKINSOPP, *Isaiah 40–55*, 346. Para un resumen de las distintas posiciones, cf. J.L. KOOLE, *Isaiah 49–55*, 265; A. NICCACCI, «Quarto Carme», 14, n.9.

[130] Cf. P. BEAUCHAMP, «Lecture», 345. También B. GOSSE, «Isaïe 52,13-53,12», 539.

mento directo[131]. Otra solución es traducir la preposición בְּ y אֶת por «entre» y «con» respectivamente[132]. La última opción es considerar el sintagma בָּרַבִּים como complemento directo y וְאֶת־עֲצוּמִים como complemento preposicional[133].

A nosotros nos parece más adecuada la última solución. En referencia a בָּרַבִּים, en Job 39,17 el complemento directo se construye también con la preposición בְּ. Además, la idea de una recompensa de personas no es extraña ni al cuarto canto ni a DtIs. De hecho remite a 53,10 donde al siervo se le asegura una descendencia y a otros textos como Is 40,10, donde el «salario» (שָׂכָר) y la «recompensa» (פְּעֻלָּה) son los exiliados (Is 62,11; Jr 31,16)[134]; o a Is 49,24-25, donde el «botín» (מַלְקוֹחַ) es metáfora del pueblo; o a Is 49,8 donde las «heredades desoladas» (נְחָלוֹת שֹׁמֵמוֹת) representan a Israel (cf. 54,3).

En referencia a אֶת־עֲצוּמִים, nuestra opción de traducirlo como complemento preposicional se basa en el cambio de sujeto en 53,12aα y 53,12aβ, lo cual conlleva traducir la misma raíz (חלק) de forma distinta. En 53,12aα, donde el sujeto es Dios, traducimos «asignar» y en 53,12aβ, donde el sujeto siervo, traducimos «repartir». Además, en 53,12aβ חלק tiene por complemento directo שָׁלָל, lo que hace más plausible que אֶת־עֲצוּמִים tenga la función de complemento preposicional. Por último, el reclamo a otros complementos similares en la perícopa: «con los malvados» (אֶת־רְשָׁעִים, 53,9), «con los ricos» (אֶת־עָשִׁיר, 53,9), «con los pecadores» (אֶת־פֹּשְׁעִים, 53,12) favorece esta interpretación.

El ʿebed ʾādōnāy no tendrá una recompensa distinta de la multitud que ha justificado y por la que ha intercedido. La retribución o el futuro elemento consolatorio del siervo consisten en la misma capacidad de interceder y justificar, es decir, de restablecer la relación con Yhwh. Esto genera una especie de paternidad-filiación

---

[131] La Lxx: αὐτὸς κληρονομήσει πολλοὺς καὶ τῶν ἰσχυρῶν μεριεῖ σκῦλα; y la Vg: *ideo dispertiam ei plurimos et fortium dividet spolia.*

[132] Cf. C. WESTERMANN, *Das Buch Jesaja*, 206; E. KUTSCH, *Sein Leiden*, 37; E.J.YOUNG, *The Book of Isaiah*, 358.

[133] Cf. P.TREMOLADA, *E fu annoverato*, 91.97.

[134] Cf. p. 147-148.

distinta a la de la carne. Como se indica en 53,12 con la metáfora de la recompensa, los hijos justificados son el salario del ʿebed que él ha generado con su obediencia (cf. Gn 22; Jr 31,15-17).

▨ 4. La función intercesora del siervo

Desde la perspectiva del *nosotros* el sufrimiento del siervo se interpreta como un castigo. Desde la del ʿebed, en cambio, como un sacrificio. La lectura divina da finalmente un nuevo salto y revaloriza la entrega habilitándola como intecesora. Siendo ésta la óptica adecuada para leer correctamente el evento de la humillación y exaltación del ʿebed, dedicamos un último apartado a profundizar sobre esta categoría. Primero lo hacemos en relación a las otras grandes mediaciones deuteroisaianas: Ciro y Jerusalén, después estudiamos la modalidad de intercesión del cuarto canto.

4.1 La mediación de Ciro y de Jerusalén

La intercesión es una modalidad de la mediación[135]. Se discute si esta función es propia del profeta o sólo una posible actuación de su servicio de mediador[136]. El fenómeno no es homogéneo y en algunos casos se presenta contradictorio. R. Le Déaut señala la dificultad para realizar una presentación sistemática del mismo[137]. A esta complicación se añade el carácter enigmático del pasaje que ha suscitado un creciente interés entre los autores por identificar el personaje del siervo. Muchas han sido las propuestas que se suelen clasificar en individuales o colectivas[138].

---

[135] Cf. D. IVANSKI, *The Dynamics*, 308.

[136] Sobre este problema, cf. N. JOHANSSON, *Parakletoi*, 3-21; H.W. HERTZBERG, «Sind die Propheten Fürbitter?», 63-74; H. REVENTLOW, *Liturgie*, 140-205; A.B. RHODES, «Israel's Prophets», 107-128; E. JACOB, «Prophètes», 205-217; S.E. BALENTINE, «The Prophet as Intercessor», 161-173. Para un resumen de la problemática y de las distintas posiciones, cf. D. IVANSKI, *The Dynamics*, 324-329.

[137] Cf. R. LE DÉAUT, «Aspects de l'intercession», 37.

[138] Cf. p. 189, n.70.

El ʿ*ebed* ʾ*ādōnāy* muestra trazos de semejanza con algunas de dichas figuras individuales o colectivas como Moisés, Jeremías, Jerusalén, Ciro, Deuteroisaías, etc.; sin embargo, no llega a adecuarse completamente a ninguna. Algunos estudiosos consideran que tal ambigüedad es deliberada[139] y admite una mayor apertura interpretativa[140]. Los estudios diacrónicos integran las diversas posibilidades mostrando cómo, a lo largo del proceso de la formación del texto, la recepción intra-isaiana ha reinterpretado de forma distinta la figura del siervo[141]. De este modo, si en un primer estadio el ʿ*ebed* podría haberse identificado con el profeta o con Ciro, en estadios sucesivos la identificación es con Jerusalén, con los deportados o con todo Israel. Aunque tomaremos en consideración los resultados de estos autores, a nosotros no nos interesa identificar sino confrontar la función intercesora del siervo en paralelo a la mediación de Ciro y Jerusalén, ambas significativas y necesarias para que se produzca la consolación.

4.1.1 La función mediadora de Ciro

A pesar de que el nombre de Ciro aparezca en 45,1 (כּוֹרֶשׁ)[142], son varios los pasajes deuteroisaianos que aluden a él[143]. Dada la importancia de su persona en la primera parte de DtIs (Is 40–48) así como las conexiones lexicales con el primer y segundo canto del siervo[144],

---

[139] Cf. P. Wilcox – D. Patton-Williams, «The Servant Songs», 94.

[140] Cf. R. Heskett, *Messianism*, 220.

[141] Cf. J. Blenkinsopp, *Opening the Sealed Book*, 251-293. Para un resumen y valoración de las posiciones de Kratz (1991), van Oorschot (1993), Berges (1998) y Werlitz (1999), cf. C. Conroy, «The Four Servant Poems», 80-94; sobre Steck, cf. K. Joachimsen, «Steck's Five Stories of the Servant», 213-216.

[142] Algunos autores consideran este título como una glosa. Cf. C. Torrey, «Isaiah 41», 124.

[143] Cf. p. 200, n.118.

[144] Por ejemplo, «llamados por nombre» (45,3; 49,1); «en justicia» (42,6; 45,13); para «liberar a los prisioneros» (42,7; 45,13; 49,6); «sostenidos de la mano» (42,6; 45,1) (cf. R. Heskett, *Messianism*, 245, n.75). Dichas expresiones, según M.S. Paul, son tomadas de la corte babilónica (cf. M.S. Paul, «Deutero-Isaiah»,180-182.185-186). Cf. también M.C. Lind, «Monotheism», 444, n.44.

algunos exegetas piensan que el siervo es Ciro[145] o al menos que, en alguno de los estadios redaccionales, se identifica con él[146].

— *Elementos comunes entre la mediación de Ciro y la del siervo*

Ambas mediaciones comparten un elemento de novedad que provoca impacto e incomprensión. En referencia a Ciro, el problema para Israel es aceptar que la liberación pueda venir de un rey pagano[147]. Respecto al siervo, la dificultad es percibir que a través de un hombre castigado y depreciado Dios lleva adelante su plan de salvación. Es decir, en ambos casos la modalidad salvífica causa perplejidad porque rompe con los parámetros tradicionales y se presenta como algo nuevo e inesperado.

Común a las dos mediaciones es también que son suscitadas y acreditadas por Dios. Yhwh capacita y sostiene a Ciro para llevar a cabo su proyecto (Is 41,2.25; 44,28; 45,1-5.13; 46,11; 48,14-15). Le denomina «mi pastor» (רֹעִי, 44,28), «su ungido» (מְשִׁיחוֹ, 45,1), al que «lleva» (חזק) de la mano (45,1), «ama» (יְהוָה אֲהֵבוֹ, 48,14), «llama» (קרא) por el nombre de Yhwh (41,25) y por su nombre (45,3.4)[148]. El Señor, en cambio, califica al *ᶜebed* de «mi siervo» (עַבְדִּי, 42,1; 52,13; 53,11), «mi elegido» (בְּחִירִי, 42,1), «en quien me complazco» (רָצְתָה נַפְשִׁי, 42,1) y «sostengo» (תמך), pues-

---

[145] Cf. S. SMITH, *Isaiah*, 70. Cf. también, M. HALLER, «Die Kyros-Lieder», 261-277; W. CASPARI, *Lieder*, 196-197. Sobre la relación entre el siervo y Ciro, cf. A. LAATO, *The Servant of Yhwh*.

[146] Kratz sostiene que en un segundo estadio redaccional los dos primeros cantos se refieren a Ciro; el tercero y cuarto a Sión (cf. R.G. KRATZ, *Kyros im Deuterojesaja-Buch*, 144-147). Del mismo modo, Steck en el segundo nivel redaccional, datado antes del 520 aC., cree que en los dos primeros cantos el siervo es Ciro (cf. O. STECK, *Gottesknechte und Zion*, 155). Cf. también, W.E. BARNES, «Cyrus», 32-39; H.H. ROWLEY, *The Servant*, 29.

[147] Cf. cap. IV, § 1.3.1 y § 1.3.2. Cf. W.L. HOLLADAY, *Isaiah*, 138; J.D.W. WATTS, *Isaiah 34-66*, 156; R. HESKETT, *Messianism*, 26.

[148] Cf. J. COPPENS, «Les origines littéraires», 255-256; M.C. LIND, «Monotheism», 444. El Cilindro de Ciro (cf. TUAT I, 407-410) presenta al rey como un liberador, mientras Nabonide, rey de Babilonia, aparece como un tirano. Aquí Marduk acompaña a Ciro en su campaña. En DtIs, sin embargo, es Yhwh quien le suscita y da éxito (41,2-3.25; 45,1-3; 46,11; 48,14). Sobre la interpretación bíblica de la figura de Ciro, cf. A. NETZER, «Some Notes», 35-52; E.M. YAMAUCHI, *Persia*, 72-74; P. BRIANT, *Histoire*, I, 56-58.

to como «alianza de un pueblo» (בְּרִית עָם, 42,6; 49,8) y «luz de las naciones» (אוֹר גּוֹיִם, 42,6; 49,6), «mi salvación» (יְשׁוּעָתִי, 49,6), el que será «honrado a los ojos de Yhwh» (וְאֶכָּבֵד בְּעֵינֵי יְהוָה, 49,5) y «formado desde el seno materno» (יֹצְרִי מִבֶּטֶן יְהוָה, 49,5)[149].

— *Elementos divergentes entre la mediación de Ciro y la del siervo*

Aunque el rey persa es elegido por el Señor para llevar a cabo la liberación de Israel, el texto afirma por dos veces que «no conoce a Yhwh» (45,4.5). En otras palabras, a diferencia del siervo de quien se requiere el consentimiento y la libertad (53,10), Ciro es un mero instrumento[150]. La insistencia que Yhwh ha predicho y dado a conocer en el pasado (41,26-27; 42,9; 43,12; 44,7.8; 45,19; 46,10; 48,3.5.16)[151] hace también pensar en la persona de Ciro como prueba para demostrar que las promesas de Yhwh se han cumplido y, por lo tanto, para reforzar el monoteísmo[152].

Si bien para el primer y segundo canto del *ʿebed* cabía entender que Ciro es el siervo[153], el aspecto de ignominia del cuarto canto está ausente de la vida del rey persa[154]. Además, se observa que después de 48,15 Ciro desaparece[155] y la figura de un siervo con trazos individuales adquire mayor relevancia. Esto constrasta con la primera parte, donde el siervo se identifica en muchos casos con Israel–Jacob (41,8.9; 43,10; 44,1.2; 45,4; 48,20)[156]. Si bien esta

---

[149] Cf. J. COPPENS, «Les origines littéraires», 255-256.

[150] Cf. J.L. MCKENZIE, *Second Isaiah*, 77-78; J.C. WHITCOMB, «Cyrus», 401; J.L. KOOLE, *Isaiah 40–48*, 438; R. HESKETT, *Messianism*, 26.

[151] Para algunos autores, las *cosas antiguas* se refieren a Abraham mientras las *nuevas* a Ciro (cf. B.W. ANDERSON, «Exodus Typology», 187-188; G.H. JONES, «Abraham and Cyrus», 317-318). R. Heskett, sin embargo, sostiene que para la comunidad post-exílica el evento de Ciro forma parte de las promesas pasadas que se deben olvidar (43,18; 65,17) con el fin de abrirse a una nueva promesa mesiánica (Is 11,6; 65,25) (cf. R. HESKETT, *Messianism*, 30-34.36-37).

[152] Cf. C.E. SIMCOX, «The *Rôle* of Cyrus», 170; M.C. LIND, «Monotheism», 438-442; R. HESKETT, *Messianism*, 25-26.

[153] Cf. C.R. NORTH, *The Suffering Servant*, 57.

[154] Cf. M.C. LIND, «Monotheism», 444-445. Sobre algunos de los datos bibliográficos de Ciro, cf. J.C. WHITCOMB, «Cyrus», 391-395.

[155] Cf. R. HESKETT, *Messianism*, 37.

[156] Cf. a este respecto la tabla propuesta por J. COPPENS, «Les origines littéraires», 255-256.

última constatación está asociada al proceso de formación de DtIs[157], también desde una perspectiva sincrónica se advierte que Is 47, donde se narra la destrucción de Babilonia supuestamente protagonizada por Ciro, contrasta con Is 54 donde la salvación de Jerusalén es posible gracias al *ᶜebed*[158]. Así pues, Ciro y el siervo de Yhwh están relacionados por su función respecto a Sión, pero no se identifican. Para algunos autores, el primero tendría una misión política, mientras el segundo tendría una misión religiosa[159]. Ambas mediaciones, aun siendo distintas, son necesarias para que tenga lugar la salvación.

— *La función de Ciro en referencia a Jerusalén*

El rey persa media para obtener para Israel la liberación del exilio en Babilonia. Y si en 45,4 se afirma que su elección es «a causa» (לְמַעַן) de Jacob e Israel, el texto, en cambio, privilegia la función de Ciro en referencia a Sión, a quien tiene que reconstruir (44,28; 45,13), poner los cimientos del templo (44,28) y traer a los deportados (45,13). Estas tres acciones que se le confían están también atestiguadas en el segundo libro de las Crónicas (2Cr 36,22-23) y en Esdras (Esd 1,1-4). En ambos textos Ciro dice haber recibido el mandato de Yhwh de reconstruir su templo y ordena subir a Jerusalén a todos los que pertenecen a este pueblo. Más allá de la historicidad de este famoso *decreto*, nos interesa señalar la centralidad de Sión respecto a la función mediadora del rey persa.

Esta insistencia seguramente refleja la problemática del postexilio. Estudios recientes sobre el periodo babilónico y persa han aportado elementos interesantes al respecto[160]. La confrontación de las fuentes arqueológicas muestran que Jerusalén antes del 587 aC. era el centro político, económico y cultural de la provincia de Yehud. Tras el asedio babilónico su situación se

---

[157] Cf. R. HESKETT, *Messianism*, 174-176.

[158] Cf. T.N.D. METTINGER, *A Farewell*, 25-28; J. COPPENS, *Le Messianisme*, 107.

[159] Cf. M. HALLER, «Die Kyros-Lieder», 270-277; J.L. KOOLE, *Isaiah 49–55*, 327; R. HESKETT, *Messianism*, 34.

[160] En particular nos referimos a la primera parte de la obra de F. COCCO, *Sulla cattedra di Mosè*, 23-142.

conjetura devastada prácticamente hasta la época persa[161]. Esto contrasta con el desarrollo que experimentan otras ciudades de la provincia de Yehud como muestran las excavaciones que evidencian una posible capital en Mizpa, así como el resurgir de la actividad cúltica en el santuario de Betel[162].

En referencia al periodo persa, se puede considerar que a raíz del llamado *Edicto de Ciro* no hubo una vuelta masiva de población. No existen tampoco pruebas dirimentes sobre la reconstrucción del templo en época persa[163], aunque en paralelo se observa una ideología asociada a éste y a la soberanía universal de Yhwh que se conecta con Esdras y los profetas Ageo y Zacarías. Este trasfondo histórico explica que la misión de Ciro estuviera orientada especialmente hacia Sión, una centralización característica del libro de Isaías[164].

4.1.2 La función mediadora de Jerusalén

La persona del siervo es identificada por algunos exegetas como una figura colectiva[165], es decir, una personalidad corporativa que puede representar a Israel actual, a Israel ideal o sólo a una parte de Israel así como a los exiliados que regresan o aquellos que se mantienen fieles. La identificación del siervo con Jerusalén forma parte de la identificación con una personalidad coorporativa[166]. Respecto al cuarto canto, esta interpretación es más plausible que aquella de Ciro.

---

[161] De todos modos, de este dato no se deduce que toda la tierra de Judá quedara desierta durante los años de deportación (cf. F. COCCO, *Sulla cattedra di Mosè,* 31-35). Sobre este argumento, cf. la monografía de H.M. BARSTAD, *The Myth of the Empty Land.*

[162] Cf. F. COCCO, *Sulla cattedra di Mosè,* 35-79.

[163] Cf. P.R. DAVIES, «God of Cyrus», 219.

[164] Cf. p. 125, n.12.

[165] Cf. A. FEUILLET, *Études d'exégèse,* 142-149; R. HESKETT, *Messianism,* 133-139.

[166] Cf. la nota bibliográfica de R. HESKETT, *Messianism,* 153, n.114. Desde la perspectiva diacrónica, Steck sostiene que para el segundo, tercero y cuarto estadio redaccional el siervo del cuarto canto se identifica con Sión (cf. O. STECK, *Gottesknechte und Zion,* 158.161-166.167). También Kratz (cf. R.G. KRATZ, *Kyros im Deuterojesaja-Buch,* 144-147) y Berges (cf. U. BERGES, *Das Buch Jesaja,* 403-411).

La primera razón son las conexiones lexicales entre Is 52,13–53,12 e Is 54 que relacionan ambos textos[167]. La segunda son las temáticas comunes de la descendencia y humillación-restablecimiento[168]. La tercera es la alternancia siervo-Sión a partir de Is 49[169]. Según A. Borghino, los que sostienen una relación entre el siervo y Sión se pueden distinguir en estos grupos[170]: aquellos que los identifican[171], los que ven un desarrollo paralelo de las dos figuras[172] y los que consideran que ambos personajes son intercambiables[173]. En cuanto a la función mediadora del siervo y de Jerusalén, nosotros nos situamos en el segundo grupo, el siervo y Sión tienen funciones paralelas, aunque no se identifican ni son intercambiables, pues, según nuestra opción hermenéutica[174], la mediación de Sión se hace posible a partir de la entrega del ꜥebed.

— *Humillación y justificación*

Una primera similitud y diferencia entre la mediación del siervo y la de Sión es la humillación[175]. En Is 53 el sufrimiento

---

[167] Cf. p. 236, n.5. Cf. Š. PORÚBČAN, *Il Patto nuovo*, 144-146; P.-E. BONNARD, *Le Second Isaïe*, 288; W.A.M. BEUKEN, *Jesaja deel IIB*, 242; J.L. KOOLE, *Isaiah 49–55*, 347; A. BORGHINO, *La «Nuova Alleanza»*, 384-391.

[168] Cf. J. LINDBLOM, *The Servant Songs*, 50.

[169] Cf. p. 209, n.152. El paso de la figura masculina a la femenina es también característica del libro de la consolación jeremiano (Jr 30–31): 30,5-11 (m.); 30,12-17 (f.); 30,18–31,1 (m.); 31,2-6 (f.); 31,7-14 (m.); 31,15-22 (f.) (cf. P. BOVATI, *Geremia 30–31*, 66-68). También la agrupación temática de estas estrofas: el sufrimiento (Jr 30,5-11//30,12-17); reconstrucción (Jr 30,18–31,1//31,2-6); y retorno (Jr 31,7-14// 30,15-22) (cf. *id.*, 58, n.242), coincide en grandes líneas con las de Is 52,13–55,13: sufrimiento de siervo (Is 52,13–53,12); reconstrucción de Jerusalén (Is 54); e invitación a volver (Is 55).

[170] Cf. A. BORGHINO, *La «Nuova Alleanza»*, 396-397.

[171] Cf. L.E. WILSHIRE, «Servant-City», 356-367; *id.*, «Jerusalem», 231-255.

[172] Cf. J.F.A. SAWYER, «Daugther», 89-107; K. JEPPESEN, «Mother Zion», 109-125; P.T. WILLEY, «The Servant», 280-296; B.J. STRATTON, «Engaging Metaphors», 219-237; U. BERGES, «Personifications», 66.70.

[173] Cf. M.C.A. KORPEL, «The Female Servant», 153-167.

[174] Cf. p. 236-237.

[175] Lexemas y raíces del campo semántico del sufrimiento que se repiten entre Is 52,13–53,12 e Is 54,1-17 son: ענה (53,4.7; 54,11); שׁמם (52,14; 54,1.3); שׁחת (52,14; 54,16). Otros calificativos que describen el estado de Jerusalén son: «estéril» (עֲקָרָה, 54,1); «abandonada» (עֲזוּבָה) y «afligida» (עֲצוּבַת רוּחַ, 54,6); «turbada» (סֹעֲרָה) y «no consolada» (לֹא נֻחָמָה, 54,11).

habilita al siervo como intercesor (53,11-12) y es también la mediación antropológica a través de la cual surge la salvación. A Sión, en cambio, se le promete que será librada de la opresión (54,4-10) y que ésta no volverá a suceder (54,4.8.14-15).

Unido a la humillación, una segunda similitud entre el siervo y Sión es que precisamente son ellos los primeros en recibir la justicia y la consolación de Yhwh, conviertiéndose a su vez en principio de justificación y mediadores de la consolación para Israel. La función de justificación del siervo (53,11), entendida como restablecimiento de la relación con Yhwh, es análoga a la función consoladora de Jerusalén que, como hemos señalado, equivale a restablecer la alianza[176]. Tras la reanudación de la alianza esponsal con Sión en Is 54, se inicia un movimiento de vuelta escatológico de los israelitas (Is 55,1-2) quienes, traídos por los pueblos paganos (Is 66,20; cf. Is 2,1-5), serán *consolados* en ella (Is 66,13)[177]. Jerusalén, esposa y madre, se convierte en la mediadora y dispensadora de este don. La consolación que como madre ofrece, consistirá precisamente en ir integrando en la alianza a esos hijos que llegan (55,3)[178].

— *La descendencia y la paternidad/maternidad*

Otro punto de contacto entre la mediación del siervo y la de Sión es la descendencia[179]. El «botín» (שָׁלָל) que el siervo «hereda» (חלק) aceptando entrar en la muerte coincide con la «multitud» (רַבִּים) por la que, siendo él «justo» (צַדִּיק, 53,11), ha intercedido (53,12) y a la que ha «justificado» (צדק)[180]. Tal entidad pluripersonal se asocia a la «descendencia» (זֶרַע) de la que habla 53,10. En 54,1 los hijos de la desolada serán «más numerosos» (רַבִּים) que los

---

[176] Cf. p. 150-152. Sobre este punto, cf. N. CALDUCH-BENAGES, «Jerusalem as Widow», 161-162.

[177] Cf. O.H. STECK, «Zion Tröstung», 272.275-276.

[178] Cf. p. 164-167.

[179] Cf. J. MUILENBURG, *The Book of Isaiah*, 632; P.-E. BONNARD, *Le Second Isaïe*, 288; R.F. MELUGIN, *The Formation*, 174; J.A. MOTYER, *The Prophecy*, 445; U. BERGES, «Personifications», 69; A. BORGHINO, *La «Nuova Alleanza»*, 387-388.

[180] Cf. cap. V, § 3.2.

de la casada[181] y en 54,3 la «descendencia» (זֶרַע) tomará en posesión la ciudades desoladas. Todavía más interesante es la afirmación de 54,17 que concluye diciendo que esta promesa será la «heredad» (נַחֲלָה) de los «siervos de Yhwh» (עַבְדֵי יְהוָה) a los cuales es donada la «justicia» (צְדָקָה) de parte del Señor.

Si, como afirma Borghino, es legítimo preguntarse si no existe una correlación causal entre el destino del siervo y la reconstrucción de Sión[182], del mismo modo es legítimo cuestionarse si no existe algún tipo de relación entre la descendencia del siervo y los siervos y discípulos de Yhwh (54,13.17). Un dato que muchos autores han puesto de relieve es que en 53,11 es la última vez que aparece el término עֶבֶד en singular, mientras que a partir de 54,17 sólo se encuentra en plural (עַבְדֵי יְהוָה, Is 56,6; 63,17; 65,8.9.13.14.15; 66,14). Se deduce por eso que, concluida la misión del ʿebed ʾādōnāy, continúa en los siervos[183] y consiste en la reconstrucción de Sión desde la justicia.

La maternidad de Sión comparte un elemento de similitud con la paternidad del siervo que es la obediencia. Si en el cuarto canto la función intercesora del ʿebed no puede hacerse realidad sin el reconocimiento y la confesión del culpable, tampoco la mediación de Jerusalén se producirá sin realizar un acto que sintetice el reconocimiento de su centralidad y exclusividad en la salvación. Dicho acto consiste en *volver* a ella como único modo posible para acceder a la alianza (55,1-5)[184].

---

[181] En todo DtIs el término רַבִּים en plural sólo aparece en el cuarto canto (52,14.15; 53,11.12[x2]) y en 54,1. Cf. J.L. KOOLE, *Isaiah 49–55*, 352; A. BORGHINO, *La «Nuova Alleanza»*, 386.

[182] Cf. A. BORGHINO, *La «Nuova Alleanza»*, 387-388.

[183] Sobre la relación entre el siervo y los siervos, cf. J. BLENKINSOPP, «The Servants of the Lord», 18-19; W.A.M. BEUKEN, «The Main Theme», 67-68.85; K. JEPPESEN, «From You, My Servant» 118-129; J. BLENKINSOPP, «The Servant and the Servants», 155-175; H.-J. HERMISSON, «Gottesknecht und Gottes Knechte», 241-266; A. BORGHINO, *La «Nuova Alleanza»*, 323-326. Berges, estudiando la posición del lexema עֲבָדִים en el libro de los Salmos, llega a la conclusión que el uso del término manifiesta una cierta afinidad con Isaías, ya que parece tratarse de un grupo que se consideraba el sucesor de las promesas de David (cf. U. BERGES, «Die Knechte im Psalter», 153-178).

4.2 La intercesión en el cuarto canto

La intecersión no se reduce a la mediación[185]. En cuanto mediador de la salvación, el siervo comparte algunos aspectos con las otras dos grandes mediaciones deuteroisaianas: Ciro y Jerusalén. Sin embargo, el texto cataloga explícitamente la actuación del siervo como intercersora (53,12). Tal intercesión se presenta como un caso único en el AT[186]. Para comprender mejor su especificidad, en el primer punto señalamos elementos comunes con otros textos de intercesión, en el segundo situamos la intercesión del cuarto canto dentro del procedimiento del *rîb*, en el tercero la conectamos al tema de la alianza y en el cuarto ofrecemos algunas afirmaciones conclusivas.

4.2.1 Elementos comunes con otros textos de intercesión

Las tres raíces con que normalmente se expresa el fenómeno de la intercesión son פלל, עתר y פגע[187]. En el cuarto canto, con el sentido de «interceder» la raíz פגע aparece solamente en Is 53,12 en paralelo a צדק «justificar» de 53,11.

Pueden acompañar al fenómeno la señalización de cualidades morales y religiosas del intercesor. Por ejemplo de Noé se dice

_____

[184] Sobre esta cuestión, cf. cap. III, § 2.3.

[185] Cf. p. 274. Sobre la intercesión, cf. N. JOHANSSON, *Parakletoi*; D.R. AP-THOMAS, «Notes on Some Terms», 225-241; S. LYONNET, «Expiation et intercession», 885-901; H. REVENTLOW, *Liturgie*, 140-205; J. SCHARBERT, *Heilsmittler*, esp. 178-212; J. MUILENBURG, «The Intercession», 159-181; W. BRUEGGEMANN, «Amos' intercessory Formula», 385-399; K. HEINEN, *Das Gebet*; S.H. BLANK, «The Prophet», 111-130; A.B. RHODES, «Israel's Prophets», 107-128; R. LE DÉAUT, «Aspects de l'intercession», 35-57; E.S. GERSTENBERGER, *Der bittende Mensch*; E. JACOB, «Prophètes», 205-217; B. JANOWSKI, *Sühne als Heilsgeschehen*; S.E. BALENTINE, «The Prophet as Intercessor», 161-173; E. AURELIUS, *Der Fürbitter Israels*; A. BERLIN, «On the Meaning of *pll*», 345-351; Y. MUFFS, «Who Will Stand?», 9-48; F. ROSSIER, *L'intercession*; J. GARCÍA RECIO, «Noé intercesor», 55-73; D. IVANSKI, *The Dynamics*.

[186] Cf. H. SPIECKERMANN, «The Conception», 1.

[187] Cf. S.E. BALENTINE, «The Prophet as Intercessor», 162-164; D. IVANSKI, *The Dynamics*, 289-293.

que es un hombre «justo» (צַדִּיק, Gn 6,9; 7,1), «íntegro» (תָּמִים, Gn 6,9) y que «camina en compañía del Señor» (אֶת־הָאֱלֹהִים + הלך, Gn 6,9)[188]. En referencia a Job, el texto señala los siguientes atributos: «íntegro» (תָּם), «recto» (יָשָׁר), «temeroso de Dios» (יְרֵא אֱלֹהִים), «alejado del mal» (סָר מֵרָע) y «mi siervo» (עַבְדִּי) (cf. Job 1,1.8)[189]. La veracidad del discurso de Job en contraposición a las palabras insensatas de los amigos es también un componente importante: «porque no habéis hablado de mí con rectitud como mi siervo Job» (Job 42,7.8)[190].

En el cuarto canto, además del sintagma עַבְדִּי (52,13; 53,11) y de la referencia a la justicia del siervo (צַדִּיק, 53,11), se dice que «no hubo engaño en su boca» (53,9)[191]. Otros aspectos comunes con otros textos de intercesión son: el sufrimiento del intecesor (Jr 43,2-6; Job 42,7), núcleo esencial del mensaje de Is 52,13–53,12, la confesión del culpable (Nm 21,7; Job 42,9) y la realización de parte del acusado de un acto en aras a la propia salvación (Gn 20,7; Nm 21,8-9; Jr 42,6.10-20; Job 42,8)[192], que en el cuarto canto aparece implícitamente a través de la confesión del *nosotros* y la invitación a responder la pregunta de 53,1.

4.2.2 La modalidad de intercesión en el cuarto canto

El sufrimiento se encuentra en otros pasajes de intercesión. Sin embargo, es propio de Is 52,13–53,12 que un individuo justo interceda libremente por el pecado de otros en un solo

---

[188] Cf. J. GARCÍA RECIO, «Noé intercesor», 57-58.

[189] Cf. D. IVANSKI, *The Dynamics*, 71-119.

[190] Cf. *id.*, 251-273.

[191] Indicios menores son la terminología del ascenso-descenso y la de la pequeñez-exaltación. Según Brueggemann, estos elementos son característicos de la fórmula de intercesión de Am 7,2.5 (cf. W. BRUEGGEMANN, «Amos' intercessory Formula», 385-399). El «ver» (ראה) asociado con el «conocer» (ידע), es un componente de la intercesión descrita en Ex 33,12-17 (cf. J. MUILENBURG, «The Intercession», 179-181). Este vocabulario también se encuentra en Is 52,13–53,12.

[192] Sobre estos elementos, cf. D. IVANSKI, *The Dynamics*, 300-348.

acto que conlleva la entrega de la vida[193]. Tal donación sacrificial así como el efecto salvífico que produce se interpretan con las categorías de expiación o sustitución vicaria[194]. Y si bien algunos sintagmas tomados aisladamente reflejan los axiomas en los que se asienta la retribución, la sustitución vicaria o el *admirabile commercium*, ninguna explica satisfactoriamente la articulación completa de la perícopa[195].

El núcleo de la problemática reside en la dialéctica que se establece entre el siervo y los *rabbîm*. Es decir, existe una transferencia de bien y de mal. La dificultad es determinar si tal transferencia ha llegado hasta la sustitución del pecador. El problema de una interpretación sustitutoria es que se anula la responsabilidad del transgresor[196]. Por otra parte, si el pecado es intransferible hasta el punto de que el inocente no puede solidarizarse con el culpable, el concepto de redención, base de la tradición bíblica y cristiana, se anularía. Por esta razón, nosotros consideramos que el procedimiento que mejor respeta e integra la libertad humana, esencial al evento intecesorio, es el *rîb*.

---

[193] Cf. H. SPIECKERMANN, «The Conception», 5. Según Spieckermann, en el periodo anterior al exilio la intercesión profética y el sufrimiento son dos elementos íntimamente unidos. La escuela deuteronomística se encargó de hacer del sufrimiento un programa para Jeremías. Esta idea del sufrimiento como un componente de la intercesión también se encuentra en Ezequiel (cf. *id.*, 10-13). Cf. también H. -J. HERMISSON, «Das vierte Gottesknechtslied», 20-21.

[194] Cf. C.C. TORREY, *The Second Isaiah*, 420-421; J.A. SOGGIN, «Tod», 346-355; H.M. ORLINSKY, «So-Called Servant», 51-66; G. FOHRER, «Stellvertretung», 35-43; R.N. WHYBRAY, *Thanksgiving*, 29-57; Y. MUFFS, «Who Will Stand?», 42-43; K. JEPPESEN, «Mother Zion», 109-110.120-121; M. HENGEL, «Zur Wirkungs-geschichte», 49-91; H. SPIECKERMANN, «The Conception», 1-15; B. JANOWSKI, *Ecce Homo*, 1-18.53-58. Sobre este tema cf. E. HAAG, «Das Opfer», 97-98; E. HAAG, «Stellvertretung», 1-20; H. -J. HERMISSON, «Das vierte Gottesknechtslied», 20-21; B. JANOWSKI, «Er trug unsere Sünden», 67-95; H. SPIECKERMANN, «The Conception», 1-15. Sobre la relación entre intercesión-expiación, cf. S. LYONNET, «Expiation et intercession», 885-901; R. LE DÉAUT, «Aspects de l'intercession», 55-57; B. JANOWSKI, *Sühne als Heilsgeschehen*.

[195] Si se tratase de una retribución en sentido estricto, sería solamente el siervo quien debería recibir el beneficio y no los *rabbîm* (53,11-12). Por el contrario, si consistiera en una sustitución vicaria o en un intercambio también en sentido estricto, no se explicaría porqué se recompensa al siervo (52,13; 53,12).

[196] Cf. al respecto B. JANOWSKI, *Sühne als Heilsgeschehen*, 4-7.

De hecho, en un *ríb* la figura del intercesor puede coincidir con la del acusador[197]. Esta posible concomitancia está relacionada con la intencionalidad salvífica de este procedimiento jurídico. El acusador, buscando la conversión, renuncia a eliminar al acusado a través de la condena. Asume, de este modo, la causa del reo y su destino[198], sin que por eso la responsabilidad del tragresor sea anulada. Al contrario, la acusación salvífica le pone en la encrucijada de tener que tomar una decisión sobre el cariz que quiere que tome el proceso: un *ríb* de acusación o un *ríb* de salvación. Si el acusado acoge la oferta reconciliadora, el que realizaba la función del acusador se convierte en intérprete de la defensa[199], esto es, en intercesor; si no lo acoge, se convierte en acusador.

La voluntad no condenatoria del siervo se pone de manifiesto en su silencio (cf. 53,7; intencionalidad salvífica). Por otra parte, su sufrimiento delata la asunción de la causa del reo hasta las últimas consecuencias (cf. 53,2-5; solidaridad con el pecador), lo cual le habilita como intercesor (cf. 53,11-12). Sin embargo, esto no elude al acusado de la responsabilidad que tiene en los hechos, es más, el estado de vejación del *ᶜebed ᵓādōnāy* produce un efecto acusatorio. Su condición infrahumana es el reflejo de la deformación que produce el propio pecado y, por eso, no se quiere mirar (53,2-3)[200]. Ahora bien, la libertad del siervo que se configura como salvífica no produce automáticamente la salvación, ya que en última instancia requiere el consentimiento del transgresor. Es a raíz de la con-

---

[197] Cf. P. BOVATI, *Ristabilire la giustizia*, 116: «Il fatto che questa duplice formalità giuridica prenda corpo in una medesima persona rende questa persona mediatore della riconciliazione».

[198] Cf. P. BOVATI, *Ristabilire la giustizia*, 115. A. Berlin, estudiando las recurrencias de la raíz פלל, llega a la conclusión que en todas ellas se encuentra latente el significado de «ser responsable» (cf. A. BERLIN, «On the Meaning of *pll*», 345-351). Ivanski lo aplica a Job 42,7-8: «Thus, the intuition of A. Berlin on the meaning of the root פלל, as *accountable* and *responsible*, might find additional support from our text. In other words, one who decides to intercede for an accused person in a way identifies with that person. Consequently, such an intercessor takes upon himself a sort of accountability for the trasgression committed or presumably committed» (cf. D. IVANSKI, *The Dynamics*, 298).

[199] Cf. P. BOVATI, *Ristabilire la giustizia*, 116.

[200] Cf. p. 247-248.

fesión del *nosotros* (53,4-5) cuando la aflicción del *ᶜebed ᵓādōnāy* cambia de acusadora en intercesora. De este modo, se deja la decisión última de su propia salvación a la libertad del pecador. Y esta intercesión se seguirá actuando en aquel que reconozca y confiese la función mediadora del siervo (53,1)[201].

El sufrimiento del *ᶜebed ᵓādōnāy* es sólo la mediación antropológica de la salvación, pero no el origen que lo produce[202]. Tal principio deriva de la voluntad divina de reconciliación. La prueba definitiva para Israel que Dios está decidido a perdonar se produce a través de la muerte del siervo. Ésta no es revelación de un Dios que calma su ira con un sacrificio humano sino de su determinación absoluta por Israel. El cuerpo del siervo se convierte, por lo tanto, en metáfora de la salvación; en él se destruye el pecado que deforma a Israel porque, precisamente, es por medio de la asunción de dicho pecado por la que se alcanza el núcleo de la libertad del pueblo. Éste termina por confesar su culpabilidad, abriéndose de este modo al perdón.

4.2.3 Intercesor y alianza

En Is 52,13–53,12 la entrega del siervo hace posible la salvación que se configura en los dos últimos capítulos de DtIs como restauración de la nueva alianza (54–55)[203]. Así pues, la intercesión del siervo promueve la reconciliación con Yhwh que se concreta en la reanudación del pacto. Esta interpretación, basada en la colocación de la perícopa así como en las conexiones lexicales con Is 54[204], presenta una primera función del *ᶜebed ᵓādōnāy* en referencia al restablecimiento de la alianza. En los dos primeros cantos, tradicionalmente denominados del siervo, encontramos una relación todavía más estrecha entre la misión del *ᶜebed* y el בְּרִית. En concreto, nos referimos a 42,6 y 49,8

---

[201] Cf. p. 271, n.124.
[202] Cf. cap. V, § 2.1.
[203] Cf. p. 150-152.235-237
[204] Cf. p. 236, n.5.

donde se dice que el siervo no sólo es mediador de la alianza sino que es «puesto como alianza» (42,6; 49,8).

El sintagma «alianza del pueblo» (עָם בְּרִית) que aparece en 42,6 y 49,8 es un *hapax* en la BH y una *crux* en la interpretación exegética[205]. A nivel sintáctico y semántico no presenta ninguna dificultad. El problema estriba en establecer el valor genitival entre el *nomem rectum* y el *nomem regens*[206]. Ahora bien, no sólo la expresión עָם בְּרִית constituye un *hapax* sino toda la contrucción: poner (נתן) + a alguien (ךָ-) + como (לְ) + alianza de un pueblo (עָם בְּרִית), pues normalmente la alianza se establece con un individuo y nunca se dice que se le pone como alianza[207].

El término בְּרִית en DtIs sólo aparece en cuatro ocasiones (42,6; 49,8; 54,10 y 55,3). En el capítulo tercero de la tesis vimos que Noé y David se presentan en Is 54,10 y 55,3 como los paradigmas interpretativos de la nueva alianza[208]. ¿Cuál sería enton-

---

[205] Cf. al respecto, E. KUTSCH, «בְּרִית», *THAT* I, 339-352; H. TORCZYNER, «Presidencial Address», 1-8; G. SCHWARZ, «...zum Bund des Volkes?», 279-281; J.J. STAMM, «*Běrît ˁam*», 510-524; M. WEINFELD, «Covenant», 120-128; H.M. ORLINSKY, «So-Called Servant», 97-117; D.R. HILLERS, «*Běrît ˁam*», 175-182; M.S. SMITH, «*Běrît ˁam*», 241-243.

[206] Según C.R. North, las posibilidades se sintetizan en tres: a) alianza del pueblo; b) alianza para el pueblo-Israel; c) alianza para el pueblo-naciones (cf. C.R. NORTH, *The Suffering Servant*, 132-133). En el primer caso, el genitivo se interpreta como subjetivo, en la misma línea de Is 9,5. El pueblo sería un *pueblo para/de la alianza* y se habría esperado entonces la expresión הַבְּרִית עַם (cf. M.S. SMITH, «*Běrît ˁam*», 241). La segunda y tercera interpretación leen el genitivo como objetivo y, por lo tanto, el siervo aparece como mediador de la alianza. La diferencia entre ambas se encuentra en la interpretación de עַם, es decir, si se refiere a Israel o a otros pueblos (cf. J.J. STAMM, «*Běrît ˁam*», 516-521). Otra línea de interpretación intenta resolver la problemática otorgando a בְּרִית un significado distinto del que normalmente tiene. Así Torczyner, derivándolo de una raíz acadia, traduce por «esplendor» (cf. H. TORCZYNER, «Presidencial Address», 7), Kutsch por «obligación» (*Verpflichtung*) (cf. E. KUTSCH, «בְּרִית», *THAT* I, 339-352; M. WEINFELD, «Covenant», 120-128) y Hillers por «emancipación» (cf. D.R. HILLERS, «*Běrît ˁam*», 175-182).

[207] Solamente en cuatro casos el término בְּרִית es complemento directo de נתן (Gn 9,12; 17,2; Nm 25,12; Sir 44,22) y con la preposición מִין + בְּרִית sólo aparece en Ez 16,61. La construcción נתן + לְ significa «poner de, hacer» (Dt 28,13; 1Re 8,50). Normalmente לְ introduce el dativo o indica dirección y en algunos introduce el complemento directo. Aquí la preposición introduce la modalidad «como alianza» (Gn 17,7.13.19) ya que el sufijo nominal del *weyiqtol* וְאֶתֶּנְךָ tiene la función de complemento directo.

[208] Cf. cap. III, § 2.1.

ces el paradigma interpretativo de 42,6 y 49,8? Algunos autores han notado que el vocabulario de 41,8-10 prepara el de 42,1[209]. En 41,8 es la primera vez que aparece עַבְדִּי en referencia a Jacob-Israel[210], a quien se le denomina «descendencia de Abraham mi amado» (זֶרַע אַבְרָהָם אֹהֲבִי, Jr 33,26; Sl 105,6). El patriarca reaparecerá junto a su mujer Sara en Is 51,2. Este contacto lexicográfico nos hace pensar que la alianza con Abraham bien pudiera ser el paradigma de lectura del sintagma בְּרִית עָם.

La expresión de 42,6 y 49,8 indicaría entonces no sólo que Yhwh establece una alianza con una persona de la cual se beneficia una colectividad, como en el caso de Noé y de David, sino que se pone a alguien como alianza, es decir, como mediación de la misma, haciendo así alusión a Gn 12 donde Abraham recibe la siguiente promesa: «serán bendecidas *en ti* (בְּךָ), todas las familias de la tierra» (Gn 12,3). En otras palabras, a las familias de la tierra no se les niega la bendición, pero ésta es mediada por Abraham. La exclusividad de la elección no equivale a la exclusión de los pueblos. Sí, en cambio, a la exclusividad de la mediación. Teniendo como trasfondo este paradigma, la interpretación del sintagma בְּרִית עָם podría ir en la misma línea, o sea en el siervo se realiza la bendición y la alianza para Israel y para muchos. Entrar en la alianza depende del reconocimiento de su especial función intercesora, lo cual corrobora la conclusión a la que hemos llegado tras el estudio de la perícopa.

4.2.4 Intercesor y consolador

Interceder significa intervenir en favor de alguien, realizar una acción de modo que el curso de un proceso que se desarrolla negativamente alcance una consecución positiva[211]. El paso de

---

[209] Por ejemplo, los términos עַבְדִּי (41,8.9; 42,1), בחר (41,8.9; 42,1) y תמך (41,10; 42,1). Éste último en DtIs sólo aparece en estos dos pasajes. Cf. B. GOSSE, «Le serviteur», 41; también cf. P. HÖFFKEN, «Abraham», 18; U. BERGES, «Überlegungen zur Bundestheologie», 21.

[210] La segunda atestación después de Is 41,8-13 será Is 42,1.

[211] Cf. F. ROSSIER, L'intercession, 8-9.

una situación desfavorable a otra favorable es la finalidad y el eje sobre el que se construye la fenomenología del acto de *consolar*. Si en DtIs éste equivale a restablecer la alianza y tal restauración es mediada por la intercesión del siervo, aquí la figura del *consolador* y la del *intercesor* coinciden[212].

Tal asociación se encuentra implícitamente tanto en el AT como en el NT[213]. El participio מְנַחֵם aparece 11 veces en la BH. La LXX en 9 pasajes lo traduce por el participio del verbo παρακαλέω (2Sam 10,3; Is 51,12; Qo 4,1[x2]; Lm 1,2.9.16.17.21; 1Cr 19,3), mientras en Job 16,2 por παρακλήτωρ y en Na 3,7 por παράκλησιν. Con ὁ παράκλητος el NT denomina al Espíritu en Jn 14,16.26; 15,26 y 16,7, y en 1Jn 2,1 al Hijo. La traducción de ὁ παράκλητος oscila entre «consolador», «defensor» y «abogado», figura que se opone a la del «acusador» identificado en el NT con el diablo (ὁ κατήγωρ, Ap 12,10-12) y en el AT con el ángel Satanás (הַשָּׂטָן)[214] que siembra insidia sobre la legitimidad de la piedad de los hombres, creando discordia y adversidad en las relaciones de Dios con los seres humanos (Za 3,1-6; Job 1,6-12; 2,1-7).

Según algunos autores, en 52,13 los verbos de ascenso indican la exaltación de un hombre a la altura de Dios, hecho relacionado con su habilitación para «justificar» (53,11) y, por tanto, para «interceder» (53,12)[215]. Dicha figura se opone a Satán que también se encuentra a *la altura de Dios*, en cuanto pertenece a la corte celeste. No obstante, la novedad deuteroisaiana es que tal intercesión no se realiza por la exaltación sino por la humillación; es ésta la que habilita al siervo en su función interceso-

---

[212] Una de las funciones del intercesor es controlar la ira divina, a través de una acción que produzca el cese de la misma y la transforme en benevolencia (cf. Y. MUFFS, «Who Will Stand?», 33-46). También la raíz נחם está asociada a «cesar la ira» (Is 12,1), «aplacar» (Is 57,6) o «arrepentirse» (Jr 20,16). Cf. también las consideraciones que hicimos en referencia al juego de raíces en el relato de Noé (Gn 5,29; 6–9) (cf. p. 54-55).

[213] Cf. las observaciones conclusivas de N.H. SNAITH, «The Meaning», 50.

[214] Cf. Za 3,2[x2]; Job 1,6.7[x2].8.9.12[x2]; 2,1.2[x2].3.4.6.7. La LXX traduce por el sustantivo ὁ διάβολος.

[215] Cf. cap. V, § 3.2.

ra. El carácter no amable del estado pecaminoso de Israel ha sido objeto de un amor hasta la muerte, y tal acto revaloriza al pecador y constituye la prueba suprema que le convence y logra la confesión. En este sentido el siervo restablece la relación con Dios, no independientemente de la libertad del pecador y sin contar con su consentimiento, sino en cuanto consigue desencadenar la confesión de la culpa y la necesidad que Israel tiene del perdón. Él es mediador de la relación con Yhwh, y esto coincide con la consolación[216].

$$* * *$$

El cuarto canto en el complejo deuteroisaiano constituye el punto decisivo para que se produzca el paso a la consolación. Esto ocurre, paradójicamente, a través de una modalidad absolutamente nueva que es la del sufrimiento y la entrega del siervo. Ahora bien, el acontecimiento está expuesto a diversas lecturas. El texto, a través del recurso de ir dando voz a la comunidad o a Yhwh, ofrece progresivamente las claves interpretativas para comprender el evento a fin que su potencialidad salvífica se siga actuando en el lector.

El sufrimiento del siervo desde la perspectiva del *nosotros* se describe con la terminología de la enfermedad (§ 1.1) y humillación (§ 1.2); ambos expresión de un castigo a consecuencia de la transferencia de mal. Si bien el siervo explícitamente no dice cómo vive e interpreta la aflicción, el texto señala que la acepta (§ 2.1). Y esta entrega, presentada con la terminología del sacrificio (§ 2.2), es asu-

---

[216] En el ámbito neotestamentario tal función la realiza el Espíritu, en cuanto produce la obra de la redención y justificación que no es sino la filiación. El Paráclito intercede por el hombre con gemidos inefables (Rm 8,26) y proclama en su interior *Abba, Padre* (Rm 8,15-16); grita en el interior del ser humano su identidad originaria que es la de ser hijo de Dios. La paternidad-filiación aparecía también en el cuarto canto. El don de la consolación y del *Consolador* consiste precisamente en la posibilidad de relacionarse con Dios Padre como hijos e hijas en el Hijo. Y esto constituye el núcleo de la revelación neotestamentaria, fruto de la nueva y definitiva alianza sellada con la sangre del único justo, Jesucristo.

mida por el *ᶜebed ʾādōnāy* desde un elemento sapiencial que permite vislumbrar su dimensión salvífica allí donde la realidad se configura como muerte (§ 2.3). Por último, desde la perspectiva divina el acontecimiento es considerado como intercesor. El don que el siervo obtiene para los *rabbîm* es la justificación (§ 3.1). Al mismo tiempo, la recompensa que adquiere el siervo no es distinta de la posibilidad de justificar y de la multitud que ha justificado (§ 3.2). De este modo, se introduce un vínculo de parternidad-filiación asociada no a la carne sino a la obediencia.

La categoría teológica con la que consecuentemente debe interpretarse el acontecimiento es la intercesión y ésta comparte elementos comunes con la mediación de Ciro (§ 4.1.1), con la de Jerusalén (§ 4.1.2) o con otros textos intercesorios (§ 4.2.1), aun cuando se muestra radicalmente nueva y se comprende mejor iluminada a partir del procedimiento del *rîb* (§ 4.2.2). A través de su carácter enigmático, del léxico y de la sintaxis compleja, la perícopa pone de manifiesto la densidad teológica de la que es portador el mensaje que quiere comunicar y que excluye una lectura unívoca y parcial.

La habilitación del siervo como intercesor proviene de haber aceptado el sufrimiento y haber sido capaz de trascender la apariencia. Esta sabiduría estrechamente ligada a la obediencia desemboca para muchos en la salvación, la cual consiste en la restauración de la relación con Yhwh. En este sentido se establece una relación con el tema del restablecimiento de la alianza, anunciado en Is 40,1 y desarrollado en Is 54–55 (§ 4.2.3). Si en DtIs consolar equivale a reanudar el pacto (la relación con el Señor), y éste es también la finalidad de la justificación-intercesión del siervo de Yhwh, entonces consolador e intercesor coinciden en el cuarto canto (§ 4.2.4).

TERCERA PARTE

PRESENTACIÓN ORGÁNICA DEL ACTO DE CONSOLAR Y CONSIDERACIONES CONCLUSIVAS

En la primera parte hemos introducido la panorámica general del fenómeno de la consolación en la BH. En el primer capítulo hemos presentado el fenómeno a través del análisis y clasificación de los textos en que aparece la raíz נחם; en el segundo lo hemos presentado mediante la elaboración del esquema fenomenológico del proceso consolatorio, que hemos ilustrado amplia y detalladamente, contemplando las diversas posibilidades que puede adoptar en su fisonomía.

En la segunda parte hemos analizado exegéticamente bajo el prisma de la consolación los textos seleccionados debido a su pertinencia semántica y simbólica a nuestra temática. El orden de la exposición, articulado en tres capítulos, ha querido evidenciar la progresión del acto de consolar en la trama deuteroisaiana.

En la tercera parte pretendemos elaborar algunas consideraciones de índole teológica que emanan del resultado del análisis exegético. El último y único capítulo de la misma está dedicado a tal objetivo y consiste en una presentación orgánica y sintética de la experiencia de consolación tal como la concibe DtIs.

CAPÍTULO VI

La Consolación de Sión

La consolación es un fenómeno complejo. Su estudio, desde una perspectiva bíblica y en concreto en la sección de DtIs, se ha mostrado particularmente ilustrativo en orden no sólo a comprender y a enriquecer el concepto sino a presentar la articulación de los diversos componentes que intervienen en el mismo. Consolar en la BH es una acción que se realiza en el marco de una relación interpersonal, por lo que el elemento de libertad, tanto de quien consuela como de aquel que es consolado, determina los medios, el desarrollo y la consecución de la misma. La fisonomía del proceso dependerá, por tanto, de la interacción de ambas libertades; son éstas las que modulan la prosecución del procedimiento consolatorio.

El inicio de DtIs «consolad, consolad a mi pueblo» (40,1) presenta en modo sintético qué entiende el profeta por consolar: la reanudación de la relación con Yhwh a través del restablecimiento de la alianza (*vuestro Dios − mi pueblo*). El empleo del imperativo introduce además una tensión entre el mandato − que es en realidad una promesa − y su realización. Su formulación en 2ª persona plural, aunque enigmática, deja abierta la posibilidad de que en tal acción, normalmente referida a Dios, puedan intervenir otras mediaciones elegidas por Yhwh para llevar adelante su proyecto, particularmente Ciro, el siervo y Jerusalén.

Característico de esta sección de Isaías es la resistencia que desde el inicio ofrece Israel para acoger un oráculo totalmente positivo. Aunque el hecho causa extrañeza, en el fondo refleja una profunda y común realidad antropológica: la salvación no es automática, la experiencia de dolor deja una marca indeleble en el ser humano que no se borra con el cambio de condición o circunstancias ni tampoco con la mutación de actitud de quien, antes mostraba hostilidad y, ahora se presenta como aquel que ofrece el consuelo. De este modo, la experiencia de sufrimiento debe ser correctamente integrada para que pueda desencandenarse la consolación.

El texto, a lo largo de los quince capítulos, ofrece elementos para que la situación causante del profundo desconsuelo (el exilio) sea leída, interpretada y aceptada con categorías diversas a las utilizadas por el pueblo. Para ello, Yhwh se confronta con los argumentos de Israel, trabaja sus resistencias, muestra la debilidad de las pseudo-consolaciones en las que se apoya y aporta nuevas claves para que se adhiera a la oferta salvífica. El medio con que Dios realiza tal acción es principalmente la palabra profética, aunque también la vida y el testimonio del siervo serán un elemento esencial en la puesta en acto de su proyecto.

En este último capítulo presentamos una recapitulación sintética de índole teológica del desarrollo y particular tratamiento del tema de la consolación en DtIs. Para ello, en un primer punto evidenciamos cómo el fenómeno consolatorio estructura toda la trama deuteroisaiana. En los siguientes apartados, ayudándonos del análisis y esquema fenomenológico expuesto en el segundo capítulo, agrupamos sus contenidos en vista a realizar una presentación orgánica de la experiencia de consolación como la proyecta el profeta.

1. El fenómeno consolatorio en DtIs

El libro de Isaías es una *unidad redaccional compleja*[1]. La raíz נחם y el tema de la consolación son características de la obra[2] y, espe-

---

[1] Cf. R. RENDTORFF, «The Book of Isaiah», 44.
[2] Cf. *BBath*, I, 14b. También, cf. R. RENDTORFF, *Theologie*, I, 165-166.

cialmente, de Is 40–55[3]. La estructura de esta sección ha sido una cuestión estudiada[4]. La tendencia actual de trazar el proceso redaccional parte del principio que el último redactor concibió el libro como un ensamblado unitario[5]. Descubrir, pues, los criterios de articulación interna es un instrumento que permite comprender la organización y disposición de los contenidos y constituye una forma de interpretación del texto desde la perspectiva de su última redacción y, por lo tanto, en su forma final[6].

1.1 El acto de consolar como elemento estructurante de DtIs

En el ámbito del segundo Isaías los autores que intentan explicar la unidad de Is 40–55 combinan elementos textuales y temáticos, siendo normalmente estos últimos los que permiten comprender el desarrollo de la trama[7]. En DtIs la consolación goza de ambas características, pues tiene una base textual y literaria.

El elemento textual de la consolación lo constituye esencial-

---

[3] Cf. p. 16, n.43.

[4] Cf. a este respecto, H.C. SPYKERBOER, *The Structure*, 1-29; F. RAMIS DARDER, *El triunfo de Yahvé*, 47-89. El primero hace una síntesis de las diversas propuestas de los exegetas, poniendo de relieve los elementos estructurales y compositivos; el segundo, en cambio, señala los componentes literarios desde una perspectiva sincrónica del texto.

[5] Cf. H.J. HERMISSON, «Einheit und Komplexität», 290.

[6] Cf. F. RAMIS DARDER, *El triunfo de Yahvé*, 47: «La estructura de una obra literaria es el pentagrama con que se reviste el texto para interpretarlo con los instrumentos de la razón, la sensibilidad, la intuición, y la creatividad».

[7] K. ELLIGER, *Deuterojesaja in seinem Verhältnis*, 267-269, por ejemplo, considera que las distintas unidades se ordenan en razón de una progresión del pensamiento. E. HESSLER, *Das Heilsdrama*, 14-15.17 evidencia algunos elementos estructurales: la existencia de un prólogo (Is 40,1-11) y epílogo (Is 55,1-13); la cesura de Is 48,20-22; el uso de Jacob-Israel en Is 40–48, y de Jerusalén-Sión en Is 49–55. Para esta exegeta, sin embargo, la unidad se basa en la progresión, no del pensamiento, sino de una estructura que imita un proceso legal (cf. *id.*, 20-21.25-26.312-324). R. ROUTLEDGE, «Is There a Narrative Substructure?», 183-204 opina que existe una estructura narrativa que atraviesa Isaías y le confiere unidad. El eje fundamental consiste en que Yhwh quiere revelar su gloria a las naciones. Sobre la conjunción de elementos textuales y temáticos para determinar la estructura de Is 40–55, cf. F. RAMIS DARDER, *El triunfo de Yahvé*, 47-56.

mente la raíz נחם que en Isaías aparece un total de 17 veces[8]. La situación que ocupa al principio y al final de las grandes secciones en las que se divide el libro[9] induce a pensar que se trata de un elemento redaccional[10]. En particular, la posición que ocupa en Is 40–55 otorga al entramado deuteroisaiano no sólo unidad sino progresión, ya que entre el imperativo inicial «consolad, consolad a mi pueblo» (Is 40,1) y el *estribillo* «Yhwh ha consolado» (Is 49,13; 51,3; 52,9) se crea una tensión dramática[11].

La mayor parte de los exegetas datan estos textos entre finales del s.VI y mitad del s.V[12], periodo que coincide con el inicio de la vuelta de la deportación y el proyecto de reconstrucción de Sión y del templo[13]. No es de extrañar, por eso, que en DtIs נחם equivalga a consolar a Sión[14] y a restablecer con ella la alianza esponsal (Is 54), hecho que a su vez la convertirá en mediadora y dispensadora de estos dones (consolación y restablecimiento de la alianza-justificación) para Israel (Is 66,13).

---

[8] Cf. Is 1,24; 12,1; 22,4; 40,1(x2); 49,13; 51,3(x2).12.19; 52,9; 54,11; 57,6; 61,2; 66,13(x3).

[9] Normalmente los autores dividen en: 1–12; 13–27; 28–35; 36–39; 40–49; 50–55; 56–66 (cf. L.J. LIEBREICH, «The Compilation», 276-277; 126-127; U. BERGES, *Das Buch Jesaja*, 547). Otra posibilidad es: 1–12; 13–23; 24–27; 28–35; 36–39; 40–55; 56–66 (cf. H.-W. JÜNGLING, «Das Buch Jesaja», 428-429). La raíz נחם forma inclusión en el marco general de Isaías (Is 1,24 e Is 66,13); de DtIs (Is 40,1 e Is 54,11); y de TtIs (Is 57,6 e Is 66,13); se encuentra al final de la sección del libro del Enmanuel (Is 12,1); y al término de los oráculos contra las naciones (Is 22,4). En Is 40–55, después del prólogo (Is 40,1), la raíz reaparece en Is 49–55 (Is 49,13; 51,3[x2].12.19; 52,9; 54,11). Este dato corrobora ulteriormente la acostumbrada división de DtIs en dos grandes núcleos (40–48 y 49–55) enmarcados entre un prólogo (40,1-11) y un epílogo (55,6-13).

[10] Cf. p. 17, n.45.

[11] Cf. p. 130, n.40.

[12] Cf. por ejemplo, J. VERMEYLEN, «L'unité du livre d'Isaïe», 45-49; J. VAN OORSCHOT, *Von Babel zu Zion*, 319-324; U. BERGES, *Das Buch Jesaja*, 368-403. A excepción de Is 1,24 perteneciente, según Berges, al s.VIII (cf. U. BERGES, *Das Buch Jesaja*, 447.548), los demás textos de PtIs y TtIs se datan entre final del s.VI y principios del s.IV (cf. *id.*, 155.368-403.463-472.481-485.549-551).

[13] Cf. por ejemplo, J.VERMEYLEN, «L'unité du livre d'Isaïe», 47-49.

[14] Cf. al respecto, O.H. STECK, «Zion Tröstung», 257.

A pesar de su estrecha relación, el concepto de consolación y la raíz נחם no coinciden plenamente. El consuelo – como mostramos en el segundo capítulo – es principalmente una acción. Consolar es hacer pasar a una persona de una situación de tribulación a otra de positividad. Siendo un término relacional, consolar requiere, además, la libertad y el consentimiento de ambos *partner*. En consecuencia, el proceso consolatorio amplía el dominio semántico de la raíz נחם, incorporando una lexicografía así como los recursos y las estrategias para que dicho paso se realice. De por sí, tales recursos y estrategias no están incluidos en el campo semántico de la consolación, si se concibe en un sentido estrecho.

El grito «consolad» (Is 40,1) expresa la determinación salvífica de Yhwh. Su posición particular y formulación en imperativo le confieren carácter programático. En este sentido constituye no sólo un tema, ni siquiera el más característico de DtIs, sino el hilo conductor de la trama. Ahora bien, resulta extraño que este oráculo salvífico no sea inmediatamente acogido por la persona sufre. El paso de una condición a otra – como ya notamos – no tiene lugar de manera automática. A lo largo de esta sección Yhwh va preparando pacientemente a Israel para que se abra a la reconciliación. El cuarto canto representa el punto culminante de este proceso, ya que es a partir de este pasaje cuando se desencadena la salvación de Sión (Is 54–55)[15]. De este modo, el acto de consolar – entendido en el sentido amplio del término – es el principal componente dramático en torno al que se estructura el resto de la trama deuteroisaiana, puesto que su consecución coincide con la finalidad de la misma.

A partir del acto de consolar, los quince capítulos de DtIs se pueden estructurar del siguiente modo: a) oferta de la consolación (40,1-11); b) desarrollo (Is 40,12–52,12); c) confesión de la comunidad e intercesión del siervo de Yhwh (Is 52,13–53,12); d) reconciliación y restablecimiento de la alianza (Is 54–55).

---

[15] Algunos autores lo consideran un nexo causal entre Is 52,13–53,12 e Is 54–55. Es decir, el nuevo estado de Sión se debe a la muerte del siervo. Cf. p. 236.

1.2 Las estrategias consolatorias y el procedimiento del ríb

Según el esquema que anteriormente hemos presentado, el núcleo fundamental de DtIs es el *desarrollo* (Is 40,12–52,12). Estos capítulos son un intento determinado de Yhwh por convencer a Israel de que es posible restablecer su relación, suspendida en el periodo del exilio. Ahora bien, la consolación no se realiza automáticamente. Las estrategias puestas en acto por Dios y por el profeta tienen como finalidad hacer comprender al pueblo lo que ha sucedido (el pecado y sus consecuencias, entre ellas la cólera y la devastación) y lo que le puede suceder si se abre a la promesa (la reconciliación y la esperanza). Por eso, los recursos utilizados para que se produzca el paso a la consolación son los que normalmente se utilizan en un *ríb*.

El *ríb* es un procedimiento bilateral de índole jurídica, cuya finalidad es la reconciliación entre dos partes en conflicto[16]. Esto supone la existencia de una relación previa[17]. Especialmente el profetismo lo emplea como género literario para ilustrar la disputa entre Yhwh y su pueblo en un contexto de ruptura de la alianza[18]. Sobre su origen, como sobre sus componentes esenciales, los exegetas mantienen distintas posiciones[19]. En nuestra opinión, el esquema

---

[16] Sobre este procedimiento, cf. B. GEMSER, «The *Ríb*», 120-137; J. HARVEY, «Le *Ríb*-Pattern», 172-196; J. VELLA, *La giustizia forense di Dio*; J. HARVEY, *Le plaidoyer prophétique*; J. VELLA, «Una trama letteraria», 113-131; K. NIELSEN, *Yahweh as Prosecutor*; M. DE ROCHE, «Yahweh's *Ríb*», 563-574; D.R. DANIELS, «Is There a Prophetic Lawsuit Genre?», 339-360; P. BOVATI, *Ristabilire la giustizia*, 18-148.

[17] Según P. Bovati, el *ríb* presupone una relación jurídica entre los dos litigantes. Sin embargo, difiere de la posición de Harvey para quien el *ríb* es una fórmula ligada al derecho divino o real. Cf. P. BOVATI, *Ristabilire la giustizia*, 25, n.10.

[18] Cf. E. WÜRTHWEIN, «Der Ursprung», 12; H.B. HUFFMON, «The Convenant», 292-295; J. HARVEY, *Le plaidoyer prophétique*, 138.150-153.

[19] Sobre el origen del género literario la posición de los autores varía entre la lid forense, la corte celeste, el pacto de alianza o el contexto familiar o social (cf. J. VELLA, *La giustizia forense di Dio*, 71-76; K. NIELSEN, «Das Bild des Gerichts», 310-312; P. BOVATI, *Ristabilire la giustizia*, 24-26). No todos los exegetas concuerdan en los elementos constitutivos de dicho género. Entre ellos destacan la apelación al cielo y tierra o la convocación de testigos (cf. J. HARVEY, *Le plaidoyer prophétique*, 88-90; D.R. DANIELS, «Is There a Prophetic Lawsuit Genre?», 355-360); el carácter bilateral (cf. M. DE ROCHE, «Yahweh's *Ríb*», 574; P. BOVATI, *Ristabilire la giustizia*, 21); el momento de acusación o de requisitoria (cf. J. VELLA, *La giustizia forense di Dio*, 105-106; J. HARVEY, *Le plaidoyer*

del proceso se reconduce esencialmente a tres momentos: acusación, desarrollo y reconciliación[20]. A simple vista se observa una estrecha conexión con la estructura del acto de consolar[21], en el cual el momento de la acusación se presenta, por el contrario, como oferta de perdón y como posibilidad de restaurar la relación[22].

Este género literario es frecuente en DtIs[23]. Según Köhler es característico de algunos pasajes deuteroisaianos de pleito judicial donde, paradójicamente, no es Yhwh quien acusa sino el acusado[24]. El Señor ofrece el perdón (40,1-2) y al mismo tiempo el pueblo le recrimina el haberles abandonado (Is 40,27). De este modo, el verdadero culpable de la desgracia del exilio, Israel, se muestra como agraviado y ofendido. Por el contrario, la parte lesa, en este caso Yhwh, es quien promueve la reconciliación. Debido a que esta finalidad reconciliadora atraviesa DtIs, nosotros sostenemos que en Is 40–55 el *ríb* no se reduce a aquellos pasajes que presentan las características propias del género literario de la disputa sino que se extiende a todo el complejo deuteroisaiano, coincidiendo con el esquema fenomenológico del acto de consolar[25].

---

prophétique, 92-99; P. BOVATI, *Ristabilire la giustizia*, 51-77); las amenazas y la sanción (cf. J. HARVEY, *Le plaidoyer prophétique*, 100-102; P. BOVATI, *Ristabilire la giustizia*, 70-77); la confesión (cf. J. VELLA, *La giustizia forense di Dio*, 106-107; J. HARVEY, *Le plaidoyer prophétique*, 99-100; P. BOVATI, *Ristabilire la giustizia*, 79-93); y el perdón (cf. J. VELLA, *La giustizia forense di Dio*, 107; P. BOVATI, *Ristabilire la giustizia*, 104-148).

[20] Cf. P. BOVATI, *Ristabilire la giustizia*, 22-24. También J. Vella reconoce un esquema parecido: a) exposición de la acusación; b) controversia; c) confesión de la culpa; d) misericordia (cf. J. VELLA, *La giustizia forense di Dio*, 105-107).

[21] Especialmente con la propuesta de estructuración de DtIs que hemos presentado en la p. 301.

[22] Cf. al respecto, P. BOVATI, *Ristabilire la giustizia*, 74.

[23] Cf. por ejemplo, H. GRESSMANN, «Die literarische Analyse», 266-268.269-273.277-280; L. KÖHLER, *Deuterojesaja*, 111-120; J. BEGRICH, *Studien zu Deuterojesaja*, 19-47; A. SCHOORS, «The *Ríb*-Pattern», 25-38; R.F. MELUGIN, *The Formation*, 28-63; K. NIELSEN, *Yahweh as Prosecutor*, 62-73; C. WESTERMANN, *Sprache und Struktur*, 41-61.

[24] Cf. L. KÖHLER, *Deuterojesaja*, 118: «Gegenüber den Göttern ist Jahwe der Ankläger, gegenüber Israel der Beklagte».

[25] Es decir, cuando hablamos de *ríb*, hacemos referencia no a un género literario sino a un procedimiento jurídico que, para actuar su finalidad salvífica, puede adoptar diversos géneros literarios.

Yhwh quiere convencer a Israel sobre la propia capacidad para llevar adelante su plan salvífico. Este conato apologético tiene como finalidad producir la conversión y provocar la apertura de Israel a la potencialidad salvífica del Señor y de su Palabra, puesta en acto en la historia concreta que está viviendo. Especialmente en la primera subsección (Is 40–48) Yhwh es el emisor que lleva adelante el *rîb*, y la dimensión sapiencial de la palabra profética es la mediación más importante del proceso. Mediante ella, el Señor afronta los argumentos de Israel en los enfrentamientos ficticios con los otros dioses y las naciones a los que su pueblo se confía y trata de responder a sus objeciones contra la mediación de Ciro.

El profeta habla, además, de los mediadores de la salvación. En particular, a partir del capítulo 49, el personaje del siervo irá adquiriendo una mayor relevancia hasta el punto de que recibe la misión de interceder en favor de Israel. Como mostramos en el capítulo quinto, la figura del intercesor está ancorada en el procedimiento jurídico del *rîb*[26], ya que su entidad y su finalidad salvífica recomiendan situar el fenómeno intercesorio dentro de un proceso que aspira a la reconciliación. En DtIs la estrecha relación entre intercesor y consolador en DtIs evidencia un nuevo punto de contacto entre el acto de consolar y el *rîb*; el consolador, siendo aquel que promueve el restablecimiento de la relación, coincide con la figura del intercesor[27].

Concluyendo, las estrategias y los recursos utilizados en DtIs para producir el cambio de la desolación a la consolación están estrechamente relacionados con los del *rîb*. Pasamos ahora al tratamiento orgánico de la experiencia de consolación según DtIs. Para ello seguimos el esquema fenomenológico que, como criterio de ordenación del proceso consolatorio, propusimos en el segundo capítulo[28]: desolación – transición – consolación.

---

[26] Cf. cap. V, § 4.2.2.
[27] Cf. cap. V, § 4.2.4.
[28] Cf. p. 68.

▩ 2. El desolado, Israel

La desolación es un componente integrante del fenómeno consolatorio, ya que dependiendo de cuál sea su origen, se pondrán en movimiento los medios y acciones adecuadas para hacer salir de ella[29]. En DtIs la causa es claramente el exilio[30]. Yhwh, encolerizado por el pecado de Israel (42,25; 47,6; 51,17; 54,7)[31], ha permitido la destrucción (51,19) y el saqueo (42,22.24)[32]. El pueblo elegido ha sido vendido (50,1; 52,3) y se encuentra en una situación de esclavitud (47,6; 52,2), cautividad (42,7; 43,14; 49,9.24; 51,14; 52,2), dispersión (43,5-6; 49,12.22)[33], servicio oneroso (40,2)[34], opresión (41,11-12; 50,11; 51,7.12-13.23; 54,16-17) y exposición a los agentes de devastación[35].

La destrucción ha sido de tal magnitud que se equipara al caos originario[36]. Israel es un erial, un sequedal inmenso y un desierto, metáforas características de estos capítulos[37]. En otras palabras, Israel está como muerto, pues es incapaz de ser fecundo o habitado, es vulnerable y está solo ya que su degradación le hace indeseable. Como en el desierto, se encuentra ante una masa ilimitada de arena árida, hostil, inerte y estéril, de la que es imposible escapar. No hay, por tanto, vía de salida, ni caminos que sean promesa de una meta (40,3)[38].

---

[29] Cf. p. 68-69.

[30] Cf. otras posibles causas en cap. II, § 1.1.1.

[31] Cf. p. 192-193.

[32] Cf. p. 190-192.

[33] Cf. p. 197-198.

[34] Cf. p. 134-135.

[35] En DtIs los agentes de devastación pueden ser elementos inanimados como el viento: רוּחַ (40,7; 41,16.29) y סְעָרָה (40,24; 41,16); el fuego (42,25): אֵשׁ (43,2; 47,14; 50,11) y לֶהָבָה (43,2; 47,14); las aguas: מַיִם (43,2.16; 50,2; 51,2; 54,9), נָהָר (43,2), צוּלָה (44,27) y יָם (43,16; 51,10.15); y la espada: חֶרֶב (41,2; 51,19) y קֶשֶׁת (41,2). También pueden ser seres animados como la polilla y el gusano: עָשׁ (50,9; 51,8) y סָס (51,8); la mano o el brazo de Yhwh: יַד־יהוה (40,2; 50,11; 51,17.22.23) y זְרוֹעַ יהוה (48,14; 51,5.9); y los opresores: מְהָרְסַיִךְ וּמַחֲרִבַיִךְ (49,17), מוֹנַיִךְ (49,26), הַמֵּצִיק (51,13) y מַשְׁחִית (54,16).

[36] Cf. תֹהוּ (45,18), תְּהוֹם (51,10) y עָפָר (52,2).

[37] Cf. מִדְבָּר (40,3; 41,18.19; 42,11; 43,19.20; 50,2; 51,3), עֲרָבָה (40,3; 41,19; 51,3), אֶרֶץ צִיָּה (41,18; 53,2) y יְשִׁמוֹן (Is 43,19.20). Cf. cap. II, § 1.2.2.

[38] Cf. 78.

Esta imagen – como señalamos en el segundo capítulo[39] – remite a la de las *ruinas*[40]. Ambas comparten los aspectos comunes a un estado de total devastación, irreversibilidad, no habitabilidad y abandono. La metáfora de las ruinas, en cambio, acentúa otros matices de la desolación. La ciudad derruida, siendo el vestigio humillante de una incursión violenta y agresiva a la que el hombre se ha resistido, acentúa el aspecto de crueldad que supone ser arrasado y aplastado por una fuerza imparable que, a su paso, ha demolido sin compasión. Israel en el exilio es como ese reducto esparcido, roto, vencido y humillado que causa irrisión entre los pueblos[41].

El pueblo del Señor se halla, pues, en una situación de completa vulnerabilidad y debilidad. Carente de lo necesario y erradicado de la propia tierra, está expuesto a la sed (41,17; 49,10; 55,1), hambre (44,12; 49,10; 51,14.19; 55,1.3) y pobreza (41,17; 49,13; 55,2)[42]. Frágil y efímero como la hierba (חָצִיר, 40,6.7.8; 51,12) o la flor (צִיץ, 40,6.7.8)[43], está disperso como un rebaño[44]. Es un gusano (תּוֹלַעַת, 41,14) que no suscita amabilidad ni aprecio. Es como un antílope extenuado por el sufrimiento (תְּאוֹ, 51,20)[45], un pábilo que puede apagarse (פִּשְׁתָּה, 42,3; 43,17) o una caña cascada (קָנֶה, 42,3). Es barro (חֹמֶר, 45,9) y ropa expuesta a la corrosión (בֶּגֶד, 51,6).

Estas imágenes describen con viveza y plasticidad lo que es un estado de desolación. Más impresionantes son, sin embargo, aquellas que hacen referencia a un cuerpo roto por el dolor, la dolencia y la humillación. Nos referimos al cuerpo del siervo de Yhwh, apaleado (53,4.7), plagado de heridas y cardenales (53,4-5), triturado por la enfermedad y la vejación (53,4.10) hasta el

---

[39] Cf. cap. II, § 1.2.2
[40] En DtIs dicha imagen se expresa con los términos חָרְבָּה (44,26; 49,19; 51,3; 52,9), נְחָלוֹת שֹׁמֵמוֹת (49,8), עָרִים נְשַׁמּוֹת (54,3) y שׁוֹמֵמָה (49,19).
[41] Cf. p. 79.
[42] Cf. p. 225-226.
[43] Cf. p. 142-144.
[44] Cf. a este respecto, עֵדֶר (40,11), צֹאן (53,6), טָלֶה (40,11), עָלוֹת (40,11), שֶׂה (53,7) y רָחֵל (53,7).
[45] Cf. p. 223-225.

punto de que, su rostro desfigurado, no parece siquiera humano (52,14; 53,2)[46]. Condenado como un delincuente (53,8) y despreciado con insultos y salivazos (50,6-7)[47], de su cuerpo llagado brotará la salvación (53,5).

Asociadas también al ámbito somático están las metáforas de la ceguera y sordera[48]. Siendo normalmente ambas enfermedades congénitas, se acentúa con ellas la discapacidad innata del pueblo escogido para comprender la acción de Yhwh (42,25; 44,18-20) y representan, en última instancia, una forma de obstinación y de incredulidad ante el proyecto divino (40,27; 50,2)[49]. El corazón de Israel es duro (אַבִּירֵי לֵב, 46,12), se desvía (לֵב הוּתַל, 44,20) y no atiende (לֵב + שִׂים + לֹא, 42,25). Israel es obstinado (קָשֶׁה), su cerviz es como un tendón de hierro (בַּרְזֶל עָרְפֶּךָ) y su frente de bronce (מִצְחֲךָ נְחוּשָׁה, 48,4). Actúa de una manera pérfida (בָּגוֹד) y rebelde (פֹּשֵׁעַ, 48,8)[50].

Por eso, la desolación es una forma de punición correctiva por parte de Yhwh (48,10), aunque no produce el efecto que debiera (42,25)[51]. Israel, no comprendiendo, se ofusca en el sufrimiento. Es más, lee la aflicción como prueba de infidelidad y de abandono divinos (40,27)[52]. En vez de provocar la conversión (42,24-25), el castigo genera, por el contrario, actitudes de crítica, desesperanza y cerrazón en el propio dolor (40,27; 45,9-11)[53]. Queriendo evitarlo, Israel ha desarrollado dinámicas evasivas como la fabricación de

---

[46] Cf. cap. V, § 1.1.

[47] Cf. cap. V, § 1.2.

[48] Cf. עִוֵּר (42,7.16.18.19[x3]; 43,8) y חֵרֵשׁ (42,18.19; 43,8). Cf. también los textos donde se dice que Israel se encuentra en un estado de oscuridad (42,7.16; 47,5; 49,9; 50,10). Cf. cap. II, § 1.3.1 y § 1.3.2 y cap. IV, p. 187-190.

[49] Cf. p. 86, n.61.

[50] Con las metáforas de las montañas הַר (40,4; 41,15; 42,15; 49,11) y de las colinas גִּבְעָה (40,4; 41,15; 42,15) se indican a su vez actitudes de orgullo y de endurecimiento (cf. p. 139, n.87 y p. 272, n.127).

[51] Cf. 192-193.

[52] Cf. los verbos y expresiones que DtIs a este respecto, DtIs utiliza a este respecto: abandonar (עזב, 49,14; 54,7; o la expresion אִשָּׁה עֲזוּבָה, 54,6; עבר + מִשְׁפָּטִי, 40,27), olvidar (שכח, 49,14), rechazar (מאס, 41,9; 54,6) y esconder (סתר, 40,27; 54,8).

[53] Cf. cap. IV, § 1.1.2 y § 1.3.1.

ídolos o la confianza en las potencias políticas[54]. Éstas, sin embargo, no sirven para sacarle del sufrimiento en que está sumido.

La saturación e intensidad de un dolor excesivo y prolongado provoca la inhibición y la pérdida de las facultades[55]. Las metáforas de la borrachera (51,17.21), del luto permanente (51,17; 52,1), la somnolencia y el letargo (51,17; 52,1) y la escena del animal cazado que se entrega a su destino (51,20) subrayan la disminución de las facultades motrices, volitivas e intelectivas[56]. La apatía y abulía es un mecanismo de defensa que, como el narcótico, permite resistir el dolor[57]. La terminología del cansancio y extenuación[58] señalan el debilitamiento no sólo físico sino también moral y espiritual de Israel que vive una profunda crisis de fe[59].

Ahora bien, el verdadero drama del exilio es la ruptura de la alianza y, por lo tanto, la ruptura de una relación representada con metáforas del ámbito matrimonial como estar sin hijos (שְׁכוּלָה, 49,21; cf. 51,18; 53,8; 54,1), ser estéril (גַלְמוּדָה, 49,21; עֲקָרָה, 54,1), estar repudiada (גְלָה וְסוּרָה, 49,21; שִׁלַּחְתָּ y סֵפֶר כְּרִיתוּת, 50,1) o desolada (שׁוֹמֵמָה, 54,1), avergonzada por la juventud (עֲלוּמִים, 54,4; אֵשֶׁת נְעוּרִים, 54,6) o la viudez (אַלְמְנוּת, 54,4)[60]. Como indica la contrucción אֵין + participio, Israel no tiene (אֵין) a nadie que lo libere (מַצִּיל, 42,22), le diga (אֹמֵר, 42,22) le salve (מוֹשִׁיעַ, 43,11), le guíe (מְנַהֵל, 51,18) o fortalezca (מַחֲזִיק, 51,18)[61]. Se encuentra solo, incomunicado, dejado de lado y a merced de su dolor.

A diferencia de cuanto vimos en el capítulo II sobre las causas de la desolación[62], en DtIs el acento se pone en el sufrimiento cau-

---

[54] Cf. cap. IV, § 1.1.

[55] Cf. p. 80, n.43.

[56] Cf. cap. II, § 1.3.1.

[57] Cf. p. 76, n.26.

[58] Cf. יגע (40,28.30.31; 49,4), יעף (40,28.29.30.31; 44,12; 50,4) y עלף (51,20). Cf. también expresiones que niegan la fuerza como אֵין אוֹנִים (40,29) y אֵין מַחֲזִיק (51,18).

[59] Cf. cap. II, § 1.3.2 y § 1.3.3.

[60] Cf. יבשׁ (42,17; 44,9.11[x2]; 54,4), כלם (54,4), חפר (54,4), בשׁת (42,17; 54,4), חֶרְפָּה (54,4) y עֲצוּבַת רוּחַ (54,6). Cf. cap. II, § 1.2.2 y § 1.3.3 y cap. III, § 2.2.1 y § 2.2.2.

[61] Cf. también las preguntas de 51,19: «¿quién te conduele ?» (מִי יָנוּד לָךְ) y «¿con quién te consolaré ?» (מִי אֲנַחֲמֵךְ). Cf. cap. I, § 2.1.4 y p. 191-192.199.226-227.

[62] Cf. cap. II, § 1.1.1.

sado por la propia transgresión y como consecuencia de la ruptura de una relación esencial para Israel. Dicha relación es la que confiere identidad a Israel, haciéndolo diferente a los otros pueblos. Por eso, no existen dimensiones de su vida individual o social que no se vean afectadas[63]. El drama para Israel es que nadie puede sacarle de esta condición a menos que Yhwh, rectificando, le ofrezca una nueva posibilidad para restablecer la alianza[64]. Por el contrario, el drama para Yhwh es que su pueblo, endurecido por el sufrimiento y probado en la punición del exilio, muestra reticencia y desconfía de la oferta salvífica que ahora le propone[65].

■ 3. De la desolación al consuelo

Las estrategias para hacer pasar de la desolación a la consolación dependen de la causa que ha producido la aflicción[66]. En el capítulo II presentamos una amplia gama que respondía a los diferentes motivos de desconsuelo[67]. En Is 40–55 la causa es la ruptura de la alianza, por lo que las estrategias utilizadas en DtIs serán aquellas orientadas a recuperar la relación[68]. Si bien Dios tiene claro el objetivo que persigue, el drama es que la experiencia de humillación probada por Israel en el exilio le ha dejado paralizado, incrédulo e incapacitado para confiar de nuevo en Aquel que siente que le ha abandonado. Las acciones que Yhwh realiza tienen como finalidad que Israel se abra a la salvación y a la confianza, y en este sentido, coinciden con las del *ríb*[69]. El medio primordial que el Señor adopta es la palabra profética[70]; ésta, al mismo tiempo que denuncia la transgresión, anuncia la oportunidad de

---

[63] Cf. cap. II, § 1.2.1.
[64] Sobre la alteridad, cf. cap. II, § 2.1.1.
[65] Cf. cap. I, § 2.2.2 y cap. II, § 2.2.
[66] Cf. p. 68-69.
[67] Cf. cap. II, § 2.2.1 y § 2.2.2.
[68] Cf. p. 152-153.
[69] Cf. cap. VI, § 1.2.
[70] Cf. cap. II, § 2.2.3 y cap. IV, § 2.1.

la reconciliación[71]. Sintetizamos en tres puntos los recursos deuteroisaianos utilizados para provocar el paso a la consolación.

3.1 El mutuo definirse en base a la relación

El imperativo «consolad, consolad a mi pueblo» (40,1) sella el
fin del silencio de Dios y expresa su determinación salvífica. Por
otra parte, los términos «mi pueblo» y «vuestro Dios» evocan la
fórmula de la alianza[72] y reactivan en Israel el sentido de pertenencia, ya que ambos sintagmas definen sintéticamente la identidad de
Yhwh y del pueblo, en base a la especial posesión y pertenencia
emanada del pacto. A lo largo de DtIs, el recurso de definirse en
referencia al mutuo compromiso aparece con frecuencia[73].

Yhwh se presenta como «tu Dios» (אֱלֹהֶיךָ)[74], «el Dios de Israel»
(אֱלֹהֵי יִשְׂרָאֵל)[75], «el santo de Israel» (קְדוֹשׁ יִשְׂרָאֵל)[76], «rey de Jacob» (מֶלֶךְ יַעֲקֹב,
41,21)[77] y «el fuerte de Jacob» (אֲבִיר יַעֲקֹב, 49,26). Es frecuente la autopresentación del Señor como יְהוָה[78] o mediante construcciones en las
que el pronombre אֲנִי enfatiza su persona[79]. También se presenta con

---

[71] Cf. cap. V, § 4.2.2.

[72] Cf. p. 125.

[73] Lo vimos en el estudio de la perícopa 43,17. Cf. cap. IV, § 1.2.2

[74] Cf. 41,10.13; 43,3; 48,17; 51,15.20; 55,5. Con otros sufijos, cf. אֱלֹהֵיכֶם (40,1.9),
אֱלֹהֵינוּ (40,8; 42,17; 52,10; 55,7), אֱלֹהָי (49,4), אֱלֹהָיו (50,10) y אֱלֹהֶיךָ (51,22; 52,7; 54,6).

[75] Cf. 41,17; 45,3.15; 48,2; 52,12 y el «Dios de toda la tierra» (אֱלֹהֵי כָל־הָאָרֶץ, 54,5).

[76] Cf. 41,14.16.20; 43,3.14; 45,11; 47,4; 48,17; 54,5. En una atestación aparece קְדוֹשׁ
(40,25) y en 43,15 (קְדוֹשְׁכֶם) y en 49,7 (קְדוֹשׁוֹ) dicho término lleva un sufijo referido a Israel.

[77] Así como el rey de Israel (מֶלֶךְ יִשְׂרָאֵל, 44,6) o «vuestro rey» (מַלְכְּכֶם, 43,15).

[78] Por ejemplo, אֲדֹנָי יְהוָה (40,10; 48,16; 49,22; 50,4.5.7.9; 52,4), יְהוָה צְבָאוֹת (44,6;
45,13; 47,4; 48,2; 51,15; 54,5), אֲנִי יְהוָה (41,1.13.17; 42,6.8; 43,3.11; 45,3.5.6.7.8.18.19.
21; 48,17; 49,23.26), אֲנִי־אֵל (43,12; 45,22), אֲנִי אֱלֹהֶיךָ (41,10) y שֵׁם (42,8; 47,4; 48,2.9;
51,15; 52,5.6; 55,13).

[79] Además de los sintagmas אֲנִי יְהוָה y אֲנִי־אֵל, citados en la nota precedente, otras construcciones con el pronombre אֲנִי son: אֲנִי + הוּא (41,4; 43,10.13; 46,4; 48,12; 52,6), אֲנִי + un
verbo (41,13.14; 43,4; 45,2.12; 46,4[x4]; 48,15[x2]), אֲנִי + complemento preposicional
(41,13.14; 43,2.4.5; 48,16), אֲנִי + participio (42,9) y אֲנִי + adjetivo (49,18). El pronombre
אֲנִי referido a Yhwh aparece en correlación al *tú* (אַתָּה) referido a Israel en 41,8.9.16; 43,1.26;

imágenes que subrayan un determinado aspecto de la relación con su pueblo, como padre (43,6; 45,10.11), madre (49,15), parturienta (42,14), pastor (40,10-11), guerrero (42,13) y alfarero (45,9.11)[80].

Aquel que salva y ofrece la consolación no es simplemente un Dios sino *tu Dios*, el *Dios de Israel*. La autodefinición de Yhwh en referencia a su pueblo toca el núcleo afectivo de la relación mantenida con Yhwh a lo largo de su historia. Se trata de una relación particular que le hace especial y único entre todos los pueblos, tal como muestra el modo en que a su vez es denominado por el Señor.

- Los términos Jerusalén-Sión[81], Judá[82], Jacob-Israel[83] o descendencia (זֶרַע) de Abraham (41,8), de Jacob (45,19) o de Israel (45,25), frecuentes en DtIs, evocan las promesas hechas a los patriarcas estableciendo así una línea de continuidad entre estos y las generaciones actuales.
- Los sintagmas con *nomen rectum* יְהוָה son otro modo de denominar a una persona en relación a Yhwh. Por ejemplo, siervo (עֶבֶד יְהוָה, 42,19) o siervos de Yhwh (עַבְדֵי יְהוָה, 54,17); discípulos del Señor (לִמּוּדֵי יְהוָה, 54,13); los que esperan (קוֵֹי יְהוָה, 40,31), temen (יְרֵא יְהוָה, 50,10) o buscan al Señor (מְבַקְשֵׁי יְהוָה) y persiguen la justicia (רֹדְפֵי צֶדֶק, 51,1); los que han sido rescatados por Yhwh (פְּדוּיֵי יְהוָה, 51,11).

44,21[x2]; 48,4; 49,3 y 51,16. Se halla en neta contraposición al *yo* (אֲנִי) de Babilonia (47,8.10) y en contraste con las naciones e ídolos que son considerados como nada y vacío: אַיִן (40,17.23.24; 41,11.12.24), אֶפֶס (40,17; 41,12.29) y תֹּהוּ (40,17.23; 41,29; 44,9).

[80] Cf. J.J. SCHMITT, «The Motherhood of God», 557-569; M.Z. BRETTLER, «Incompatible Metaphors», 97-120.

[81] En el mismo versículo puede encontrarse el binomio Jerusalén-Sión (40,9; 41,27; 52,1.2), sólo Sión (46,13; 49,14; 51,3.11.16; 52,7.8) o sólo Jerusalén (40,2; 44,26.28; 51,17; 52,9[x2]).

[82] Cf. 40,9; 44,26; 48,1.

[83] Para el binomio Jacob-Israel, cf. 40,27; 41,8.14; 42,24; 43,1.22.28; 44,1.5.21.23; 45,4; 48,1.12; 49,5.6. Para sólo Jacob, cf. 44,2; 48,20. Para sólo Israel, cf. 43,15; 45,17; 46,13; 49,7. Cf. también casa (בֵּית) de Israel y de Jacob en 46,3.

- Otras expresiones que indican esta relación con Yhwh se contru-
yen con el sufijo de 1ª pers. sg.: «mi pueblo» (עַמִּי)[84], «mi siervo»
(עַבְדִּי)[85], «mi elegido» (בְּחִירִי, 43,20; 45,4), «mis testigos» (עֵדַי,
43,10.12; 44,8), «mi heredad» (נַחֲלָתִי, 47,6), «mis hijos» (בָּנַי, 43,6;
45,11; 49,20) y «mis hijas» (בְּנוֹתַי, 43,6).

- Por último, en DtIs algunos sintagmas o locuciones subrayan el
aspecto de pertenencia a Yhwh y de predilección del mismo: «de
Yhwh» (לַיהוָה, 44,5[x2]; 55,13), «para mi gloria» (לִכְבוֹדִי, 43,7), «poner
mi gloria para Israel» (לְיִשְׂרָאֵל + תִּפְאַרְתִּי + נתן, 46,13), «tú eres mío»
(לִי־אַתָּה, 43,1; 44,21), «mi pueblo eres tú» (עַמִּי־אַתָּה, 51,16), «tatuado en
las palmas de las manos» (הֵן עַל־כַּפַּיִם חַקֹּתִיךְ, 49,16), «todos los llamados por el nombre de Yhwh» (כֹּל הַנִּקְרָא בִשְׁמִי, 43,7; cf. 44,5; 48,1) o
los que Él llama por su nombre (43,1; 44,5) y «precioso a mis ojos»
(יָקַרְתָּ בְעֵינַי; 43,4). También las imágenes de Jerusalén como novia
(49,18), madre (50,1; 54,1-2) y esposa (54,5) o del pueblo como un
rebaño (40,10-11) indican la condición de particular elección.

Este mutuo definirse en base a la relación – el núcleo de la
identidad de Israel como pueblo – tiene como objetivo reavivar
su sentido de pertenencia que emana del compromiso gratuitamente ofrecido por Yhwh y libremente contraído por él en la
alianza. El amor especial y exclusivo del Señor le hace único. Se
trata de una relación personal que, por otra parte, no es cerrada
sino que debe hacerse extensiva a otros pueblos que accederán
a la salvación por medio de Israel (40,5; 52,15).

---

[84] Cf. 40,1; 43,20; 47,6; 51,4.16; 52,4.5.6. Con sufijo de 3ª pers. m. sg., cf. 49,13;
51,22; 52,9. En 51,4 Israel es llamado como «mi nación» (לְאוּמִי) y en 51,7 como «pueblo que tiene mi ley en su corazón» (עַם תּוֹרָתִי בְלִבָּם) y «conoce la justicia» (יֹדְעֵי צֶדֶק).

[85] Cf. 42,19. Con sufijo de 3ª pers. m. sg (עַבְדּוֹ), cf 48,20. Para otros posibles sintagmas, cf. עַבְדִּי יַעֲקֹב (41,8; 44,1.2; 45,4), עַבְדִּי־לִי (44,21) y עַבְדִּי־אַתָּה (41,9; 44,21; +
יִשְׂרָאֵל, 49,3).

3.2 Yo soy el que te consuela

La consolación, como mostramos en el primer y segundo capítulo, se recibe de otra persona[86]. Ahora bien, no sirve cualquier individuo, la alteridad deber ser cualificada[87]. El problema en DtIs es que el único capaz de consolar es precisamente quien, según Israel, le ha abandonado (40,27)[88]. Por eso, todo el esfuerzo de Yhwh – especialmente en la primera sub-sección deuteroisaiana (40–48) – es acreditarse como *consolador* válido.

3.2.1 Los argumentos de Yhwh

Para acreditarse como consolador válido el primer paso que Yhwh deberá dar es desmentir la falacia de los dioses o de las potencias políticas en los que Israel ha puesto su confianza[89]. En algunas perícopas encontramos la disputa contra los fabricantes de ídolos (40,19-20; 41,6-7; 44,9-20; 46,6-7), el artificio de convocar a juicio tanto a los dioses (41,21-24) como a los pueblos paganos (41,1-4; 43,9; 45,20-21) o de interrogar directamente a Israel (40,12-31; 42,19.23-24; 45,9-11; 48,6)[90]. Yhwh afronta verbalmente estas potencias y las convoca para que muestren sus capacidades (41,1-5.21-29; 43,9-13; 44,6-8; 45,20-21)[91]. El silencio y la inoperancia de los mismos son la prueba dirimente de su nulidad (41,24.28-29)[92].

---

[86] Cf. cap. I, § 1.2.3 y cap. II, § 2.1.

[87] Cf. cap. II, § 2.1.1.

[88] Cf. p. 92, n.71 y p. 105, n.103.

[89] Cf. cap. II, § 2.2.2, p. 97-98 y cap. IV, § 1.1.

[90] Cf. cap. IV, § 1.1.1 y § 1.3.1.

[91] Se utilizan raíces relacionadas con la convocatoria como קרב (43,9), קרב + לַמִּשְׁפָּט (41,1), אסף (43,9), קבץ (45,20) y נגש (45,20); o también con la requisitoria de pruebas como נגש (41,1.22; 45,21), דבר (41,1), נגד (41,1), רִיבְכֶם + קרב (41,21), עֲצֻמוֹתֵיכֶם + נגש (41,21), hifil (41,22[x2].23; 43,9; 44,7; 45,21), שמע hifil (41,22; 43,9; 45,21) y ערך (44,7). Se insta a los dioses a que pongan testigos (נתן + עֵדֵיהֶם 43,9) y a que se justifiquen (צדק, 43,9). Característico de estas disputas es el interrogatorio con la partícula מִי (41,1.4.26; 43,9; 44,7; 45,21), מָה (41,22) y הֲלוֹא (45,21).

[92] Cf. אַיִן (41,24), אֶפַע (41,24), תֹהוּ (41,29; 44,9), אֶפֶס (41,29), אָוֶן (41,29) y רוּחַ (41,29).

La pretensión blasfema de Babilonia es haberse colocado en el puesto de Yhwh (אֲנִי וְאַפְסִי עוֹד; 47,8.10). Esta misma pretensión se vislumbra
en los fabricantes de ídolos, cuya acción se describe con el vocabulario
típico del hacer divino (40,19-20; 41,6-7; 44,9-20)[93], poniendo así de
manifiesto el hecho de fabricarse la propia salvación y la insipiencia e
insensatez que existe en ello (44,18-20)[94]. No obstante, la insistencia
deuteroisaiana en atribuir desde antiguo la predicción a Yhwh[95] hace
pensar que la idolatría de Israel consista además en atribuir a otros dioses o instancias la victoria de Ciro y el fin de la deportación[96]. El pueblo, testigo de Yhwh (43,10.12; 44,8), no pone atención[97], aunque él lo
debería saber. Por eso, se le insta con urgencia a que escuche[98] o se le
interroga con frecuencia sobre su saber y sobre su modo de comportarse (40,12-31; 42,19.23-24; 45,9-11; 48,6)[99].

---

[93] Se utilizan términos que normalmente son típicos del modo de actuar y hacer de
Yhwh como por ejemplo עזר (41,6), חזק (41,6.7[x2]), אמן (44,14), כֹּחַ (44,12[x2]), טוֹב הוּא
(41,7), יצר (44,9.10.12), פעל (44,12[x2].15), עשה (44,13[x2].15.17) y דְּמוּת (40,18).

[94] A este respecto resulta contrastante la descripción exhaustiva de los materiales
(40,19-20) y la medición minuciosa en su elección y proceso (44,9-20) frente a la
inconmensurabilidad divina (40,12-15). También son significativas el despliegue de
acciones y el desgaste que supone enclavarlos para que no se muevan (40,20; 41,7),
cargarlos (46,1) o perder fuerzas (44,12-13), en contraste con Yhwh que conduce a
su pueblo (46,3) y le da fuerzas (40,31). Cf. p. 183-185 y también las consideraciones
que hicimos sobre la pseudoconsolaciones en el cap. II, § 2.1.1.

[95] Yhwh lo había contado (נגד hifil, 42,9; 43,12; 44,7.8; 45,19; 46,10; 48,3.5) y hecho
escuchar (שמע hifil, 42,9; 43,12; 44,8; 48,3.5.6). El contenido del anuncio que desde
tiempo antiguo había anunciado son tanto las cosas que han de venir (אתיות, 41,23;
44,7; אחרית, 46,10 y הַבָּאוֹת, 41,22) como las pasadas (ראשנות, 43,9; 48,3). Esto se había anunciado desde los inicios (מראש, 40,21; 41,4.26; 48,16; מראשית, 46,10; מוֹסְדוֹת הָאָרֶץ, 40,21;
מִלְּפָנִים, 41,26; עַם־עוֹלָם, 44,7; מֵאָז, 44,8; 45,21; 48,3.5 y מִקֶּדֶם, 45,21; 46,10), antes de
que sucediese (בְּטֶרֶם, 42,9; 48,5) y antes que los otros dioses (41,26-27).

[96] Cf. 203-204.

[97] Israel, en cambio, está sordo (חֵרֵשׁ, 42,18.19; 43,8), no escucha (לֹא שָׁמֵעַ, 42,20.24;
48,8), no entiende (לֹא ידע, 42,25; 48,8) ni tampoco presta atención (אָזְנְךָ + לֹא פתח,
48,8 y עַל־לֵב + לֹא שׂים, 42,25).

[98] Cf. a este respecto los imperativos שְׁמַע (44,1; 48,12), שִׁמְעוּ (46,3.12; 48,1.16; 51,1.
7; 55,2.3), שִׁמְעוּ (42,18), שִׁמְעִי (51,21) y הַטּוּ אָזְנְכֶם (55,3).

[99] Los interrogatorios del Señor frecuentemente están introducidos por las partículas הֲלוֹא (40,21[x4].28; 42,24; 43,19; 44,8; 48,6; 51,9.10), -הֲ (44,8; 50,2), לְמָה (40,27;
55,2) y מִי (40,12.26; 42,24; 48,14; 51,19[x2]). En algunos casos con la partícula לְמַעַן
se indica que la finalidad de determinadas acciones y acontecimientos es reconocer la

Los argumentos que el Señor normalmente utiliza para demostrar su exclusiva divinidad son su inconmensurabilidad (40,12.15-16.22; 42,5), omnisciencia (40,13-14.28; 41,26; 44,25-26), incomparabilidad (40,18.25; 44,7; 46,5), omnipotencia (40,23-24.26; 43,17; 44,24; 50,2-3), eternidad (40,28; 41,4; 44,6; 48,12) y omnipresencia (40,28; 41,5.9)[100]. Yhwh no sólo se hace garante de lo que está sucediendo en la historia sino que también se responsabiliza del castigo del exilio (40,2; 42,22-25; 45,7; 47,6; 50,1; 54,7-8). Esta estrategia, además de constituir una especie de apología a su omnipotencia, encara a Israel ante el propio pecado (42,18.25; 43,8.22-27; 44,22; 45,9-11; 48,4-5.8; 50,1; 51,17) y revela al mismo tiempo que Yhwh no ha sido infiel.

Como medio para demostrar su validez como único Dios, resulta también característica la fórmula monoteísta «yo soy el primero y el último» (44,6; 48,12) o los sintagmas que afirman «no hay Dios *fuera de mi* (מִבַּלְעָדַי)» (44,8; 45,21; זוּלָתִי, 45,5.21), «no hay otro» (וְאֵין עוֹד, 45,5.6.14.18.21.22; 46,9), o simplemente, «*no hay Dios*» (אֵין אֱלֹהִים, 44,6; 45,5)[101]. La construcción con participios en función de aposición – característico de DtIs – representa una forma de autodefinición de Yhwh en base a lo que *hace* por Israel y en el cosmos[102], normalmente en calidad de padre y creador, así como un nuevo argumento que reitera su señorío y dominio.

Yhwh es quien crea (ברא, 40,28; 42,5; 43,1.15; 45,7[x2].18), hace (עשה, 43,19; 44,2.24; 45,7[x2].18; 51,13; 54,5), forma (יצר, 43,1; 44,2.24; 45,7.11.18; 49,5), hace salir (יצא, 40,26; 43,17), funda (יסד,

---

obra de Yhwh (41,20; 43,10; 45,3.6). Así pues, no basta la transformación; el cambio operado por Dios debe terminar en el conocimiento, elemento esencial para que se produzca la consolación.

[100] Cf. p. 232.

[101] Cf. otras posibles formulaciones en 43,10.13. A este respecto, es interesante notar algunas preguntas regidas por el pronombre interrogativo מִי (40,12.18.25.26; 41,2.4.26; 42,24; 44,7; 45,21; 46,5), en las que la respuesta monoteísta está contenida implícitamente.

[102] Cf. cap. II, § 2.2.1.

51,13), pone (נתן, 40,23.29; 42,5; 43,16), cimienta (רבץ, 54,11), despliega los cielos (נטה, 40,22; 42,5; 44,24; 51,13), extiende la tierra (רקע, 42,5; 44,24), agita el mar (רגע, 51,15), se sienta sobre el firmamento (ישׁב, 40,22), deshace (פרר) y hace volver atrás (שׁוב, 44,25), fortalece (חזק, 41,13), hace caminar (דרך, 48,17), redime (גאל, 41,14; 43,14; 44,6.24; 47,4; 48,17; 49,7.26; 54,5.8), salva (ישׁע, 43,3.11; 45,15.21; 49,26), justifica (צדק, 50,8), consuela (נחם, 51,12), tiene misericordia (רחם, 49,10; 54,10), cancela las tragresiones (מחה, 43,25), desposa (בעל, 54,5), dice (אמר, 41,13; 44,26.27.28), habla (דבר, 45,19; 52,6), anuncia (נגד, 46,10), llama (קרא, 41,4; 45,3; 46,11; 48,13), mantiene la palabra (קום, 44,26) y enseña (למד, 48,17).

Las construcciones de participio, como hemos señalado, subrayan no tanto el aspecto de la acción como el definirse en base a lo que se hace, y esto tiene una doble función: persuadir a Israel y acreditar a Yhwh como único consolador.

3.2.2 La acciones de Yhwh

El Señor no sólo dice o se presenta como aquel que hace sino que en la realidad concreta se muestra particularmente activo en la promoción y consecución de la consolación para Israel. La cuantía de acciones que DtIs atribuye a Yhwh en referencia a su pueblo nos lleva a clasificarlas según el criterio que adoptamos en el segundo capítulo: diferenciar aquellas que tienden a extirpar las causas del sufrimiento y las que buscan crear recursos interiores para que el desolado se libere de la situación[103].

En referencia a la primera categoría de acciones, en Is 40–55 los campos semánticos que abarcan la actividad divina en su intento por erradicar la causa del sufrimiento son el del perdón y el de la liberación. El motivo de que el pueblo se encuentre en el exilio es el pecado. Así pues, la eliminación del mismo requiere la reconciliación que se expresa como contención de la

---

[103] Cf. cap. II, § 2.2.1.

ira[104], compasión[105], cancelación de la culpa[106] y restablecimiento de la justicia originaria[107].

El acto esencial por el que Israel nace como pueblo fue la liberación de Egipto. La deportación de Babilonia supone en este sentido una regresión a un estado de falta de identidad y de esclavitud. La consolación se asocia, en este caso, a un acto de liberación equiparado al de Egipto. Así pues, Yhwh es quien

---

[104] Reprimir la ira se indica en 48,9 con la raíz חטם y con la expresión אַף + ארך. En 51,23 se promete a Jerusalén que no «volverá a beber» (שתה + inf. + ל + יסף) «la copa de la cólera» (כוֹס חֲמָתִי) y en 54,8 la «ira» (קֶצֶף) es momentánea frente a la eternidad de la misericordia, pues no volverse a «irritar» (מקצף) contra ella (54,9) forma parte del juramento de Yhwh.

[105] Raíces verbales utilizadas por DtIs para indicar la compasión son רחם (49,10.13; 54,8.10; 55,7) y נחם (40,1[x2]; 49,13; 51,3[x2].12.19; 52,9; 54,11). Con el sustantivo חֶסֶד, cf. 54,8.10; 55,3.

[106] «Perdonar» (סלח, 55,7) es el verbo por excelencia que indica la cancelación de la culpa. Existen, sin embargo, otras modalidades expresivas como «haber pagado» (רצה, 40,2), «soportar o llevar» (סבל, 53,11 y נשא, 53,12), «haber recibido el doble» (לקח + כפלים, 40,2), «no recordar» (לא זכר, 43,25 cf. también 54,4), «cancelar» (מחה, 43,25; 44,22) e «interceder» (פגע, 53,12). En 53,5 la metáfora de la curación (רפא) significa la oferta de la reconciliación. La conversión se describe, en cambio, como un «volverse hacia» el Señor (אֶל + שׁוב, 44,22; 55,7) y «abandonar» el mal camino (עזב, 55,7).

[107] DtIs expresa el restablecimiento de la justicia mediante distintas modalidades expresivas. Una es aquella que señala su surgimiento inesperado como צֶדֶק + נזל y צֶמַח + צְדָקה en 45,8, además, se trata de una justicia que «no perecerá» (לא תחת, 51,6; לְעולָם, 51,8).Yhwh la «acerca» (צְדָקה + קרב, 46,13) y «funda sobre» ella (כן + בְּ + צְדָקה, 54,14). Restablecer la justicia equivale también a restablecer la relación y, por tanto, a «justificar» (צדק, 45,25; 50,8; 53,11), a «establecer alianza» (בְּרִית + כרת, 55,3; נתן + בְּרִית, 42,6; 49,8), «no moverla» (לא מוש, 54,10) y a «instaurar de nuevo la Ley y los preceptos» como base de la relación (יצא + מִשְׁפָּט, 42,1.3; שׂים + מִשְׁפָּט + תּוֹרָה, 42,4; רגע + מִשְׁפָּט, 51,4; גדל + אדר + תּוֹרָה, 42,21 y תּוֹרָה + יצא + מִשְׁפָּט, 51,4). Otras acciones que Yhwh realiza para restablecer la justicia son aquellas que salvan a Israel de la injusticia como «defender en el pleito» (ריב, 49,25; 51,22) o prometer «defensa» (49,17.19; 52,1; 54,15-17), «ayudar» (עזר, 50,9), «juzgar» (שׁפט, 51,5), «manifestar su brazo» (51,5.9; 52,10) y no dejar que su pueblo quede «avergonzado» (לא כלם) ni «confundido» (לא בשׁת) (45,17; 49,23; 50,7; 54,4).

[108] Por ejemplo, «salvar» (ישׁע, 43,12; 45,17.22; 49,25), «redimir» (גאל, 43,1; 44,22. 23; 48,20; 52,3.9), «hacer salir» (יצא, 43,8; 48,20; 52,11.[x2]12; 55,11.12; סור, 52,11 [x2]), «liberar» (נצל, 50,2; מלט, 46,4; 49,24-25) y «levantar» o «hacer levantar» (קום, 49,6.8; 51,17; 52,2; עלה, 40,31; 53,2; רום, 52,13; נשא, 52,13).

salva[108], hace volver del exilio[109], elimina los signos de la opresión[110] y castiga a los opresores[111].

La segunda categoría de acciones divinas son aquellas que más que extirpar las causas, tienden a crear recursos interiores en Israel para que afronte la situación y salga de su condición de sufrimiento. Dichas acciones son fortalecer[112], ayudar[113], reconstruir[114] y

---

[109] «Hacer volver» del exilio (שוב, 49,5.6; 51,11) implica para Yhwh diversas acciones como «reunir» (קבץ, 40,11; 43,5; 49,18; 54,7), «recoger» (אסף, 49,5), «no pemitir retener» a su pueblo (לא כלא, 43,6) sino por el contrario, hacer que se lo «entreguen» (נתן, 43,6), también acciones que indican «conducir» (נהל, 40,11; 49,10), «llevar» (נשא, Is 40,11; 46,3.4), «cargar» (סבל, 46,4), «traer» (בוא, 43,5.6; 49,22), «hacer caminar» (דרך, 42,16), «venir» (ב בוא, 40,10; 49,12.18; 51,11) y «pastorear» (רעה, 40,11; 49,9).

[110] Así por ejemplo, la salida de la prisión (42,7; 49,7), la ruptura de los cerrojos (43,14; 45,1) y de las cuerdas (52,2), la promesa del alejamiento de la aflicción (51,11) y del temor (51,13) y la invitación a sacudirse el polvo (52,2), vestirse de fiesta (49,18; 52,1) y levantar los ojos (49,18; 51,6).

[111] Cf. las siguientes expresiones כתהו + עשה (40,23), לאין + נתן (41,2), כעפר + נתן (41,10), כמין + שים (41,15). Otras acciones que señalan la eliminación de los enemigos son: «triturar» (דקק y דוש, 41,15), «dispersar» como rastrojo (ק, 40,24; 41,2), ב + נשף, 40,24; נשא nifal, 40,24; נדף, 41,2 y פוץ, 41,16), «pisar» como barro (חמר + רמס o שיט) y «roer» (אכל) como la polilla la ropa (50,9; 51,8) o conducir a la auto-destrucción (49,26; 50,11). Otras acciones que indican la reducción a la humillación son hacer sentar (ישב, 47,1), hacer que se postren (רדה, 41,2; שחח, 45,14; 49,7.23; cf. otras en 51,23), lamer el polvo (לחך + עפר, 49,23), relegar al silencio (חרש, 41,1; cf. también 41,21-26), avergonzarles (כלם, 41,11; 45,16; יבש, 41,11; 42,17; 44,9.11[x2]; 45,16.24) y, por último, aplicarles la ley del contrapaso (41,11-12; 45,14.16-17; 46,1-4; 47; 49,23; 51,22-23; 52,4-6).

[112] Por ejemplo, כח + נתן (41,9; 42,6; 45,1), אמין (41,10), תמך (41,10; 42,1), לא כהה (40,29), רבה (40,29), עצמה + חלף (40,31), כח + נתן (40,31), נשמה + נתן (42,5), עז + לבש (52,1), לא ייעף (40,31), לא יגע (40,31), לא חתת (51,7) y רוץ (40,31).

[113] Cf. עזר (41,10.13.14; 44,2; 49,8; 50,7.9), ידי + בצל + כסה (51,16), ענה (41,17; 49,8), לא נשה (44,21), לא שכח (49,15) y זכר (49,1), לא מאס (41,9), לא עזב (41,17; 42,16).

[114] De este modo, «funda» (יסד) la tierra (48,13; 51,13.16), Jerusalén y su templo (44,28; 54,11), también «afianza» (כון) la tierra (45,18; 51,13) y a Jerusalén (54,14). Para otras expresiones equivalentes, cf. בנה (44,26.28; 45,13), רבץ (54,11), שים (54,12) y קום + חרבה (44,26). Pertenece igualmente a la terminología de la reconstrucción aquella que invita a Sión a «alargar» (ארך y נטה, רחב) y «fijar» (חזק) la tienda (54,2) o aquella según la cual el Señor «pone» caminos y calzadas (רום, 49,11; שים, 43,19; 49,11 y נתן, 43,16) y «nivela» el terreno (ישר, 45,13).

crear[115]. De este modo, el Señor capacita a su pueblo y le dota de lo necesario para que, recuperando su identidad y dignidad, se relacione libre y serenamente con Él y con su entorno. El sufrimiento se afronta, entonces, con claves distintas como la confianza y la certeza de ser amado con un amor de predilección.

3.3 Atracción de la voluntad y reforzamiento de las convicciones y valores

La saturación, la intensidad y la prolongación del dolor producen un decaimiento que se traduce en apatía y tedio[116]. Israel debe salir de este sopor de muerte. Con la finalidad de reactivar su voluntad, Yhwh insta a su pueblo a realizar también algún acto a favor de su salvación[117]. Llama la atención a este respecto, el uso y cuantía de imperativos o yusivos dirigidos a Israel que le invitan a realizar algún tipo de percepción externa[118], a disponerse internamente[119], a efectuar un movimiento[120] o alguna acción de restablecimiento[121].

---

[115] Cf. las raíces ברא (41,20; 43,7; 45,8.12.18; 48,7; 54,16[x2]), יצר (43,7.21; 44,21; 46,11), עשה (41,20; 42,16; 43,7; 44,23; 45,12; 46,4.10[x2].11; 48,3.11; 55,11), פעל (43,13) y חיה חיה (55,3). Otras imágenes que evocan la creación son la apertura de las fuentes (פתח, 41,18; שׂים, 41,18; 43,19; 50,2 y נתן, 43,20), «plantar» (נתן, 41,19 y שׂים, 41,19), «hacer brotar» (צמח, 42,9; 43,19; 44,4; 45,8; 55,10), «derramarse» la salvación (יצק, 44,3 y נצל, 45,8); también acciones como «despertar» o «suscitar» (עיר, 41,2.25; 45,13), «llamar» (קרא, 40,26; 41,4), «llamar por el nombre» (קרא + בִּשְׁמִי, 43,7), «elegir» (בחר, 41,8.9; 43,10; 44,1.2; 49,7) y «poner el espíritu» (נתן + רוּחִי, 42,1).

[116] Cf. cap. II, § 1.2.

[117] Cf. cap. II, § 2.2.2, p. 100-101.

[118] Especialmente mirar (נשׂא + עַיִן, 40,26; 49,18; 51,6 y נבט, 42,18; 51,1.2) y escuchar (שמע, cf. n.98; אזן, 51,4 y נטה + אֹזֶן, 55,3).

[119] Cf. בקשׁ (45,19), דרשׁ (55,6), דַּרְכּוֹ +עזב (55,7), שׁוּב (+ עַל־לֵב, 46,8; + אֶל־יְהוָה, 55,7), זכר (51,4), קשׁב (46,8), אֹשֶׁשׁ לֵאלֹהֵינוּ + ישׁר (40,3), מְסִלָּה + פנה + דֶּרֶךְ יְהוָה (40,3), בטח (44,21), שׁען (50,10) y שׁען (50,10).

[120] Por ejemplo, קרב (48,16), קבץ (48,14), יצא (48,20; 52,11[x2]), סור (52,11[x2]), ברח (48,20), הלך (55,1[x3].2.3), קום (51,17; 52,2), ישׁב (52,2), רחב + ארך y חזק (54,2).

[121] Cf. עור (51,17; 52,1), אל + ירא (40,9; 41,10.13.14; 43,1.5; 44,2.8; 51,7; 54,4), מֵעָפָר + נער (52,2), עֻזֵּךְ o בִגְדֵי תִפְאַרְתֵּךְ + לבשׁ (44,8), פחד + אל (52,1), שׁתע + אל (41,10), מוֹסְרֵי צַוָּארֵךְ + פתח (52,2), ברר y אל + נגע + טמא (52,11), כלם + אל (54,4), שׁבר (55,1[x2]) y אכל (55,1).

Son particularmente llamativos y numerosos aquellos que exhortan a alzar la voz, a celebrar en el presente lo que todavía es promesa[122].

A la ruptura del silencio por parte de Dios[123] y por parte de la naturaleza[124], debe corresponder la ruptura del silencio de Israel a través de una alabanza que canta la maravilla de la liberación operada por el Señor. Ahora bien, la proclamación y celebración de lo que todavía es promesa implica convicción, confianza en Yhwh y, de algún modo, acorta la dilación entre la espera y su realización (55,6), reactivando de este modo la capacidad de creer e introduciendo un dinamismo de superación del propio dolor[125].

La amenaza es una forma para que la voluntad apática e indiferente de Israel reaccione y despierte del letargo del pecado. Esta tonalidad conminatoria está presente en algunos pasajes de DtIs (48,9-11.19; 50,2-3.11). En la mayor parte, sin embargo, la acusación está articulada en un oráculo salvífico (40,27-30//40,31; 42,18-25//43,1-7; 43,22-28//44,1-5; 45,9-11//45,12-13), pues en el sufrimiento la amenaza tiene un efecto menos coercitivo que la promesa[126]. Israel ha sufrido demasiado

---

[122] Así las raíces y expresiones: אמר (48,20), שמע hifil (48,20), בקול רנּה + נגד (48,20), רנן (52,8.9; 54,1), רנּה + פצח (52,9; 54,1), קול + נשא (52,8) y צהל (54,1). Cf. también: זכר y ספר hifil en 43,26. En paralelo a los imperativos dirigidos a Jerusalén están aquellos dirigidos al mensajero, cf. על-לב + דבר (40,2), קרא (40,2.6), רום (40,9), קול + רום (40,9) y אמר (40,9) y también los dirigidos a la naturaleza a la que se invita a exultar y cantar, cf. רנן (42,11; 44,23; 49,13), שיר + שיר חדש (42,10), כבוד + שים (42,12), צוח (42,11), נשא (42,11), רנּה + פצח (44,23; 49,13) y רוע (44,23).

[123] Cf. 42,14: «desde antiguo *guardé silencio* (חשה), *me callaba* (חרש), *aguantaba* (אפק), como parturienta *gimo* (פעה), *jadeo* (נשם), *resoplo* (שאף)».

[124] Además de los verbos que indican hablar o gritar (cf. n.122), otra manera con que la naturaleza rompe el silencio es a través de la manifestación inédita de la vida. Por ejemplo, con el brotar (צמח, 42,9; 43,19; 44,4; 45,8; 55,10) o también, como en 45,8, con la apertura de los cielos y el derramarse de la salvación: «cielos *destilad* (רעף) el rocío, nubes *derramad* (נזל) la justicia, *ábrase* (פתח) la tierra y *brote* (צמח) la salvación».

[125] Cf. p. 100-101.

[126] En algunos pasajes, el sintagma וְעַתָּה señala el fin de una situación y el inicio de otra nueva (43,1; 44,1; 48,16; 49,5; מֵעַתָּה, 48,6). En otros, el elemento de cambio se introduce con las partículas הֵן (42,1) y הִנֵּה (40,9.10[x2]; 41,15; 43,19; 49,12; 52,13; 54,11). Sobre la articulación de un oráculo acusatorio a otro de salvación p. 153, n.151.

y por eso, Yhwh conquista su voluntad presentándole la belleza del futuro que le espera si se adhiere de nuevo a Él[127].

La promesa que Yhwh le ofrece es totalmente nueva. Tal novedad se describe en contraposición a lo antiguo[128], al mismo tiempo que recurriendo a las categorías del origen como el Edén y la creación (41,18-19; 51,3; 55,12-13), las promesas de los patriarcas (41,8; 43,1; 51,1-2), la alianza de Noé (54,9-10) y de David (55,3-5). Ahora bien, la novedad de esta promesa hace saltar los parámetros tradicionales del esquema salvífico, pues Dios libera a través de un rey pagano y justifica al pecador por medio de un siervo deformado y humillado[129]. Se trata de algo inaudito, nunca visto ni oído (52,15) – aunque anunciado a Israel (42,9; 44,7-8; 48,5) –, algo prodigioso (41,5), inesperado (43,19; 45,8) e imparable (46,13). Es una promesa que emerge de la transformación de la muerte en vida (53,5.11-12; 54,1).

Esta promesa, además, ofrece garantías pues ya se está realizando[130]: Yhwh está cerca (52,6; 55,6), está viniendo (40,10-11; 52,8), la salvación está despuntando (45,8; 51,5; 52,7), no tardará (46,13), la justicia está próxima (46,13; 51,5). Existe, a su vez, un dimensión visible y hasta palpable en la vuelta de los exiliados (40,10-11; 49,18) y en la manifestación de la gloria (40,5) o la glorificación de Israel (44,23; 49,3; 55,5)[131]. El signo externo, sin embargo, no es suficiente para fundar la fe[132]. Por eso, simultáneamente a los elementos externos, a Israel se le ofrecen indi-

---

[127] Cf. p. 98-99.

[128] De las «cosas antiguas» (רִאשֹׁנוֹת) se habla en 41,22; 42,9; 43,9.18; 46,9; 48,3 (קַדְמֹנִיּוֹת, cf. 43,18). En 42,9 y 43,19 éstas se contraponen a las «nuevas» (חֲדָשָׁה, 43,19; חֲדָשׁוֹת, 42,9; 48,6). Por eso, en algunos pasajes como 43,18 y 46,9 se exhorta a no recordarlas. Las cosas nuevas, en cambio, se caracterizan por la inmediatez, ya que Yhwh está haciéndolas (עשׂה) y por consiguiente «ahora» (עַתָּה) están brotando (43,19) o, como afirma 48,7, «ahora» (עַתָּה) están siendo «creadas» (ברא) y «no desde antiguo» (וְלֹא מֵאָז) «ni antes de hoy» (וְלִפְנֵי־יוֹם).

[129] Cf. p. 276.

[130] Cf. p. 98-99.

[131] Cf. p. 141-142.

[132] Cf. p. 100-101.

cios internos[133] que confirman esta certeza: «no temas»[134], pues «yo estoy contigo»[135].

En última instancia, la performatividad de la palabra profética es garantizada por aquel que la ofrece[136], pues sólo la Palabra de Yhwh permanece (40,8) y realiza aquello para lo que ha sido mandada (55,10-11). Yhwh es el Dios *primero* (רִאשׁוֹן) y *último* (אַחֲרוֹן, 41,4; 44,6; 48,12), que estaba allí no sólo cuando todas estas cosas sucedieron (48,16) sino desde la eternidad (40,28; 46,9). Por eso, puede ofrecer una alianza (55,3), palabra (40,8), justicia (51,6.8), salvación (45,17; 51,6.8), misericordia (54,8) y alegría (51,11) *eternas* (עוֹלָם)[137].

4. Los medios y mediaciones

En este *ríb* destinado a que Israel se abra y acoja la oferta salvífica, el medio más importante es la Palabra de Yhwh proclamada mediante la voz profética[138]. Junto a la palabra divina, el profeta también presenta a algunos mediadores de la salvación, cuya función es decisiva para que se produzca la consolación, en particular la figura del *ʿebed ʾādōnāy*.

---

[133] Cf. p. 101.

[134] Cf. אַל־תִּירָא (41,10.13; 43,1.5; 44,2), אַל־תִּירָאִי (40,9; 41,14; 54,4), אַל־תִּירָאוּ (51,7) y אַל־תִּפְחֲדוּ וְאַל־תִּרְהוּ (44,8). Cf. p. 100, n.94 y p. 194, n.93.

[135] Cf. עִמְּךָ־אָנִי (41,10) y אִתְּךָ־אָנִי (43,2.5). Otras expresiones equivalentes son אֲנִי כִּי־הֹלֵךְ לִפְנֵיכֶם יְהוָה (52,12). Cf. p. 100, n.95 y p. 196, n.106. לְפָנֶיךָ אֵלֵךְ (45,2) y

[136] A este respecto, cf. las fórmulas: כֹּה אָמַר־יְהוָה (43,1.14.16; 44,2.6.24; 45,1.11.14. 18; 48,17; 49,7.8.25; 50,1; 52,3), אָמַר יְהוָה (45,13; 48,22; 49,5; 54,1), כֹּה־אָמַר (+ הָאֵל, 40,25; קָדוֹשׁ, 40,1; אֱלֹהֵיכֶם, 40,1; + יֹאמַר (+ אֲדֹנָיִךְ יְהוָה, 51,22), אֲדֹנָי יְהוָה, 49,22; 52,4; + יְהוָה, 41,21; + מֶלֶךְ יַעֲקֹב, 41,21), נְאֻם־יְהוָה (41,14; 43,10.12; 49,18; 52,5[x2]; 54,17; 55,8) y כִּי פִּי יְהוָה דִּבֵּר (1,20; 40,5; 58,14).

[137] Cf. p. 100-101.

[138] Cf. cap. II, § 2.2.3.

4.1 La palabra profética

En DtIs el medio por excelencia para producir el paso de la desolación a la consolación es la palabra. De hecho, la transición se inaugura con la ruptura del silencio de Dios que ha caracterizado el exilio. El consuelo será un pasarse de voz en voz el mensaje que proclama el retorno del Señor a Sión con los deportados. Este anuncio debe llegar primero a Jerusalén y desde ella luego extenderse a todas las ciudades de Judá (Is 40,1-11)[139].

El espectro semántico del acto de hablar se presenta vasto y variado en sus múltiples facetas y ámbitos. Se mencionan explícitamente los órganos de los sentidos conectados a la palabra[140], el producto del hablar[141], o el acto mismo expresado con los lexemas típicos: אמר, דבר y קרא. Aunque frecuentes en DtIs[142], dichos lexemas se concentran sobre todo en perícopas de disputa con los dioses o naciones[143] y con Israel[144],

---

[139] Cf. cap. III, § 1.1.3.

[140] La boca (פֶּה) se dice en referencia a Yhwh (40,5; 45,23; 48,3; 55,11), al siervo (49,2; 53,7[x2].9), a Jerusalén (51,16) y a los reyes (52,15). El término לָשׁוֹן está referido al pueblo en 41,17, al siervo en 50,4 y a un sujeto indefinido en 45,23 y 54,17. El oído (אֹזֶן) puede ser del pueblo (42,20; 43,8; 48,8), de Jerusalén (49,20) y del siervo (50,4.5). Conectado al oído está la sordera (חֵרֵשׁ, 42,18.19; 43,8) y en cierto sentido el corazón (לֵב). Expresiones como עַל־לֵב + דבר (40,2), שׂוב + עַל־לֵב (46,8) y שׂים + עַל־לֵב (42,25) indican el escuchar no sólo como acto material.

[141] Cf. palabra (דָּבָר, 40,8; 41,28; 42,16; 44,26; 45,23; 50,4; 51,16; 55,11; o אֵמֶר, 41,26), oráculo (נְאֻם, 41,14; 43,10.12; 49,18; 52,5[x2]; 54,17; 55,8), voz (קוֹל, 40,3.6.9; 42,2; 50,10; 52,8[x2]; + רִנָּה, 48,20; + זִמְרָה, 51,3), canto (שִׁיר חָדָשׁ, 42,10), grito de júbilo (רִנָּה, 44,23; 49,13; 51,11; 54,1; 55,12), predicación (שְׁמוּעָה, 53,1), mentira (מִרְמָה, 53,9), sentencia (מִשְׁפָּט, 42,1.3), pruebas (עֶצְמָה, 41,21), pleito (רִיב, 41,21) y nombre (שֵׁם, 40,26; 41,25; 42,8; 43,1.7; 44,3.4.5[x2]; 47,4; 48,1[x2].2.9.19; 49,1; 50,10; 51,15; 52,5.6; 54,5; 55,13).

[142] Cf. אמר (x75), קרא (x34), שמע hifil (x14), נגד (x23) y דבר (x10). En referencia al acto de la recepción de la palabra, la raíz más atestiguada es שמע (x29).

[143] Aparecen raíces y locuciones de requisitoria de pruebas para la propia defensa como נגש (41,1.22; 45,21), עֵצְמָה + נגש (41,21), רִיב + קרב (41,21), דבר (41,1), נגד hifil (41,22[x2].23; 43,9; 44,7; 45,21), שמע hifil (41,22; 43,9), ערך (44,7) y צדק (43,9). Otra raíz de dicción que pertenece a este campo es jurar (שׁבע, 45,23).

[144] En algunos pasajes Israel se presenta como llamado por el nombre del Señor (קרא + בִּשְׁמִי, 43,7; cf. 48,1; + כתב, 44,5).Yhwh expresa su fidelidad a la alianza también con verbos de dicción: respondiéndole (ענה, 41,17; 49,8), defendiéndole (רִיב,

también en pasajes donde se celebra la proximidad de la salvación[145].

La Palabra es además un elemento que forma inclusión en DtIs. En 40,8 se afirma que la Palabra de Yhwh se lleva a cabo y permanece (קוּם) para siempre (לְעוֹלָם) y en 55,11 no vuelve vacía (לֹא יָשׁוּב) sin haber realizado aquello para lo que había sido mandada. Dada su importancia en estos capítulos, algunos exegetas consideran que la Palabra de Yhwh ocupa un puesto central en el desarrollo de la trama[146]. Dentro del *corpus* deuteroisaiano la misma idea de performatividad se encuentra en 45,23: la Palabra que sale de la boca de Yhwh (מִפִּי + יצא) no vuelve (לֹא יָשׁוּב). En este sentido דָּבָר se conecta con «planes» (עֵצָה, 40,13; 44,26; 46,10.11), «pensamientos» (מַחֲשָׁבָה, 55,7.8.9) y «querer» del Señor (חֵפֶץ, 44,28; 46,10; 48,14; 53,10; חפץ, 55,11). Se asocia, como el רוּחַ en 44,3-4, a la imagen de la lluvia (55,10-11) o del agua (55,1-3).

La performatividad e irrevocabilidad son componentes característicos de la Palabra, pero por encima de ellos destaca su interacción con la libertad humana. La Palabra que rompe el silencio en 40,1 se pasa de voz en voz (40,3.6) a través de los mensajeros hasta llegar a Jerusalén y de allí a las ciudades de Judá (40,9; 41,27; 52,7). Es puesta en boca de Israel (51,16) y de toda

---

49,25; 51,22) y juzgando los pueblos (שׁפט, 51,5). La actitud de Israel, en cambio, se caracteriza por el rechazo de la palabra, cf. לֹא שִׁמַע (42,20), לֹא יִדַע (42,25), לֹא פָתַח + אֹזֶן (48,8; cf. 42,20), עַל־לֵב (42,25) y לֹא שָׁמַר (42,20). Por eso, se pone a Israel ante la requisitoria (ספר, *hifil* y צדק, 43,26) y se le llama constantemente a escuchar (שׁמע, cf. n.98; אֹזֶן, 51,4; נטה + אֹזֶן, 55,3), reflexionar y convencerse (עַל לֵב + שׁוב, 46,8; אשׁם, 46,8; קשׁב, 51,4; זכר, 44,21 y עַל־לֵב + דבר, 40,2).

[145] Por ejemplo, las expresiones que indican elevación de la voz como שׁמע *hifil* (48,20), בְּקוֹל רִנָּה + נגד (52,8), קוֹל + נשׂא (40,2.6) y קוֹל + רום (40,9); grito de alegría como רִנָּה + פצח (44,23; 49,13; 54,1), רנן (42,11; 44,23; 49,13; 52,8.9; 54,1), פצח (52,9), רִנָּה + פצח (44,23; 49,13; 54,1), רנן (54,1), שִׁיר חָדָשׁ + שׁיר (42,10), כָּבוֹד + שׂים (42,12), צוח (42,11), רוע (44,23), נשׂא (42,11) y בשׂר (40,9; 52,7); grito de guerra como רוע (42,13); o grito de parturienta como פעה, נשׁם y שׁאף (42,14). En otras perícopas se indica por el contrario el silencio con las siguientes expresiones: פִּיו + לֹא פָתַח (41,28), דָּבָר + שׁוב + אֵין (42,14), אפק, חרשׁ, חשׁה (53,7), קפץ + פִּיהֶם + מְלָכִים (52,15).

[146] Cf. L. ALONSO SCHÖKEL – J.L. SICRE, *Profetas*, I, 275; A. BONORA, *Isaia 40–66*, 24-44. Sobre la Palabra en DtIs, cf. A. LABAHN, *Wort Gottes* y W. ZIMMERLI, «Jahwes Wort», 104-124.

lengua que jurará por el Señor (45,23). Respecto a Ciro, Yhwh afirma que sostiene (קוּם) la palabra de su siervo (דְּבַר עַבְדּוֹ), en sinonimia al plan de su enviado (עֲצַת מַלְאָכָיו, 44,26). Ahora bien, es especialmente en el ʿebed ʾādōnāy donde la Palabra realiza su propio camino.

El silencio domina en el primer y en el último canto del siervo (42,2; 53,7). Dicho silencio no afectará a la implantación del derecho (42,3-4) ni a la realización del querer divino (53,10). En el segundo y tercer canto, en cambio, se califica la boca del siervo como «una espada afilada [...] flecha bruñida» (49,2) y su palabra como «una palabra de aliento» (50,4). La recepción de la misma descrita en 50,4: «mañana tras mañana despierta el oído para que escuche como un discípulo», comportará hostilidad (50,5-8). Con todo, el siervo no se resiste ni se echa atrás (50,5). Y en este sentido la Palabra, interaccionando con la libertad humana y venciendo sus resistencias, alcanza plenamente su carácter performativo. Tanto es así que Yhwh deja el suceso de su plan salvífico en las manos del siervo (53,10). La Palabra que desde el inicio había sido anunciada, acogida ahora por un ser humano que no le pone resistencias, realiza finalmente aquello para lo que había sido mandada (55,11-12), la salvación de Israel.

4.2 Las mediaciones humanas

El imperativo «consolad» (נַחֲמוּ) formulado en 2ª persona plural indica que Yhwh implica en su actuación salvífica a otros agentes[147]. La concatenación de mandatos que aparecen a continuación en el prólogo tiene como finalidad a la realización de un acto oral y, por lo tanto, «consolad» consiste primeramente en la proclamación del anuncio salvífico[148]. Durante el exilio Yhwh ha permanecido callado (Is 42,14) y con el imperativo

---

[147] Cf. cap. III, § 1.1.2.
[148] Cf. cap. III, § 1.1.3.

inaugura un nuevo periodo: la Palabra puede y debe volver a resonar a través de las distintas *voces* en Israel[149]. El profeta presenta también a otros mediadores de la consolación, cuya acción no se reduce a un acto de palabra. Nos referimos a Ciro, Jerusalén y el siervo de Yhwh[150].

4.2.1 La mediación de Ciro

La proclamación profética recalca que el rey persa es el mediador suscitado, elegido y sostenido por el Señor para la liberación del exilio (Is 41,2.25; 44,28; 45,1-5.13; 46,11; 48,14-15). Ciro es el instrumento de Yhwh para destruir Babilonia y hacer volver a su pueblo de la deportación[151]. A él también se le confía la reconstrucción de Jerusalén y de su templo (44,28; 45,13). Sin embargo, Ciro no conoce al Señor (45,4.5), de ahí que Yhwh no requiera su consentimiento para llevar adelante el proyecto de liberación de Israel.

Otra disimilitud con respecto a Jerusalén y al siervo es que el reconocimiento de Ciro como mediador es posterior a su acción y, en consecuencia, la eficacia de su mediación no depende del asenso o crédito de Israel. Es decir, la liberación del rey persa se produce independientemente de si Israel lo atribuye a la iniciativa del Señor o a otro. Por este motivo, el texto se muestra particularmente interesado en que el pueblo, tras la caída de Babilonia, haga una lectura correcta del acontecimiento, ya que así se acredita la potencia única y exclusiva de Yhwh como Señor de la historia y se refuerza su credibilidad[152].

---

[149] Cf. p. 128.
[150] Cf. cap. V, § 4.
[151] Cf. cap. V, § 4.1.1.
[152] Cf. cap. IV, § 1.3.

4.2.2 La mediación de Jerusalén

La puesta en acto de la función mediadora de Sión requiere, por el contrario, que Israel reconozca que Yhwh le ha conferido dicha misión[153]. Esto, como dijimos, se concretiza en el regreso a Sión, lo cual parece constituir la única prerrogativa y posibilidad para entrar en la alianza (55,1-5)[154]. Si la razón de la centralización y exclusividad de Jerusalén en referencia al pacto podría explicarse por los avatares históricos aludidos en los textos[155], el motivo de tal imperativo en DtIs se debe a que el Señor ha vuelto a habitarla (40,9-11; 52,7), la ha restablecido como esposa (54,4-6) y como madre (54,1-3).

Jerusalén ha tenido que despertarse (51,17; 52,1), vestirse de fiesta (52,1-2), salir de su luto y acoger el anuncio salvífico (40,9; 52,7). Es decir, ella se convierte en mediadora del consuelo y portavoz del anuncio, porque antes ha reconocido al Señor que viene y la recrea en una relación de alianza que no volverá a ser destruida (54,9-10). Sión se convertirá, de este modo, no sólo en mensajera de la promesa consolatoria que gritará a las ciudades de Judá (40,9) sino también en dispensadora de la misma consolación dada gratuitamente en el agua que ella ofrece a los sedientos que llegan (55,1-3), pues «de Sión saldrá la Ley, de Jerusalén la Palabra del Señor» (Is 2,3)[156].

4.2.3 La intercesión del siervo

La salvación para Jerusalén está en íntima conexión con el evento del siervo[157]. Éste, a diferencia de la mediación de Ciro y de Sión, no es sólo mediador sino intercesor[158]. Tal función se

---

[153] Cf. cap. V, § 4.1.2.
[154] Cf. cap. III, § 2.2 y § 2.3.
[155] Cf. p. 125, n.12 y p. 278-279.300.
[156] Cf. p. 129.
[157] Cf. p. 236.279-282.
[158] Cf. cap. V, § 4.2.

realiza a través la asunción del pecado ajeno, lo que le comporta la entrega de la vida. El sufrimiento es precisamente lo que habilita al siervo para interceder por los *rabbîm*[159]. Esta obediencia se manifiesta ulteriormente como la verdadera sabiduría, ya que desencadena el beneficio salvífico de la justificación que consiste en establecer la relación de alianza con Yhwh y, por lo tanto, consolar. En este sentido, como ya señalamos, consolador e intercesor coinciden[160].

El siervo es puesto como alianza (42,6; 49,8)[161]; así su cuerpo es el lugar metáforico donde se visualiza la realidad de la salvación (53,5)[162]. La crisis del exilio desemboca en una reflexión teológica sobre el mal y el sufrimiento. El dolor y la punición se leen entonces como un momento necesario que se integra dentro de un horizonte salvífico[163]. En algunos textos como en el nuestro, el sufrimiento constituye incluso la mediación antropológica para que se dé la consolación. De todos modos, la asunción de la aflicción no es el elemento que la produce, puesto que únicamente Dios puede ser su origen, y esto precisa un acto nuevo de creación.

El acto creativo requiere la eliminación de la causa del mal. La destrucción del cuerpo del siervo expresa la necesidad de que aquello que constituye el origen de la muerte y el pecado sea definitivamente aniquilado y extirpado del interior del hombre. El siervo vence la transgresión humana precisamente aceptándola sobre sí. Esta asunción, que le conlleva la muerte, destruye el pecado, porque con su donación alcanza el núcleo de la libertad humana, de lo que son signo el arrepentimiento y la confesión de Israel. El testimonio del siervo constituye para Israel la

---

[159] Cf. cap. V, § 4.2.2.

[160] Cf. cap. V, § 4.2.4.

[161] Cf. cap. V, § 4.2.3.

[162] Cf. M.E. MILLS, *Alterity, Pain, and Suffering*, 22: «The body is a space of signification, thus the prophetic bodies found in Jeremiah and Ezekiel can be regarded as places of pain». Cf. también, P. BOVATI, *"Così parla il Signore"*, 77-104

[163] Cf. A. BORGHINO, *La «Nuova Alleanza»*, 231-240. Cf. también, cap. II, § 1.3.3 y p. 199, n.117.

última y definitiva prueba del amor de Yhwh, ante la cual el pueblo se convence y se abre al perdón y a la consolación[164].

5. La consolación de Sión

En DtIs consolar prácticamente coincide con la consolación de Sión[165]. Tal estado o condición está desarrollado en los capítulos de la nueva alianza (Is 54–55)[166], aunque a lo largo de Is 40–55 también se expresa a través de otras metáforas e imágenes que presentamos en el primer apartado. En el segundo, sintetizamos el núcleo fundamental de la consolación para Sión que consiste en una nueva alianza y una nueva creación.

5.1 Metáforas de la consolación

La imaginería de la consolación se recaba de la simbología con que DtIs presenta la transición. Ésta se podría representar en tres grandes modalidades[167].

La primera modalidad es la transformación de la realidad, cuya imagen más característica es la transformación del sequedal en jardín (41,18; 44,2-4; 51,3). Ahora bien, existen otras modalidades no menos sugestivas y plásticas como la mutación del paisaje, el cambio de la flora (41,18; 55,13), el brotar inesperado del agua (43,19-20; 48,21), el paso de la oscuridad a la luz (42,16), la ruptura del silencio (40,1.3.6.9; 42,13-14; 52,7-9; 54,1) a través de la animación de la naturaleza (42,10-12; 44,23; 55,12), del anuncio a salir (48,20; 52,11), o mediante la aparición de una señal visiva (40,5.10; 49,22) o auditiva (40,10; 52,7) que indica que la salvación está brotando (43,19; 45,8), derra-

---

[164] Cf. cap. V, § 4.2.2.
[165] Cf. p. 300, n.14.
[166] Cf. cap. III, § 2.
[167] Cf. cap. II, § 3.2.2.

mándose (45,8; 55,10-11), está cerca (40,10; 46,13; 51,5; 52,7). La salvación consiste en una especie de recreación genesiaca que, por un lado, comporta la modelación de la realidad y por otro, la victoria sobre las potencias adversas, hecho que se plasma como reducción a la nada (40,23-24; 41,11-12.15-16; 47), a la vergüenza o al fracaso (43,17; 45,16; 47; 49,26), al sequedal (42,15; 44,27; 50,2; 51,10)[168].

Una segunda metáfora para representar este cambio es la reconstrucción[169]. Si las imágenes de transformación subrayaban el aspecto de inmediatez de la acción divina, las imágenes de reconstrucción, en cambio, acentúan la progresión y la implicación humanas. Entre éstas, la más representativa es la reedificación de las ruinas (44,28; 45,13; 49,17; 51,3; 54,11-15), aunque también existen otras como el ensanchamiento del espacio habitable (49,19-20; 54,2-3), la reunión (49,12.18)[170] y vuelta de los deportados (40,10-11; 49,22; 51,11; 52,8)[171]. Pertenece a esta simbología la construcción de caminos en lugares hostiles e impensables como el desierto (40,3; 43,19)[172], el mar (43,16; 51,10) o la nivelación del terreno (40,4; 42,16; 49,11). La metáfora refleja trazos de aquella imagen creativa que consiste en poner orden en el caos, a fin de modelar una realidad armónica donde es posible el desarrollo sereno de la vida en todas sus dimensiones.

Por último, DtIs utiliza otras imágenes pertenecientes al ámbito de las relaciones humanas. Si la desolación se representaba con el hecho de haber sido vendidos (50,1), entregados a los pueblos (47,6; 49,14), aparentemente olvidados (49,15), dejados a merced de la prueba (48,10), de la obstinación (42,25) o de un servicio gravoso (40,2)[173], la consolación se expresa con imágenes de adquisición (49,16.22; 50,2) y recompensa (40,10;

---

[168] Cf. p. 108-109.
[169] Cf. p. 109.
[170] Cf. p. 198.
[171] Cf. p. 146-149.166-167.
[172] Cf. p. 136-142.
[173] Cf. p. 134-135.

49,25)[174]. Otras metáforas que significan la salvación son el paso del luto a la fiesta (51,17; 52,1-2), del estado narcotizador o de la somnolencia al despertarse (51,17; 52,1)[175], del silencio a la ruptura del mismo (40,3.6; 42,13-14.18; 44,23; 52,7; 54,1)[176], del cautiverio y esclavitud a la libertad (42,7; 45,1-2.13-14; 49,9.24-25)[177], de la esterilidad a la maternidad (49,20-21; 54,1)[178], de la viudez o divorcio al desposorio (49,14.18; 50,1-2; 54,4-6). La consolación comporta la rehabilitación del ser humano en su dignidad de persona y en sus relaciones interpersonales.

5.2 La consolación de Sión: una nueva alianza y una nueva creación

La vivencia del exilio supone para Israel un momento de crisis profunda de la fe. La ruptura producida por el pecado ha sido total. No hay ningún elemento de la antigua alianza rescatable que no esté afectado por la transgresión[179]. Es más, el pueblo de Yhwh ha hecho experiencia de su constitutiva incapacidad para vivir en fidelidad al Señor. Para que Israel sea consolado se requiere una alianza radicalmente nueva que restaure no sólo la relación sino también la capacidad de vivirla fielmente[180].

Sólo el amor eterno del Señor puede integrar el dolor en una perspectiva salvífica sin límites y darle un sentido nuevo (54,7-8). Ahora bien, la novedad deuteroisaiana radica en que lo que ennoblece a Israel es el sufrimiento de un hombre llevado hasta el sacrificio de la vida (53,10). El elemento consolatorio contenido en la entrega del siervo reside en que alguien ha asumido su

---

[174] Cf. p. 147-148.197-198.

[175] Cf. p. 221-222.229-230.

[176] Cf. p. 130-131 y p. 320, n.122.

[177] Cf. p. 132-134.190-192.206-208.227-230.

[178] Cf. cap. III, § 2.2.1 y § 2.2.2.

[179] Cf. las consideraciones que hicimos en p. 153-155 sobre el diluvio como imagen de la destrucción total.

[180] Sobre las características de la nueva alianza, cf. p. 152, n.149 y p. 153, n.150.

pecado, su no amabilidad ha sido objeto de un amor hasta la muerte. Tal acto no sólo revaloriza al pecador sino que constituye la prueba suprema de la gratuidad del perdón que le convence y provoca la confesión (53,4-5).

La reconciliación no está, en cambio, condicionada a que el pecador reconozca la culpa. Es la decisión libre de Dios de perdonar que lo produce. Como afirma A. Borghino, salvando a quien está en la culpa, Dios se revela como el origen de la relación. El perdón es un acto que precede y testifica una dimensión originaria (Ez 36,31-32)[181]. El amor incondicionado y gratuito es el núcleo de la consolación y el saberse objeto de un amor sin límites produce embellecimiento (54,11-12)[182] y la experiencia de sentirse valioso a los ojos del otro (43,4), con un amor exclusivo y de predilección[183]. Tal belleza no es fruto de la propia justicia, sino de haber sido fundados sobre ella (54,13.17), de haber sido justificados (53,11)[184].

Sentirse amado de esta manera crea seguridad (54,10.13), elemento muy afín al fenómeno consolatorio. La estabilidad y ausencia de miedo no coincide con la falta de dificultades (54,15-17), mas bien emerge de la certeza interior de sentirse sólidamente fundados en un amor que es capaz de vencer cualquier dificultad[185]. Dios está cerca (55,6), su presencia produce alegría (54,1; 55,12-13), la sobreabundancia de los dones es indicio del cumplimiento de la promesa (55,1-3)[186]. Sión consolada experimenta una plenitud escatológica que inunda todas las dimensiones de su existencia y es garantía del desarrollo de la vida en armonía y paz (54,13)[187].

La nueva alianza requiere que, junto al don, el hombre sea capacitado para la vivencia de la misma. Normalmente esto se

---

[181] Cf. A. BORGHINO, *La «Nuova Alleanza»*, 355.
[182] Cf. cap. III, § 2.3.1.
[183] Cf. p. 196-198.
[184] Cf. cap. III, § 2.3.2.
[185] Cf. cap. II, § 3.2.1.
[186] Cf. p. 169-170.
[187] Cf. p. 108-110.

produce por la implantación de un órgano[188]. La *nueva creación* en DtIs consiste en una transformación más radical, pues el elemento de muerte de uno se convierte en principio de vida para *muchos*: «por sus heridas hemos sido curados» (53,5). La destrucción de la carne, paradójicamente, engendra en la obediencia una descendencia de siervos. La aparición del *ᶜebed* , personaje ciertamente enigmático, se ubica entre la afirmación de Is 9,5 «un niño nos ha nacido, un hijo se nos ha dado», y la pregunta de Is 66,8 «¿se engendra todo un país en un solo día? ¿se da a luz un pueblo de una sola vez?». Un niño que es hijo de todo un pueblo (Is 9,5), un pueblo dado a luz de una sola vez (Is 66,8). El siervo, hijo fiel dado a luz por Israel, engendra en un solo día y en un solo acto de donación una nueva prole de siervos.

Jerusalén, la madre, puede de este modo ofrecer de nuevo el agua y la vida (55,1-3) que había sido anunciada desde el principio como promesa «te doy gracias Señor [...] ha cesado tu ira y me has consolado [...] y sacaréis aguas con gozo de las fuentes de la salvación» (Is 12,1.3). Finalizado el tiempo de la cólera y consolada ella (Is 54), también de su propio cuerpo manará la consolación para Israel: «mamaréis, os llevarán en brazos, y sobre las rodillas os acariciarán, como un niño a quien su madre consuela así os consolaré yo, en Jerusalén seréis consolados» (Is 66,12-13).

---

[188] Cf. p.169-171.

CONCLUSIONES

Al final de cada capítulo hemos presentado sintéticamente el desenlace recabado del análisis del que ha sido objeto. Por esta razón, las conclusiones que ofrecemos al término de la disertación no constituyen una recapitulación sintética ni del recorrido realizado ni tampoco de todos los resultados obtenidos sino sólo de aquellos aspectos que, según nuestro parecer, han sido los más significativos en el ámbito exegético y teológico, tanto en referencia a la temática de la consolación como a DtIs.

■ 1. El tema de la consolación

1. En relación al vocabulario y terminología de la consolación, hemos recogido y sintetizado las conclusiones de otros exegetas sobre la problemática de la raíz נחם. La ordenación de sus 108 recurrencias verbales en la BH ha supuesto un enriquecimiento que nuestro estudio ha aportado al problema. La característica del trabajo ha sido clasificar los textos según elementos morfo-sintácticos y situacionales, lo que ha permitido ampliar el radio semántico del נחם y explicar, al menos parcialmente, el motivo de la oscilación del significado de la raíz que va desde el *consolar*, hasta el *vengarse*, *arrepentirse* y *compadecerse*.

Descubrir la relación conceptual existente entre categorías para nosotros tan diferentes – no así en la mentalidad veterotestamentaria – ha supuesto una mayor inteligencia del acontecimiento consolatorio que nos ha permitido una redefinición del mismo en base a la comprensión bíblica y una expropiación de nuestras precomprensiones que reflejan trazos de la filosofía, psicología y teología espiritual.

2. Presentar un motivo literario que concierne a los sentimientos ha constituido otro punto de interés que nuestra disertación ha aportado, ya que a través de ellos se comprende mejor la acción de Dios y la estructura interna del evento salvífico. A diferencia de otros procedimientos teológicos que se basan exclusivamente en ideas o en actos, hemos asumido la dimensión de la experiencia emotiva como un componente esencial no sólo de la antropología bíblica sino también de la antropología en general. El ser humano es un ser corporal, su individualidad, historicidad y trascendencia se expresan en la dimensión corpórea; el cuerpo consecuentemente es un lugar privilegiado de la revelación divina. Por tanto, no se trata de añadir "sentimentalismo" o "pasión" al razonamiento teológico sino de asumir en el análisis que Dios se entrega al hombre en la experiencia de la psique. Tal consideración tiene consecuencias en el ámbito espiritual, como muestra la importancia que da San Ignacio a las mociones de la desolación y de la consolación en el discernimiento de espíritus, y en la praxis pastoral que no puede limitarse a comunicar ideas, sino que debe ofrecer palabras que toquen el corazón del hombre.

La consolación, al igual que el mundo de los sentimientos, se expresa con una gran riqueza de matices. La dificultad intrínseca de definirla con precisión induce a recurrir frecuentemente a las metáforas, es decir, a un soporte simbólico que también nosotros utilizamos cuando nos sentimos "deprimidos", "hechos polvo", "destrozados" o "por los suelos". Esto vale tanto para la consolación como para la desolación. Sin embargo, mientras para esta última el universo simbólico de la BH es rico y variado, para la consolación existe una menor riqueza expresiva. Tal vez debido a que la intensidad que el hombre experimenta en el dolor provoca la necesidad de expresarlo con palabras poéticas. No ocurre lo mismo en el estado de consolación, pues, aunque se haga experiencia de ella, resulta siempre objeto de esperanza, y por eso, se presenta como una realidad "última", escatológica, horizonte de una promesa, más que una realidad vivida ya en plenitud.

3. La disertación ha mostrado cómo para entender la consolación se requiere la descripción de un proceso a través del cual se comprenda adecuadamente la experiencia espiritual que el ser humano hace tanto en el sufrimiento como en la alegría. El logro mayor en este ámbito ha sido la elaboración de una fenomenología del acto consolatorio. Ésta no sólo ha ampliado enormemente el campo semántico de la temática sino que ha articulado los distintos componentes que intervienen en un esquema que reproduce la consecución lógica del evento.

Ha resultado relevante para la comprensión de nuestro tema constatar que la consolación exige una mediación, es decir, la presencia de alguien que favorezca o incluso produzca el paso de la desolación al consuelo. Según la BH el ser humano no se puede auto-consolar, pues no es el origen de la propia salvación que sólo puede venir del "otro". La alteridad en este sentido es figura de lo divino y aparece en neto contraste al proyecto idolátrico de producirse la propia consolación.

Dios realiza su consuelo a través de una multiplicidad de "siervos". Es decir, aún siendo el fenómeno consolatorio un proceso complejo no se reduce ni se limita a una sola mediación. En DtIs hemos constatado cuántos personajes intervienen en su consecución. Entre ellos hemos destacado la figura del profeta que, dando voz a la Palabra de Yhwh y poniendo en acto todos los recursos literarios a su alcance, media de manera determinante el consuelo; también los personajes de Ciro, el siervo sufriente y la misma Jerusalén que una vez consolada se convierte en principio de consolación para todos. La cualidad del mediador, las modalidades a través de las cuales consuela (palabras, gestos, entrega de sí,...) son de gran importancia para comprender el proceso.

El destinatario de la consolación en DtIs es además un colectivo (una ciudad, un pueblo), lo que significa que la desolación tiene su más alta manifestación cuando todo el cuerpo social se encuentra implicado y *no hay entre ellos quien consuele*. Igualmente indica que la consolación no puede ser total sino existe una plenitud de comunión y alegría para todos; si un miembro sufre, la consolación no ha tenido lugar plenamente. De este modo, este último aspecto revela el carácter escatológico de la misma, visto como utopía y punto final hacia el que camina toda la historia.

4. La expresión de la acción consolatoria depende de la interacción entre las libertades que entran en el proceso y, por consiguiente, son éstas las que en última instancia determinan no sólo su consecución sino también la fisonomía del acto. Contemplar las diversas posibilidades que puede adoptar el desarrollo ha permitido profundizar en la percepción e inteligencia del acontecimiento consolatorio que no se desencadena de manera automática. Tratándose de una cuestión de la "psique" humana, el proceso que va de la desolación a la consolación no se rige por mecanismos puramente causales; nada produce inmediatamente ni necesariamente el efecto de consolar. Es decir, el paso al consuelo supone como elemento determinante y originario la experiencia de libertad por parte del desolado que se expresa como "consentir", esto es, "obedecer", "acoger" que es distinto de "producir" o se expresa también como "creer" en el futuro y "esperar" el don prometido, lo que es distinto de "verlo".

Se evidencia de este modo cómo la palabra profética de consolación a la hora de ser acogida encuentra la misma problemática que aquella que anuncia la catástrofe causada por el pecado. En consecuencia, se explica porqué tanto para ésta como para aquella se utilizan los mismos recursos de convencimiento puestos en acto en un *rîb*. Así pues, consolar no sólo no se reduce a un término o a sus sinónimos y antónimos sino que incluye las estrategias y recursos que un individuo emplea para hacer salir a otro del sufrimiento y desolación y para convencerlo de la oferta reconciliadora e instarlo a que se adhiera a ella. De esta manera se comprende mejor porqué el profeta para sacar de la aflicción utiliza hábilmente todas las estrategias comunicativas, todos los recursos retóricos y literarios a su alcance a fin de hacer percibir y gustar el don de Dios a quien está desolado.

5. Finalmente, observamos que la raíz נחם en la BH se construye siempre con sujeto y complemento directo de persona. De esto dedujimos que nunca un objeto puede consolar y, por lo tanto, la raíz expresa una relación interpersonal. En DtIs la aparición implícita de la fórmula de la alianza (*vuestro Dios – mi pueblo*) en conexión con el imperativo programático del verbo consolar (40,1) ha evidenciado que el núcleo deuteroisaiano de la consolación es el restablecimiento de la alianza. Tal adquisición se ha manifestado fructífera en cuanto el consuelo no consiste en la donación de beneficios o en la condición de bienestar interior o exterior sino en estar en relación con Yhwh, única fuente de vida, es decir, en vivir teologalmente en referencia a Él. La consolación mediada por el Otro, consecuentemente, no es un simple estado de conciencia individual o psicológico que goza de una cierta plenitud sino un estado que se realiza sólo en la comunión con Dios como aquel único principio que genera constantemente la alegría. Sólo el Señor consuela, sólo su alianza esponsalicia puede ser la figura perfecta de la escatología.

2. El tema de la consolación en DtIs

1. En referencia al complejo deuteroisaiano nuestro estudio ha evidenciado particularmente la importancia de la temática de la consolación en el desarrollo de la trama. La constatación que la raíz נחם es un elemento redaccional y la relevancia del tema del consuelo en DtIs eran datos admitidos y consensuados entre los exegetas. La novedad de la disertación ha consistido en poner de relieve cómo el procedimiento consolatorio constituye el núcleo del entramado.

Tal aportación ha supuesto un tributo importante a la comprensión de la unidad deuteroisaiana. El "tema" de la consolación – recuérdese cuanto se ha dicho sobre el proceso y sobre las estrategias puestas en acto por parte del consolador y, por lo tanto, su no reducción a la raíz נחם –, mejora la comprensión de la unidad y de la correlación que se establece entre diversos géneros literarios, entre motivos temáticos dispares y entre argumentos teológicos de diversa naturaleza aparentemente desligados e incluso incongruentes para el lector. El anuncio de la salvación, con sus distintas metáforas, se conecta de este modo con la crítica a los dioses (falsas consolaciones), con los cantos del siervo (mediación de la consolación). También la crítica a Israel, ciego y sordo, debe ser leída desde esta perspectiva como una dificultad del pueblo para creer en la actuación del oráculo consolatorio. Aspectos escatológicos e hiperbólicos de promesas "imposibles" e "inviables", como la ciudad construida con piedras preciosas, se comprenden entonces como expresión de una consolación verdadera que como tal sólo puede esperarse. El concepto y el contexto de alianza en cuanto relación con Dios también deben ser integrados dentro de este proceso como la finalidad última de la consolación.

Las consideraciones realizadas no sólo sirven para DtIs sino que permiten comprender mejor la estrategia de la consolación desplegada generalmente en los profetas. Se explica de este modo porqué los llamados oráculos de consolación se convierten en "libros" o secciones importantes de las colecciones proféticas (cf. Jr 30–31), ya que poner en acto los recursos de un "convencimiento" que toque al corazón requiere un proceso lento y delicado. Tales consideraciones se transforman en un capítulo importante de la Teología del AT que asume de este modo una antropología más adecuada y una comprensión mayor de la alta cualidad de inspiración de la palabra profética.

2. La tensión dramática que atraviesa DtIs crece ante un Israel totalmente reacio y pertinaz a abrirse a la salvación y un Dios cada vez más determinado a la misma. Este hecho pone en evidencia cuán difícil es para el hombre salir del dolor, pues lo lógico sería que ante un oráculo consolatorio respondiera con una acogida inmediata. La experiencia de la aflicción del exilio, sin embargo, deja una marca indeleble que no se borra y que requiere un proceso de integración. El hecho de que el núcleo del complejo deuteroisaiano consista precisamente en vencer

estas resistencias de Israel ante la salvación se ha manifestado particularmente interesante para nuestro estudio y fecundo en referencia a ulteriores perspectivas pastorales.

En este sentido, otra contribución importante de la tesis es el haber subrayado el rol enigmático, pero necesario, del sufrimiento en relación a la consolación, y esto además, en una sección del libro de Isaías que se presume "positiva". Este subrayado del sufrimiento se conecta con una tradición literaria, madurada en el exilio, que afronta el misterio del dolor y su sentido. Aparece aquí una de las dificultades con las que topa el mensaje profético: el dolor entendido como experiencia que toca el cuerpo y la psique del destinatario ha sido querido y producido por el Señor a fin de que el pueblo salga de la mentira y terquedad (Is 1,5ss); Israel tocado en el cuerpo debe abrirse a la inteligencia de lo que está sucediendo y convertirse. Sin embargo, es precisamente la intensidad y duración de la aflicción lo que ha cerrado el corazón de Israel a la esperanza y, finalmente, lo que ha determinado su rechazo de Dios. Por eso, una lectura retributiva resulta insuficiente e insatisfactoria, ya que su mecanismo automático no considera el efecto que el dolor produce en el corazón. Si los profetas, en nuestro caso Isaías, han utilizado palabras de fuego, palabras "performativas" para convencer a Israel del pecado y de la "necesidad" del sufrimiento, ellos han usado también palabras poéticamente "inspiradas" y sapiencialmente ricas y eficaces, para tocar el corazón y curarlo, para convencerlo de la "necesidad" de que Dios intervenga con un gesto de amor, disponiéndolo a la escucha obediente que hace brotar la esperanza consolatoria.

El motivo del sufrimiento en DtIs se desarrolla no sólo mediante las expresivas metáforas del desierto y de la destrucción sino también en aquellas antropológicas de la viudez y la esterilidad, o de la experiencia corpórea como la ceguera y la sordera, indicando de este modo la complejidad del fenómeno. Esto concierne a Israel que es figura de la entera humanidad. Ahora bien, el motivo del sufrimiento se tematiza de una manera significativa en los cantos del siervo, donde aparece no como la consecuencia del pecado sino como el misterioso gesto de amor que redime. Contemplando el sufrimiento inocente del siervo, Israel recibe un motivo de esperanza, porque de este modo es invitado a creer que el Dios de la justicia exaltará a quien ha sido injustamente humillado. Y porque el siervo se encuentra íntimamente ligado al pueblo, en su persona se abre la esperanza para todos y el dolor se transforma en intercesor. Ésta es una contribución deuteroisaiana de particular importancia que prepara el camino a la revelación neotestamentaria.

3. Por último, subrayamos la aplicación del procedimiento *rîb* para la comprensión de DtIs, y especialmente la figura del siervo de Yhwh. Dios modela pacientemente la voluntad de Israel para que se adhiera a su oferta salvífica, y esto lo va haciendo en maneras diversas. El procedimiento jurídico del *rîb* se ha mostrado de gran ayuda para articular el desarrollo del entramado de DtIs e integrar dentro del mismo los distintos medios y mediaciones que Yhwh utiliza. La disertación en este sentido ha aportado un elemento compositivo de estructuración de la unidad literaria. El *rîb* ha sido particularmente esclarecedor a la hora de encuadrar la función intercesora del siervo e interpretarla en toda su complejidad, evitando categorías simplificadoras y unilaterales que no explican la totalidad del acontecimiento salvífico del *ᶜebed ᵓādōnāy* ni la modalidad en que esto se realiza. Novedosa ha resultado también la interconexión de este procedimiento jurídico con el acto de consolar, ya que comparten finalidad salvífica y estrategias. Hemos constatado cómo estas últimas van cambiando y modulándose según la respuesta del *partner* a quien se le ofrece la posibilidad de reanudar la relación.

En DtIs Dios es quien en DtIs promueve la reconciliación y para ello despliega toda su potencia divina sin anular la libertad de Israel. De hecho, en la misma medida en que la resolución divina por salvar a su pueblo se hace más incisiva, la negativa de Israel es siempre más resistente y obstinada. El Señor busca por todos los medios convencerle. La primera parte de DtIs (Is 40–48) constituye una especie de apología donde el Señor afronta y da respuesta directamente a los argumentos, dudas y objeciones de su pueblo, especialmente aquella sobre Ciro. Éstas, incluido el sufrimiento, han sido y son mediaciones históricas con las cuales Él lleva adelante su proyecto.

A partir de Is 49 se observa que Yhwh pasa a un segundo

plano, mientras la figura del siervo cobra mayor importancia. El Señor pone en sus manos el suceso de la economía salvífica (53,10). Sin embargo, la reacción de rechazo hacia su persona va en un *crescendo* de hostilidad y desprecio (Is 49,4; 50,5-7) que culmina con su eliminación (53,7-9). Es precisamente su muerte lo que alcanza el núcleo de la libertad de Israel y provoca la confesión. La voz del locutor divino que invita y amonesta, al final es asumida por el destinatario. Aparece en efecto el "nosotros" con el que la comunidad expresa bien el reconocimiento del pecado bien el valor de la acción intercesora del siervo, y esto es importante para comprender la dinámica interpersonal de la consolación que, según DtIs, consiste en restablecer la relación con Yhwh. El precio de tal logro es desvincular el acto consolatorio de dinámicas de índole compensatoria y retributiva que terminan por pervertir el sentido mismo de la relación, la cual acaba por despersonalizarse y cosificarse. La consolación no es la recompensa, sino la misma posibilidad de estar en relación con Yhwh.

El *consolad* (נַחֲמוּ) inicial de DtIs constituye la ruptura del silencio de Dios en el exilio (42,14) y la reanudación del diálogo con Israel. Dios pronuncia de nuevo su palabra salvífica que debe pasar de voz en voz hasta alcanzar a las ciudades de Judá (40,1-11). La naturaleza también rompe su hermetismo (55,12-13), generando inesperadamente la salvación (41,18-19; 42,9; 45,8). Pero la potencia creadora y dialogante de Yhwh se pone especialmente de manifiesto allí donde es capaz de conquistar la libertad de Israel sin imponerse. La mediación decisiva la constituye precisamente un siervo deformado al que se le considera humillado y herido por Dios (53,2-5).

Este dato ha sido de capital importancia en el proceso consolatorio que, teniendo como finalidad el restablecimiento de la relación, no puede prescindir del consentimiento de los dos *partner*. Que la consolación se produzca mediante la asunción del sufrimiento se ha de entender dentro de un proceso que aspira a la reconciliación. La entrega, por tanto, del siervo no es el elemento que la origina sino el acto a raíz del cual se desencadena la conversión. Descubriéndose amado sin límites y en su condición de trasgresor, Israel se abre al perdón. El cuerpo del siervo en este sentido es el lugar metafórico en el que se simboliza la destrucción del pecado, verdadero obstáculo de la relación.

Consolar se asocia entonces a la lucha contra el mal y sus consecuencias. Hundiendo sus raíces en el interior humano, el mal requiere la conversión del culpable para ser erradicado. Esto es, la acogida de una salvación que, en lugar de imponerse, se ofrece, aunque no se realiza sin su aceptación. La nueva alianza en consecuencia requiere una nueva creación, un acto originario que se realiza en la misma relación y que capacita para ella (54,5). El consolar deuteroisaiano es el acto creativo por excelencia de la esposa Sión, con la que Yhwh establece una nueva alianza.

* * *

«Comme par un aimant, la parole est attirée par le tout. Elle reconnaît le tout absent dans chaque objet dont elle parle et sait qu'elle n'en parlerait pas sans lui. La parole (la parole de l'homme) la plus petite ne peut rien dire sans tout traverser. Il vaut mieux pour cela qu'elle soit si peu, presque pas dans le monde. L'Écriture la compare à un glaive. C'est une manière puissante de signifier qu'elle est autre que ce dont elle parle. Au lieu d'être parallèle au réel comme le serait un miroir, elle coupe l'image qu'on s'en fait. Elle intervient dans nos tentatives de fusion avec le monde pour nous séparer d'une totalité initiale. A ce geste commence le récit de la parole.

Nous pouvons la représenter comme coupant la totalité initiale en deux parties que nous appellerons le commencement et la fin qui sont, l'une el l'autre, totalités absentes. Naît la parole quand un sujet se distingue de cette totalité pour se risquer dans un désert. Comme fait celui qui est perdu, la parole chemine: encore faut-il pour cela qu'il y ait un sens. C'est un gain d'avoir divisé le tout, mais à condition que ses deux parties soient distinctes et que l'une attire. La totalité perdue prend le nom de commencement, ce qui voudrait dire que la savoir perdue coïncide avec l'espérer possible, dans un lieu qui prend le nom de fin. Le sens est passage du commensament vers la fin»[1].

---

[1] Cf. P. BEAUCHAMP, *L'Un et l'Autre Testament*, II, 23.

Consolad, consolad a mi pueblo es el grito que rompe el silencio de Dios en el exilio. «Hablar es no decir todo», por eso, toda palabra es limitada y «no se reconoce sino ausente en cada objeto». El acto de pronunciarse afronta el riesgo de «romper la totalidad inicial». Una «totalidad perdida, que recibe el nombre de inicio y esperarla como posible coincidirá con su final». Inicio y fin son los «dos momentos necesarios para poder pensar en la noción de cumplimiento».

El grito *consolad* ha roto y seguirá rompiendo muchos silencios, al mismo tiempo que revela la profunda compasión de un Dios que, conmoviéndose, desencadena un dinamismo salvífico al que han sido y serán asociados hombres y mujeres que con *el oído despierto* no *ofrecen resistencias*. Habida cuenta que el sufrimiento humano es demasiado serio para que la ciencia, y más la bíblica, no lo tome en cuenta, nuestra disertación ha tenido como horizonte esos miles de rostros que esperan una *palabra de aliento* en las noches del dolor.

La tesis nace de ese grito profético: *consolad, consolad a mi pueblo*. Si principio y fin constituyen el sentido de una obra literaria, el trabajo doctoral, cuyo objetivo trasciende lo puramente académico, todavía no ha alcanzado la noción de cumplimiento. Su final coincidirá con esperarlo como posible y, finalmente, verlo un día realizado en esa tierra nueva y ese cielo nuevo donde la justicia tendrá morada estable. No solamente esperarlo, sino realizarlo ya hoy con la palabra y la capacidad de sufrir por amor.

TABLAS, SIGLAS, ABREVIATURAS
Y BIBLIOGRAFÍA

TABLA I

I. Nifal:

1.1 Arrepentirse

	THAT	*ThWAT*	Zorell	**BDB**	Clines	**KB**
Gn 6,6	+	+	+	+	+	+
Gn 6.7	+	+	+	+	+	+
Ex 13,17	+	*cambiar de decisión	+	+	+	+
Ex 32,12	+	+	*moverse misericord.	+	+	+
Ex 32,14	+	+	*moverse misericord.	+	+	+
1Sam 15,11	+	+	+	+	+	+
1Sam 15,29	+	+	+	+	+	+
1Sam 15,35	+	+	+	+	+	+
2Sam 24,16	+	+	*moverse misericord.	+	+	+
Is 57,6	*calmarse	+		*vengarse	+	+
Jr 4,28	+	+	+	+	+	+
Jr 8,6	+	*se convierte		+	+	+
Jr 15,6	*compadecerse	+	*indulg. misericord.	*compadecerse	+	+
Jr 18,8	+	+	*moverse misericord.	+	+	+
Jr 18,10	+	+	+	+	+	+
Jr 20,16	*compadecerse	+	*moverse misericord.	+	+	+
Jr 26,3	+		*moverse misericord.	+	+	+
Jr 26,13	+	+		+	+	+
Jr 26,19	+	+		+	+	+
Jr 31,19	+		+	+	+	+
Jr 42,10	+	+		+	+	+
Ez 24,14	+	+	+	+	+	+
Jl 2,13	+	+	*moverse misericord.	+	+	+
Jl 2,14	+	+	*indulg. misericord..	+	+	+
Am 7,3	+	+	*moverse misericord.	+	+	+
Am 7,6	+	+		+	+	+
Jon 3,9	+	+		+	+	+
Jon 3,10	+	+	*moverse misericord.	+	+	+
Jon 4,2	+	+		+	+	+
Za 8,14	+	+		+	+	+
Sl 77,3	*dejarse consolar	*dejarse consolar		*consolarse – ser consolado	*también arrepentirse	*dejarse consolar
Sl 106,45	+	+	*indulg. misericord.	+	+	+
Sl 110,4	+	+	+	+	+	+
Job 42,6	+	*no cierto	+	+	+	+
1Cr 21,15	+			+	+	+

349

1.2 Compadecerse

	THAT	*ThWAT*	Zorell	BDB	Clines	KB
Jue 2,18		*tener misericordia		+	+	*arrepentirse
Jue 21,6	+	*sentimiento	+	+	+	*arrepentirse
Jue 21,15	+	*sentimiento	+	+	+	*arrepentirse
Sl 90,13	+	*tener misericordia	*moverse misericord.		+	*arrepentirse

1.3 Consolarse

	THAT	*ThWAT*	Zorell	BDB	Clines	KB
Gn 24,67	+	+	+	+	+	+
Gn 38,12	+	+	+	+	+	+
2Sam 13,39	+	+	+	+	+	+
Ez 14,22	+	+	*compadecerse	+	+	+
Ez 31,16	+	+	+	+	+	+
Ez 32,31	+	+		+	+	+

1.4 Dejarse consolar

	THAT	*ThWAT*	Zorell	BDB	Clines	KB
Jr 31,15	+	+	*consolarse – ser consolado	*consolarse – ser consolado	+	+

1.5 Vengarse

	THAT	*ThWAT*	Zorell	BDB	Clines	KB
Is 1,24	*consolarse	*consolarse	*procurarse satisfacción		+	*consolarse

II. Piel:

2.1 Consolar

	THAT	*ThWAT*	ZORELL	BDB	CLINES	KB
Gn 5,29	+	+	+	+	+	?
Gn 37,35	+	+	+	+	+	+
Gn 50,21	+	+	+	+	+	+
2Sam 10,2	+	+	+	+	+	+
2Sam 10,3	+	+		+	+	
2Sam 12,24	+	+		+	+	+
Is 12,1	+	+	+	+	+	+
Is 22,4	+	+	+	+	+	+
Is 40,1	+	+	+	+	+	+
Is 49,13	+	+	+	+	+	+
Is 51,3	+	+	+	+	+	+
Is 51,12		+		+	+	*consolarse
Is 51,19	+	+		+	+	+
Is 52,9	+	+		+	+	+
Is 61,2	+	+	+	+	+	+
Is 66,13	*compadecerse	+		+	+	+
Jr 16,7	+	+	+	+	+	+
Jr 31,13	+	+	+	+	+	*consolarse
Ez 14,23	*consolarse	+		+	+	+
Ez 16,54		+	+	+	+	+
Na 3,7	+	+		+	+	+
Za 1,17		+	+	+	+	+
Za 10,2	+	+	+	+	+	+
Sl 23,4	+	+	+	+	*también vengarse	+
Sl 69,21	+	+		+	+	+
Sl 71,21	+	+	+	+	+	+
Sl 86,17	+	+	+	+	+	+
Sl 119,76	+	+		+	+	+
Sl 119,82	+	+		+	+	+
Job 2,11	+	+	+	+	+	+
Job 7,13	+	+	+	+	+	+
Job 16,2	+	+		+	+	+
Job 21,34	+	+	+	+	+	+
Job 29,25	+	+		+	+	+
Job 42,11	+	+	+	+	+	+
Rut 2,13	+	+		+	+	+
Qo 4,1	+	+		+	+	+
Lm 1,2	+	+		+	+	+
Lm 1,9	+	+		+	+	+
Lm 1,16	+	+		+	+	+
Lm 1,17	+	+		+	+	+
Lm 1,21	+	+		+	+	+
Lm 2,13	+	+		+	+	+
1Cr 7,22	+	+		+	+	+
1Cr 19,2	+	+		+	+	+
1Cr 19,3	+	+		+	+	

III. Hitpael:

3.1 Arrepentirse

	THAT	*ThWAT*	ZORELL	**BDB**	CLINES	**KB**
Nm 23,19	+	+	+	+	+	+

3.2 Compadecerse

	THAT	*ThWAT*	ZORELL	**BDB**	CLINES	**KB**
Dt 32,36	+	*actividad judicial	+	+	+	*cambiar de opinión
Sl 135,14	+	*actividad judicial	+	+	+	*cambiar de opinión

3.3 Consolarse

	THAT	*ThWAT*	ZORELL	**BDB**	CLINES	**KB**
Gn 37,35	+	+	*ser consolado	+	+	+
Sl 119,52	+	+	*ser consolado	+	+	+

3.4 Vengarse

	THAT	*ThWAT*	ZORELL	**BDB**	CLINES	**KB**
Gn 27,42	+	+	*procurarse satisfacción	+	+	+
Ez 5,13	+	+	*procurarse satisfacción	+	+	+

IV. Pual:

4.1 Ser consolado

	THAT	*ThWAT*	ZORELL	**BDB**	CLINES	**KB**
Is 54,11	+	+	+	+	+	+
Is 66,13	+	+	+	+	+	+

TABLA II

I. Consolar, finalidad del movimiento (cap. I, § 2.1.1):

1.1 Infinitivo Piel

Gn 37,35a	וַיָּקֻמוּ כָל־בָּנָיו וְכָל־בְּנֹתָיו לְנַחֲמוֹ
2Sam 10,2	וַיִּשְׁלַח דָּוִד לְנַחֲמוֹ בְּיַד־עֲבָדָיו אֶל־אָבִיו
*2Sam 10,3	כִּי־שָׁלַח לְךָ מְנַחֲמִים הֲלוֹא בַּעֲבוּר חֲקוֹר אֶת־הָעִיר
Is 61,2	לִקְרֹא שְׁנַת־רָצוֹן לַיהוָה וְיוֹם נָקָם לֵאלֹהֵינוּ לְנַחֵם כָּל־אֲבֵלִים
Job 2,11	וַיִּוָּעֲדוּ יַחְדָּו לָבוֹא לָנוּד־לוֹ וּלְנַחֲמוֹ
1Cr 7,22	וַיִּתְאַבֵּל אֶפְרַיִם אֲבִיהֶם יָמִים רַבִּים וַיָּבֹאוּ אֶחָיו לְנַחֲמוֹ
1Cr 19,2	וַיִּשְׁלַח דָּוִיד מַלְאָכִים לְנַחֲמוֹ עַל־אָבִיו וַיָּבֹאוּ עַבְדֵי דָוִיד אֶל־אֶרֶץ בְּנֵי־עַמּוֹן אֶל־חָנוּן לְנַחֲמוֹ
*1Cr 19,3	כִּי־שָׁלַח לְךָ מְנַחֲמִים הֲלוֹא בַּעֲבוּר לַחְקֹר

1.2 Piel conjugado

2Sam 12,24	וַיְנַחֵם דָּוִד אֵת בַּת־שֶׁבַע אִשְׁתּוֹ וַיָּבֹא אֵלֶיהָ וַיִּשְׁכַּב עִמָּהּ
Job 29,25	וְאֶשְׁכּוֹן כְּמֶלֶךְ בַּגְּדוּד כַּאֲשֶׁר אֲבֵלִים יְנַחֵם
Job 42,11	וַיְנַחֲמוּ לוֹ אֹתוֹ עַל כָּל־הָרָעָה אֲשֶׁר־הֵבִיא יְהוָה עָלָיו

II. Consolar, una promesa (cap. I, § 2.1.2)

Sl 71,21	חֶרֶב גְּדֻלָּתִי וְתִסֹּב תְּנַחֲמֵנִי
Sl 119,76	יְהִי־נָא חַסְדְּךָ לְנַחֲמֵנִי כְּאִמְרָתְךָ לְעַבְדֶּךָ
Sl 119,82	כָּלוּ עֵינַי לְאִמְרָתֶךָ לֵאמֹר מָתַי תְּנַחֲמֵנִי
Is 40,1	נַחֲמוּ נַחֲמוּ עַמִּי יֹאמַר אֱלֹהֵיכֶם
Za 1,17	עוֹד קְרָא [...] וְנִחַם יְהוָה עוֹד אֶת־צִיּוֹן וּבָחַר עוֹד בִּירוּשָׁלָ͏ִם
Is 66,13	כְּאִישׁ אֲשֶׁר אִמּוֹ תְּנַחֲמֶנּוּ כֵּן אָנֹכִי אֲנַחֶמְכֶם וּבִירוּשָׁלַ͏ִם תְּנֻחָמוּ
Jr 31,13	וְהָפַכְתִּי אֶבְלָם לְשָׂשׂוֹן וְנִחַמְתִּים וְשִׂמַּחְתִּים מִיגוֹנָם

III. Consolar, una realidad (cap. I, § 2.1.3)

Is 49,13	כִּי־נִחַם יְהוָה עַמּוֹ וַעֲנִיָּו יְרַחֵם
Is 51,3	כִּי־נִחַם יְהוָה צִיּוֹן נִחַם כָּל־חָרְבֹתֶיהָ
Is 52,9	כִּי־נִחַם יְהוָה עַמּוֹ גָּאַל יְרוּשָׁלָ͏ִם
*Sl 86,17	וְיֵבֹשׁוּ כִּי־אַתָּה יְהוָה עֲזַרְתַּנִי וְנִחַמְתָּנִי
Is 12,1	כִּי אָנַפְתָּ בִּי יָשֹׁב אַפְּךָ וּתְנַחֲמֵנִי
Is 51,12	אָנֹכִי אָנֹכִי הוּא מְנַחֶמְכֶם מִי־אַתְּ וַתִּירְאִי מֵאֱנוֹשׁ יָמוּת
Sl 23,4	כִּי־אַתָּה עִמָּדִי שִׁבְטְךָ וּמִשְׁעַנְתֶּךָ הֵמָּה יְנַחֲמֻנִי
Gn 50,21	וְאֶת־טַפְּכֶם וַיְנַחֵם אוֹתָם וַיְדַבֵּר עַל־לִבָּם
Rut 2,13	כִּי נִחַמְתָּנִי וְכִי דִבַּרְתָּ עַל־לֵב שִׁפְחָתֶךָ

IV. Permanecer en el desconsuelo (cap. I, § 2.1.4)

Lm 1,2	אֵין־לָהּ מְנַחֵם מִכָּל־אֹהֲבֶיהָ כָּל־רֵעֶיהָ בָּגְדוּ בָהּ
Lm 1,9	וַתֵּרֶד פְּלָאִים אֵין מְנַחֵם לָהּ
Lm 1,17	פֵּרְשָׂה צִיּוֹן בְּיָדֶיהָ אֵין מְנַחֵם לָהּ
Lm 1,21	שָׁמְעוּ כִּי נֶאֱנָחָה אָנִי אֵין מְנַחֵם לִי
*Is 54,11	עֲנִיָּה סֹעֲרָה לֹא נֻחָמָה הִנֵּה אָנֹכִי מַרְבִּיץ בַּפּוּךְ אֲבָנַיִךְ
Is 51,19	מִי יָנוּד לָךְ הַשֹּׁד וְהַשֶּׁבֶר וְהָרָעָב וְהַחֶרֶב מִי אֲנַחֲמֵךְ
Jr 16,7	וְלֹא־יִפְרְסוּ לָהֶם עַל־אֵבֶל לְנַחֲמוֹ עַל־מֵת
Na 3,7	מִי יָנוּד לָהּ מֵאַיִן אֲבַקֵּשׁ מְנַחֲמִים לָךְ
Sl 69,21	וָאֲקַוֶּה לָנוּד וָאַיִן וְלַמְנַחֲמִים וְלֹא מָצָאתִי
Qo 4,1	וְאֵין לָהֶם מְנַחֵם וּמִיַּד עֹשְׁקֵיהֶם כֹּחַ וְאֵין לָהֶם מְנַחֵם
Lm 1,16	כִּי־רָחַק מִמֶּנִּי מְנַחֵם מֵשִׁיב נַפְשִׁי
Za 10,2	וַחֲלֹמוֹת הַשָּׁוְא יְדַבֵּרוּ הֶבֶל יְנַחֵמוּן
Job 7,13	כִּי־אָמַרְתִּי תְּנַחֲמֵנִי עַרְשִׂי יִשָּׂא בְשִׂיחִי מִשְׁכָּבִי
Job 16,2	שָׁמַעְתִּי כְאֵלֶּה רַבּוֹת מְנַחֲמֵי עָמָל כֻּלְּכֶם
Job 21,34	וְאֵיךְ תְּנַחֲמוּנִי הָבֶל וּתְשׁוּבֹתֵיכֶם נִשְׁאַר־מָעַל

TABLA III

I. Consolarse, como expresión del fin del luto (cap. I, § 2.2.1)

Gn 24,67	וַתְּהִי־לוֹ לְאִשָּׁה וַיֶּאֱהָבֶהָ וַיִּנָּחֵם יִצְחָק אַחֲרֵי אִמּוֹ
Gn 38,12	וַיִּרְבּוּ הַיָּמִים וַתָּמָת בַּת־שׁוּעַ אֵשֶׁת־יְהוּדָה וַיִּנָּחֶם יְהוּדָה
2Sam 13,39	כִּי־נִחַם עַל־אַמְנוֹן כִּי־מֵת

II. Consolarse, como efecto de la acción ajena (cap. I, § 2.2.2)

Gn 37,35b	וַיְמָאֵן לְהִתְנַחֵם וַיֹּאמֶר כִּי־אֵרֵד אֶל־בְּנִי אָבֵל שְׁאֹלָה
Jr 31,15	רָחֵל מְבַכָּה עַל־בָּנֶיהָ מֵאֲנָה לְהִנָּחֵם עַל־בָּנֶיהָ כִּי אֵינֶנּוּ
Sl 77,3	וְלֹא תָפוּג מֵאֲנָה הִנָּחֵם נַפְשִׁי
*Is 22,4	אַל־תָּאִיצוּ לְנַחֲמֵנִי עַל־שֹׁד בַּת־עַמִּי

III. Consolarse, efecto de la propia acción sobre otros (cap. I, § 2.2.3)

Gn 27,42	וַתֹּאמֶר אֵלָיו הִנֵּה עֵשָׂו אָחִיךָ מִתְנַחֵם לְךָ לְהָרְגֶךָ
Is 1,24	הוֹי אֶנָּחֵם מִצָּרַי וְאִנָּקְמָה מֵאוֹיְבָי
Is 57,6	גַּם־לָהֶם שָׁפַכְתְּ נֶסֶךְ הֶעֱלִית מִנְחָה הַעַל אֵלֶּה אֶנָּחֵם
Ez 5,13	וְכָלָה אַפִּי וַהֲנִחוֹתִי חֲמָתִי בָּם וְהִנֶּחָמְתִּי וְיָדְעוּ כִּי־אֲנִי יְהוָה
*Gn 5,29	זֶה יְנַחֲמֵנוּ מִמַּעֲשֵׂנוּ וּמֵעִצְּבוֹן יָדֵינוּ מִן־הָאֲדָמָה

IV. Consolarse, efecto de una percepción (cap. I, § 2.2.4)

Sl 119,52	זָכַרְתִּי מִשְׁפָּטֶיךָ מֵעוֹלָם יְהוָה וָאֶתְנֶחָם
Ez 14,22	וּרְאִיתֶם אֶת־דַּרְכָּם וְאֶת־עֲלִילוֹתָם וְנִחַמְתֶּם עַל־הָרָעָה
Ez 14,23	וְנִחֲמוּ אֶתְכֶם כִּי־תִרְאוּ אֶת־דַּרְכָּם וְאֶת־עֲלִילוֹתָם
Ez 16,54	וְנִכְלַמְתְּ מִכֹּל אֲשֶׁר עָשִׂית בְּנַחֲמֵךְ אֹתָן
Ez 31,16	בְּהוֹרִדִי אֹתוֹ שְׁאוֹלָה אֶת־יוֹרְדֵי בוֹר וַיִּנָּחֲמוּ בְּאֶרֶץ תַּחְתִּית
Ez 32,31	אוֹתָם יִרְאֶה פַרְעֹה וְנִחַם עַל־כָּל־הֲמוֹנֹה
Lm 2,13	מָה אֲדַמֶּה־לָּךְ הַבַּת יְרוּשָׁלַם מָה אַשְׁוֶה־לָּךְ וַאֲנַחֲמֵךְ

TABLA IV

1. El significado de arrepentirse (cap. I, § 2.3.1)

1.1 Sujeto humano

Ex 13,17	פֶּן־יִנָּחֵם הָעָם בִּרְאֹתָם מִלְחָמָה וְשָׁבוּ מִצְרָיְמָה
Jr 8,6	הִקְשַׁבְתִּי וָאֶשְׁמָע לוֹא־כֵן יְדַבֵּרוּ אֵין אִישׁ נִחָם עַל־רָעָתוֹ
Jr 31,19	כִּי־אַחֲרֵי שׁוּבִי נִחַמְתִּי וְאַחֲרֵי הִוָּדְעִי סָפַקְתִּי עַל־יָרֵךְ
Job 42,6	עַל־כֵּן אֶמְאַס וְנִחַמְתִּי עַל־עָפָר וָאֵפֶר

1.2 Sujeto divino

Nm 23,19	לֹא אִישׁ אֵל וִיכַזֵּב וּבֶן־אָדָם וְיִתְנֶחָם הַהוּא
1Sam 15,29b	כִּי לֹא אָדָם הוּא לְהִנָּחֵם
Sl 110,4	נִשְׁבַּע יְהוָה וְלֹא יִנָּחֵם אַתָּה־כֹהֵן לְעוֹלָם
Gn 6,6	וַיִּנָּחֶם יְהוָה כִּי־עָשָׂה אֶת־הָאָדָם בָּאָרֶץ וַיִּתְעַצֵּב אֶל־לִבּוֹ
Gn 6,7	כִּי נִחַמְתִּי כִּי עֲשִׂיתִם
1Sam 15,11	נִחַמְתִּי כִּי־הִמְלַכְתִּי אֶת־שָׁאוּל לְמֶלֶךְ
1Sam 15,29a	וְגַם נֵצַח יִשְׂרָאֵל לֹא יְשַׁקֵּר וְלֹא יִנָּחֵם
1Sam 15,35	וַיהוָה נִחָם כִּי־הִמְלִיךְ אֶת־שָׁאוּל עַל־יִשְׂרָאֵל

Ex 32,12	וְהִנָּחֵם עַל־הָרָעָה לְעַמֶּךָ
Ex 32,14	וַיִּנָּחֶם יְהוָה עַל־הָרָעָה אֲשֶׁר דִּבֶּר לַעֲשׂוֹת לְעַמּוֹ
2Sam 24,16	וַיִּשְׁלַח יָדוֹ הַמַּלְאָךְ יְרוּשָׁלַ͏ִם לְשַׁחֲתָהּ וַיִּנָּחֶם יְהוָה אֶל־הָרָעָה
Jr 18,8	וְנִחַמְתִּי עַל־הָרָעָה אֲשֶׁר חָשַׁבְתִּי לַעֲשׂוֹת לוֹ
Jr 18,10	וְנִחַמְתִּי עַל־הַטּוֹבָה אֲשֶׁר אָמַרְתִּי לְהֵיטִיב אוֹתוֹ
Jr 26,3	וְנִחַמְתִּי אֶל־הָרָעָה אֲשֶׁר אָנֹכִי חֹשֵׁב לַעֲשׂוֹת לָהֶם
Jr 26,13	וְיִנָּחֵם יְהוָה אֶל־הָרָעָה אֲשֶׁר דִּבֶּר עֲלֵיכֶם
Jr 26,19	וַיִּנָּחֶם יְהוָה אֶל־הָרָעָה אֲשֶׁר־דִּבֶּר עֲלֵיהֶם
Jr 42,10	וְלֹא אֶתּוֹשׁ כִּי נִחַמְתִּי אֶל־הָרָעָה אֲשֶׁר עָשִׂיתִי לָכֶם
Jl 2,13	כִּי־חַנּוּן וְרַחוּם הוּא אֶרֶךְ אַפַּיִם וְרַב־חֶסֶד וְנִחָם עַל־הָרָעָה
Jl 2,14	מִי יוֹדֵעַ יָשׁוּב וְנִחָם וְהִשְׁאִיר אַחֲרָיו בְּרָכָה
Am 7,3	נִחַם יְהוָה עַל־זֹאת לֹא תִהְיֶה אָמַר יְהוָה
Am 7,6	נִחַם יְהוָה עַל־זֹאת גַּם־הִיא לֹא תִהְיֶה אָמַר אֲדֹנָי יְהוִה
Jon 3,9	מִי־יוֹדֵעַ יָשׁוּב וְנִחַם הָאֱלֹהִים וְשָׁב מֵחֲרוֹן אַפּוֹ וְלֹא נֹאבֵד
Jon 3,10	וַיִּנָּחֶם הָאֱלֹהִים עַל־הָרָעָה אֲשֶׁר־דִּבֶּר לַעֲשׂוֹת־לָהֶם וְלֹא עָשָׂה
Jon 4,2	אַתָּה אֵל־חַנּוּן וְרַחוּם אֶרֶךְ אַפַּיִם וְרַב־חֶסֶד וְנִחָם עַל־הָרָעָה

II. El significado de compadecerse (cap. I, § 2.3.2)

Jr 4,28	כִּי־דִבַּרְתִּי זַמֹּתִי וְלֹא נִחַמְתִּי וְלֹא־אָשׁוּב מִמֶּנָּה
*Jr 15,6	וָאַט אֶת־יָדִי עָלַיִךְ וָאַשְׁחִיתֵךְ נִלְאֵיתִי הִנָּחֵם
Jr 20,16	וְהָיָה הָאִישׁ הַהוּא כֶּעָרִים אֲשֶׁר־הָפַךְ יְהוָה וְלֹא נִחָם
Ez 24,14	לֹא־אֶפְרַע וְלֹא־אָחוּס וְלֹא אֶנָּחֵם כִּדְרָכַיִךְ
Za 8,14	אָמַר יְהוָה צְבָאוֹת וְלֹא נִחָמְתִּי
Dt 32,36	כִּי־יָדִין יְהוָה עַמּוֹ וְעַל־עֲבָדָיו יִתְנֶחָם כִּי יִרְאֶה כִּי־אָזְלַת יָד
Jue 2,18	כִּי־יִנָּחֵם יְהוָה מִנַּאֲקָתָם מִפְּנֵי לֹחֲצֵיהֶם וְדֹחֲקֵיהֶם
Jue 21,6	וַיִּנָּחֲמוּ בְּנֵי יִשְׂרָאֵל אֶל־בִּנְיָמִן אָחִיו
Jue 21,15	וְהָעָם נִחָם לְבִנְיָמִן כִּי־עָשָׂה יְהוָה פֶּרֶץ בְּשִׁבְטֵי יִשְׂרָאֵל
Sl 90,13	שׁוּבָה יְהוָה עַד־מָתָי וְהִנָּחֵם עַל־עֲבָדֶיךָ
Sl 106,45	וַיִּזְכֹּר לָהֶם בְּרִיתוֹ וַיִּנָּחֵם כְּרֹב חַסְדּוֹ
Sl 135,14	כִּי־יָדִין יְהוָה עַמּוֹ וְעַל־עֲבָדָיו יִתְנֶחָם

SIGLAS Y ABREVIATURAS

AASF.DHL	Annales Academiae Scientiarum Fennicae Dissertationes Humanarum Litterarum
aC.	antes de Cristo
ACEBT	Amsterdamse Cahiers voor Exegese van de Bijbel en zijn Tradities
AJSL	*American Journal of Semitic Languages and Literatures*
al.	*Alii*; otros autores o editores
ALONSO	L. ALONSO SCHÖKEL, *Diccionario Bíblico Hebreo*, Madrid ²1999
AnBib	Analecta Biblica
AncB	Anchor Bible
ANETS	Ancient Near Eastern Texts and Studies
AOAT	Alter Orient und Altes Testament
Aq	Aquila
AT	Antiguo Testamento
ATD	Das Alte Testament Deutsch
AThANT	Abhandlungen zur Theologie des Alten und Neuen Testaments
ATSAT	Arbeiten zu Text und Sprache im Alten Testament
AUL	Acta Universitatis Lundensis. Lunds Universitets Årsskrift
BAC	Biblioteca de Autores Cristianos
BBas	*Bava Basra* en R.Y. ASHER WEISS «Tractate Bava Basra, vol. I» R.H. GOLDWURM, ed., *The Schottenstein Edition. Talmud Bavli. The Gemara: the Clasic Vilna Edition, with an Annotated, Interpretative Elucidation as an Aid to Talmud Study*, New York ²1995

BBB	Bonner biblische Beiträge
BC	Biblischer Commentar über das Alte Testament
BDB	F. BROWN – S.R. DRIVER – C.A. BRIGGS, eds., *Hebrew and English Lexicon*, Peabody 1996
BEAT	Beiträge zur Erforschung des Alten Testaments und des antiken Judentums
BeO	*Bibbia e Oriente*
BET	Beiträge zur biblischen Exegese und Theologie
BEThL	Bibliotheca Ephemeridum Theologicarum Lovaniensium
BH	Biblia Hebrea
BHS	K. ELLIGER – W. RUDOLPH, eds., *Biblia Hebraica Stuttgartensia*, Stuttgart 1967-1977
Bib	*Biblica*
BibInt	*Biblical Interpretation*
BibOr	Biblica et Orientalia
Bijdr.	*Bijdragen. Tijdschrift voor Philosophie en Theologie*
BIS	Biblical Interpretation Series
BiStC	Bible Student's Commentary
BiTr	*Bible Translator*
BJSt	Brown Judaic Studies
BK	Biblischer Kommentar
BL	H. BAUER – P. LEANDER, *Historische Grammatik der hebräischen Sprache des Alten Testamentes*, Hildesheim 1962
BN	*Biblische Notizen*
BS	*Bibliotheca Sacra*
BSt	Biblische Studien
BTB	*Biblical Theology Bulletin*
BThSt	Biblisch-Theologische Studien
BWANT	Beiträge zur Wissenschaft vom Alten und Neuen Testament
BWAT	Beiträge zur Wissenschaft vom Alten Testament
BZ	*Biblische Zeitschrift*
BZAW	Beihefte zur Zeitschrift für die alttestamentliche Wissenschaft
cap.	capítulo
CB. OT	*Coniectanea Biblica. Old Testament Series*
CBQ	*Catholic Biblical Quaterly*

Cf., cf.	*confer(endum)*; confrontar
CLINES	D.J.A. CLINES, *The Dictionary of Classical Hebrew*, Sheffield 1993–
comp.	complemento
CRB	Cahiers de la Revue Biblique
CThM	Calwer theologische Monographien
DicSp	M. VILLER – F. CAVALLERA, et *al.* eds., *Dictionnaire de Spiritualité ascétique et mystique, doctrine et histoire*, Paris 1937-1995
DtIs	Deuteroisaías
ed., eds,	*Edidit*; editor
EDB.StBib	Edizioni Dehoniane Bologna. Collana Studi Biblici
EdF	Erträge der Forschung
EE	*Estudios Eclesiásticos*
EHAT	Exegetisches Handbuch zum Alten Testament
esp.	especialmente
EstAT	Estudios del Antiguo Testamento
EstB	*Estudios Bíblicos*
ET	*Expository Times*
EtB	Études bibliques
EThL	*Ephemerides Theologicae Lovanienses*
EvTh	*Evangelische Theologie*
f.	femenino
FAT	Forschungen zum Alten Testament
FDV	Franz Delitzsch Vorlesungen
FOTL	The Forms of the Old Testament Literature
FRLANT	Forschungen zur Religion und Literatur des Alten und Neuen Testaments
FThL	Forum Theologiae Linguisticae
FzB	Forschung zur Bibel
Ges-K	W. GESENIUS – E. KAUTZSCH, *Gesenius' Hebrew Grammar*, Oxford ²1910
Gr.	*Gregorianum*
HAR	*Hebrew Annual Review*
HBM	Hebrew Bible Monographs
HBS	Herders Biblische Studien
HBT	*Horizons in Biblical Theology*

HCOT	Historical Commentary on the Old Testament
HebSyn	C. BROCKELMANN, *Hebräische Syntax*, Neukirchen 1956
HK	Handkommetar zum Alten Testament
HThKAT	Herders theologischer Kommentar zum Alten Testament
HThR	*Harvard Theological Review*
HUCA	*Hebrew Union College Annual*
ICC	The International Critical Commentary on the Holy Scriptures of the Old and New Testaments
id.	*Idem*; el mismo autor citado precedentemente
imptv.	imperativo
inf.	infinitivo
Int	*Interpretation*
Int	BG.A. BUTRICK, ed., *The Interpreter's Bible. The Holy Scriptures in the King James and Revised Standard Versions with General Articles and Introduction, Exegesis, Exposition for Each Book of the Bible*, I–XII, New York 1952-1957
IntBHSyn	B. WALTKE – M. O'CONNOR, *An Introduction to Biblical Hebrew Syntax*, Winona Lake 1990
JANES	*The Journal of the Ancient Near Eastern Society*
JAOS	*Journal of the American Oriental Society*
JBL	*Journal of Biblical Literature*
JJS	*Journal of Jewish Studies*
JNES	*Journal of Near Eastern Studies*
JNWSL	*Journal of Northwest Semitic Languages*
JOÜON	P. JOÜON – T. MURAOKA, *A Grammar of Biblical Hebrew*, I-II, SubBi 14.1-2, Roma ³2000
JPOS	*Journal of the Palestine Oriental Society*
JQR	*Jewish Quarterly Review*
JSJ	*Journal for the Study of Judaism in the Persian, Hellenistic and Roman Period*
JSOT	*Journal for the Study of the Old Testament*
JSOT.S	Journal for the Study of the Old Testament Supplement Series
JSSt	*Journal of Semitic Studies*
JThS	*The Journal of Theological Studies*
KAT	Kommentar zum Alten Testament

KB	L. KOHLER – W. BAUMGARTNER, eds. *A Bilingual Dictionary of the Hebrew and Aramaic Lexicon of the Old Testament*, Leiden 1998
KEH	Kurzgefaßtes exegetisches Handbuch
KHC	Kurzer Hand-Commentar zum Alten Testament
KUSATU	Kleine Untersuchungen zur Sprache des Alten Testaments und seiner Umwelt
LeDiv	Lectio Divina
LoB	Leggere oggi la Bibbia
Lxx	La Setenta
m.	masculino
MEYER	R. MEYER, *Gramática del Hebreo Bíblico*, Barcelona 1989
Mss	Manuscrito
n.	nota
NDTB	P. ROSSANO – G. RAVASI – A. GIRLANDA, eds., *Nuovo Dizionario di Teologia Biblica*, Milano ⁵1994
N.F.	Neue Folge
NICCACCI	A. NICCACCI, *Sintaxis del Hebreo Bíblico*, Estella 2002
NICOT	The New Internacional Commentary on the Old Testament
NSKAT	Neuer Stuttgarter Kommentar Altes Testament
NT	Nuevo Testamento
OBO	Orbis Biblicus et Orientalis
OBTh	Overtures to Biblical Theology
Or.	*Orientalia*
OTE	*Old Testament Essays*
OTL	The Old Testament Library
OTS	Oudtestamentische Studiën
p.	página
part.	participio
PaVi	*Parole di Vita*
perf.	perfecto
pers.	persona
PIB	Pontificio Istituto Biblico
PIBA	*Proceedings of the Irish Biblical Association*
pl.	plural
PredikOT	De Prediking van het Oude Testament

pret.	pretérito
PtIs	Protoisaías
QD	Quaestiones Disputatae
1QIsa[a]	1ª Copia de Isaías en Qumram, 1ª Cueva (Secundum The Dead Sea Scrolls of St. Mark's Monastery. Vol.I 1950)
RAE	Real Academia Española, *Diccionario de la Lengua Española*, Madrid [19]1970
RB	*Revue Biblique*
RelWTSt	Religionwissenschaftliche Texte und Studien
RevBib	*Revista Bíblica*
RHPhR	*Revue d'Histoire et de Philosophie Religieuses*
RivB	*Rivista Biblica*
RivBibIt	*Rivista Biblica Italiana*
RSR	*Recherches de Science Religieuse*
RStB	*Ricerche Storico Bibliche*
s.	siglo
SBB	Stuttgarter bibliche Beiträge
SBFLA	*Studium Biblicum Franciscanum – Liber Annus*
SBL.DS	Society of Biblical Literature. Dissertation Series
SBL.SemSt	Society of Biblical Literature. Semeia Studies
SBL.SP	Society of Biblical Literature. Seminar Papers Series
SBS	Stuttgarter Bibelstudien
ScEc	*Sciences Ecclésiastiques*
ScripVic	*Scriptorium Victoriense*
SEÅ	*Svenks exegetisk årsbok*
Sem	*Semitica*
SemBEsp	Semana Bíblica Española
SeptSt	Septuaginta-Studien
sg.	singular
SJOT	*Scandinavian Journal of the Old Testament*
SJTh	*Scottish Journal of Theology*
SO.S	Symbolae Osloenses Fasciculus Suppletionis
ss	siguientes
SSN	Studia Semitica Neerlandica
StANT	Studien zum Alten und Neuen Testament
StBibb	Studi sulla Bibbia e il suo ambiente
STDJ	Studies on the Texts of the Desert of Judah

STh	TOMÁS DE AQUINO, *Suma de Teología II, Parte I-II*, BAC, Madrid 1988
SubBi	Subsidia Biblica
suf.	sufijo
SupRivBib	Supplementi alla Rivista Biblica
Sym	Simmaco
Syr	Syriaca
TECC	Textos y Estudios «Cardenal Cisneros» de la Biblia Políglota Matritense
Tg	Targum
THAT	E. JENNI – C. WESTERMANN, eds., *Theologisches Handwörterbuch zum Alten Testament*, München 1971.1976
Theo	Teodición
ThQ	*Theologische Quartalschrift*
ThWAT	G.J. BOTTERWECK – H. RINGGREN, et al., eds., *Theologisches Wörterbuch zum Alten Testament*, Stuttgart 1970-1995.2000
ThW	Theologische Wissenschaft
ThZ	*Theologische Zeitschrift*
TM	Texto Masorético
TPB	Torch Bible Commentaries
TratPsiq	R.E. HALES – S.C. YUDOFSKY – J.A. TALBOTT, *Tratado de Psiquiatría*, Barcelona 1996
TRu	*Theologische Rundschau*
TThZ	*Trierer theologische Zeitschrift*
TtIs	Tritoisaías
TTK	*Tidsskrift for Teologi og Kirke*
TUAT	*Texte aus der Umwelt des Alten Testaments*, O. KAISER, ed., Gütersloh 1982–
TynB	*Tyndale Bulletin*
UF	*Ugarit-Forschungen*
v.	versículo
vv.	versículos
Vg	Vulgata
VL	Vetus Latina
VT	*Vetus Testamentum*

VT.S	Supplements to Vetus Testamentum
WBC	World Biblical Commentary
WMANT	Wissenschaftliche Monographien zum Alten und Neuen Testament
WThJ	*Westminster Theological Journal*
ZAW	*Zeitschrift für die alttestamentliche Wissenschaft*
ZBK	Zürcher Bibelkommentare
Zorell	F. Zorell, *Lexicon Hebraicum Veteris Testamenti*, Roma 1989
ZThK	*Zeitschrift für Theologie und Kirche*
+	más
x	veces
...	al citar se omite más de una palabra
§	apartado

BIBLIOGRAFÍA

Las distintas voces se encuentran distribuídas según el siguiente orden: 1) las ediciones del texto hebreo y de las versiones antiguas consultadas; 2) todos los demás títulos (comentarios, voces de diccionarios teológicos y enciclopedias, artículos y otros estudios).

En la Bibliografía General se encuentran todos los estudios citados a pie de página. Cuando de un autor existe más de un título, el criterio de ordenación es el cronológico, excepto en las voces de los diccionarios y enciclopedias que se encuentran siempre en última posición.

1. El texto hebreo y las versiones antiguas

BHS   K. ELLIGER – W. RUDOLPH, ed., *Biblia Hebraica Stuttgartensia*, Stuttgart 1967-1977.

Isaiah   M.H. GOSHEN-GOTTSTEIN, ed., *The Book of Isaiah*, The Hebrew University Bible Project, Jerusalem 1995.

LXX   J. ZIEGLER, ed., *Isaias*, SeptSt 14, Göttingen 1939.

Syriaca   S.P. BROCK, ed., *The Old Testament in Syriac according to the Peshitta Version. Part III, Fascicle 1. Isaiah*, Leiden 1987.

Targum   A. SPERBER, ed., *The Bible in Aramaic Based on Old Manuscripts and Printed Texts. Volume III. The Latter Prophets according to Targum Jonathan*, Leiden 1962.

Vulgata   R. WEBER, ed., *Biblia Sacra iuxta Vulgatam versionem*, I-II, Stuttgart 1969.

1QIsa[a]   D.W. PARRY – E. QUIMRON, eds., *The Great Isaiah Scroll (1QIsa[a]). A New Edition*, STDJ 32, Leiden 1999.

2. Comentarios y otros estudios

ABMA, R., *Bonds of Love. Methodic Studies of Prophetic Texts wih Marriage Imagery (Isaiah 50:1-3 and 54:1-10, Hosea 1–3, Jeremiah 2–3)*, SSN 31, Assen 1999.

ACKROYD, P.R., «Isaiah 36–39. Structure and Function», en *id.*, ed., *Studies in the Religious Tradition of the Old Testament*, London 1987, 105-120.

——, «An Interpretation of the Babylonian Exile. A Study of II Kings 20 and Isaiah 38 39», en *id.*, ed., *Studies in the Religious Tradition of the Old Testament*, London 1987, 152-171.

ADAMS, J.W., *The Performative Nature and Function of Isaiah 40–55*, JSOT.S 448, New York 2006.

AEJMELAEUS, A., «Function and Interpretation of כי in Biblical Hebrew», *JBL* 105 (1986) 193-209.

AISTELEITNER, J., *Wörterbuch der Ugaritischen Sprache*, Berlin 1963.

AITKEN, K.T., «Hearing and Seeing. Metamorphoses of a Motif in Isaiah 1–39», en P.R. DAVIES – D.J.A. CLINES, eds., *Among the Prophets. Language, Image and Structure in the Prophetic Writings*, JSOT.S 144, Sheffield 1993, 12-41.

AKPUNONU, P.D., *The Overture of the Book of Consolations (Isaiah 40:1-11)*, New York 2004.

ALBERTZ, R., «Das Deuterojesaja-Buch als Fortschreibung der Jesaja-Prophetie», en E. BLUM – C. MACHOLZ – E.W. STEGEMANN, eds., *Die Hebräische Bibel und ihre zweifache Nachgeschichte. Festschrift für Rolf Rendtorff zum 65. Geburtstag*, Neukirchen 1990, 241-256.

ALBERTZ, R. – WESTERMANN, C., «רוּחַ», *THAT* II, 726-753.

ALINEI, M., «Metodologia per la costruzione di un lessico tematico», en P. RADICI COLACE – M. CACCAMO CALTABIANO, eds., *Atti del I seminario di studi sui lessici tecnici greci e latini (Messina, 8-10 marzo 1990)*, Academia Peloritana dei Pericolanti, Messina 1991, 31-45.

ALLIS, O.T., *The Unity of Isaiah. A Study in Prophecy*, Philadelphia 1950.

ALONSO SCHÖKEL, L., «Nota estilística sobre la partícula *hinneh*», *Bib* 37 (1956) 74-80.

——, *Símbolos matrimoniales en la Biblia*, Estella 1997.

ALONSO SCHÖKEL, L. – SICRE, J.L., *Profetas*, I, Madrid 1980.

ANDERSON, B.W., «Exodus Typology in Second Isaiah», en B.W. ANDERSON – W. HARRELSON, eds., *Israel's Prophetic Heritage. Essays in Honor of James Muilenburg*, New York 1962, 177-195.

——, «Exodus and Covenant in Second Isaiah and Prophetic Tradition», en F.M. CROSS – W.E. LEMKE – P.D. MILLER, eds., *Magnalia Dei. The Mighty Acts of God. Essays on the Bible and Archaeology in Memory of G. Ernest Wright*, New York 1976.

ANDERSON, G.A., *A Time to Mourn, a Time to Dance. The Expression of Grief and Joy in Israelite Religion*, University Park 1991.

AP-THOMAS, D.R., «Notes on Some Terms Relating to Prayer», *VT* 6 (1956) 225-241.

AURELIUS, E., *Der Fürbitter Israels. Eine Studie zum Mosebild im Alten Testament*, CB.OT 27, Lund 1988.

BABOLIN, S., *Produzione di senso*, Hortus Conclusus, Roma 1999.

BABUT, J.M., *Les expressions idiomatiques de l'hébreu biblique. Signification et traduction. Un essai d'analyse componentielle*, CRB 33, Paris 1995.

BÁEZ ORTEGA, S.J., *Tiempo de callar y tiempo de hablar. El silencio en la Biblia Hebrea*, Roma 2000.

BAILEY, P., «A Classified Bibliography on Isaiah 53», en B. JANOWSKI – P. STUHLMACHER, eds., *The Suffering Servant. Isaiah 53 in Jewish and Christian Sources*, Grand Rapids 2004, 462-492.

BAKER, D.L., *Two Testaments, One Bible. A Study of Some Modern Solutions to the Theological Relationship between the Old and New Testament*, Leicester 1976.

BALDAUF, B., «Jes 42,18-25. Gottes tauber und blinder Knecht», en F.V. REITERER, ed., *Ein Gott eine Offenbarung. Beiträge zur biblischen Exegese, Theologie und Spiritualität. Festschrift für Notker Füglister OSB zum 60. Geburtstag*, Würzburg 1991, 13-36.

BALENTINE, S.E., «The Prophet as Intercessor. A Reassessment», *JBL* 103 (1984) 161-173.

BALTZER, K., *Das Bundesformular*, WMANT 4, Neukirchen 1960.

——, «Jes 40,13-14 – ein Schlüssel zur Einheit Deutero-Jesajas?», *BN* 37 (1987) 7-10.

——, *Deutero-Jesaja*, KAT 10.2, Gütersloh 1999.

BARBAGLIA, S., «Il campo lessicale, il campo associativo e il campo semantico del'"elezione d'Israele" nel *TaNaK* e nella Bibbia. Dalla linguistica all'ermeneutica della tradizione», en *L'elezione di Israele, origini bibliche, funzione e ambiguità di una categoria teologica. Atti del XIII Convegno di Studi Veterotestamentari (Foligno, 8-10 Settembre 2003), RStB* 17 (2005) 13-71.

DEL BARCO DEL BARCO, F.J., *Profecía y Sintaxis. El uso de las formas verbales en los Profetas Menores preexílicos*, TECC 69, Madrid 2003.

BARNES, W.E., «Cyrus the 'Servant of Jehovah'. Isa xlii1-4 (7)», *JThS* 32 (1930-1931) 32-39.

BARR, J., *The Semantics of Biblical Language*, London ²1987.

BARRÉ, M.L., «Textual and Rethorical-Critical Observation on the Last Servant Song (Is 52,13-53,12)», CBQ 62 (2000) 1-27.

BARSTAD, H.M., *The Myth of the Empty Land. A Study in the History and Archeology of Judah During the "Exilic" Period*, SO.S 28, Oslo 1996.

———, «Isa. 40,1-11. Another Reading», en A. LEMAIRE, ed., *Congress Volume Basel 2001*, VT.S 92, Leiden 2002, 225-240.

BARTHÉLEMY, D., *Critique textuelle de l'Ancien Testament. 2. Isaïe, Jérémie, Lamentations*, OBO, 50/2, Göttingen 1986.

BASS, D.M., *God Comforts Israel. The Audience and Message of Isaiah 40–55*, Lanham 2006.

BASTIAENS, J.C., «The Language of Suffering in Job 16–19 and in the Suffering Servant Passages in Deutero-Isaiah», en J. VAN RUITEN – M. VERVENNE, eds., *Studies in the Book of Isaiah. Festschrift Willen A.M. Beuken*, BEThL 132, Leuven 1997, 421-432.

BATTENFIELD, J.R., «Isaiah LIII 10. Taking an "if" out of the Sacrifice of the Servant», *VT* 32 (1982) 485.

BATTO, B.F., «The Covenant of Peace. A Neglected Ancient Near Eastern Motif», *CBQ* 49 (1987) 187-211.

BAUMANN, G., *Lieb und Gewalt. Die Ehe als Metapher für das Verhältnis JHWH, Israel in den Prophetenbürchern*, SBS 185, Stuttgart 2000.

———, «Prophetic Objections to YHWH as the Violent Husband of Israel. Reinterpretations of the Prophetic Marriage Metaphor in Second Isaiah (Isaiah 40–55)», en A. BRENNER, ed., *Prophets and Daniel*, A Feminist Companion to the Bible. Second Series, Sheffield 2001, 82-120.

BEAUCHAMP, P., *Le Deutéro-Isaïe dans le cadre de l'Alliance*, Cours travaux et conférences. Faculté de Théologie de Fourvière, Lyon 1970.

BEAUCHAMP, P., «Propositions sur l'alliance de l'Ancien Testament comme structure centrale», *RSR* 58 (1970) 161-193.

——, *L'Un et l'Autre Testament. Tome I: Essai de lectura. Tome II: Accomplir les Écritures*, Paris 1976, 1987.

——, *Psaumes nuit et jour*, Paris 1980.

——, «Lecture et relectures du quatrième chant du Serviteur. D'Isaïe à Jean», en J. VERMEYLEN, ed., *The Book of Isaiah. Le Livre d'Isaïe. Les oracles et leurs relectures. Unité et complexité de l'ouvrage*, BEThL 81, Leuven 1989, 325-355.

BECKER, J., *Isaias – der Prophet und sein Buch*, SBS 30, Stuttgart 1968.

BEGG, C.T., «Babylon in the Book of Isaiah», en J. VERMEYLEN, ed., *The Book of Isaiah. Le Livre d'Isaïe. Les oracles et leurs relectures. Unité et complexité de l'ouvrage*, BEThL 81, Leuven 1989, 121-125.

BEGRICH, J., *Studien zu Deuterojesaja*, BWANT 77, Stuttgart 1938.

BERGES, U., *Das Buch Jesaja. Komposition und Endgestalt*, HBS 16, Freiburg 1998.

——, «Die Knechte im Psalter. Ein Beitrag zu seiner Kompositionsgeschichte», *Bib* 81 (2000) 153-178.

——, «Die Zionstheologie des Buches Jesaja», *EstB* 58 (2000) 167-198.

——, «Personifications and Prophetic Voices of Zion in Isaiah and Beyond», en J.C. DE MOOR, ed., *The Elusive Prophet. The Prophet as a Historical Person, Literary Character and Anonymous Artist*, OTS 45, Leiden 2001, 54-82.

——, «Der zweite Exodus im Jesajabuch. Auszug oder Verwandlung?», en F.-L. HOSSFELD – L. SCHWIENHORST-SCHÖNBERGER, eds., *Das Manna fällt auch hute noch. Beiträge zur Geschichte und Theologie des Alten, Ersten Testaments. Festschrift für Erich Zenger*, HBS 44, Freiburg 2004, 77-95.

——, «"Ich gebe Jerusalem einen Freudenboten". Synchrone und diachrone Beobachtungen zu Jes 41,27», *Bib* 87 (2006) 319-337.

——, «Überlegungen zur Bundestheologie in Jes 40–66», en C. DOHMEN – C. FREVEL, eds., *Für immer verbündet. Studien zur Bundestheologie der Bibel. Festgabe für Frank-Lothar Hossfeld zum 65. Geburtstag*, SBS 211, Stuttgart 2007, 1-26.

——, *Jesaja 40–48*, HThKAT, Freiburg 2008.

BERLIN, A., «Isaiah 40:4. Etymological and Poetic Considerations», *HAR* 3 (1979) 1-6.

BERLIN, A., «On the Meaning of *pll* in the Bible», *RB* 96 (1989) 345-351.

BEUKEN, W.A.M., «*Mišpāṭ*. The First Servant Song and its Context», *VT* 22 (1972) 1-30.

——, «Isaiah LIV. The Multiple Identity of the Person Addressed», en J. BARR, *et al.* eds., *Language and Meaning. Studies in Hebrew Language and Biblical Exegesis*, OTS 19, Leiden 1974, 29-70.

——, «Isa. 55,3-5. The Reinterpretation of David», *Bijdr.* 35 (1974) 49-64.

——, *Jesaja deel II A*, PredikOT 21.1, Nijkerk 1983, ²1986.

——, *Jesaja deel II B*, PredikOT 21.2, Nijkerk 1983.

——, «The Main Theme of Trito-Isaiah. "The Servants of Yhwh"», *JSOT* 47 (1990) 67-87.

——, «The Unity of the Book of Isaiah. Another Attempt at Bridging the Gorge between its Two Main Parts», en J.C. EXUM – H.G.M. WILLIAMSON, eds., *Reading from Right to Left. Essays on the Hebrew Bible in Honour of David J.A. Clines*, JSOT.S 373, Sheffield 2003, 50-62.

BLANK, S.H., «The Prophet as Paradigm», en J.L. CRENSHAW – J.T. WILLIS, eds., *Essays in Old Testament Ethics*, New York 1974, 111-130.

BLENKINSOPP, J., «La tradition de l'Exode dans le Second-Isaïe», *Concilium* 20 (1966) 41-48.

——, «The 'Servants of the Lord' in the Third Isaiah. Profile of a Pietistic Group in the Persian Epoch», *PIBA* 7 (1983) 1-23.

——, «The Servant and the Servants in Isaiah and the Formation of the Book», en C.C. BROYLES – C.A. EVANS, eds., *Writing and Reading the Scroll of Isaiah. Studies of an Interpretative Tradition*, I-II, VT.S 70,1.2, Leiden 1997, 155-175.

——, «The Formation of the Hebrew Bible Canon. Isaiah as a Test Case», en L.M. MCDONALD – J.A. SANDERS, eds., *The Canon Debate*, Peabody 2002, 53-67.

——, *Isaiah 40–55. A New Translation with Introduction and Commentary*, AncB 19A, New York 2002.

——, *Opening the Sealed Book. Interpretations of the Book of Isaiah in Late Antiquity*, Grand Rapids 2006.

BLONDEL, M., *La Acción (1893). Ensayo de una crítica de la vida y de una ciencia de la práctica*, BAC 557, Madrid 1996.

BLYTHIN, I., «A Consideration of Difficulties in the Hebrew Text of Isaiah 53,11», *BiTr* 17 (1966) 27-31.

BOECKER, H.J., *Redeformen des Rechtslebens im Alten Testament*, WMANT 14, Neukirchen 1964.

BOETHIUS, S., *De consolatione philosophiae. Opuscula theological*, Brescia 1989.

BOGAERT, P.M., «L'organitation des grands recueils prophétiques», en J. VERMEYLEN, ed., *The Book of Isaiah. Le Livre d'Isaïe. Les oracles et leurs relectures. Unité et complexité de l'ouvrage*, BEThL 81, Leuven 1989, 147-153.

BONNARD, P.-E., *Le Second Isaïe. Son disciple et leurs éditeurs. Isaïe 40–66*, EtB, Paris 1972.

BONORA, A., *Isaia 40–66. Israele: servo di Dio, popolo liberato*, LoB 19, Brescia 1988.

——, «Teologia dell'AT: orientamenti attuali», *NDTB*, 1539-1546.

BORDREUIL, P., «Les "Graces de David" et 1 Maccabees II 57», *VT* 31 (1981) 73-75.

BORGHINO, A., *La «Nuova Alleanza» in Is 54. Analisi esegetico-teologica*, Tesi Gregoriana. Serie Teologia 118, Roma 2005.

BORGONOVO, G., *La notte e il suo sole. Luce e tenebre nel Libro di Giobbe. Analisi simbolica*, AnBib 135, Roma 1995.

BOVATI, P., «Le langue juridique du prophète Isaïe», en J. VERMEYLEN, ed., *The Book of Isaiah. Le Livre d'Isaïe. Les oracles et leurs relectures. Unité et complexité de l'ouvrage*, BEThL 81, Leuven 1989, 177-196.

——, *Ristabilire la giustizia. Procedure, vocabulario, orientamenti*, AnBib 110, Roma ²1997.

——, «Vengeance», en J.-Y. LACOSTE, ed., *Dictionnaire critique de Théologie*, Paris 1998, 1207-1208.

——, *Testi di Nuova Alleanza*, Dispense PIB, Roma 2000.

——, «Libertà e liberazione nell'Antico Testamento», en *Libertà-Liberazione nella Bibbia*, Dizionario di Spiritualità Biblico-Patristica. I grandi temi della S. Scrittura per la «Lectio Divina» 36, Roma 2003, 13-202.

——, *Giustizia e ingiustizia nei libri profetici*, Dispense PIB, Roma 2004.

——, *Geremia 30–31*, Dispense PIB, Roma 2007.

——, *"Così parla il Signore". Studi sul profetismo biblico*, Bologna 2008.

BRETÓN, S., *Vocación y misión. Formulario profético*, AnBib 111, Roma 1987.

BRETTLER, M.Z., «Incompatible Metaphors for YHWH in Isaiah 40–55», *JSOT* 78 (1998) 97-120.

BRIANT, P., *Histoire de l'empire perse de Cyrus à Alexandre*, I, Achaemenid History 10, Paris 1996.

BRONGERS, H.A., «Bemerkungen zum Gebrauch des adverbialen *wᵉᶜattāh* im Alten Testament», *VT* 15 (1965) 289-299.

——, «Der Zornesbecher», en J.G. VINK, *et al.* eds., *The Priestly Code and Seven other Studies*, OTS 15, Leiden 1969, 177-192.

——, «Some Remarks on the Biblical Particle *hᵃlōʾ*», en B. ALBREKTSON, *et al.* eds., *Remembering all the Way… A Collection of Old Testament Studies Published on the Occasion of the Fortieth Anniversary of the Oudtestamentisch Werkgezelschap in Nederland*, OTS 21, Leiden 1981, 177-189.

BROYLES, C.C. – EVANS, C.A., *Writing and Reading the Scroll of Isaiah. Studies of an Interpretative Tradition*, I-II, VT.S 70,1.2, Leiden 1997.

BRUEGGEMANN, W., «Isaiah 55 and Deuteronomic Theology», *ZAW* 80 (1968) 191-203.

——, «Amos' intercessory Formula», *VT* 19 (1969) 385-399.

——, «Unity and Dynamic in the Isaiah Tradition», *JSOT* 29 (1984) 89-107.

——, «A Poem of Summons (Is 55:1-3). A Narrative of Resistance (Dn 1:1-21)», en R. ALBERTZ – F.W. GOLKA – J. KEGLER, eds., *Schöpfung und Befreiung. Für Claus Westermann zum 80. Geburtstag*, Stuttgart 1989, 126-136.

——, *Isaiah 40–66*, Westminster Bible Companion, Louisville 1998.

BUTTENWEISER, M., «Blood Revenge and Burial Rites in Ancient Israel», *JAOS* 39 (1919) 303-321.

CALDUCH-BENAGES, N., «Promessa di Dio e preghiera di David (2Sam 7)», *PaVi* 46/3 (2001) 19-23.

——, «Muerte y Mujeres en la Biblia Hebrea», en M. NAVARRO PUERTO, ed., *En el umbral. Muerte y Teología en perspectiva de mujeres*, Bilbao 2006, 39-84.

——, «Jerusalem as Widow (Baruch 4:5–5:9)», en H. LICHTENBERGER – U. MITTMANN-RICHERT, eds., *Biblical Figures in Deuterocanonical and Cognate Literatura*, DCLY 2008, Berlin – New York 2009, 147-164.

CALLAWAY, M., *Sing, O Barren One. A Study in Comparative Midrash*, SBL.DS 91, Atlanta 1986.

CAMERON, D., «"The Sure Mercies of David"», *ET* 29 (1917-1918) 562.

CAQUOT, A., «Les "graces de David". À propos d'Isaïe 55/3b», *Sem* 15 (1965) 45-59.

CARR, D.M., «Isaiah 40,1-11 in the Context of the Macrostructure of Second Isaiah», en W.R. BODINE, ed., *Discourse Analysis of Biblical Literature. What It Is and What It Offers*, SBL.SemSt, Atlanta 1995, 51-74.

CASPARI, W., *Lieder und Gottessprüche der Rückwanderer (Jesaja 40–55)*, BZAW 65, Giessen 1934.

CERESKO, A.R., «The Rhetorical Strategy of the Fourth Servant Song (Is 52,13–53,12). Poetry and the Exodus – New Exodus», *CBQ* 56 (1994) 42-55.

CHEYNE, T.K., *The Prophecies of Isaiah. A New Translation with Commentary and Appendices*, II, London ⁴1886.

CHIESA, B., «'Consolate, consolate il mio popolo...' (Is. 40,1-5.9-11)», *BeO* 14 (1972) 265-273.

CHILDS, B.S., *Old Testament Theology in a Canonical Context*, Philadelphia 1985.

——, *Biblical Theology of the Old and New Testaments. Theological Reflection on the Christian Bible*, London 1992.

——, *Isaiah*, OTL, Louisville 2000.

——, *The Struggle to Understand Isaiah as Christian Scripture*, Grand Rapids 2004.

CHISHOLM, R.B., «Does God Change His Mind?», *BS* 152 (1995) 387-399.

CLARK, G.R., *The Word Hesed in the Hebrew Bible*, JSOT.S 157, Sheffield 1993.

CLEMENTS, R.E., «The Unity of the Book of Isaiah», *Int* 36 (1982) 117-129.

——, «Beyond Tradition-History. Deutero-Isaianic Development of First Isaiah's Themes», *JSOT* 31 (1985) 95-113.

——, «A Light to the Nations. A Central Theme of the Book of Isaiah», en J.W. WATTS – P.R. HOUSE, eds., *Forming Prophetic Literature. Essay on Isaiah and Twelve in Honor of John D. W. Watts*, JSOT.S 235, Sheffield 1996, 57-69.

CLEMENTS, R.E., «"Arise, Shine; for Your Light Has Come". A Basic Theme of the Isaianic Tradition», en C.C. BROYLES – C.A. EVANS, eds., *Writing and Reading the Scroll of Isaiah. Studies of an Interpretative Tradition* I, VT.S 70,1, Leiden 1997, 441-454.

——, «Zion as Symbol and Political Reality. A Central Isaianic Quest», en J. VAN RUITEN – M. VERVENNE, eds., *Studies in the Book of Isaiah. Festschrift Willen A.M. Beuken*, BEThL 132, Leuven 1997, 3-17.

CLIFFORD, R.J., «The Use of HÔY in the Prophets», *CBQ* 28 (1966) 458-464.

——, «Isaiah 55. Invitation to a Feast», en C.L. MEYERS – M. O'CONNOR, eds., *The Word of the Lord Shall Go Forth. Essays in Honor of David Noel Freedman in Celebration of His Sixtieth Birthday*, Winona Lake 1983, 27-35.

——, *Fair Spoken and Persuading. An Interpretation of Second Isaiah*, New York 1984.

CLINES, D.J.A., «The Parallelism of Greater Precision. Notes from Isaiah 40 for a Theory of Hebrew Poetry», en E.R. FOLLIS, ed., *Directions in Biblical Hebrew Poetry*, JSOT.S 40, Sheffield 1987, 77-100.

COCCO, F., *Sulla cattedra di Mosè. Legitimazione del potere nell'Israele post-esilico (Nm 11:16)*, Bologna 2007.

CODY, A., «A Palindrome in Isaiah 40:4b. Allowing Restoration of an Original Reading», *CBQ* 66 (2004) 551-560.

COLLINS, T., «The Physiology of Tears in the Old Testament», *CBQ* 33 (1971) 18-38, 185-197.

CONDAMIN, A., «'Double for all her Sins'», *ET* 17 (1905-1906) 335.

CONRAD, E.W. «The "Fear Not" Oracles in Second Isaiah», *VT* 34 (1984) 129-152.

——, *Fear not Warrior. A Study of ʾal-tîrāʾ Pericopes in the Hebrew Scriptures*, BJSt 75, Chico 1985.

CONROY, C., «Reflections on the Exegetical Task. Apropos of Recent Studies on 2 Kg 22-23», en C. BREKELMANS – J. LUST, eds., *Pentateuchal and Deuteronomistic Studies. Papers read at the XIIIth IOSOT Congress Leuven 1989*, BEThL 94, Leuven 1990, 255-268.

——, «Reflections on Some Recent Studies of Second Isaiah», en V. COLLADO BERTOMEU, ed., *Palabra, Prodigio, Poesía. In Memoriam P. Luis Alonso Schökel, S.J.*, AnBib 151, Roma 2003, 145-160.

CONROY, «The 'Four Servant Poems' in Second Isaiah in the Light of Recent Redaction-Historical Studies», en C. MCCARTHY – J.F. HEALEY, eds., *Biblical and Near Eastern Essays. Studies in Honour of Kevin J. Cathcart*, JSOT.S 375, London 2004, 80-94.

COPPENS, J., «Les origines littéraires des Poèmes du Serviteur de Yahvé», *Bib* 40 (1959) 248-258.

——, «La finale du quatrième chant du serviteur (Is LIII, 10-12). Un essai de solution», *EThL* 39 (1963) 114-121.

——, *Le Messianisme et sa revèle prophétique. Les anticipations vétérotestamentaries. Leur accomplissement en Jésus*, BEThL 38, Louvain ²1989.

COSTACURTA, B., «L'aggressione contro Dio. Studio del Salmo 83», *Bib* 64 (1983) 518-541.

——, *La vita minacciata. Il tema della paura nella Bibbia Ebraica*, AnBib 119, Roma ²1997.

——, *Il laccio spezzato. Studio del Salmo 124*, EDB.StBib 39, Bologna 2001.

——, «"E il Signore cambiò le sorti di Giobbe". Il problema interpretativo dell'epilogo del libro di Giobbe», en V. COLLADO BERTOMEU, ed., *Palabra, Prodigio, Poesía. In Memoriam P. Luis Alonso Schökel, S.J.*, AnBib 151, Roma 2003, 251-266.

——, *Lo scettro e la spada. Davide diventa re (2Sam 2–12)*, EDB.StBib 53, Bologna 2006.

CROSS, F.M., «The Council of Yahweh in Second Isaiah», *JNES* 12 (1953) 274-277.

CRÜSEMANN, F., *Studien zur Formgeschichte von Hymnus und Danklied in Israel*, WMANT 32, Neukirchen 1969.

DAHOOD, M., «Some Aphel Causatives in Ugaritic», *Bib* 38 (1957) 62-73.

——, *Ugaritic-Hebrew Philology. Marginal Notes on Recent Publication*, BibOr 17, Roma 1965.

——, *Psalms II: 51-100*, AncB 17, Garden City 1968.

——, «Phoenician Elements in Isaiah 52,13–53,12», en H. GOEDICKE, ed., *Near Eastern Studies in Honor of William Foxwell Albright*, Baltimore 1971, 63-73.

——, «The Breakup of Two Composite Phrases in Isaiah 40,13», *Bib* 54 (1973) 537-538.

——, «Isaiah 53,8-12 and Massoretic Misconstructions», *Bib* 63 (1982) 566-570.

DANIELS, D.R., «Is There a "Prophetic Lawsuit" Genre?», *ZAW* 99 (1987) 339-360.

DAVIDSON, R., «The Imagery of Isaiah 40:6-8 in Tradition and Interpretation», en C.A. EVANS – S. TALMON, eds., *The Quest for Context and Meaning. Studies in Biblical Intertextuality in Honor of James A. Sanders*, BIS 28, Leiden 1997, 37-55.

DAVIES, G.I., «The Destiny of the Nation in the Book of Isaiah», en J. VERMEYLEN, ed., *The Book of Isaiah. Le Livre d'Isaïe. Les oracles et leurs relectures. Unité et complexité de l'ouvrage*, BEThL 81, Leuven 1989, 93-120.

DAVIES, P.R., «God of Cyrus, God of Israel. Some Religion-Historical Reflections on Isaiah 40–55», en D.J.A. CLINES – P.R. DAVIES, eds., *Words Remembered, Text Renewed. Essays in Honour of John F.A. Sawyer*, JSOT.S 195, Sheffield 1995, 207-225.

DAY, J., «*daʿat* 'Humiliation' in Isaiah LIII 11 in the Light of Isaiah LIII 3 and Daniel XII 4, and the Oldest Known Interpretation of the Suffering Servant», *VT* 30 (1980) 97-103.

DECK, S., «Kein Exodus bei Jesaja?», en F. DIEDRICH – B. WILLMES, eds., *Ich bewirke das Heil und erschaffe das Unheil (Jesaja 45,7). Studien zur Botschaft der Propheten. Festschrift für Lothar Ruppert zum 65. Geburtstag*, FzB 88, Würzburg 1998, 31-47.

DELITZSCH, F., *Commentar über das Buch Jesaia*, BC 3/1, Leipzig ⁴1889.

DE ROCHE, M., «Yahweh's *Rîb* against Israel. A Reassessment of the So-called "Prophetic Lawsuit" in the Preexilic Prophets», *JBL* 102 (1983) 563-574.

DHORME, P., *L'emploi métaphorique des noms de parties du corps en hébreu et en akkadien*, Paris 1923.

DIAS DA SILVA, C.M., *Aquele que manda a chuva sobre a face da terra*, São Paulo 2006.

DICK, M.B., «Second Isaiah's Parody on Making a Cult Image (Isaiah 40:18-20; 41:6-7) and the Babylonian *Mīs Pî*», en K.-D. SCHUNCK – M. AUGUSTIN, eds., *„Lasset uns Brücken bauen…". Collected Communications to the XVth Congress of the International Organization for the Study of the Old Testament, Cambridge 1995*, BEAT 42, Frankfurt am Main 1998, 193-202.

DIETRICH, W., «Rache. Erwägungen zu einem alttestamentlichen Thema», *EvTh* 36 (1976) 450-472.

VAN DIJK, H.J., «Consolamini, consolamini, popule meus?. Observationes exegeticae ad Is 40,1-2», *Verbum Domini* 45 (1967) 342-346.

DILLMANN, C.F.A., *Der Prophet Jesaja*, KEH 5, Leipzig ⁶1898.

DION, P.-E., «Les chants du Serviteur de Yahweh et quelques passages apparentés d'Is 40–55. Un essai sur leurs limites précises et sur leurs origines respectives», *Bib* 51 (1970) 17-38.

DÖDERLEIN, J.C., *Esaias: Ex recensione textus hebraei ad fidem codd. quorundam mss et versionum antiquarum latine vertit notasque varii argumenti*, Altorfi 1775.

DOHMEN, C. – FREVEL, C., *Für immer verbündet. Studien zur Bundestheologie der Bibel. Festgabe für Frank-Lothar Hossfeld zum 65. Geburtstag*, SBS 211, Stuttgart 2007.

DORSEY, D.A., *The Roads and Highways of Ancient Israel*, Baltimore 1991.

DOZEMAN, T.B., «Inner-Biblical Interpretation of Yahweh's Gracious and Compassionate Character», *JBL* 108 (1989) 207-223.

DOZY, R., *Supplément aux Dictionnaires Arabes* II, Leiden 1881.

DRIVER, G.R., «Linguistic and Textual Problems. Isaiah XL–LXVI», *JThS* 36 (1935) 396-406.

——, «Isaiah 52,13–53,12. The Servant of the Lord», en M. BLACK – G. FOHRER, eds., *In Memoriam Paul Kahle*, BZAW 103, Berlin 1968, 90-105.

DUCROT, P., «De la vendetta à la loi du talion», *RHPhR* 6 (1926) 350-365.

DUHM, B., *Das Buch Jesaia. Übersezt und erklärt*, HK 3/1, Göttingen ³1914.

DUPONT, J., «Τὰ ὅσια Δαυιδ τὰ πιστά (Ac XIII 34 = Is LV 3)», *RB* 68 (1961) 91-114.

EATON, J.H., «The Origin of the Book of Isaiah», *VT* 9 (1959) 139-157.

EHRING, C., *Die Rückkehr JHWHs. Traditions- und religionsgeschichtliche Untersuchungen zu Jesaja 40,1-11, Jesaja 52,7-10 und verwandten Texten*, WMANT 116, Neuchirchen-Vluyn 2007.

EICHHORN, J.G., *Einleitung in das Alte Testament*, IV, Göttingen ⁴1824.

EICHRODT, W., *Theologie des Alten Testaments. Bd.I: Gott und Volk. Bd.II: Gott und Welt. Bd.III: Gott und Mensch*, Leizpig 1933, 1935, 1939.

EISSFELDT, O., «The Promises of Grace to David in Isaiah 55:1-5», en B.W. ANDERSON – W. HARRELSON, eds., *Israel's Prophetic Heritage. Essay in Honor of James Muilenburg*, New York 1962, 196-207.

ELLIGER, K., *Deuterojesaja in seinem Verhältnis zu Tritojesaja*, BWANT 63, Stuttgart 1933.

——, *Deuterojesaja. 1. Teilband Jesaja 40,1–45,7,* BK 11/1, Neukirchen ⁶1978.

EMERTON, J.A., «A Futher Consideration of D.W. Thomas's Theories about *yāda*⁶», *VT* 41 (1991) 145-163.

FABRY, H.-J., «לב», *ThWAT* IV, 413-451.

——, «עקר», *ThWAT* VI, 343-346.

FARFÁN NAVARRO, E., *El desierto transformado. Una imagen deuteroisaiana de regeneración*, AnBib 130, Roma 1992.

——, «רחם – La 'compasión' que renueva», *EstB* 63 (2005) 427-443.

FELDMANN, F., *Das Buch Isaias. Übersetzt und erklärt*, II, EHAT 14, Münster 1926.

FEUILLET, A., *Études d'exégèse et de théologie biblique. Ancient Testament*, Paris 1975.

FICHTNER, J., «Jahves Plan in der Botschaft des Jesaja», *ZAW* 63 (1951) 16-33.

FISCHER, G., «Die Redewendung דבר על-לב im AT. Ein Beitrag zum Verständnis von Jes 40,2», *Bib* 65 (1984) 244-250.

FISCHER, J., «Das Problem des neuen Exodus in Isaias c. 40–55», *ThQ* 110 (1929) 111-130.

FITZGERALD, A., «The Mythological Background for the Presentation of Jerusalem as a Queen and False Worship as Adultery in the OT», *CBQ* 34 (1972) 403-416.

——, «The Technology of Isaiah 40:19-20 + 41:6-7», *CBQ* 51 (1989) 426-446.

FITZMYER, J.A., «A Re-Study of an Elephantine Aramaic Marriage Contract (*AP* 15)», en H. GOEDICKE, ed., *Near Eastern Studies in Honor of William Foxwell Albright*, Baltimore 1971, 137-168.

FOHRER, G., *Das Buch Jesaja III: Kapitel 40–66*, ZBK 19/3, Zürich 1964.

——, «Der Mittelpunkt einer Theologie des Alten Testaments», *ThZ* 24 (1968) 161-172.

——, «Stellvertretung und Schuldopfer in Jes 52,13–53,12», en *id.*, ed., *Studien zu alttestamentliche Texten und Themen (1966-1972)*, BZAW 155, Berlin 1981, 24-43.

FOKKELMAN, J.P., «Stylistic Analysis of Isaiah 40,1-11», en A.S. VAN DER WOUDE, ed., *Remembering all the Way*, OTS 21, Leiden 1981, 68-90.

FORNARA, R., *La visione contraddetta. La dialettica fra visibilità e non-visibilità divina nella Bibbia ebraica*, AnBib 155, Roma 2004.

DE FRAINE, J., *L'aspect religieux de la royauté israélite. L'institution monarchique dans l'Ancien Testament et dans les textes mésopotamiens*, AnBib 3, Roma 1954.

FRANCO, E., «Is 40,1-11. Una lettura strutturale», *RivB* 28 (1980) 285-304.

——, «La morte del Servo sofferente in Is 53», en G. BOGGIO, *et al.* eds., *Gesù e la sua morte. Atti della XXVII Settimana Biblica*, Brescia 1984, 219-236.

FRANKE, C.A., *Isaia 46, 47 and 48. A New Literary-Critical Reading*, Biblical and Judaic Studies from University of California San Diego 3, Winona Lake 1994.

FREEDMAN, D.N., «The Structure of Isaiah 40:1-11», en J.R. HUDDLESTUN, ed., *Divine Commitment and Human Obligation. Selected Writings of David Noel Freedman*, II, Grand Rapids 1997, 232-257.

FRETHEIM, T.E., *The Suffering of God. An Old Testament Perspective*, OBTh 14, Philadelphia 1984.

——, «The Repentance of God. A Key to Evaluating Old Testament God-Talk», *HBT* 10 (1988) 47-70.

FRIEDLÄNDER, M., *The Commentary of Ibn Ezra on Isaiah. Edited from Mss. and Translated with Notes, Introductions, and Indexes*, I, London 1873.

GADAMER, H.G., *Wahrheit und Methode. Grundzüge einer philosophischen Hermeneutik*, Tübingen 1965.

GALLAND, C., «A Short Structural Reading of Isaiah 52,13–53,12», en A.M. JOHNSON, ed., *Structuralism and Biblical Hermeneutics. A Collection of Essays*, Pittsburgh 1979, 197-203.

GARCÍA FERNÁNDEZ, M., «Is 52,13–53,12: ¿una nueva creación», *ScripVic* 54 (2007) 5-34.

GARCÍA RECIO, J., «Noé intercesor», en V. COLLADO BERTOMEU, ed., *Palabra, Prodigio, Poesía. In Memoriam P. Luis Alonso Schökel, S.J.*, AnBib 151, Roma 2003, 55-73.

GELLER, S.A., «A Poetic Analysis of Isaiah 40:1-2», *HThR* 77 (1984) 413-420.

GELSTON, A., «Some Notes on Second Isaiah», *VT* 21 (1971) 517-527.

——, «Knowledge, Humiliation or Suffering. A Lexical, Textual and Exegetical Problem in Is 53», en H.A. McKAY – D.J.A. CLINES, eds., *Of Prophets' Visions and the Wisdom of Sages. Essays in Honour of R. Norman Whybray on his Seventieh Birthday*, JSOT.S 162, Sheffield 1993, 126-141.

GEMSER, B., «The *Rîb*- or Controversy-Pattern in Hebrew Mentality», en M. NOTH –W. THOMAS, eds., *Wisdom in Israel and in the Ancient Near East*, VT.S 3, Leiden 1955, 120-137.

GENTRY, P.J., «Rethinking the 'Sure Mercies of David' in Isaiah 55,3», *WThJ* 69 (2007) 279-304.

GERLEMAN, G., *Studien zur alttestamentlichen Theologie*, FDV.N.F, Heidelberg 1980.

——, «בָּשַׂר», *THAT* I, 376-379.

——, «שׁלם», *THAT* II, 919-935.

GERSTENBERGER, E.S., «The Woe-Oracles of the Prophets», *JBL* 81 (1962) 24-263.

——, *Der bittende Mensch. Bittritual und Klagelied des Einzelnen im Alten Testament*, WMANT 51, Neukirchen 1980.

GESE, H., «La comprensione biblica della Scrittura», en *Sulla teologia biblica*, Biblioteca di cultura religiosa 54, Brescia 1989, 13-38.

GESENIUS, H.F.W., *Thesaurus philologicus criticus linguae hebraeae et chaldaeae Veteris Testamenti*, II, Lipsiae 1835-1853.

GEYER, J.B., «Desolation and Cosmos», *VT* 49 (1999) 49-64.

GIENINI, O., «El consuelo de Dios en el libro de Isaías. Un estudio sobre el nifal de *najam* con sujeto divino en el libro de Isaías», *RevBib* 66 (2004) 53-78.

GIRARD, R., *La violence et le sacré*, Paris 1972.

GITAY, Y., *Prophecy and Persuasion. A Study of Isaiah 40–48*, FThL 14, Bonn 1981.

GOLDINGAY, J., «Isaiah 42.18-25», *JSOT* 67 (1995) 43-65.

GOLDINGAY, J. – PAYNE, D., *A Critical and Exegetical Commentary on Isaiah 40–55. Volume I. Introduction and Commentary on Isaiah 40.1–44.23*, ICC, London 2006.

——, *A Critical and Exegetical Commentary on Isaiah 40–55. Volume II. Commentary on Isaiah 44.24–55.13*, ICC, London 2006.

GOLEBIEWSKI, M., *Analyse littéraire et théologique d'Is 54–55. Une alliance éternelle avec la nouvelle Jérusalem*, Rome 1976.

GONZÁLEZ-RUIZ, E.I., *Curso de Psicología dinámica. Equilibrio y armonía de la personalidad*, Madrid 1978.

GORDON, R.P., «Isaiah LIII 2», *VT* 20 (1970) 491-492.

GOSSE, B., «Isaïe 52,13–53,12 et Isaïe 6», *RB* 98 (1991) 537-543.

——, «L'évolution des rapports entre le salut (*yšwʿh*) et le jugement (*mšpṭ*) dans les rédactions d'ensemble du livre d'Isaïe et du psautier, et le rôle des cantiques bibliques», *RB* 109 (2002) 323-342.

——, «Le 'serviteur' Israël-Jacob et le 'serviteur' nouveau Moïse dans la ligne de la Sagesse et du Psautier en Isaïe 40ss», *BN* 133 (2007) 41-55.

GRANADOS, J.M., *La reconciliación en la Carta a los Efesios y en la Carta a los Colosenses*, AnBib 170, Roma 2008.

GRELOT, P., *Les Poèmes du Serviteur. De la lecture critique a l'herméneutique*, LeDiv 103, Paris 1981.

GRESSMANN, H., «Die literarische Analyse Deuterojesajas», *ZAW* 34 (1914) 254-297.

GROS, A., *Je suis la route. Le thème de la route dans la Bible*, Thèmes bibliques, Bruges 1961.

GUILLET, J., *Thèmes bibliques. Études sur l'expression et le développement de la Révélation*, Théologie 18, Paris 1950.

HAAG, E., «Das Opfer des Gottesknechts (Jes 53,10)», *TThZ* 86 (1977) 81-98.

——, «Der Weg zum Baum des Lebens», en L. RUPPERT – P. WEIMAR – E. ZENGER, eds., *Künder des Wortes. Beiträge zur Theologie der Propheten. Josef Schreiner zum 60. Geburtstag*, Würzburg 1982, 35-52.

——, «Die Botschaft vom Gottesknecht. Ein Weg zur Überwindung der Gewalt», en N. LOHFINK, ed., *Gewalt und Gewaltlosigkeit im Alten Testament*, QD 96, Freiburg – Basel – Wien 1983, 159-213.

——, «Stellvertretung und Sühne nach Jesaja 53», *TThZ* 105 (1996) 1-20.

HAAG, H., *Der Gottesknecht bei Deuterojesaja*, EdF 233, Darmstadt 1985.

HABEL, N., «The Form and Significance of the Call Narratives», *ZAW* 77 (1965) 297-323.

HALLER, M., «Die Kyros-Lieder Deuterojesaja», en H. SCHMIDT, ed., *Eucharisterion. Studien zur Religion und Literatur des Alten und Neuen Testaments. Hermann Gunkel zum 60. Geburtstag, dem 23. Mai 1922 dargebracht von seinen Schülern und Freunden*, FRLANT 36, Göttingen 1923, 261-277.

HARLAND, P., *The Value of Human Life. A Study of the Story of the Flood (Genesis 6–9)*, VT.S 63, Leiden 1996.

HARVEY, J., «Le "*Rîb*-Pattern", réquisitoire prophétique sur la rupture de l'alliance», *Bib* 43 (1962) 172-196.

——, *Le plaidoyer prophétique contre Israël après la rupture de l'alliance. Étude d'une formule littéraire de l'Ancient Testament*, Studia 22, Bruges – Paris – Montréal 1967.

HASEL, G.F., «The Problem of the Center in the OT Theology Debate», *ZAW* 86 (1974) 65-82.

HAUPT, P., «*Mĕsukkân*, Acacia Nilotica», *JBL* 36 (1917) 145-146.

HEIBY, E.M. – GARCÍA-HURTADO, J., «Evaluación de la depresión», en R. FERNÁNDEZ-BALLESTEROS, ed., *Evaluación conductual hoy. Un enfoque para el cambio en psicología clínica y de la salud*, Madrid 1994, 388-425.

HEIM, K.M., «The (God-) Forsaken King of Psalm 89. A Historical and Intertextual Enquiry», en J. DAY, ed., *King and Messiah in Israel and the Ancient Near East. Proceedings of the Oxford Old Testament Seminar*, JSOT.S 270, Sheffield 1998, 296-322.

HEINEN, K., *Das Gebet im Alten Testament. Eine exegetisch-theologische Untersuchung zur hebräischen Gebetsterminologie*, Roma 1971.

HELLER, J., «Hiding of the Face», en *id.*, ed., *An der Quelle des Lebens. Aufsätze zum Alten Testament*, BEAT 10, Frankfurt am Main 1988, 45-48.

HENGEL, M., «Zur Wirkungsgeschichte von Jes 53 in vorchristlicher Zeit», en B. JANOWSKI – P. STUHLMACHER, eds., *Der leidende Gottesknecht. Jesaja 53 und seine Wirkungsgeschichte mit einer Bibliographie zu Jes 53*, FAT 14, Tübingen 1996, 49-91.

HENNING-HESS, H., «Bemerkungen zum Ascham-Begriff in Jes 53,10», *ZAW* 109 (1997) 618-626.

HERMISSON, H.-J., «Diskussionsworte bei Deuterojesaja», *EvTh* 31 (1971) 665-680.

HERMISSON, H.-J., «Einheit und Komplexität Deuterojesajas. Probleme der Redaktionsgeschichte von Jes 40–55», en J. VERMEYLEN, ed., *The Book of Isaiah. Le Livre d'Isaïe. Les oracles et leurs relectures. Unité et complexité de l'ouvrage*, BEThL 81, Leuven 1989, 287-312.

——, «Das vierte Gottesknechtslied im deuterojesanischen Kontext», en B. JANOWSKI – P. STUHLMACHER, eds., *Der leidende Gottesknecht. Jesaja 53 und seine Wirkungsgeschichte mit einer Bibliographie zu Jes 53*, FAT 14, Tübingen 1996, 1-25.

——, «Die Frau Zion», en J. VAN RUITEN – M. VERVENNE, eds., *Studies in the Book of Isaiah. Festschrift Willen A.M. Beuken*, BEThL 132, Leuven 1997, 1939.

——, «Gottesknecht und Gottes Knechte. Zur ältesten Deutung eines deutero-jesajanischen Themas», en *id.*, ed., *Studien zu Prophetie und Weisheit. Gesammelte Aufsätze*, FAT 23, Tübingen 1998, 241-266.

——, «Neue Literatur zu Deuterojesaja», *TRu* 65 (2000) 237-284, 379-430.

HERTZBERG, H.W., «Sind die Propheten Fürbitter?», en E. WÜRTHWEIN – O. KAISER, eds., *Tradition und Situation. Studien zur alttestamentlichen Prophetie*, Göttingen 1963, 63-74.

HESKETT, R., *Messianism within the Scriptural Scroll of Isaiah*, JSOT.S 456, New York 2007.

HESSLER, E., *Das Heilsdrama. Der Weg zur Weltherrschaft Jahwes (Jes. 40–55)*, RelWTSt 2, Hildesheim 1988.

HILLERS, D.R., «Bĕrît ᶜām. "Emancipation of the People"», *JBL* 97 (1978) 175-182.

——, «*Hôy* and *Hôy*-Oracles. A Neglected Syntactic Aspect», en C.L. MEYERS – M. O'CONNOR, eds., *The Word of the Lord Shall Go Forth. Essays in Honor of David Noel Freedman in Celebration of his Sixtieth Birthday*, Winona Lake 1983, 185-188.

HÖFFKEN, P., *Das Buch Jesaja. Kapitel 40–66*, NSKAT 18/2, Stuttgart 1998.

——, «Abraham und Gott, oder: wer liebt hier wen?. Anmerkungen zu Jes 41,8», *BN* 103 (2000) 17-22.

——, *Jesaja. Der Stand der theologischen Diskussion*, Darmstadt 2004.

——, «Überlegungen zu den literarischen Bezügen von Jes 55,6-13», *BZ* 50 (2006) 251-259.

HOFIUS, O., «Zur Septuaginta-Übersetzung von Jes 52,13b», *ZAW* 104 (1992) 107-110.

HOLLADAY, W.L., *Isaiah. Scroll of a Prophetic Heritage*, Grand Rapids 1978.

HOUSTON, W.J., *Contending for Justice. Ideologies and Theologies of Social Justice in the Old Testament*, JSOT.S 428, New York 2006.

HOW, E.J., «Double for All Her Sins», *ET* 17 (1905-1906) 141.

HUFFMON, H.B., «The Covenant Lawsuit in the Prophets», *JBL* 78 (1959) 285-295.

HUGENBERGER, G.P., *Marriage as a Covenant. A Study of Biblical Laws and Ethics Governing Marriage Developed from the Perspective of Malachi*, V.T.S 52, Leiden 1994.

HUTTER, M., «Jes 40,20 – kulturgeschichtliche Notizen zu einer Crux», *BN* 36 (1987) 31-36.

IGNACIO DE LOYOLA, *Ejercicios Espirituales*, en *Obras completas*, BAC 86, Madrid ³1977, 167-303.

IVANSKI, D., *The Dynamics of Job's Intercession*, AnBib 161, Roma 2006.

JACOB, E., «Prophètes et Intercesseurs», en M. CARREZ – J. DORÉ – P. GRELOT, eds., *De la Tôrah au Messie. Études d'exégèse et d'erméneutique bibliques offertes à Henri Cazelles*, Paris 1981, 205-217.

JANOWSKI, B., *Sühne als Heilsgeschehen. Studien zur Sühnetheologie der Priesterschrift und zur KPR im Alten Orient und im Alten Testament*, WMANT 55, Neukirchen 1982.

——, «Er trug unsere Sünden – Stellvertretung nach Jes 52,13–53,12», en *id.*, ed., *Stellvertretung. Alttestamentliche Studien zu einem theologischen Grundbegriff*, SBS 165, Stuttgart 1997, 67-95.

——, «Der Himmel auf Erden. Zur kosmologischen Bedeutung des Tempels in der Umwelt Israels», en B. JANOWSKI – B. EGO, eds., *Das biblische Weltbild und seine altorientalischen Kontexte*, FAT 32, Tübingen 2001, 229-260.

——, «Theologie des Alten Testaments. Plädoyer für eine integrative Perspektive», en A. LEMAIRE, ed., *Congress Volume Basel 2001*, V.T.S 92, Leiden 2002, 241-276.

——, *Ecce homo. Stellvertretung und Lebenshingabe als Themen biblischer Theologie*, BThSt 84, Neukirchen 2007.

JANZEN, J.G., «Another look at *yaḥālîpû kōaḥ* in Isaiah xli 1», *VT* 33 (1983) 428-434.

JANZEN, W., *Mourning Cry and Woe Oracle*, BZAW 125, Berlin 1972.

JENNI, E., «Zur Verwendung von ʿattāh 'jetz' im Alten Testament», *ThZ* 28 (1972) 5-12.

JENSEN, J., «Yahweh's Plan in Isaiah and in the Rest of the Old Testament», *CBQ* 48 (1986) 443-455.

JEPPESEN, K., «From "You, My Servant" to "the Hand of the Lord Is with My Servants". A Discussion of Is 40–60», *SJOT* 3 (1990) 113-129.

——, «Mother Zion, Father Servant. A Reading of Isaiah 49–55», en H.A. MCKAY – D.J.A. CLINES, eds., *Of Prophets' Vision and the Wisdom of Sages. Essays in Honour of R. Norman Whybray on his Seventieth Birthday*, JSOT.S 162, Sheffield 1993, 109-125.

JEREMIAS, J., *Die Reue Gottes. Aspekte alttestamentlicher Gottesvorstellung*, BSt 65, Neukirchen 1975.

JOACHIMSEN, K., «Steck's Five Stories of the Servant in Isaiah lii 13–liii 12, and Beyond», *VT* 57 (2007) 208-228.

JOHANSSON, N., *Parakletoi. Vorstellungen von Fürsprechern für die Menschen vor Gott in de alttestamentlichen Religion, im Spätjudentum und Urchristentum*, Lund 1940.

JOHNSON, A.R., «The Primary Meaning of √נאל», en G.W. ANDERSON, *et al.* eds., *Congress Volume. Copenhagen 1953*, VT.S 1, Leiden 1953, 67-77.

JOHNSON, B., «צדק», *ThWAT* VI, 903-924.

JOHNSTONE, W., «ydᶜ II, "Be Humbled, Humiliated"», *VT* 41 (1991) 49-62.

JONES, G.H., «Abraham and Cyrus: Type and Anti-Type?», *VT* 22 (1972) 304-319.

JUAN DE LA CRUZ, *Dichos de luz y amor*, en *Vida y Obras de San Juan de la Cruz*, BAC 15, Madrid ¹⁰1978, 410-422.

JÜNGLING, H.-W., «Das Buch Jesaja», en E. ZENGER, *et al.* eds., *Einleitung in das Alte Testament*, I.1, Studienbücher Theologie, Stuttgart ⁶2006, 427-451.

KAISER, O., *Der königliche Knecht. Eine traditionsgeschichtlich-exegetische Studie über die Ebed-Jahwe-Lieder bei Deuterojesaja*, FRLANT 70, Göttingen 1959.

——, «חרב I», *ThWAT* III, 160-164.

KAISER, W.C., Jr., «The Unfailing Kindnesses Promised to David. Isaiah 55.3», *JSOT* 45 (1989) 91-98.

KAPELRUD, A.S., «The Main Concern of Second Isaiah», *VT* 32 (1982) 50-58.

KARUMATHY, G., *Out of My Distress, O YHWH!. Outcry in the Hebrew Bible*, Roma 2001.

KEEL, O., *Die Welt der altorientalischen Bildsymbolik und das Alte Testament. Am Beispiel der Psalmen*, Neukirchen 1972.

KIESOW, K., *Exodustexte im Jesajabuch. Literarkritische und motivgeschichtliche Analysen*, OBO 24, Göttingen 1979.

KISSANE, E.J., *The Book of Isaiah Translated from a Critically Revised Hebrew Text with Commentary*, II, Dublin 1943.

KITTEL, G., ed., *Theologisches Wörterbuch zum Neuen Testament*, I-X, Stuttgart 1933-1979.

KLEIN, H., «Der Beweis der Einzigkeit Jahwes bei Deuterojesaja», *VT* 35 (1985) 267-273.

KLOPFENSTEIN, M.A., *Scham und Schande nach dem Alten Testament. Eine begriffsgeschichtliche Untersuchung zu den hebräischen Wurzeln bôš, klm und ḥpr*, AThANT 62, Zürich 1972.

KLOPPER, F., «Aspects of Creation. The Water in the Wilderness Motif in the Psalms and the Prophets», *OTE* 18 (2005) 253-264.

KNABENBAUER, J., *Erklärung des Propheten Isaias*, Freiburg im Breisgau 1881.

KOCH, K., «דֶּרֶךְ», *ThWAT* II, 293-312.

——, «צדק», *THAT* II, 507-530.

KÖHLER, L., *Deuterojesaja (Jesaja 40–55)*, BZAW 37, Giessen 1923.

KOMLOSH, Y., «The Countenance of the Servant of the Lord, Was It Marred?», *JQR* 65 (1974-1975) 217-220.

KOOLE, J.L., *Isaiah. Part 3. Volume 1: Isaiah 40–48*, HCOT, Kampen 1997.

——, *Isaiah. Part 3. Volume 2: Isaiah 49–55*, HCOT, Leuven 1998.

——, *Isaiah. Part 3. Volume 3: Isaiah 56–66*, HCOT, Leuven 2001.

KORPEL, M.C.A., «Soldering in Isaiah 40:19-20 and 1 King 6:21», *UF* 23 (1991) 219-222.

——, «The Female Servant of the Lord in Isaiah 54», en B. BECKING – M. DIJKSTRA, eds., *On Reading Prophetic Texts. Gender-Specific and Related Studies in Memory of Fokkelien van Dijk-Hemmes*, BIS 18, Leiden 1996, 153-167.

——, «Metaphors on Isaiah LV», *VT* 46 (1996) 43-55.

KORPEL, M.C.A., «Second Isaiah's Coping with the Religious Crisis. Reading Isaiah 40 and 55», en B. BECKING – M.C.A. KORPEL, eds., *The Crisis of Israelite Religion. Trasformation of Religious Tradition in Exilic and Post-Exilic Times*, OTS 42, Leiden 1999, 90-105.

KORPEL, M.C.A. – DE MOOR, J.C., *The Structure of Classical Hebrew Poetry. Isaiah 40–55*, OTS 41, Leiden 1998.

KOZDRÓJ, A., «*Voi tutti assetati, venite all'acqua…*». *Uno studio esegetico-letterario di Is 55 collegato con l'analisi holistica dei temi del capitolo 55*, Excerpta ex dissertatione ad Doctorantum in Facultate Universitatis Gregorianae, Roma 2004.

KRATZ, R.G., *Kyros im Deuterojesaja-Buch. Redaktionsgeschichtliche Untersuchungen zu Entstehung und Theologie von Jes 40–55*, FAT 1, Tübingen 1991.

KRAUSE, H.-J., «*hôj* als prophetische Leichenklage über das eigene Volk im 8. Jahrhundert», *ZAW* 85 (1973) 15-46.

KRINETZKI, L., «Zur Stilistik von Jes 40,1-8», *BZ* 16 (1972) 54-69.

KUNTZ, J.K., «The Contribution of Rhetorical Criticism to Understanding Isaiah 51.1-16», en D.J.A. CLINES – D.M. GUNN – A.J. HAUSER, eds., *Art and Meaning. Rhetoric in Biblical Literature*, JSOT.S 19, Sheffield 1982, 140-171.

——, «The Form, Location, and Function of Rhetorical Questions in Deutero-Isaiah», en C.C. BROYLES – C.A. EVANS, eds., *Writing and Reading the Scroll of Isaiah. Studies of an Interpretative Tradition*, VT.S 70.1, Leiden 1997, 121-141.

KUSTÁR, Z., *„Durch seine Wunden sind wir geheilt". Eine Untersuchung zur Metaphorik von Israels Krankheit und Heilung im Jesajabuch*, BWANT 154, Stuttgart 2002.

KUTSCH, E., *Sein Leiden und Tod – unser Heil. Eine Exegese von Jesaja 52,13–53,12*, BSt 52, Neukirchen 1967.

——, *Verheißung und Gesetz. Untersuchungen zum sogenannte »Bund« im Alten Testament*, BZAW 131, Berlin 1973.

——, «בְּרִית», *THAT* I, 339-352.

KUYPER, L.J., «The Meaning of חסדו Isa. XL,6», *VT* 13 (1963) 489-492.

——, «The Suffering and the Repentance of God», *SJTh* 22 (1969) 257-277.

Laato, A., «The Composition of Isaiah 40–55», *JBL* 109 (1990) 207-228.

———, *The Servant of Yhwh and Cyrus. A Reinterpretation of the Exilic Messianic Programme in Isaiah 40–55*, CB.OT 35, Stockholm 1992.

Labahn, A., *Wort Gottes und Schuld Israels. Untersuchungen zu Motiven deuteronomistischer Theologie im Deuterojesajabuch mit einem Ausblick auf das Verhältnis von Jes 40–55 zum Deuteronomismus*, BWANT 143, Stuttgart 1999.

Lack, R., *La Symbolique du Livre d'Isaïe. Essai sur l'image littéraire comme élément de structuration*, AnBib 59, Rome 1973.

Landy, F., «The Ghostly Prelude to Deutero-Isaiah», *BibInt* 14 (2006) 332-363.

Lauha, R., *Psychophysischer Sprachgebrauch im Alten Testament. Eine structural-semantische Analyse von לב ,נפש und רוח*, AASF.DHL 35, Helsinki 1983.

Le Déaut, R., «Aspects de l'intercession dans le Judaïsme ancien», *JSJ* 1 (1979) 35-57.

Leene, H., «Universalism or Nationalism?. Isaiah XLV 9-13 and Its Context», *Bijdr.* 35 (1974) 309-334.

van Leeuwen, K., «An Old Crux הַמְסֻכָּן תְּרוּמָה in Isaiah 40,20», en J. van Ruiten – M. Vervenne, eds., *Studies in the Book of Isaiah. Festschrift Willen A.M. Beuken*, BEThL 132, Leuven 1997, 273-287.

Leveen, J., «יזה in Isaiah LII. 15», *JJS* 7 (1956) 93-94.

Levy, J., *Wörterbuch über Talmudin und Midraschim* III, Berlin – Wien 1924.

Liebreich, L.J., «The Compilation of the Book of Isaiah», *JQR* 46 (1955-1956) 259-277; 47 (1956-1957) 114-138.

Lind, M.C., «Monotheism, Power, and Justice. A Study in Isaiah 40–55», *CBQ* 46 (1984) 432-446.

Lindblom, J., *The Servant Songs in Deutero-Isaiah. A New Attempt to Solve and Old Problem*, AUL N.F. 47.5, Lund 1951.

Lindsey, F.D., «The Commitment of the Servant in Isaiah 50:4-11», *BS* 139 (1982) 216-229.

Lindström, F., *God and the Origin of Evil. A Contextual Analysis of Alleged Monistic Evidence in the Old Testament*, CB.OT 21, Lund 1983.

Loewe, R., «Jerome's Treatement of an Antropopathism», *VT* 2 (1952) 261-272.

LOHFINK, N., «Literaturverzeichnis», en *id.*, ed., *Gewalt und Gewaltlosigkeit im Alten Testament*, QD 96, Freiburg – Basel – Wien 1983, 225-247.

——, *Das Jüdische am Christentum: Die verlorene Dimension*, Freiburg 1987.

LORETZ, O., «Die Gattung des Prologs zum Buche Deuterojesaja (Jes 40,1-11)», *ZAW* 96 (1984) 210-220.

——, «Mesopotamische und ugaritisch-kanaanäische Elemente im Prolog des Buches Deuterojesaja (Jes 40,1-11)», *Or.* 53 (1984) 284-296.

LUND, O., *Way Metaphors and Way Topics in Isaiah 40–55*, FAT II 28, Tübingen 2007.

LUYSTER, R., «Wind and Water. Cosmogonic Symbolism in the Old Testament», *ZAW* 93 (1981) 1-10.

LYONNET, S., «Expiation et intercession. À propos d'une traduction de saint Jérôme», *Bib* 40 (1959) 885-901.

MARINELLI, C.S., «Dio garante del futuro della discendenza davidica. Analisi narrativa e critica testuale in dialogo in 2Sam 7,1-17», *Lateranum* 73 (2007) 405-435.

MARTI, K., *Das Buch Jesaja*, KHC 10, Tübingen 1900.

MARTIN, H., «Désolation», *DicSp* III, 631-645.

MARTIN-ACHARD, R., «Ésaïe liv et la nouvelle Jérusalem», en J.A. EMERTON, ed., *Congress Volume Vienna 1980*, VT.S 32, Leiden 1981, 238-262.

MATHEWS, C.R., *Defending Zion. Edom's Desolation and Jacob's Restoration (Isaiah 34–35) in Context*, BZAW 236, Berlin 1995.

MCCARTHY, D.J., *Treaty and Covenant. A Study in Form in the Ancient Oriental Documents and in the Old Testament*, AnBib 21, Roma ²1978.

MCKEATING, H., «Vengeance is Mine. A Study of the Pursuit of Vengeance in the Old Testament», *ET* 74 (1962-1963) 239-245.

MCKENZIE, J.L., *Second Isaiah. Introduction, Translation, and Notes*, AncB 20, New York 1968.

MEJÍA, J., «La problématique de l'Ancienne et de la Nouvelle Alliance dans Jérémie xxxi 31-34 et quelques autres textes», en J.A. EMERTON, ed., *Congress Volume Vienna 1980*, VT.S 32, Leiden 1981, 263-277.

MELUGIN, R.F., «Deutero-Isaiah and Form Criticism», *VT* 21 (1971) 326-337.

——, *The Formation of Isaiah 40–55*, BZAW 141, Berlin 1976.

——, «The Servant, God's Call, and the Structure of Isaiah 40–48», SBL.SP 30 (1991) 21-30.

MELUGIN, R.F., – SWEENEY, M.A., *New Visions of Isaiah*, JSOT.S 214, Sheffield 1996.

MENDELHALL, G.E., *Law and Covenant in Israel and the Ancient Near East*, Pittsburgh 1955.

——, «The "Vengeance" of Yahweh», en *id.*, ed., *The Tenth Generation. The Origins of the Biblical Tradition*, Baltimore – London 1973, 69-104.

MERENDINO, R.P., *Corso esegetico-teologico su Is. 40. I Parte: Is 40,1-11*, Dispense PIB, Roma 1970.

——, *Der Erste und der Letzte. Eine Untersuchung von Jes 40-48*, VT.S 31, Leiden 1981.

——, «Allein und einzig Gottes prophetisches Wort: Israels Erbe and Auftrag für alle Zukunft (Jesaja 50,4-9a.10)», *ZAW* 97 (1985) 344-366.

MERZ, E., *Die Blutrache bei den Israeliten*, BWAT 20, Leipzig 1916.

METTINGER, T.N.D., «The Elimination of a *Crux*?. A Syntactic and Semantic Study of Isaiah xl 18-20», en G.W. ANDERSON, *et al.* eds., *Studies on Prophecy. A Collection of Twelve Papers*, VT.S 26, Leiden 1974, 77-83.

——, *A Farewell to the Servant Songs. A Critical Examination of an Exegetical Axiom*, Scripta Minora, Lund 1983.

MEYER, I., «שָׁמֵם», *ThWAT* VIII, 241-251.

MEYNET, R., «Le quatrième chant du serviteur. Is 52,13–53,12», *Gr.* 80 (1999) 407-440.

——, *Traité de rhétorique biblique*, Rhétorique sémitique 4, Paris 2007.

MILGROM, J. – WRIGHT, D.P., «נזה», *ThWAT* V, 322-325.

MILLS, M.E., *Alterity, Pain, and Suffering in Isaiah, Jeremiah and Ezekiel*, JSOT.S 479, New York 2007.

MOBERLY, R.W.L., «Did the Serpent Get it Right?», *JThS* 39 (1988) 1-27.

MOLINER, M., *Diccionario del uso del español*, I, Madrid 1975.

DE MOOR, J.C., «The Integrity of Isaiah 40», en M. DIETRICH – O. LORETZ, eds., *Mesopotamia – Ugaritica – Biblica. Festschrift für Kurt Bergerhof zur Vollendung seines 70. Lebensjahres am 7. Mai 1992*, AOAT 232, Kevelaer 1993, 181-216.

MORAN, W.L., «The Ancient Near Eastern Background of the Love of God in Deuteronomy», *CBQ* 25 (1963) 77-87.

MORGENSTERN, J., «The Suffering Servant. A New Solution», *VT* 11 (1961) 292-320, 406-431.

MORRIS, W.D., «'Double for all her Sins'», *ET* 17 (1905-1906) 286-287.

MORROW, W.S., «Comfort for Jerusalem. The Second Isaiah as Counselor to Refugees», *BTB* 34 (2004) 80-86.

——, *Protest against God. The Eclipse of a Biblical Tradition*, HBM 4, Sheffield 2006.

MOSHAVI, A., «Sintactic Evidence for a Clausal Adverb הלא in Biblical Hebrew», *JNWSL* 33 (2007) 51-63.

MOSIS, R., «Der verläßliche Grund der Verkündigung. Zu Jes 40,6-8», en R.M. HÜBNER – B. MAYER – E. REITER, eds., *Der Dienst für den Menschen in Theologie und Verkündigung. Festschrift für Alois Brems Bischof von Eichstätt zum 75. Geburtstag*, Regensburg 1981, 113-125.

——, «כאב», *ThWAT* IV, 8-13.

MOTYER, J.A., *The Prophecy of Isaiah*, Leicester 1993.

MOUGHTIN-MUMBY, S., *Sexual and Marital Metaphors in Hosea, Jeremiah, Isaiah, and Ezekiel*, Oxford Theological Monographs, Oxford 2008.

MOWINCKEL, S., «Der Komposition des deuterojesajanischen Buches», *ZAW* 49 (1931) 87-112, 242-260.

——, *He that Cometh*, Oxford 1956.

MUCCHIELI, A., *Le reazioni di difesa nelle relazioni interpersonali*, Assisi 1983.

MUFFS, Y., «Who Will Stand in the Breach?. A Study of Prophetic Intercession», en *id.*, ed., *Love and Joy. Law, Language and Religion in Ancient Israel*, New York 1992, 9-48.

MUILENBURG, J., *The Book of Isaiah. Chapters 40–66*, IntB 5, New York 1956.

——, «The Linguistic and Rhetorical Usages of the Particle כי in the Old Testament», *HUCA* 32 (1961) 135-160.

——, «The Intercession of the Covenant Mediator (Exodus 33:1a,12-17)», en P.R. ACKROYD – B. LINDARS, eds., *Words and Meanings. Essays Presented to David Winton Thomas*, Cambridge 1968, 159-181.

MUILENBURG, J., «The Terminology of Adversity in Jeremiah», en H.T. FRANK – W.L. REED, eds., *Translating and Understanding the Old Testament. Essays in Honor of Herbert Gordon May*, New York 1970, 42-63.

MÜLLER, H.P., «Die hebräische Wurzel שׁיח», *VT* 19 (1969) 361-371.

———, «Ein Vorschlag zu Jes 53,10f», *ZAW* 81 (1969) 377-380.

NAIDOFF, B.D., «The Rhetoric of Encouragement in Isaiah 40,12-31. A Form-Critical Study», *ZAW* 93 (1981) 62-76.

———, «The Two-Fold Structure of Isaiah xlv 9-13», *VT* 31 (1981) 180-185.

NETZER, A., «Some Notes on the Characterization of Cyrus the Great in Jewish and Judeo-Persian Writings», en *Hommage universel. Commémoration Cyrus. Actes du Congrès de Shiraz 1971 et autres études rédigées à l'occasion du 2500ᵉ anniversaire de la fondation de l'empire perse*, II, Acta Iranica 2, Téhéran – Liège 1974, 35-52.

NEWSOM, C.A., «'The Consolation of God'. Assessing Job's Friends across a Cultural Abyss», en J.C. EXUM – H.G.M. WILLIAMSON, eds., *Reading from Right to Left. Essays on the Hebrew Bible in Honour of David J.A. Clines*, JSOT.S 373, Sheffield 2003, 347-358.

NICCACCI, A., «Quarto Carme del Servo del Signore (Is 52,13–53,12). Composizione, dinamiche e prospettive», *SBFLA* 55 (2005) 9-26.

NICHOLSON, E.W., *God and His People. Covenant and Theology in the Old Testament*, Oxford 1986.

NIELSEN, K., *Yahweh as Prosecutor and Judge. An Investigation of the Prophetic Lawsuit (Rîb-Pattern)*, JSOT.S 9, Sheffield 1978.

———, «Das Bild des Gerichts (*Rîb*-Pattern) in Jes. I–XII. Eine Analyse der Beziehungen zwischen Bildsprache und dem Anliegen der Verkündigung», *VT* 29 (1979) 309-324.

NØRAGER, T., «'Heart' as Metaphor in Religious Discourse», en L. BOEVE – K. FEYAERTS, eds., *Metaphor and God-Talk*, Religions and Discourse 2, Bern 1999, 215-232.

NORTH, C.R., *The Suffering Servant in Deutero-Isaiah. An Historical and Critical Study*, Oxford 1948.

———, *Isaiah 40–55. The Suffering Servant of God*, TBP 18, London ⁵1966.

NÖTSCHER, F., *Gotteswege und Menchenwege in der Bibel und Qumran*, BBB 15, Bonn 1958.

NURMELA, R., *The Mouth of the Lord Has Spoken. Inner-Biblical Allusions in Second and Third Isaiah*, Studies in Judaism, Lanhan 2006.

O'CONNELL, R.H., *Concentricity and Continuity. The Literary Structure of Isaiah*, JSOT.S 188, Sheffield 1994.

OEMING, M., «Ermitteln und Vermitteln. Grundentscheidungen bei der Konzeption einer Theologie des Alten Testaments», en *id.*, ed., *Verstehen und Glauben. Exegetische Bausteine zu einer Theologie des Alten Testaments*, BBB 142, Berlin 2003, 9–48.

VAN OORSCHOT, J., *Von Babel zum Zion. Eine literarkritische und redactionsgeschichtliche Untersuchung*, BZAW 206, Berlin 1993.

ORLINSKY, H.M., «So-Called "Servant of the Lord" and "Suffering Servant" in Second Isaiah», en *Studies on the Second Part of the Book of Isaiah*, VT.S 14, Leiden 1977, 1-133.

OSWALT, J.N., *The Book of Isaiah. Chapters 40–66*, NICOT, Grand Rapids 1998.

OTTO, E., «צִיּוֹן», *ThWAT* VI, 994-1027.

PAGANINI, S., *Der Weg zur Frau Zion, Ziel unserer Hoffnung. Aufbau, Kontext, Sprache, Kommunikationsstruktur und theologische Motive in Jes 55,1-13*, SBB 49, Stuttgart 2002.

——, «Eigenart und Kontext von Jes 55. Geht Deuterojesaja mit Jes 55 zu Ende?», en M. AUGUSTIN – H.M. NIEMANN, eds., *„Basel und Bibel". Collected Communications to the XVIIth Congress of the International Organitation for the Study of the Old Testament, Basel 2001*, BEAT 51, Frankfurt 2004, 131-146.

PAPOLA, G., *L'alleanza di Moab. Studio esegetico teologico di Dt 28.69–30.20*, AnBib 174, Roma 2008.

VAN DYKE PARUNAK, H., «A Semantic Survey of *nhm*», *Bib* 56 (1975) 512-532.

PAUL, M.S., «Deutero-Isaiah and Cuneiform Royal Inscription», en W.W. HALLO, ed., *Essays in Memory of E.A. Speiser*, American Oriental Series 53, New Haven 1968, 180-186.

PAYNE SMITH, R., *Thesaurus Syriacus* II, Oxford 1901.

PEELS, H.G.L., *The Vengeance of God. The Meaning of the Root NQM and the Function of the NQM-Texts in the Context of Divine Revelation in the Old Testament*, OTS 31, Leiden 1995.

PENNA, A., *Isaia*, La Sacra Bibbia, Torino – Roma 1958.

PERLITT, L., *Bundestheologie im Alten Testament*, WMANT 36, Neukirchen 1969.

PERSON, R.F., «II Kings 18–20 and Isaiah 36–39. A Text Critical Case Study in the Redaction History of the Book of Isaiah», *ZAW* 111 (1999) 373-379.

PHAM, X.H.T., *Mourning in the Ancient Near East and the Hebrew Bible*, JSOT.S 302, Sheffield 1999.

PHILLIPS, A., «'Double for all her Sins'», *ZAW* 94 (1982) 130-132.

PIETSCH, M., *»Dieser ist der Spross Davids…«. Studien zur Rezeptionsgeschichte der Nathanverheißung im alttestamentlichen, zwischentestamentlichen und neutestamentlichen Schrifttum*, WMANT 100, Neukirchen 2003.

VAN DER PLOEG, J.S., *Les chants du serviteur de Jahvé dans la seconde partie du livre d'Isaïe*, Paris 1936.

POLAK, F.H., «"The Restful Waters of Noah": מי נח – מי מנחות», *JANES* 23 (1995) 69-74.

POPE, M., «Isaiah 34 in Relation to Isaiah 35.40–66», *JBL* 71 (1952) 235-243.

PORÚBČAN, Š., *Il Patto nuovo in Is. 40–66*, AnBib 8, Roma 1958.

POULLIER, L., «Consolation spirituelle», *DicSp* II, 1617-1634.

PREUSS, H.D., «"…Ich will mit dir sein!"», *ZAW* 80 (1968) 139-173.

———, *Deuterojesaja. Eine Einführung in seine Botschaft*, Neukirchen 1976.

RAABE, P.R., «The Effect of Repetition in the Suffering Servant Songs», *JBL* 103 (1984) 77-81.

VON RAD, G., *Theologie des Alten Testaments. Bd.I: Die Theologie der geschichtlichen Überlieferungen Israels. Bd.II: Die Theologie der prophetischen Überlieferungen Israels*, München [4]1962, [7]1980.

———, «כפלים in Jes 40,2=Äquivalent?», *ZAW* 79 (1967) 80-82.

RAMIS DARDER, F., *El triunfo de Yahvé sobre los ídolos (Is 40,12–44,23). «En vez de zarzas crecerá el ciprés»*, Collectània Sant Pacià 75, Barcelona 2002.

RANEY, D.C., «Does Yhwh *naham*?. A Question of Openness», SBL.SP 42 (2003) 105-115.

RAVENNA, A., «Is. 40,4 e Ps. 31,21», *RivBibIt* 1 (1953) 69-70.

REICKE, B., «The Knowledge of the Suffering Servant», en F. MAASS, ed., *Das Ferne und Nahe Wort. Festschrift Leonhard Rost zur vollendung seines 70. Lebensjahres am 30. November 1966 gewidmet*, BZAW 105, Berlin 1967, 186-192.

REISEL, R., «The Relation between the Creative Function of the Verbs עשׂה – יצר – ברא in Isaiah 43:7 and 45:7», en M. BOERTIEN, *et al.* eds., *Verkenningen in een Stroomgebied. Proeven van oudtestamentisch onderzoek. Ter gelegenheid van het afscheid van Prof. Dr. M.A. Beek*, Amsterdam 1974, 65-79.

RÉMY, P., «Peine de mort et vengeance dans la Bible», *ScEc* 19 (1967) 323-350.

RENDTORFF, R., «Die theologische Stellung des Schöpfungsglaubens bei Deuterojesaja», *ZThK* 51 (1954) 3-13.

——, «Botenformel und Botenspruch», *ZAW* 74 (1962) 165-177.

——, «Zur Komposition des Buches Jesaja», *VT* 34 (1984) 295-320.

——, *Das Alte Testament. Eine Einführung*, Göttingen 1988.

——, «The Book of Isaiah. A Complex Unity. Synchronic and Diachronic Reading», en R.F. MELUGIN – M.A. SWEENEY, eds., *New Visions of Isaiah*, JSOT.S 214, Sheffield 1996, 32-49.

——, *Theologie des Alten Testaments. Ein kanonischer Entwurf. Band I: Kanonische Grundlegung. Band II: Thematische Entfaltung*, Neukirchen 1999, 2001.

RENKEMA, J., *Lamentations*, HCOT, Leuven 1998.

REVENTLOW, H., *Liturgie und prophetisches Ich bei Jeremia*, Gütersloh 1963.

——, *Hauptprobleme der alttestamentlichen Theologie im 20. Jahrhundert*, EdF 173, Darmstadt 1982.

RHODES, A.B., «Israel's Prophets as Intercessors», en A.L. MERRIL – T.W. OVERHOLT, eds., *Scripture in History and Theology. Essays in Honor of J. Coert Rylaarsdam*, Pittsburgh 1977, 107-128.

RICHTER, W., *Die sogenannten vorprophetischen Berufungsberichte. Eine literaturwissenschaftliche Studie zu 1 Sam 9,1-10, 16, Ex 3f. und Ri 6,11b-17*, FRLANT 101, Göttingen 1970.

RIDDERBOS, J., *Isaiah*, BiStC, Grand Rapids 1985.

RIGNELL, L.G., *A Study of Isaiah. Ch. 40–55*, AUL N.F. 1/52.5, Lund 1956.

RINGGREN, H., «Behold your King Comes», *VT* 24 (1974) 207-211.

——, «גאל», *ThWAT* I, 884-890.

——, «נוד», *ThWAT* V, 291-293.

ROBERTS, J.J.M., «The Davidic Origin of the Zion Tradition», en *id.*, ed., *The Bible and the Ancient Near East. Collected Essays*, Winona Lake 2002, 313-330.

ROBERTS, J.J.M., «Zion in the Theology of the Davidic-Solomonic Empire», en *id.*, ed., *The Bible and the Ancient Near East. Collected Essays*, Winona Lake 2002, 331-347.

ROBINSON, B.P., «Moses at the Burning Bush», *JSOT* 75 (1997) 107-122.

ROFÉ, A., «How Is the Word Fulfilled? Isaiah 55:6-11 within the Theological Debate of Its Time», en   G.M. TUCKER – D.L. PETERSEN – R.R. WILSON, eds., *Canon, Theology, and Old Testament Interpretation. Essays in Honor of Brevards S. Childs*, Philadelphia 1988, 246-261.

ROSSIER, F., *L'intercession entre les hommes dans la Bible hébraïque. L'intercession entre les hommes aux origines de l'intercession auprès de Dieu*, OBO 152, Fribourg 1996.

ROUTLEDGE, R., «Is There a Narrative Substructure Underlying the Book of Isaiah?», *TynB* 55 (2004) 183-204.

ROWLEY, H.H., *The Biblical Doctrine of Election*, The Louisa Curtis Lectures, London 1950.

——, *The Servant of the Lord and Other Essays on the Old Testament*, London 1952.

RUBINSTEIN, A., «Isaiah LII 14 – מִשְׁחַת – and the DSIa Variant», *Bib* 35 (1954) 475-479.

VAN RUITEN, J. – VERVENNE, M., *Studies in the Book of Isaiah. Festschrift Willen A.M. Beuken*, BEThL 132, Leuven 1997.

RULLA, L.M., *Antropología de la vocación cristiana. 1. Bases interdisciplinares*, Madrid 1990.

RUPPERT, L., *Die Josephserzählung der Genesis. Ein Beitrag zur Theologie der Pentateuchquellen*, StANT 11, München 1965.

——, «„Mein Knecht, der gerechte, macht die Vielen gerecht, und ihre Verschuldungen – er trägt sie" (Jes 53,11)», *BZ* 40 (1996) 1-17.

SACON, K.K., «Isaiah 40:1-11. A Rhetorical-Critical Study», en J.J. JACKSON – M. KESSLER, eds., *Rhetorical Criticism. Essays In Honor of James Muilenburg*, Pittsburg 1974, 99-116.

SAUER, G., «דֶּרֶךְ», *THAT* I, 456-460.

SAWYER, J.F.A., «What Was a *Mošiaᶜ*?», *VT* 15 (1965) 475-486.

——, «Daugther of Zion and Servant of the Lord in Isaiah. A Comparison», *JSOT* 44 (1989) 89-107.

SCHARBERT, J., *Heilsmittler im Alten Testament und im Alten Orient*, QD 23/24, Freiburg 1964.

SCHEIBER, A., «Der Zeitpunkt des Auftretens von Deuterojesaja», *ZAW* 84 (1972) 242-243.

SCHENKER, A., «Die Anlässe zum Schuldopfer Ascham», en *id.*, ed., *Studien zu Opfer und Kult im Alten Testament mit einer Bibliographie 1969-1991 zum Opfer in der Bibel*, FAT 3, Tübingen 1992, 45-66.

——, *Knecht und Lamm Gottes (Jesaja 53). Übernahme von Schuld im Horizont der Gottesknechtslieder*, SBS 190, Stuttgart 2001.

SCHMID, K., «Herrschererwartungen und – aussagen im Jesajabuch. Überlegungen zu ihrer synchronen Logik und zu ihren diachronen Transformationen», en S. KONRAD, ed., *Prophetische Heils- und Herrschererwartungen*, SBS 194, Stuttgart 2005, 37-74.

SCHMITT, H.C., «Erlösung und Gericht. Jes 43,1-7 und sein literarischer und theologischer Kontext», en J. HAUSMANN – H.-J. ZOBEL, eds. *Alttestamentlicher Glaube und Biblische Theologie. Festschrift für Horst Dietrich Preuss zum 65. Geburtstag*, Stuttgart 1992, 120-131.

SCHMITT, J.J., «The Motherhood of God and Zion as Mother», *RB* 92 (1985) 557-569.

SCHOORS, A., «The *Rîb*-Pattern in Isaiah, XL–LV», *Bijdr.* 30 (1969) 25-38.

——, «Two Notes on Isaiah XL–LV», *VT* 21 (1971) 501-505.

——, *I Am God Your Saviour. A Form-Critical Study of the Main Genres in Is. XL–LV*, VT.S 24, Leiden 1973.

SCHÜNGEL-STRAUMANN, H., «Mutter Zion im Alten Testament», en T. SCHNEIDER – H. SCHÜNGEL-STRAUMANN, eds., *Theologie zwischen Zeiten und Kontinenten. Für Elisabeth Gössmann*, Freiburg 1993, 19-30.

SCHWARZ, G., «"…zum Bund des Volkes?". Eine Emendation», *ZAW* 82 (1970) 279-281.

——, «Jesaja 50 4-5a. Eine Emendation», *ZAW* 85 (1973) 356-357.

SCHWIENHORST, L., «נגע», *ThWAT* V, 119-226.

SCOBIE, C.H.H., *The Ways of Our God. An Approach to Biblical Theology*, Grand Rapids 2003.

SCOTT, R.B.Y., «The Relation of Isaiah, Chapter 35, to Deutero-Isaiah», *AJSL* 52 (1935) 178-191.

SEEBASS, H., «נֶפֶשׁ», *ThWAT* V, 531-555.

SEGALLA, G., «Teologia Biblica», *NDTB*, 1533-1539.

SEIDL, T., «Offene Stellen in Jesaja 40,1-8. Ein methodenkritischer Vergleich», en K.D. SCHUNCK – M. AUGUSTIN, eds., *Goldene Äpfel in silbernen Schalen. Collected Communications to the XIIIth Congress of the International Organization for the Study of the Old Testament, Leuven 1989*, BEAT 20, Frankfurt am Main 1992, 49-56.

——, *«Der Becher in der Hand des Herrn«. Studie zu den prophetischen»Taumelbecher«-Texten*, ATSAT 70, St. Ottilien 2001.

SEITZ, C.R., «The Divine Council. Temporal Transition and New Prophecy in the Book of Isaiah», *JBL* 109 (1990) 229-247.

——, *Zion's Final Destiny. The Development of the Book of Isaiah. A Reassessment of Isaiah 36–39*, Minneapolis 1991.

SEMBRANO, L., *La regalità di Dio. Metafora ebraica e contesto culturale del vicino Oriente antico*, SupRivBib 32, Bologna 1998.

SERAFINI, F., *L'Alleanza Levitica. Studio della bᵉrît di Dio con i sacerdoti leviti nell'Antico Testamento*, Assisi 2006.

SEYBOLD, K., *Das davidische Königtum im Zeugnis der Propheten*, Göttingen 1972.

SHERWIN, S., «*hamsukkān* in Isaiah 40:20. Some Reflections», *TynB* 54 (2003) 145-149.

SICRE, J.L., *Los dioses olvidados. Poder y riqueza en los profetas preexílicos*, EstAT 1, Madrid 1979.

SIMCOX, C.E., «The *Rôle* of Cyrus in Deutero-Isaiah», *JAOS* 57 (1937) 158-171.

SIMIAN-YOFRE, H., «Éxodo en DtIs», *Bib* 61 (1980) 530-553.

——, *Sofferenza dell'uomo e silenzio di Dio nell'Antico Testamento e nella letteratura del Vicino Oriente Antico*, Studia Biblica 2, Roma 2005.

——, «נחם», *ThWAT* V, 366-384.

SIMOENS, Y., *Le corps souffrant. De l'un à l'autre Testament*, Paris 2006.

SKEHAN, P.W., «Some Textual Problems in Isaiah», *CBQ* 22 (1960) 47-55.

SMITH, M.S., «*Bērît ᶜam / Bērît ᶜôlām*. A New Proposal for the Crux of Isa 42:6», *JBL* 100 (1981) 241-243.

SMITH, S., *Isaiah Chapters XL–LV. Literary Criticism and History*, The Schweich Lectures of the British Academy, London 1944.

SNAITH, N.H., «The Exegesis of Isaiah xl,5,6.», *ET* 52 (1940-1941) 394-396.

SNAITH, N.H., «The Meaning of 'the Paraclete'», *ET* 57 (1945) 47-50.

——, «The Springkling of Blood», *ET* 82 (1970-1971) 23-24.

——, *Isaiah 40–66. A Study of the Teaching of the Second Isaiah and its Consequences*, VT.S 14, Leiden 1977.

VON SODEN, W., *Akkadisches Handwörterbuch* II, Wiesbaden 1959.

SOGGIN, J.A., «Tod und Auferstehung des Leidenden Gottesknechts. Jesaja 53,8-10», *ZAW* 87 (1975) 346-355.

SOLÀ, T., *Jahvè, espòs d'Israel. Poderosa metàfora profètica*, Barcelona 2006.

SOMMER, B.D., «Allusions and Illusions. The Unity of the Book of Isaiah in Light of Deutero-Isaiah's Use of Prophetic Tradition», en R.F. MELUGIN – M.A. SWEENEY, eds., *New Visions of Isaiah*, JSOT.S 214, Sheffield 1996, 156-186.

SONNE, I., «Isaiah 53,10-12», *JBL* 78 (1959) 335-342.

SPIECKERMANN, H., «The Conception and Prehistory of the Idea of Vicarious Suffering in the Old Testament», en B. JANOWSKI – P. STUHLMACHER, eds., *The Suffering Servant. Isaiah 53 in Jewish and Christian Sources*, Grand Rapids 2004, 1-15.

SPYKERBOER, H.C., *The Structure and Composition of Deutero-Isaiah. With Special Reference to the Polemics against Idolatry*, Meppel 1976.

——, «Isaiah 55,1-5. The Climax of Deutero-Isaiah. An Invitation to Come to the New Jerusalem», en J. VERMEYLEN, ed., *The Book of Isaiah. Le Livre d'Isaïe. Les oracles et leurs relectures. Unité et complexité de l'ouvrage*, BEThL 81, Leuven 1989, 357-359.

STACHOWIAK, L., «Die Sendung des Deuterojesaja im Lichte von Jes 40,1-11 und der späteren Text-Tradition», en J. REINDL, ed., *Dein Wort beachten. Alttestamentliche Aufsätze*, Leipzig 1981, 102-115.

STAMM, J.J., «*Bĕrît ʿam* bei Deuterojesaja», en H.W. WOLFF, ed., *Probleme biblischer Theologie. Gehard von Rad zum 70. Geburtstag*, München 1971, 510-524.

——, «גאל», *THAT* I, 383-394.

STARBUCK, S.R.A., «Theological Anthropology at a Fulcrum. Isaiah 55,1-5, Psalm 89, and Second Stage Tradition in Royal Psalms», en B.F. BATTO – K.L. ROBERTS, eds., *David and Zion. Biblical Studies in Honor of J.J.M. Roberts*, Winona Lake 2004, 247-265.

STECK, O.H., «Aspekte des Gottesknechtes in Jes 52,13–53,12», *ZAW* 97 (1985) 36-58.

STECK, O.H., *Bereitete Heimkehr. Jesaja 35 als redaktionelle Brücke zwischen dem Ersten und dem Zweiten Jesaja*, SBS 121, Stuttgart 1985.

——, «Zion als Gelände und Gestalt. Überlegungen zur Wahrnehmung Jerusalems als Stadt and Frau im Alten Testament», *ZThK* 86 (1989) 261-281.

——, «Zion Tröstung. Beobachtungen und Fragen zu Jesaja 51,1-11», en E. BLUM –C. MACHOLZ – E.W. STEGEMANN, eds., *Die Hebräische Bibel und ihre zweifache Nachgeschichte. Festschrift für Rolf Rendtorff zum 65. Geburtstag*, Neukirchen 1990, 257-276.

——, *Gottesknecht und Zion. Gesammelte Aufsätze zu Deuterojesaja*, FAT 4, Tübingen 1992.

STENDEBACH, F.J., «שָׁלוֹם», *ThWAT* VIII, 12-46.

STERN, P., «The 'Blind Servant' Imagery of Deutero-Isaiah and Its Implications», *Bib* 75 (1994) 224-232.

STIENSTRA, N., *YHWH is the Husband of His People. Analysis of a Biblical Metaphor with Special Reference to Translation*, Kampen 1993.

STOEBE, H.J., «Zu Is 40,6», *Wort und Dienst* 2 (1950) 122-128.

——, «נחם», *THAT* II, 59-66.

STOLZ, F., «חלה», *THAT* I, 567-570.

——, «לב», *THAT* I, 861-867.

——, «שמם», *THAT* II, 970-974.

STRATTON, B.J., «Engaging Metaphors. Suffering with Zion and the Servant in Isaiah 52–53», en S.E. FOWL, ed., *The Theological Interpretation of Scripture. Classic and Contemporary Readings*, Oxford 1997, 219-237.

STREIBERT, C., *Schöpfung bei Deuterojesaja und in der Priesterschrift. Eine vergleichende Untersuchung zu Inhalt und Funktion schöpfungstheologischer Aussagen in exilischnachexilischer Zeit*, BEAT 8, Frankfurt 1993.

STROLA, G., *Il desiderio di Dio. Studio dei Salmi 42-43*, Assisi 2003.

STUHLMUELLER, C., *Creative Redemption in Deutero-Isaiah*, AnBib 43, Rome 1970.

STUMMER, F., «Einige keilschriftliche Parallelen zu Jes. 40–66», *JBL* 45 (1926) 171-189.

——, «הַמְסֻכָּן תְּרוּמָה (Jes 40,20) in der Vulgata», *ZAW* 53 (1935) 283-285.

SWATZBACK, R.H., «A Biblical Study of the Word 'Vengeance'», *Int* 6 (1952) 451-457.

SWEENEY, M.A., *Isaiah 1–4 and the Post-Exilic Understanding of the Isaianic Tradition*, BZAW 171, Berlin 1988.

——, *Isaiah 1–39*, FOTL 16, Grand Rapids 1996.

——, «The Reconceptualization of the Davidic Covenant in Isaiah», en J. VAN RUITEN – M.VERVENNE, eds., *Studies in the Book of Isaiah. Festschrift Willen A.M. Beuken*, BEThL 132, Leuven 1997, 41-61.

SWENSON, K.M., *Living Through Pain. Psalms and the Search for Wholeness*, Waco 2005.

TALMON, S., «מִדְבָּר», *ThWAT* IV, 660-695.

TÅNGBERG, A. «The Justification of the Servant of the Lord. Ligth from Qumran on the Interpretation on Is 53,11aβ», *TTK* 72 (2001) 31-36.

TENGSTRÖM, S., «רוּחַ», *ThWAT* VII, 385-418.

TERESA DE JESÚS, *Moradas*, en *Obras completas*, BAC 212, Madrid ³1972, 363-450.

TERIAN, A., «The Hunting Imagery in Isaiah LI 20A», *VT* 41 (1991) 462-471.

TESTA, E., «Il Targum di Isaia 55,1.13, scoperto a Nazaret e la teologia sui pozzi dell'acqua viva», *SBFLA* 17 (1967) 259-289.

TEUGELS, L., «Consolation and Composition in a Rabbinic Homily on Isaiah 40 Pesiqta'de Rav Kahana' 16», en J. VAN RUITEN – M.VERVENNE, eds., *Studies in the Book of Isaiah. Festschrift Willen A.M. Beuken*, BEThL 132, Leuven 1997, 433-446.

THOMAS, D.W., «A Note on the Hebrew Root נחם », *ET* 44 (1933) 191-192.

——, «A Consideration of Isaiah LIII in the Light of Recent Textual and Philological Study», *EThL* 44 (1968) 79-86.

THOMAS, J., «"Double for All her Sins". A Critical Exposition», *The Expositor* 5/4 (1896) 370-380.

THORDARSON, T., «Notes of the Semiotic Context of the Verb *niham* in the Book of Jonah», *SEÅ* 54 (1989) 226-235.

TORCZYNER, H., «Presidencial Address» *JPOS* 16 (1936) 1-8.

TORREY, C.C., *The Second Isaiah. A New Interpretation*, Edinburgh 1928.

——, «Isaiah 41», *HThR* 44 (1951) 121-136.

TORTI, R., *Quando interrogare è pregare. La domanda nel Salterio alla luce della letteratura accadica*, StBibb 7, Milano 2003.

TOURNAY, R.J., «Les chants du Serviteur dans la seconde partie d'Isaïe», *RB* 59 (1952) 355-384, 481-512.

TREMOLADA, P., *«E fu annoverato fra iniqui». Prospettive di lettura della Passione secondo Luca alla luce di Lc 22,37 (Is 53,12d)*, AnBib 137, Roma 1997.

TRUDINGER, P., «"To Whom then Will You Liken God?". (A Note of the Interpretation of Isaiah XL 18-20)», *VT* 17 (1967) 220-225.

VAN SETERS, J., «Isaiah 40,1-11», *Int* 35 (1981) 401-404.

VEIJOLA, T., «Depression als menschliche und biblische Erfahrung», en id., ed., *Offenbarung und Anfechtung. Hermeneutisch-theologische Studien zum Alten Testament*, BThSt 89, Neukirchen 2007, 157-190.

VELLA, J., *La giustizia forense di Dio*, SupRivBib, Brescia 1964.

——, «Una trama letteraria di liti di Dio con il suo popolo: schema di teologia biblica», en *Jalones de la Historia de la salvación en el Antiguo y Nuevo Testamento*, XXVI SemBEsp (1965), Madrid 1969, 113-131.

VERMEYLEN, J., «Le motif de la création dans le Deutéro-Isaïe», en L. DEROUSSEAUX, ed., *La Création dans l'Orient Ancien. Congrès de l'ACFEB (1985)*, LeDiv 127, Paris 1987, 183-240.

——, «L'unité du livre d'Isaïe», en id., ed., *The Book of Isaiah. Le Livre d'Isaïe. Les oracles et leurs relectures. Unité et complexité de l'ouvrage*, BEThL 81, Leuven 1989, 11-53.

VERMEYLEN, J., «Hypothèses sur l'origine d'Isaïe 36–39», en J. VAN RUITEN – M. VERVENNE, eds., *Studies in the Book of Isaiah. Festschrift Willen A.M. Beuken*, BEThL 132, Leuven 1997, 95-118.

VIEWEGER, D. – BÖCKLER, A., «„Ich gebe Ägypten als Lösegeld für dich". Mk 10,45 und die jüdische Tradition zu Jes 43,3b.4», *ZAW* 108 (1996) 594-607.

VILLER, M., «Consolation chrétienne», *DicSp* II, 1611-1617.

VINCENT, J.M., *Studien zur literarischen Eigenart und zur geistigen Heimat von Jesaja, Kap. 40–55*, BET 5, Frankfurt am Main 1977.

——, *Das Auge hört. Die Erfahrbarkeit Gottes im Alten Testament*, BThSt 34, Neukirchen 1998.

VIRGILI DAL PRÀ, R., «Il Cantico dei Cantici. Struttura letterario poetica e accostamenti con la poesia greca», en G. BORTONE, ed., *Il bello della Bibbia. Visione poliedrica del «Bello Ideale»*, Studio Biblico Teologico Aquilano, L'Aquila 2005, 7-104.

VLKOVÁ, G.I., *Cambiare la luce in tenebre e le tenebre in luce. Uno studio tematico dell'alternarsi tra la luce e le tenebre nel libro di Isaia*, Tesi Gregoriana, Serie Teologica 107, Roma 2004.

VOGT, E., «Die Ebed-Jahwe-Lieder und ihre Ergänzungen», *EE* 34 (1960) 775-788.

VOLGGER, J., «Das 'Schuldopfer' Ascham in Jes 53,10 und die Interpretation des sogenannten vierten Gottesknechtliedes», *Bib* 79 (1998) 473-498.

VOLZ, P., *Jesaia II. Übersetz und erklärt*, KAT 9, Leipzig 1932.

VRIEZEN, T.C., «The Term *Hizza*. Lustration and Consecration», en P.A.H. DE BOER, ed., *Oudtestamentische Studiën*, OTS 8, Leiden 1950, 201-235.

WAGNER, A., «Gefühl, Emotion und Affekt in der Sprachanalyse des Hebräischen», en *Emotionen, Gefühle und Sprache im Alten Testament*, KUSATU 7, Waltrop 2006, 7-47.

WAGNER, S., «סתר», *ThWAT* V, 967-977.

WALDMAN, N.M., «A Biblical Echo of Mesopotamian Royal Rhetoric», en A.I. KATSH – L. NEMOY, eds., *Essays on the Occasion of the Seventieth Anniversary of the Dropsie University (1909-1979)*, Philadelphia 1979, 449-455.

VON WALDOW, H.E., *Anlaß und Hintergrund der Verkündigung des Deuterojesaja*, Bonn 1953.

——, «The Message of Deutero-Isaiah», *Int* 22 (1968) 259-287.

WATTS, J.D.W., *Isaiah 1–33*, WBC 24, Waco 1985.

——, *Isaiah 34–66*, WBC 25, Waco 1987.

WATTS, R.E., «The Meaning of ʿālāw yiqǝṣû mǝlākîm pîhem in Isaiah LII 15», *VT* 40 (1990) 327-335.

WEBB, B.G., «Zion in Transformation. A Literary Approach to Isaiah», en D.J.A. CLINES – S.E. FOWL – S.E. PORTER, eds., *The Bible in Three Dimensions. Essays in Celebration of Forty Years of Biblical Studies in the University of Sheffield*, JSOT.S 87, Sheffield 1990, 65-84.

WEEMS, R.J., *Battered Love. Marriage, Sex, and Violence in the Hebrew Prophets*, OBTh, Minneapolis 1995.

WEHMEIER, G., «סתר», *THAT* II, 173-181.

WEINFELD, M., *Deuteronomy and the Deuteronomic School*, Oxford 1972.

——, «Covenant vs. Obligation», *Bib* 56 (1975) 120-128.

——, «כָּבוֹד», *ThWAT* IV, 23-40.

WÉNIN, A., «Le poème du Serviteur souffrant (Is 52,13–53,12). Proposition de lecture», Foi et le Temps 24 (1994) 493-508.

WERLITZ, J., *Redaktion und Komposition. Zur Rückfrage hinter die Endgestalt von Jesaja 40–55*, BBB 122, Berlin 1999.

WESTERMANN, C., *Das Buch Jesaja. Kapitel 40–66*, ATD 19, Göttingen 1966.

——, *Sprache und Struktur der Prophetie Deuterojesajas. Mit einer Literaturübersicht „Hauptlinien der Deuterojesaja-Forschung von 1964–1979", zusammengestellt und kommentiert von Andreas Richter*, CThM 11, Stuttgart 1981.

——, «כבד», *THAT* I, 794-812.

——, «נפשׁ», *THAT* II, 71-95.

WHITCOMB, J.C., «Cyrus in the Prophecies of Isaiah», en J.H. SKILTON, ed., *The Law and the Prophets. Old Testaments Studies Prepared in Honor of Oswald Thompson Allis*, Nutley 1977, 388-401.

WHITLEY, C.F., «The Semantic Range of *hesed*», *Bib* 62 (1981) 519-526.

WHYBRAY, R.N., *Thanksgiving for a Liberated Prophet. An Interpretation of Isaiah Chapter 53*, JSOT.S 4, Sheffield 1978.

——, *Isaiah 40–66*, New Century Bible Commentary, Grand Rapids 1981.

VAN WIERINGEN, A.L.H.M., «Jesaja 40,1-11. Eine drama-liturgische Lesung von Jesaja 6 her», *BN* 49 (1989) 82-93.

——, *The Reader-Oriented Unity of The Book Isaiah*, ACEBT, Supplement Series 6, Vught 2006.

WILCOX, P. – PATTON-WILLIANS, D., «The Servant Songs in Deutero-Isaiah», *JSOT* 42 (1988) 79-102.

WILDBERGER, H., «Jesajas Verständnis der Geschichte», en *Congress Volume. Bonn 1962*, VT.S 9, Leiden 1963, 83-117.

——, *Jesaja. 3. Teilband Jesaja 28–39. Das Buch, der Prophet und seine Botschaft*, BK 10/3, Neukirchen 1982.

WILLEY, P.T., «The Servant of YHWH and Daughter Zion. Alternating Visions of YHWH's Commnunity», SBL.SP 34 (1995) 267-303.

——, *Remember the Former Things. The Recollection of Previous Texts in Second Isaiah*, SBL.DS 161, Atlanta 1997.

WILLIAMSON, H.G.M., «*daʿat* in Isaiah LIII 11», *VT* 28 (1978) 118-122.

WILLIAMSON, H.G.M., «"The Sure Mercies of David". Subjective or Objective Genitive?», *JSSt* 23 (1978) 31-49.

——, «Isaiah 40,20 – A Case of Not Seeing the Wood for the Trees», *Bib* 67 (1986) 1-20.

——, *The Book Called Isaiah. Deutero-Isaiah's Role in Composition and Redaction*, Oxford 1994.

WILLIS, G., «The "Repentance" of God in the Books of Samuel, Jeremiah and Jonah», *HBT* 16 (1994) 156-175.

WILLMES, B., «Gott erlöst sein Volk. Gedanken zum Gottesbild Deuterojesajas nach Jes 43,1-7», *BN* 51 (1990) 61-93.

WILSHIRE, L.E., «The Servant-City. A New Interpretation of the 'Servant of the Lord' in the Servant Songs of Deutero-Isaiah», *JBL* 94 (1975) 356-367.

——, «Jerusalem as the 'Servant-City in Isaiah 40–66. Reflection in the Light of Further Study of the Cuneiform Tradition», en W.W. HALLO – B.W. JONES – G.L. MATTINGLY, eds., *The Bible in the Light of Cuneiform Literature. Scripture in Context III*, ANETS 8, Lewiston 1990, 231-255.

VAN WINKLE, D.W., «Proselytes in Isaiah XL-LV?. A Study of Isaiah XLIV 15», *VT* 47 (1997) 341-359.

WOLFF, H.W., *Anthropologie des Alten Testaments*, München 1973.

WÜRTHWEIN, E., «Der Ursprung der prophetischen Gerichtsrede», *ZThK* 49 (1952) 1-16.

WYATT, N., «Sea and Desert. Symbolic Geography in West Semitic Religious Thought», *UF* 19 (1987) 375-389.

YAMAUCHI, E.M., *Persia and the Bible*, Grand Rapids 1990.

YOUNG, E.J., «The Interpretation of יזה in Isaiah 52,15», *WThJ* 3 (1941) 125-132.

——, *The Book of Isaiah. The English Text, with Introduction, Exposition, and Notes. III. Chapters 40 through 66,* NICOT, Grand Rapids 1972.

ZEHNDER, M.P., *Wegmetaphorik im Alten Testament. Eine semantische Untersuchung der alttestamentlichen und altorientalischen Weg-Lexeme mit besonderer Berücksichtigung ihrer metaphorichen Verwendung*, BZAW 268, Berlin 1999.

ZILLISEN, A., «Der alte und der neue Exodus. Eine Studie zur israelitischen Prophetie, speziell zu Jesaja 40 ff», *Archiv für Religionswissenschaft* 6 (1903) 289-304.

ZIMMERLI, W., «Der 'Neue Exodus' in der Verkündigung der beiden grossen Exilspropheten», en *Gottes Offenbarung. Gesammelte Aufsätze zum Alten Testament*, München 1963, 192-204.

——, «Jahwes Wort bei Deuterojesaja», *VT* 32 (1982) 104-124.

——, *Grundriss der alttestamentlichen Theologie*, ThW 3, Stuttgart 1999.

ZURRO, E., *Procedimientos iterativos en la poesía ugarítica y hebrea*, BibOr 43, Roma 1987.

ÍNDICE DE AUTORES

ÍNDICE DE CITAS BÍBLICAS

51:	156	21,22:	139
23,5:	155, 158, 160	25,1-17:	70
24,16:	32, **60**, 77, 92, 349, 359	18-21:	70
17:	93		

Isaías

		1–39:	12, 13, 15, 16

1 Reyes

3,6:	156
9:	95
26:	92
28:	95
8,23:	154
32:	269
50:	92, 288
56:	171
11,38:	156
14,15:	225
19,4:	76
20,6:	82
34:	94
21,1-29:	97
22,19-23:	127

Isaías

1–39:	12, 13, 15, 16
1,2-6:	239
5-7:	71
5:	341
6:	75, 78, 239, 251
7-8:	77
11-15:	93
11:	264
16-18:	102
17:	95, 212, 228
20:	137, 322
21-26:	107
21:	109, 193
23:	228
24:	32, 48, **51-53**, 57, 58, 71, 89, 93, 300, 350, 357
25-27:	52
28:	52
30:	140, 144
2,1-5:	281
2-3:	108, 169
2:	96, 129, 139
3:	129, 327
4:	107, 112
9:	259
11:	139
12-14:	272
14:	139
3,8:	82
15:	250

2 Reyes

1,13:	197
2,3-10:	254
6,11:	85
15,5:	249
18–20:	124
18,17-19:	72
19,4:	76
7:	86
15-19:	92
21:	83
26:	144

ÍNDICE GENERAL

Finito di stampare nel mese di Aprile 2010
presso Servizi Grafici Editoriali - Roma